MARTIN HEIDEGGER

GRUNDBEGRIFFE
DER ARISTOTELISCHEN PHILOSOPHIE

VITTORIO KLOSTERMANN
FRANKFURT AM MAIN

Marburger Vorlesung Sommersemester 1924
Herausgegeben von Mark Michalski

© Vittorio Klostermann GmbH · Frankfurt am Main · 2002
Alle Rechte vorbehalten, insbesondere die des Nachdrucks und der Übersetzung.
Ohne Genehmigung des Verlages ist es nicht gestattet, dieses Werk oder Teile
in einem photomechanischen oder sonstigen Reproduktionsverfahren oder
unter Verwendung elektronischer Systeme zu verarbeiten, zu vervielfältigen
und zu verbreiten.
Satz: bLoch Verlag, Frankfurt am Main
Druck: Hubert & Co., Göttingen
Gedruckt auf alterungsbeständigem Papier ⬁ ISO 9706 · Printed in Germany
ISBN 3-465-03160-1 kt · ISBN 3-465-03162-8 Ln

INHALT

Zweites Kapitel
Die aristotelische Bestimmung des Daseins des Menschen
als ζωὴ πρακτική im Sinne einer ψυχῆς ἐνέργεια

Drittes Kapitel
Die Auslegung des Daseins des Menschen
hinsichtlich der Grundmöglichkeit des Miteinandersprechens
am Leitfaden der Rhetorik

ZWEITER TEIL
Wiederholende Interpretation aristotelischer Grundbegriffe auf dem
Grunde des Verständnisses der Bodenständigkeit der Begrifflichkeit

Erstes Kapitel
Das Dasein des Menschen als die Bodenständigkeit der Begrifflichkeit

II. DER VORLESUNGSTEXT AUF DER GRUNDLAGE
DER ERHALTENEN TEILE DER HANDSCHRIFT

ANHANG
In der Vorlesung nicht verwendete handschriftliche Beilagen
zum Thema »Kategorien«

Inhalt XIII

I. DER VORLESUNGSTEXT AUF DER GRUNDLAGE DER STUDENTISCHEN NACHSCHRIFTEN

EINLEITUNG

Die philologische Absicht der Vorlesung
und deren Voraussetzungen

§ 1. Die philologische Absicht der Vorlesung: Betrachtung einiger Grundbegriffe der aristotelischen Philosophie in ihrer Begrifflichkeit

Die Absicht der Vorlesung ist, das Verständnis für *einige Grundbegriffe der aristotelischen Philosophie* zu gewinnen, und zwar auf dem Wege der Beschäftigung mit dem *Text* aristotelischer Abhandlungen.

Grundbegriffe – nicht alle, sondern *einige*, also vermutlich die *Hauptsache* dessen, womit sich die aristotelische Forschung beschäftigt. Wir sind für die *Auswahl* günstig gestellt, sofern von Aristoteles selbst eine Abhandlung überliefert ist, die lediglich aus Definitionen dieser Grundbegriffe besteht: das, was als 5. Buch der »Metaphysik« überliefert wurde. Wir können uns aber trotzdem nicht an diese günstige Gelegenheit halten, sofern wir nicht in der Lage sind, so zu verstehen, wie die Schüler des Aristoteles verstanden haben.

Um einen vorläufigen Begriff zu geben, um welche Grundbegriffe es sich handelt, sind aufzuzählen: Das 1. Kapitel handelt von der ἀρχή, 2. αἴτιον, 3. στοιχεῖον, »Element«, 4. φύσις, 5. ἀναγκαῖον, die »Notwendigkeit« als eine Bestimmung des Seins, 6. ἕν, 7. ὄν, 8. οὐσία, »Dasein«, 9. ταὐτά, die »Selbigkeit«, 10. ἀντικείμενα, »Anderssein«, 11. πρότερα und ὕστερα, nicht nur zeitlich, sondern auch sachlich: sachlich πρότερον zurückgehen auf den »Ursprung« (γένος), ὕστερον »das, was später hinzukommt«, συμβεβηκός z.B., 12. δύναμις, 13. ποσόν, »Wieviel«, Kategorie der »Quantität«, 14. ποιόν, »Qualität«, 15. πρός τι, »Beziehungsweise«, 16. τέλειον, das, was in seinem »Fertigsein« bestimmt, »Fertigkeit«, Seiendes als »Fertiges«, 17. πέρας, 18. τὸ καθό, »das An-ihm-selbst«, 19. διάθεσις, »Lage«, »Gelegenheit«, 20. ἕξις, das »An-sich-Haben«, das »So-und-so-Gestelltsein« zu etwas, 21. πάθος, »Zustand«, »Befindlichkeit«, 22. στέρησις, die Bestimmung des Seienden, die vollzogen wird in dem, was es nicht hat; diese στέρησις, das »Nichthaben«, bestimmt ein Seiendes durchaus positiv; daß es das und das nicht ist, macht sein Sein aus, 23. ἔχειν, 24. ἔκ τινος εἶναι, »das, woraus etwas entsteht oder besteht«, 25. μέρος, »Teil« im Sinne des Momentes, 26. ὅλον, das »Ganze«, 27. κολοβόν, »Verstümmeltes«, 28. γένος, »Abkunft«, »Herkunft«, 29. ψεῦδος, 30. συμβεβηκός, das, »was zu etwas hinzutritt«, »mit ihm dabei ist«.[1]

Es muß gesehen werden der *Boden*, aus dem diese Grundbegriffe erwachsen, und *wie* sie erwachsen sind, d. h. die Grundbegriffe sollen betrachtet werden auf ihre *spezifische Begrifflichkeit*, so daß wir fragen, *wie die da gemeinten Sachen selbst gesehen sind, woraufhin sie angesprochen werden, in welcher Weise sie bestimmt sind.* Wenn wir diese Gesichtspunkte an die Sache heranbringen, werden wir in das Milieu dessen gelangen, was mit Begriff und Begrifflichkeit gemeint ist. Die Grundbegriffe sind im Hinblick auf ihre Begrifflichkeit zu verstehen, und zwar in der Absicht, *Einblick zu gewinnen in die Grunderfordernisse jeglicher wissenschaftlichen Forschung.* Es wird hier *keine Philosophie* oder gar Philosophiegeschichte geboten. Wenn *Philologie* besagt: die *Leidenschaft der Erkenntnis des Ausgesprochenen*, dann ist das, was wir treiben, Philologie.

Über *Aristoteles*, seine Philosophie, seine Entwicklung erfahren Sie alles in dem Buch des klassischen Philologen *Jaeger*.[2] Jaeger hat das Verdienst, den allerdings schon lange verbreiteten Gedanken ausdrücklich ausgesprochen zu haben (in einer frühe-

---

[1] Aristotelis Metaphysica. Recognovit W. Christ. Lipsiae in aedibus B.G. Teubneri 1886. Δ 1–30, 1012 b 34 sqq.
[2] W. Jaeger, Aristoteles. Grundlegung einer Geschichte seiner Entwicklung. Berlin 1923.

ren Schrift über die »Metaphysik« des Aristoteles[3]), daß die Schriften des Aristoteles keine Bücher, sondern Zusammenfassungen von Abhandlungen sind, die Aristoteles nicht publiziert, sondern die er nur in seinen Vorlesungen gebracht hat, so daß von vornherein das Bemühen auszuschalten ist, die 14 Abhandlungen der »Metaphysik« über einen Leisten zu schlagen und in ihnen die einheitliche Darstellung des aristotelischen »Systems« zu sehen. Bei der Persönlichkeit eines Philosophen hat nur das Interesse: Er war dann und dann geboren, er arbeitete und starb. Die Gestalt des Philosophen oder ähnliches wird hier nicht gegeben werden.[4]

§ 2. Die Voraussetzungen der philologischen Absicht. Abgrenzung der Weise, wie über Philosophie gehandelt wird

Die Vorlesung hat gar keine philosophische Abzweckung, es handelt sich um das Verständnis von Grundbegriffen in ihrer Begrifflichkeit. Die Abzweckung ist *philologisch*, sie will das *Lesen* von Philosophen etwas mehr in Übung bringen. Eine solche Absicht steht naturgemäß unter einer Anzahl von *Voraussetzungen*. Sie sind derart, daß es fraglich ist, ob man sich in einer Vorlesung überhaupt darauf einlassen kann:

1. Voraussetzung: daß gerade *Aristoteles* überhaupt etwas zu sagen hat, daß also gerade Aristoteles gewählt wird und nicht *Plato*, *Kant* oder *Hegel*, daß ihm also eine ausgezeichnete Stellung nicht nur innerhalb der griechischen, sondern der gesamten abendländischen Philosophie zukommt;

2. daß wir alle noch nicht so fortgeschritten sind, daß wir uns nichts mehr hätten sagen zu lassen, daß es *mit uns in irgendeiner Hinsicht nicht stimmt*;

---

[3] W. Jaeger, Studien zur Entstehungsgeschichte der Metaphysik des Aristoteles. Berlin 1912, S. 131 ff.
[4] Siehe Hs. S. 333.

3. daß *die Begrifflichkeit die Substanz jeder wissenschaftlichen Forschung* ausmacht, daß Begrifflichkeit keine Sache von Scharfsinn ist, d. h. *daß der, der die Wissenschaft gewählt hat, die Verantwortlichkeit für den Begriff übernommen hat* (eine heute abhanden gekommene Sache);

4. *Wissenschaft* ist kein Beruf, kein Erwerb, kein Vergnügen, sondern die *Möglichkeit der Existenz des Menschen*, nicht etwas, in das man zufällig hineingeraten ist, sondern sie trägt in sich bestimmte Voraussetzungen, die man aber mitzubringen hat, sofern man sich im Ernst im Umkreis dessen bewegt, was wissenschaftliche Forschung besagt;

5. das menschliche Leben hat in sich die *Möglichkeit, sich einzig auf sich selbst zu stellen*, auszukommen ohne Glauben, ohne Religion und dergleichen;

6. eine *methodische* Voraussetzung: den *Glauben an die Geschichte* in dem Sinne, daß wir voraussetzen, daß *Geschichte und geschichtliche Vergangenheit, sofern ihr nur die Bahn frei gemacht wird, die Möglichkeit hat, einer Gegenwart oder besser Zukunft einen Stoß zu versetzen.*

Die sechs Voraussetzungen sind eine starke Zumutung, wir betreiben ja aber nur Philologie. *Philosophie* ist heute besser gestellt, sofern sie aus der Grundvoraussetzung lebt, daß alles in bester Ordnung sei. Zur Abgrenzung der Art und Weise, wie wir hier über Philosophie handeln, möchte ich Aristoteles selbst zum Zeugen rufen. Wir handeln zwar über Philosophie, aber in der Absicht, den *Instinkt für das Selbstverständliche* und den *Instinkt für das Alte* zu pflanzen.

Aristoteles macht im 4. Buch der »Metaphysik«, 2. Kapitel eine Unterscheidung zwischen διαλεκτική, σοφιστική und φιλοσοφία.[1] Er sagt darüber: »σοφιστική und διαλεκτική bewegen sich im Umkreis derselben Tatbestände wie die φιλοσοφία«[2], die φιλοσοφία aber unterscheidet sich von beiden in der Behandlungsart, d. h.

---

[1] Met. Γ 2, 1004 b 17 sqq.

[2] Met. Γ 2, 1004 b 22 sq.: περὶ μὲν γὰρ τὸ αὐτὸ γένος στρέφεται ἡ σοφιστικὴ καὶ ἡ διαλεκτικὴ τῇ φιλοσοφίᾳ.

wie sie über dasselbe Objekt handelt, von der διαλεκτική »in der
Weise der Möglichkeit«,[3] die sie für sich in Anspruch nimmt.
»Die διαλεκτική macht bloß den Versuch«,[4] in Erfahrung zu bringen, was denn mit den λόγοι gemeint sein könnte, ein διαπορεύε-
σθαι τοὺς λόγους,[5] wie *Plato* sagt, ein »Durchlaufen« dessen, was
etwa gemeint sein könnte. Das ist der Sinn der griechischen Dialektik. Die δύναμις der διαλεκτική ist gegenüber der der Philosophie eine eingeschränkte. Aber der διαλεκτική ist es doch um die
Sache zu tun, um das Herausstellen dessen, was gemeint ist, während die σοφιστική über dieselbe Sache spricht, aber »sie sieht nur
so aus« wie Philosophie, »ist es aber nicht«.[6] Die διαλεκτική hat
zwar den Ernst, aber es ist lediglich der Ernst des versuchenden
Nachsehens, was am Ende gemeint sein könnte. In diesem Sinne
handeln wir von Philosophie, *in der Weise des Nachsehens, was am
Ende gemeint sein könnte.* Das Entscheidende ist, daß wir uns
über das, was mit Philosophie gemeint ist, vorläufig verständigen.[7]

[3] Met. Γ 2, 1004 b 24: τῷ τρόπῳ τῆς δυνάμεως.
[4] Met. Γ 2, 1004 b 25: ἔστι δὲ ἡ διαλεκτικὴ πειραστική.
[5] Vgl. Plato, Sophistes 253 b 10.
[6] Met. Γ 2, 1004 b 26: φαινομένη, οὖσα δ' οὔ.
[7] Siehe Hs. S. 333 f.

ERSTER TEIL

VORVERSTÄNDIGUNG
ÜBER DIE BODENSTÄNDIGKEIT DER BEGRIFFLICHKEIT
AUF DEM WEGE EINER EXPLIKATION DES DASEINS ALS
IN-DER-WELT-SEIN IN DER ORIENTIERUNG AN
ARISTOTELISCHEN GRUNDBEGRIFFEN

ERSTES KAPITEL

Betrachtung der Definition als des Ortes der
Ausdrücklichkeit des Begriffs und Rückgang zum Boden
der Definition

*§ 3. Die Bestimmung des Begriffs durch die Lehre von der
Definition in der »Logik« Kants*

Was mit *Begriff* gemeint ist, darauf gibt uns Antwort »die Logik«. »Die Logik« gibt es nicht, sofern man von ihr spricht als »der Logik«. »Die Logik« ist ein Gewächs der hellenistischen Schulphilosophie, die die philosophischen Forschungen der Vergangenheit schulmäßig bearbeitete. Weder Plato noch Aristoteles kannten »die Logik«. Die Logik, wie sie im Mittelalter herrschte, kann bestimmt werden als Material von Begriffen und Regeln, die schulmäßig zusammengestellt sind. Die »logischen Probleme« stammen aus dem Horizont schulmäßiger Mitteilung von Sachen, es liegt gar nicht das Interesse an einer Auseinandersetzung mit den Dingen, sondern das Mitteilen bestimmter technischer Möglichkeiten vor.

In dieser Logik spricht man von der *Definition* als demjenigen *Mittel, in dem der Begriff seine Bestimmung erfährt.* Wir werden also in der Betrachtung der Definition sehen können, was man eigentlich mit Begriff und Begrifflichkeit meint. Wir wollen uns an die *kantische* »Logik« halten, um zu sehen, was im Zusammenhang wirklicher Forschung, und zwar dem einzigen seit Aristoteles, über Definition gesagt ist. *Kant* ist der einzige, der die Logik lebendig werden läßt. Diese Logik wirkt in ihrem ganzen traditionellen Bestand nach in der *hegelschen* Dialektik, die gänzlich unschöpferisch, nur eine Bearbeitung des traditionellen logischen Materials in bestimmten Hinsichten ist.

Sehen wir nun nach, als was Kant die Definition bezeichnet, so findet sich das Auffällige, daß die Definition abgehandelt wird im Kapitel über »Allgemeine Methodenlehre«.[1] Definition ist eine *methodische* Angelegenheit, um Deutlichkeit der Erkenntnis zu gewinnen. Sie wird behandelt unter den Mitteln zur Förderung der »Deutlichkeit der Begriffe *in Ansehung ihres Inhaltes*[2]: Durch die Definition soll die *Deutlichkeit der Begriffe* befördert werden. Definition ist zugleich aber ein Begriff: »Die Definition ist allein [...] ein logisch vollkommener Begriff«.[3] Wir erfahren also im Grunde doch nicht, was ein Begriff ist, ohne weiteres aus der Definition und wollen uns daran halten, was Kant selbst über den Begriff sagt.

Jede *Anschauung*, sagt er, ist eine repraesentatio singularis.[4] Der *Begriff* aber ist zwar auch eine repraesentatio, ein »Sichvergegenwärtigen«, aber nun eine repraesentatio per notas communes.[5] Der Begriff unterscheidet sich von der Anschauung dadurch, daß er zwar eine *Vergegenwärtigung* ist, daß er aber etwas vergegenwärtigt, was den Charakter des *Allgemeinen* hat. Er ist eine »allgemeine Vorstellung«.[6]

[1] Vorlesungen Kants über Logik. Hg. v. A. Buchenau. In: Immanuel Kants Werke. Hg. v. E. Cassirer. Bd. VIII. Berlin 1923, S. 323–452. II. Allgemeine Methodenlehre, §§ 99–109.

[2] A.a.O., § 98.

[3] A.a.O., § 99 Anm.

[4] A.a.O., I. Allgemeine Elementarlehre, § 1.

[5] Ebd.

[6] Ebd.

Wie das näher zu verstehen ist, sagt Kant sehr anschaulich (Einleitung zur »Logik«): In jeder Erkenntnis ist zu scheiden *Materie* und *Form*, »die Art, wie wir den Gegenstand erkennen«.[7] Ein Wilder sieht ein Haus, dessen *Wozu* er nicht kennt, ganz anders als wir, hat einen anderen »Begriff« von dem Haus als wir, die wir uns in ihm auskennen. Er sieht zwar dasselbe Seiende, aber ihm fehlt die Kenntnis des *Gebrauchs*, er versteht nicht, was er damit soll. Er bildet keinen Begriff von Haus.[8] Wir wissen, *wozu* es ist, und damit stellen wir uns etwas Allgemeines vor. Wir wissen den Gebrauch, den man machen könnte, haben den Begriff des Hauses. Der Begriff geht darauf hinaus, zu antworten auf die Frage, *was* der Gegenstand ist.

Die Begrifflichkeit und der Sinn des Begriffes hängen also davon ab, wie man überhaupt die Frage nach dem, *was* etwas ist, versteht, worin diese Frage ihren Ursprung hat. Der Begriff in der Ausdrücklichkeit der Definition gibt das, *was* der Gegenstand, die res, ist. Deshalb ist die eigentliche Definition die sogenannte »Real-Definition«,[9] die also bestimmt, *was* die res an sich selbst ist. Definitio vollzieht sich durch Angabe des Gattungs- und Artunterschiedes. Diese Regel in diesem Zusammenhang kommt einem zunächst fremdartig vor, man versteht zunächst nicht, warum gerade die Gattung und die Art den Gegenstand in seinem Was bestimmen sollen. Merkwürdigerweise sagt nun Kant, daß zwar die Real-Definition die Aufgabe hat, das Was der Sache zu bestimmen aus dem »ersten Grunde« seiner »Möglichkeit« oder die Sache nach ihrer »inneren Möglichkeit« zu bestimmen,[10] daß aber die Bestimmung der definitio als geschehend durch genus proximum et differentiam specificam nur gilt für die »Nominal-Definitionen«, die sich durch Vergleichung ergeben.[11]

---

[7] A.a.O., Einleitung, S. 350.
[8] Vgl. a.a.O., S. 351.
[9] A.a.O., II. Allgemeine Methodenlehre, § 106.
[10] A.a.O., § 106 Anm. 2.
[11] A.a.O., § 106 Anm. 1.

Eben gerade für die definitio der res kommt diese Bestimmung nicht in Frage.

Es sind für *Kants Stellung* die beiden Momente charakteristisch: 1. daß die definitio *in der Methodenlehre besprochen* wird, 2. daß er die Grundregel der definitio so bestimmt, daß sie *nicht in Frage kommt für die eigentliche Definition.*

Wir werden zurückfragen in der Weise, daß wir uns vergegenwärtigen: Woher kommt es denn eigentlich, daß die definitio *das Seiende in seinem Sein* bestimmt? Woher kommt es, daß eine definitio, die doch eigentlich *Sacherkenntnis* ist, eine Sache *logischer Vollkommenheit* wird? In dieser Stellung Kants zur definitio liegt das Schicksal der aristotelischen Forschung.

Wir fragen also zurück: definitio ist ὁρισμός, ὁρισμός ein λόγος, ein »Sichaussprechen« über das Dasein als Sein. Ὁρισμός ist nicht eine Bestimmung des scharfen Fassens, sondern am Ende erwächst der spezifische Charakter des ὁρισμός daraus, daß das Seiende selbst in seinem Sein bestimmt ist als begrenzt durch das πέρας. Sein heißt Fertigsein.[12]

§ 4. Die Momente der Begrifflichkeit der aristotelischen Grundbegriffe und die Frage nach deren Bodenständigkeit

Maßgebend für den Rückgang zur Definition war, daß in der Definition gemäß der traditionellen Logik der Begriff im eigentlichen Sinne ausdrücklich wird, daß in der Definition der Begriff zu sich selbst kommt. Der Begriff wird von Kant unterschieden von der Anschauung. Der Unterschied liegt darin, daß die Anschauung ein Einzelnes lediglich in seinem Dasein sieht, während der Begriff dasselbe Objekt sieht, es aber gleichsam versteht. In der repraesentatio des Begriffes weiß ich, was man unter ihr versteht, aber auch ein anderer weiß es, d.h. der Begriff macht das Vorgestellte auch verständlich für andere, daher: allgemeine

[12] Siehe Hs. S. 335 ff.

Vorstellung. Der Begriff einer repräsentierten res macht die vorgestellte Sache verständlich auch für andere, er stellt die Sache in einer gewissen Verbindlichkeit vor. In der Definition soll der Begriff zu sich selbst kommen. Die definitio soll eine Sache so geben, daß sie vorgestellt ist und verstanden im Grunde ihrer Möglichkeit, daß ich weiß, woher sie kommt, was sie ist, warum sie das ist. Die eigentliche Definition ist die der Sache, die Real-Definition. Im Mittelalter ist sie die eigentliche − Real-Definition und Wesensdefinition. Sie ist eigentlich und kommt zustande dadurch, daß der Grundregel der Definition genügt wird, daß man an einem Gegenstande die nächsthöhere Gattung und die Artdifferenz angibt. Also z. B.: Der Kreis ist eine geschlossene, gekrümmte Linie (Gattung), jeder Punkt der Linie hat gleichen Abstand vom Mittelpunkt (Artdifferenz). Oder: homo animal (Gattung) rationale (Artdifferenz).

Um zu zeigen, daß das, was in der traditionellen Logik als definitio abgehandelt wird, einen *ganz bestimmten Ursprung* hat, daß die Definition eine Verfallserscheinung ist, eine bloße Denktechnik, die einmal die *Grundmöglichkeit des Sprechens des Menschen* gewesen ist, gehen wir zu Aristoteles zurück. In der Definition wird der Begriff ausdrücklich. Trotzdem wird nun nicht ohne weiteres sichtbar, was der Begriff selbst in seiner Begrifflichkeit ist. Wir wollen ja nicht einfach aristotelische Grundbegriffe kennen lernen, in der Weise, daß wir nachfragen: Was hat Aristoteles gemeint mit der Bewegung, was für eine Ansicht hatte er von ihr, im Unterschied von der platonischen oder modernen Auffassung? Uns interessiert dieser Begriff zugleich in seiner Begrifflichkeit:

1. haben wir zu fragen danach, was mit diesem Begriff gemeint ist, als was das in dem Begriff Gemeinte *konkret erfahren* ist: Was schwebte Aristoteles als Bewegung vor, welche Bewegungsphänomene hat er gesehen? Welchen Sinn von Sein hat er gemeint, wenn er von Bewegtseiendem spricht? Wir fragen nicht in der Abzweckung, Kenntnis zu nehmen von einem Begriffsinhalt, sondern fragen, wie die gemeinte Sache erfahren ist, wie also

2. das ursprünglich Gesehene *primär angesprochen* ist. Wie nimmt Aristoteles das Phänomen der Bewegung? Erklärt er es aus schon vorhandenen Begriffen oder Theorien, also etwa platonisch so, daß er sagt, sie sei der Übergang von einem Nichtseienden zu einem Seienden? Oder ist es so, daß ihm Bestimmtheiten erwachsen, die im Phänomen selbst liegen? In welcher Weise ist so ein Phänomen wie Bewegung angesprochen nach dem *führenden Anspruch* an die gesehene Sache?

3. Wie ist das so gesichtete Phänomen nun *genauer ausgewikkelt*, in welche Begrifflichkeit hinein ist es gleichsam gesprochen? Welcher *Anspruch von Verständlichkeit* wird an das so Gesehene gestellt? Es entsteht die Frage nach der *Ursprünglichkeit der Explikation*. Ist sie an das Phänomen herangetragen, oder ist sie ihm angemessen?

Diese drei Momente sind es, die hier die Begrifflichkeit *anzeigen*, nur anzeigen und nicht erschöpfen: 1. also die *Grunderfahrung*, in der ich mir den *Sachcharakter* zugänglich mache – sie ist primär gar nicht theoretisch, sondern liegt im Umgang des Lebens mit seiner Welt –, 2. der *führende Anspruch*, 3. der spezifische Charakter der Verständlichkeit, die spezifische *Verständlichkeitstendenz*.

Nach diesen drei Gesichtspunkten werden wir jeweils die aristotelischen Grundbegriffe befragen. Es ist zu sehen, ob damit nicht zugleich auch ein eigentliches Verständnis der in ihnen gemeinten Sachen gegeben ist. Die Absicht des Herausstellens der Begrifflichkeit geht dahin, daß Sie *spüren*, daß in der Begrifflichkeit dasjenige in Bewegung kommt, was in jeder wissenschaftlichen Forschung den *Vollzug des Fragens und Bestimmens* ausmacht. Es kommt nicht auf das Kenntnisnehmen, sondern auf das *Verstehen* an. Sie haben selbst die eigentliche Arbeit zu leisten, nicht zu philosophieren, sondern jeweils an Ihrem Ort auf die Begrifflichkeit einer Wissenschaft *aufmerksam* zu werden, sie wirklich *in den Griff* zu bringen und sie so zu betreiben, daß der *Forschungsvollzug* der Begrifflichkeit *lebendig* wird. Nicht sämtliche Wissenschaftstheorien studieren, die monatlich erscheinen!

Es handelt sich darum, im rechten Vollzug der spezifischen Wissenschaft achtzuhaben, daß Sie *zu den Sachen Ihrer Wissenschaft ein echtes und rechtes und ernsthaftes Verhältnis haben,* nicht so, daß Sie aristotelische Begriffe anwenden, sondern daß Sie vielmehr das, was Aristoteles an seiner Stelle und im Umkreis seiner Forschung tat, an der Ihren tun, nämlich *die Sache in derselben Ursprünglichkeit und Echtheit zu sehen und zu bestimmen.* Ich habe lediglich die Aufgabe, Aristoteles die Gelegenheit zu verschaffen, daß er Ihnen die Sache vormacht.

Wenn wir also die aristotelischen Grundbegriffe nach ihrer Begrifflichkeit befragen, so ist dafür erforderlich, daß wir verstehen, wie diese Begrifflichkeit genannten Momente unter sich zusammenhängen, wo sie eigentlich hingehören, wo Grunderfahrung, Anspruch und Verständlichkeitstendenz *bodenständig* sind. Die *Bodenständigkeit* der Begrifflichkeit werden wir aufzusuchen haben − nicht eine beliebige, wir wollen ja *Aristoteles'* Grundbegriffe verstehen. Wir werden nachzusehen haben, wie die *griechische* Begrifflichkeit und die Bodenständigkeit der *griechischen* Begrifflichkeit aussieht. Dann werden wir allein sicher gehen im Verfolg der wissenschaftlichen Explikation, die Aristoteles leitet.[1]

§ 5. Rückgang zum Boden der Definition

Indem wir zurückgehen zu dem, was ursprünglich die Definition war, erfahren wir vielleicht auch, was ursprünglich das war, was man heute als Begriff bezeichnet.

a) Die Prädikabilien

Gattung und *Art* sind also Charakteristika, die jede Definition bestimmen. Es sind aber nicht die einzigen. Zu ihnen gehören das weitere Moment des *proprium* und der *differentia specifica* als

---

[1] Siehe Hs. S. 337 ff.

solcher. Diese Momente, die die Begriffsbildung leiten, nennt man *Prädikabilien* oder κατηγορήματα. Diese κατηγορήματα sind zum ersten Mal systematisch behandelt worden von *Porphyrius* in seiner Einleitung zu der aristotelischen Schrift Κατηγορίαι. Diese Εἰσαγωγή wurde dann von *Boethius* ins Lateinische übersetzt und ist das Grundbuch des Mittelalters über logische Fragen geworden. Im Anschluß an diese Εἰσαγωγή hat sich der sogenannte *Universalienstreit* im Mittelalter entwickelt. Es sind fünf Prädikabilien:

1. genus est unum, quod de pluribus specie differentibus in eo quod quid est praedicatur.»Gekrümmte, geschlossene Linie« — das genus des Kreises — wird von mehrerem ausgesagt, das der Art nach unterschieden ist (Ellipse). Die Aussage geht aber auf das, was der Kreis an sich selbst ist.

2. species est unum, quod de pluribus solo numero differentibus in eo quod quid est praedicatur. Die einzelnen Kreise solo numero differunt.

3. differentia specifica aut διαφορά est unum, quod de pluribus praedicatur in quale essentiale,»im Hinblick auf das, was dem, was sie sind, zukommt« — also die Vernünftigkeit des Menschen.

4. proprium est unum, quod de pluribus praedicatur in quale necessarium, eine»notwendige« Bestimmung, die dem Ding zukommt, auch über den Wesenszusammenhang von Art und Gattung hinaus.

5. accidens est unum, quod de pluribus praedicatur in quale contingens, sofern es dem, was angesprochen ist, »zufällt« (συμβεβηκός).[1]

Diese praedicabilia werden auch *universalia* genannt. Die genauere Unterscheidung besteht darin, daß universale besagt: unum quod *est* in pluribus, hingegen praedicabile: unum quod de pluribus *praedicatur*. Daher die Frage, ob das Allgemeine wirk-

---

[1] Vgl. Porphyrii Introductio in Aristotelis Categorias a Boethio translata. In: Commentaria in Aristotelem Graeca. Editum consilio et auctoritate Academiae Litterarum Regiae Borussicae. Voluminis IV pars I. Berlin 1887. S. 23–51, hier S. 26–39.

lich in den Dingen existiert oder ob es nur Gemeintheiten des
auffassenden Denkens sind (Realismus – Nominalismus). Auch
diese Frage hat ihren Ursprung in bestimmten Sachzusammenhängen der griechischen Philosophie, genauer in schulmäßigen
Mißverständnissen.

b) Die aristotelische Bestimmung des ὁρισμός als λόγος οὐσίας

Wir fragen jetzt nach der Begrifflichkeit und ihrer Bodenständigkeit in der Weise, daß wir von der definitio als technischem Mittel zurückgehen zum ὁρισμός, »Eingrenzung«. Ὁρισμός ist ein λόγος, ein »Sprechen« über etwas, ein Ansprechen der Sache »selbst
in dem, was sie ist«, καθ᾽ αὑτό.[2] Ein λέγειν καθ᾽ αὑτό: Die Sache
»an ihr selbst« und nur sie wird und soll angesprochen werden.
Daher wird der ὁρισμός bestimmt als οὐσίας τις γνωρισμός.[3]
Γνωρισμός heißt: »Bekanntmachen mit …«, »Vertrautmachen
mit …«, eine Sache präsentieren. Ὁρισμός ist das Vertrautmachen
mit einem Seienden in seinem Sein. Was besagt λόγος οὐσίας:
1. λόγος, 2. οὐσία?

Λόγος: »Sprechen«, nicht im Sinne des Einen-Laut-von-sich-
Gebens, sondern des *über etwas* Sprechens in der Weise des *Aufzeigens des Worüber* des Sprechens, durch das sich das Besprochene zeigt. Die eigentliche Funktion des λόγος ist das ἀποφαίνεσθαι,
das »Eine-Sache-zum-Sehen-Bringen«. Jedes Sprechen ist, vor
allem für die Griechen, ein Sprechen *zu einem* oder *mit anderen,
mit sich selbst* oder *zu sich selbst*. Sprechen ist im konkreten Dasein, da man nicht allein existiert, Sprechen *mit anderen über etwas*. Mit anderen über etwas Sprechen ist jeweilig ein *Sichaussprechen*. Im Sprechen über etwas mit anderen spreche ich mich
aus, ausdrücklich oder nicht.

---

[2] Met. Δ 8, 1017 b 22: οὗ ὁ λόγος ὁρισμός. Η 1, 1042 a 17: τούτου δὲ λόγος ὁ
ὁρισμός.
[3] Aristotelis Organon Graece. Novis codicum auxiliis adiutus recognovit, scholiis ineditis et commentario instruxit Th. Waitz. Pars posterior: Analytica posterio-
ra, Topica. Lipsiae 1846. An. post. B 3, 90 b 16.

Was ist nun mit diesem λόγος? Er ist die *fundamentale Bestimmung des Seins des Menschen als solchen.* Der Mensch wird von den Griechen gesehen als ζῷον λόγον ἔχον, nicht nur philosophisch, sondern im konkreten Leben: »ein Lebendes, das [als Lebendes] die Sprache hat«. Bei dieser Definition darf man nicht an Biologie denken oder an geisteswissenschaftliche Psychologie und dergleichen. Diese Bestimmung liegt vor solchen Unterscheidungen. Ζωή ist ein *Seinsbegriff,* »Leben« besagt eine *Weise des Seins,* und zwar *Sein-in-einer-Welt.* Ein Lebendes ist nicht einfach vorhanden, sondern ist in einer Welt, in der Weise, daß es seine Welt hat. Ein Tier ist nicht einfach auf die Straße gestellt und bewegt sich auf der Straße, indem es von irgendeinem Apparat geschoben wird. Es ist in der Welt in der Weise des Sie-Habens. *Das In-der-Welt-sein des Menschen ist im Grunde bestimmt durch das Sprechen.* Die Weise des fundamentalen Seins des Menschen in seiner Welt ist, mit ihr, über sie, von ihr zu sprechen. So ist der Mensch gerade durch den λόγος bestimmt, und so sehen Sie, wo, wenn Definition ein λόγος ist, diese Sache der Definition ihren Boden hat, sofern λόγος die Grundbestimmung des Seins des Menschen ist. Der λόγος als ὁρισμός spricht das Seiende in seiner οὐσία, in seinem Dasein an. Wir müssen uns also über die οὐσία verständigen.[4]

§ 6. Vorläufige Klärung des λόγος

Die in den Grundbegriffen gemeinte Begrifflichkeit ist sachgebende Grunderfahrung, kein theoretisches Erfassen der Sachen. Das in ihr Erfahrene wird auf etwas angesprochen. Das so Erfahrene und in diese Hinsicht Gestellte wird expliziert und im Ansprechen lebendig. Was ist die sachgebende Grunderfahrung, in welcher Hinsicht ist sie angesprochen? Wir müssen die Boden-

---

[4] Siehe Hs. S. 340 f.

ständigkeit gewinnen, wie sie in der griechischen Wissenschaft lebendig war. In der Definition wird der Begriff ausdrücklich, kommt zum Vorschein. Definition: nächsthöhere Gattung und Artdifferenz. Was definitio meint, wollen wir verstehen lernen dadurch, daß wir zurückfragen nach dem, was Definition bei den Griechen, bei Aristoteles besagte. Ὁρισμός: »Begrenzung«, »Ausgrenzung«. Ὁρισμός: λόγος οὐσίας. Was ist mit λόγος und was mit οὐσία bzw. was ist mit λόγος οὐσίας gemeint? Haben wir das geklärt, so finden wir die Bodenständigkeit des Begriffes.

Begriffe sind in der traditionellen Schulsprache: 1. notio, 2. intentio, 3. conceptus, 4. species.

Ad 1. notio: Im Begriff liegt eine bestimmte »Bekanntheit« mit der von ihm gemeinten Sache, d. h. der Begriff versetzt in ein Bekanntsein damit.

Ad 2. intentio: Im Begriff liegt ein »Abzielen« auf, ein Meinen von etwas. Das Meinen einer Sache ist ein wesentliches Strukturmoment des Begriffes (»Sache« immer ganz allgemein gebraucht im Sinne des bloßen Etwas).

Ad 3. conceptus: das »Erfassen«. Die Sache ist nicht nur gemeint, nicht nur bekannt, man weiß nicht nur davon, sondern gemeint und bekannt in der Weise des Erfaßtseins, so daß das, was darin liegt, umfaßt, zusammengenommen wird.

Ad 4. species: εἶδος, »Aussehen«; führt zurück auf notio. Wenn ich mit der Sache bekannt bin, weiß ich, wie sie aussieht, wie sie sich als solche unter anderen ausnimmt.

Diese Bezeichnungen haben eine ganz abgegriffene Bedeutung gewonnen in ihrer schulmäßigen Verwendung, so daß sie einförmig mit »Begriff« übersetzt werden.

Die Definition soll hinsichtlich ihres Ursprungs betrachtet werden: λόγος οὐσίας. Λόγος ist das »Sprechen« und zugleich für die Griechen das »Gesprochene«, Sprechen in der Grundfunktion des ἀποφαίνεσθαι oder δηλοῦν, »Eine-Sache-zum-Sichzeigen-Bringen« im *Sprechen über etwas.* Dies Sprechen über etwas ist seiner Tendenz nach *Sprechen mit anderen, Sich-selbst-Aussprechen.* Im Sprechen mit anderen und mit mir selbst bringe ich mir das An-

gesprochene zur Gegebenheit, in der Weise, daß ich im Sprechen
erfahre, wie die Sache aussieht. Sprechen ist nicht ein bloßer Vorgang, der zuweilen vorkommt. Dieses Sprechen über etwas mit
anderen ist zugleich ein Sich-selbst-Aussprechen. Dies sind unab-
gehobene Strukturmomente des λόγος. Wir müssen diese Struktur später ins Auge fassen, um zu zeigen, wo das mit Sprechen
Bezeichnete eigentlich beheimatet ist.

Das Ausgesprochene »liegt fest«, ist ein κείμενον. Die κείμενα
ὀνόματα sind eben als κείμενα, als »festgelegte«, anderen verfügbar, sie sind κοινά,[1] sie gehören jedem. Ist ein Wort ausgesprochen, so gehört es nicht mehr mir, und so ist die Sprache etwas,
was jedem gehört, und zwar so, daß gerade in diesem gemeinsamen Besitz eine Grundmöglichkeit des Lebens selbst lebendig
gegeben ist: Es wird oft nur noch gesprochen – das in bloßen
Worten Aufgehen, ohne ein ausdrückliches Verhältnis zu den
Sachen zu haben, über die geredet wird. Darin liegt eine Verständlichkeit, die allen gemeinsam ist. Im Hineinwachsen in eine
Sprache wachse ich hinein in eine Verständlichkeit der Welt, der
Sprache, die ich von mir aus habe, sofern ich in der Sprache lebe.
Es ist eine *gemeinsame Verständlichkeit* gegeben, die einen eigentümlichen Charakter der *Durchschnittlichkeit* hat, sie hat nicht
mehr den Charakter des Den-einzelnen-Gehörens, sie ist abgegriffen, gebraucht, verbraucht. Jedes Ausgesprochene hat die
Möglichkeit, verbraucht zu werden, in die gemeinsame Verständlichkeit zu rücken.

Dieses Sprechen nun, das ich hier etwas weitergehend bestimmt habe, wird von den Griechen selbst, und zwar nicht nur in
der ausdrücklichen Besinnung über Leben und Dasein des Menschen, wie sie in der Philosophie vorliegt, sondern auch in der
natürlichen Vorfindlichkeit, dazu benutzt, um das Sein des Menschen selbst in seiner Eigentümlichkeit zu bestimmen. Der
Mensch wird bestimmt als ζῷον λόγον ἔχον, ein »Lebewesen« –
kein biologischer Begriff in moderner Ausformung. Leben ist ein

---

[1] Met. Z 15, 1040 a 11: τὰ δὲ κείμενα κοινὰ πᾶσιν.

Wie, eine *Kategorie des Seins*, und nicht etwas Wildes, Tiefes und Mystisches. Es ist charakteristisch, daß die »Lebensphilosophie« nie dahin gekommen ist, nachzufragen, was denn nun eigentlich mit dem Begriff ›Leben‹ als Sein kategorial gemeint ist. Leben ist ein Sein-in-einer-Welt, Tier und Mensch sind vorhanden nicht neben anderen, sondern mit anderen, und (beim Menschen) sie sprechen sich gegenseitig aus. Das Sichaussprechen als Sprechen über ... ist die *Grundweise des Seins des Lebens*, d. h. des Seins-in-einer-Welt. Wo kein Sprechen ist, wo das Sprechen aufhört, wo der Lebende nicht mehr spricht, sprechen wir von »Tod«. Von dieser Grundmöglichkeit des Lebens ist im letzten Grunde das Sein des Lebens überhaupt zu verstehen. Sprechen wird verwiesen in den Seinszusammenhang des Lebens als eines spezifischen Seins.

Ἔχον ist in der Bestimmung ζῷον λόγον ἔχον in einem ganz fundamentalen Sinn zu verstehen. Ἔχειν wird in der »Metaphysik« im Buch Δ, Kapitel 23 bestimmt als ἄγειν, eine Sache »betreiben«, in einer Weise sein, nach einem »Antrieb«, der von diesem Sein herkommt.[2] Die Sprache wird gehabt, es wird gesprochen so, daß das Sprechen zum *eigentlichen Seinsantrieb* des Menschen gehört. Leben des Menschen heißt Sprechen. Das verweist diese vorläufige Klärung des λόγος in einen Seinszusammenhang, der vorläufig als Leben des Menschen bezeichnet ist.[3]

§ 7. Die οὐσία als der Grundbegriff schlechthin der aristotelischen Philosophie

Die Grundfunktion des λόγος ist das Zum-Sichzeigen-Bringen des Seienden in seinem Sein, der οὐσία als des »Seins« des Seienden oder als der »Seinsheit«. Damit ist gemeint, daß das Sein eines Seienden selbst noch Bestimmungsmomente hat, daß also

---

[2] Met. Δ 23, 1023 a 8 sq.: τὸ ἄγειν κατὰ τὴν αὑτοῦ φύσιν ἢ κατὰ τὴν αὑτοῦ ὁρμήν.
[3] Siehe Hs. S. 341 f.

über das Seiende im Wie seines Seins noch etwas ausgemacht
werden kann. Οὐσία aber als das »Seiende im Wie seines Seins« ist
nun bei Aristoteles selbst mehrdeutig, hat verschiedene Bedeutungen, und zugleich ist οὐσία der Titel für die Sachzusammenhänge, die das Thema der fundamentalen Forschung des Aristoteles ausmachen. Οὐσία ist der Ausdruck für den *Grundbegriff
schlechthin der aristotelischen Philosophie.* An Hand der οὐσία
werden wir nicht nur erfahren, was der ὁρισμός ist, sondern wir
werden auch einen Boden gewinnen, auf den wir die anderen
Grundbegriffe stellen können.

a) Die verschiedenen Weisen der Vieldeutigkeit von Begriffen und des Werdens von Termini

Οὐσία ist *vieldeutig* bei Aristoteles. Das könnte zunächst gerade
der Verwendung des Ausdrucks Abbruch tun, sofern eine *Vieldeutigkeit* bezüglich des Grundbegriffes einer Forschung eine gefährliche Sache sein könnte. Aber nicht jede Vieldeutigkeit ist
vom selben Charakter. Es gibt:
    1. Vieldeutigkeit der *Verwirrung.* Sie erwächst daraus, daß ein
Wort in einer bestimmten Verwendung steht und damit verschiedene Bedeutungen hat, die aber schon geklärt sind, und daß diese
Bedeutungen aus Mangel an Sachkenntnis durcheinander geworfen werden. Diese Vieldeutigkeit der Verwirrung stellt sich nachträglich ein und verwischt das, was einmal in einer expliziten
Forschung herausgestellt war.
    2. Die Vieldeutigkeit kann sein und erwachsen aus einer Unfä-
higkeit, bestimmte Sachzusammenhänge hinsichtlich ihrer möglichen Unterschiede zu sehen, aus einer *Unterschiedsunempfindlichkeit* in der begrifflichen Fassung und Bestimmung.
    3. Vieldeutigkeit kann der Index dafür sein, daß der Wort-
bereich in seiner Vieldeutigkeit erwachsen ist aus einem *echten
Verhältnis zu,* einer *echten Vertrautheit mit den Sachen,* daß die
Vielfachheit des Bedeutens *von der Sache gefordert* wird, eine *ge-
gliederte Mannigfaltigkeit des geschiedenen Bedeutens;* daß die

Sache so ist, daß sie *von sich her* denselben Ausdruck, aber ihn in verschiedenen Bedeutungen fordert.

Und so verhält es sich bei Aristoteles. Beispiel: das Buch Δ der »Metaphysik«. Gerade daß Aristoteles sich nicht bemüht, diese Vieldeutigkeit wegzubringen, im Sinne irgendeiner phantastischen Systematik zu nivellieren, zeigt seinen *Instinkt für die Sachen.* Er läßt die Bedeutung im Angesicht der Sachen stehen.

Sonach kann Vielfachheit des Bedeutens Index für Verschiedenes sein. Man wird gut tun, seine eigene Konfusion nicht mit der Vielfachheit des Bedeutens bei Aristoteles zu verwechseln. Man muß nachsehen, ob die Vieldeutigkeit tatsächlich aus den Sachen kommt.

Zu diesen vieldeutigen Grundbegriffen gehört οὐσία. Wir werden also nachsehen, von wo die verschiedenen Bedeutungen ihre Orientierung nehmen. Ich sagte bereits, daß οὐσία der Grundbegriff der aristotelischen Forschung ist. Solche Ausdrücke, die den Charakter des betonten Ausdrückens haben, bezeichnet man auch als ›Termini‹, und die Bedeutung, die ihnen ausdrücklich innerhalb eines wissenschaftlichen Fragezusammenhangs zukommt, ist die ›terminologische‹ Bedeutung des Ausdrucks. Es gibt verschiedene Möglichkeiten des *Werdens von Termini:*

1. Es wird ein bestimmter Sachzusammenhang entdeckt, zum ersten Male neu gesehen – es fehlt das Wort, das Wort wird *mit der Sache zusammen geprägt.* Der Ausdruck kann nicht vorhanden gewesen sein und wird unmittelbar Terminus, der später abfallen, eingehen kann in die allgemeine Geläufigkeit und Gebräuchlichkeit des Sprechens.

2. Die Bildung kann zweitens so vor sich gehen, daß der Terminus *sich anschließt an ein vorhandenes Wort,* und zwar so, daß ein Bedeutungsmoment, das in der geläufigen Bedeutung zwar mitgemeint war, aber nicht ausdrücklich, jetzt in der terminologischen Bedeutung thematisch wird.[1]

---

[1] Siehe Hs. S. 342 ff.

b) Die geläufige Bedeutung von οὐσία

Der Ausdruck οὐσία als fundamentaler Terminus der aristotelischen Forschung stammt her von einem Ausdruck, der in der
natürlichen Sprache eine *geläufige Bedeutung* hat. Die geläufige
Bedeutung ist die, die ein Wort *im natürlichen Sprechen* hat. *Na-
türliches* Sprechen besagt dasjenige Sprechen, wie es sich *zumeist
und zunächst* und immer abspielt, auch da, wo noch eine andere
Weise des mit der Welt Sprechens, das wissenschaftliche, vorhanden ist. Die *Geläufigkeit* des Bedeutens und des Ausdrückens besagt weiter, daß sie sich bewegt in der *Durchschnittlichkeit des
Verständnisses*, es hat die Eignung, als selbstverständlich umzuge-
hen, es wird »ohne weiteres« verstanden. »Man« versteht ohne
weiteres einen Ausdruck, der den Charakter des Geläufigen hat,
er ist im gemeinsamen Besitz der Sprache da, in die jeder neue
Mensch hineinwächst.

Es ist aber mit der οὐσία nicht so, daß die terminologische Bedeutung herausgewachsen wäre aus der geläufigen, die geläufige
verschwunden, sondern bei Aristoteles ist gleichzeitig neben der
terminologischen Bedeutung auch die geläufige ständig da. Und
zwar besagt οὐσία nach der geläufigen Bedeutung: »Vermögen«,
»Besitzstand«, »Hab und Gut«, »Anwesen«. Wir haben das Merk-
würdige, daß ein *bestimmtes* Seiendes, seiende Sachen wie Besitzstand, Hausgerät usw. von den Griechen als *eigentlich* Seiendes
angesprochen werden. Wir werden also, wenn wir hier in dieser
geläufigen Bedeutung nachsehen, vielleicht dahinterkommen,
was überhaupt mit ›Sein‹ bei den Griechen gemeint ist. Wir müssen uns aber hüten, irgendwie aus der geläufigen Bedeutung die
terminologische zu deduzieren. Es kann sich nur darum handeln,
die geläufige Bedeutung so zu verstehen, daß wir bei ihr *Anwei-
sungen* auf die terminologische entnehmen.

Die geläufige Bedeutung von οὐσία bezeichnet ein bestimmtes
Seiendes und nicht Berge, andere Menschen. Οὐσία ist terminologisch: »Seiendes im Wie seines Seins«. (Sonst mit »Substanz«
übersetzt. Es bleibt dahingestellt, ob Sie sich unter »Substanz«

mehr vorstellen können als unter »Seiendes im Wie seines Seins«). In der geläufigen Bedeutung ist dies ›im Wie seines Seins‹ nicht betont. Wir haben aber auch schon in unseren deutschen Ausdrücken bestimmte Bedeutungen, die nicht nur ein Seiendes meinen, sondern es auch meinen im Wie seines Seins: Anwesen, Vermögen, Hab und Gut. Οὐσία ist ein solches Seiendes, das *in einer betonten Weise für mich da* ist, so daß ich es brauchen kann, daß es mir zur Verfügung steht, mit dem ich tagtäglich zu tun habe, dasjenige Seiende, das in meinem tagtäglichen Umgang mit der Welt da ist, auch wenn ich Wissenschaft treibe, ein bevorzugtes, fundamentales Seiendes als in seinem Sein Seiendes, im Wie seines Seins. Auch in der geläufigen Bedeutung ist das Wie des Seins mitgemeint. Wie des Seins besagt *Dasein in der Weise des Verfügbarseins*. Das gibt uns einen Fingerzeig dahin, daß Sein für die Griechen von vornherein heißt *Da-sein*. Die weitere Aufklärung des Seienden in seinem Sein hat sich zu bewegen in der Richtung der Frage: was heißt *Da*? Aus der Aufklärung des *Da-Charakters* des Seienden wird sein Sein sichtbar.

Wir können sehen, wie die terminologische Bedeutung von οὐσία abstammt von der geläufigen. Οὐσία geläufig ist ein bestimmtes Seiendes im Wie seines Seins, das Wie ist nur *mitgemeint*. Die terminologische Bedeutung gibt dagegen *thematisch* das Wie des Seins, das bis dahin nur unausdrücklich gemeint war und nicht nur das Wie dieses Seins, sondern jedes Seienden. Οὐσία kann 1. direkt das Seiende meinen (mitgemeint das Wie), 2. direkt meinen das Wie eines Seienden (mitgemeint dieses Seiende selbst). Also meint οὐσία 1. ein Seiendes, 2. Wie des Seins, das Sein, die Seinsheit, Sein im Sinne von Da-sein. Οὐσία im Sinne von Da-sein schließt eine Doppeldeutigkeit in sich: 1. Daseiendes, 2. das Sein des Daseienden.

Es ist kein Zufall, daß die griechische Bezeichnung für die Dinge, wie sie zunächst begegnen, πράγματα ist, »Seiendes, mit dem man es ständig zu tun hat«, und χρήματα, »was in Gebrauch genommen ist«. Sie weisen auf die Grundbedeutung von οὐσία hin.

Aristoteles sagt in der »Metaphysik«, die alte Frage: τί τὸ ὄν; »was ist das Seiende?« sei eigentlich die nach dem Sein des Seienden: τίς ἡ οὐσία;[2] Aristoteles bringt zum ersten Mal die wissenschaftliche Forschung auf diesen Boden, einen Boden, den *Plato* selbst nicht einmal geahnt hat.[3]

c) Die terminologische Bedeutung von οὐσία

Die οὐσία ist der *Titel für den Gegenstand der eigentlichen Fundamentalforschung* der aristotelischen und überhaupt der griechischen Philosophie. Wenn man sich die Aufgabe macht, die Bedeutung eines solchen Terminus aufzuklären, so ist man daran gehalten, die Sachzusammenhänge sich zu vergegenwärtigen, die er meint. Der Terminus οὐσία hat eine mehrfache Entstehungsweise. Der Ausdruck οὐσία ist als Terminus erwachsen aus einem Ausdruck, der in der Alltagssprache herrschend ist und dort ein bestimmtes Seiendes meint, nämlich das Seiende vom Charakter des Vermögens, Besitzes, Anwesens usw. Wir wollen diese geläufige Bedeutung von οὐσία zum Leitfaden nehmen in der Weise, daß wir fragen, ob auch in der terminologischen Bedeutung in irgendeinem Sinne noch Bedeutungsmomente der geläufigen Bedeutung enthalten sind. Nur als *Leitfaden*: An Hand dessen werden wir die terminologische Bedeutung nach ihren Bedeutungsmomenten abfragen; kein Deduzieren der terminologischen aus der geläufigen Bedeutung.

Das Charakteristische ist, daß damit nicht nur ein Seiendes ausgedrückt wird, sondern ein Seiendes *im Wie seines Seins*. Mit Hausstand meine ich ein Seiendes, das in einer ausdrücklichen Weise da ist: dasjenige Seiende, das zunächst und zumeist im Leben da ist, innerhalb dessen das Leben sich faktisch zumeist bewegt, aus dem gleichsam das Leben sein Dasein fristet. So liegt in der geläufigen Bedeutung von οὐσία eine Doppelung: ein Seiendes, aber doch zugleich im Wie seines Seins. Die terminologi-

---

[2] Met. Z 1, 1028 b 2 sqq.
[3] Siehe Hs. S. 345 f.

sche Bedeutung ist dadurch ausgezeichnet, daß sie gerade dieses Wie des Seins ins Auge faßt, daß οὐσία nicht primär ein Seiendes bezeichnet, sondern das Wie des Seins dieses Seienden, wobei ein bestimmtes Seiendes mitgemeint wird. Wenn man den Terminus οὐσία braucht, auch schon in seiner geläufigen Bedeutung, ist schon ein *bestimmter Seinsbegriff* gemeint. Οὐσία als εἶναι, »Sein«, hat seine ganz bestimmte Seinsbedeutung, die erwachsen ist aus dem primären Verständnis, das die Griechen vom Seienden haben, das ihnen zunächst begegnet. Und dieser primäre Sinn von Sein ist es, der noch in der terminologischen Bedeutung mitschwingt.

Wir haben jedenfalls eine Orientierung gewonnen für die Vielfachheit des Bedeutens dieses Ausdrucks, in der Weise, daß er bedeutet 1. *Seiendes* im Wie seines Seins, 2. das *Wie des Seins* des Seienden. Jeweilig ist in verschiedener Richtung der Ton gelegt. Uns interessiert hier nur die terminologische Bedeutung. Die Vielfachheit der terminologischen Bedeutung soll genauer bestimmt werden. Wir behandeln die οὐσία in der Abzweckung zu sehen, was im λόγος, im ὁρισμός eigentlich angesprochen, worüber beim Definieren ursprünglich eigentlich gesprochen wird.

Οὐσία in der terminologischen Bedeutung wird hinsichtlich der Vielfachheit seiner Bedeutungen selbst behandelt. Auch in der terminologischen Bedeutung besagt οὐσία 1. das Seiende oder verschiedenes Seiendes so, daß das Wie seines Seins nicht direkt betont ist, 2. gerade das Sein des Seienden. Innerhalb dieser beiden Grundrichtungen des Bedeutens des Terminus οὐσία treffen wir eine Vielfältigkeit von Bedeutungen an, die wir genauer studieren. Sollte es eine Forschung geben, die das Sein zum Thema hat, dann wird diese Forschung, die das Sein des Seienden zum Thema hat, irgendwie daran gehalten sein, auch das Seiende sich zu vergegenwärtigen, denn am Ende ist nur am Seienden selbst der Charakter seines Seins abzulesen, so daß notwendig auch das Seiende mit in Rechnung gestellt werden muß. Innerhalb solcher Forschung hat jeder Seinsbegriff einen *spezifischen Doppelcharakter seines Bedeutens.*

α) Die οὐσία als Seiendes

Aus den beiden Grundrichtungen des Bedeutens des Terminus οὐσία wählen wir zunächst die, in der gemeint ist *das Seiende selbst*. In dieser Verwendung kommt der Ausdruck selbst vor. Es wird gesprochen von οὐσίαι, verschiedenen »Seienden«, weil sie verschiedene Seinscharaktere haben. Das Seiende selbst ist primär immer vor dem Sein erfahren. Aristoteles, »Metaphysik«, Buch 7, Kapitel 2: δοκεῖ δ' ἡ οὐσία ὑπάρχειν φανερώτατα μὲν τοῖς σώμασιν,[4] »das Sein des Seienden zeigt sich offensichtlich an den σώματα«. Wenn wir σῶμα mit »Körper« übersetzen, so ist zu beachten, daß *Körperlichkeit* für den Griechen nicht Stofflichkeit oder Materialität bedeutet, sondern σῶμα meint eine eigentümliche *Aufdringlichkeit* eines Seienden, eines Daseienden, so, daß später τὸ σὸν σῶμα, »dein σῶμα«, gleich σύ ist, und σῶμα heißt später »Sklave«, »Gefangener«, ein Seiendes, das mir gehört, zu meiner Verfügung steht, was für mich in dieser Aufdringlichkeit und Selbstverständlichkeit da ist. Diese Bedeutung ist mitzuhören. Solche σώματα sind demnach auch nicht nur Körperdinge, sondern Tiere, Bäume, Erde, Wasser, Luft, τὰ φυσικά, und auch der οὐρανός,[5] nicht nur tote Dinge, sondern Seiendes, das zunächst und zumeist in der Alltäglichkeit des Lebens da ist. Von diesem Seienden sagt Aristoteles, daß ihm δοκεῖ ἡ οὐσία ὑπάρχειν φανερώτατα, direkt und zunächst zeigt sich die οὐσία daran. Ob es noch anderes Sein gibt, das dem genügt, ist eine offene Frage.[6] οὐσίαι [...] ὁμολογούμεναι[7]: Jeder sagt mit dem anderen übereinstimmend ohne weiteres dasselbe, nämlich daß diese Seienden sind. Diese Seienden werden in der Selbstverständlichkeit des natürlichen Daseins im eigentlichen Sinn als seiend angesprochen.

Es ist deshalb für Aristoteles und für jede Forschung, die das Sein untersucht und dabei Boden unter den Füßen haben will,

---

[4] Met. Z 2, 1028 b 8 sq.
[5] Met. Z 2, 1028 b 9 sqq.
[6] Vgl. Met. Z 2, 1028 b 13 sqq.
[7] Met. H 1, 1042 a 6.

selbstverständlich, daß sie ausgeht von der Betrachtung des Seins
(und der Seinsstruktur), das in dieser Weise zunächst da ist; daß
sie ausgeht von einem Sinn des Seins, den die Natürlichkeit ohne
weiteres versteht. Das Leben bewegt sich in einer *natürlichen
Verständlichkeit* dessen, was es in seinem Sprechen mit »Sein«
und »Seiendem« ohne weiteres meint. »Metaphysik«, Buch 7, Kapitel 3 (Ende): ὁμολογοῦνται δ᾽ οὐσίαι εἶναι τῶν αἰσθητῶν τινές,[8]
»man stimmt überein, daß Seiendes im eigentlichen Sinn etwas
von dem ist, das in der αἴσθησις vernommen wird«. Wenn Aristoteles von αἰσθητόν spricht, so meint er nie Gegenständliches vom
Charakter der Sinnesdaten, das durch »Empfindungen« präsent
wird. Mit αἴσθησις meint er das »Vernehmen« des Seienden in
der natürlichen Weise, ein Vernehmen, ausgezeichnet dadurch,
daß die Sinne dabei mitbeteiligt sind, mit den Zugang vermitteln.
Es ist die natürliche Weise, wie wir Bäume, den Mond sehen und
darüber sprechen. Darüber herrscht Übereinstimmung, daß Seiendes, das durch die αἴσθησις zugänglich wird, den Charakter der
οὐσία hat. Daher ist im Felde dieses Seienden *in erster Linie* die
Untersuchung anzustellen: die Untersuchung nach der Struktur
der οὐσία selbst.

β) Die οὐσία als Sein. Die Seinscharaktere (Met. Δ 8)

Was nun eine solche Forschung des Seins des Seienden an Seinscharakteren herausstellt, können wir zunächst nicht im einzelnen
verfolgen. Wir wollen der Orientierung halber uns einige Seinscharaktere vergegenwärtigen, dann die Vielfachheit der Bedeutungen von οὐσία, wo οὐσία Sein eines Seienden bedeutet. Wir
nehmen als Grundlage für die Orientierung über die Seinscharaktere, die die Seinsforschung des Aristoteles herausgestellt
hat, das 8. Kapitel des 5. Buches der »Metaphysik«. Wir betrachten die da aufgezählten Seinscharaktere zugleich in der Hinsicht,
ob und wie in diesen Seinscharakteren in irgendeiner Weise mit-

---

[8] Met. Z 3, 1029 a 33 sq.

spricht der Sinn von Sein, den wir bei der geläufigen Bedeutung
von οὐσία: »Hausstand«, angefunden haben, ob auch in den Seinscharakteren verschiedene Momente des Seienden im Sinne eines
eigentümlichen Daseienden zum Ausdruck kommen, wie das Anwesen, der Hausstand zunächst und zumeist in der Dringlichkeit
da ist. Wir befragen die Seinscharaktere, ob sie nicht auch Charaktere im Sinne des Da sind.

Aristoteles leitet Kapitel 8 ein mit der Aufzählung der σώματα.[9]
Er will damit den Boden anzeigen, von dem aus er die ganze Untersuchung des Seins des Seienden ins Werk setzt.

1. Als ersten Seinscharakter bezeichnet er das ὑποκείμενον.[10]
Solche Seiende wie Tiere, Pflanzen, Menschen, Berge, Sonne sind
derart, daß sie ὑπό, »im vorhinein« schon »da liegen«. Wenn ich
über sie spreche, von einem Tier etwas aussage, eine Pflanze be-
schreibe, so ist das, worüber ich spreche, das Besprochene, was ich
im Sprechen da habe, vorhanden, im vorhinein schon daliegend.
Das Sein dieses Seienden hat den Charakter des *Vorhandenseins*.

2. Αἴτιον ἐνυπάρχον: »was mit darin vorhanden ist« in einem
solchen Sein, in der Funktion des αἴτιον τοῦ εἶναι.[11] Ein solcher
Seinscharakter ist die ψυχή.[12] Die Seele ist οὐσία, besagt, sie ist ein
Seinscharakter, der in einem Seienden vom erstgenannten Sinne
vorhanden ist, die Seele ist mit darin vorhanden, derart, daß sie
mit ausmacht das spezifische Sein dessen, was wir lebend nennen.
Sie ist schuld daran, macht aus das spezifische Sein eines Lebenden, d. h. eines Seins im Sinne des In-einer-Welt-Seins. Die
beiden Grundmomente sind das κρίνειν und das κινεῖν.[13] Ein Lebendes ist nicht einfach vorhanden (als zugänglich für jeder-
mann), sondern ist in ausdrücklicher Weise noch in seinem Vorhandensein *da*, es kann sehen, tun, sich bewegen. Die beiden

---

[9] Met. Δ 8, 1017 b 10 sqq.
[10] Met. Δ 8, 1017 b 13 sq.: καθ' ὑποκειμένου.
[11] Met. Δ 8, 1017 b 15: αἴτιον τοῦ εἶναι, ἐνυπάρχον.
[12] Met. Δ 8, 1017 b 16.
[13] Aristotelis de anima libri III. Recognovit G. Biehl. Editio altera curavit O.
Apelt. In aedibus B.G. Teubneri. Lipsiae 1911. Γ 2, 427 a 17 sq.: Ἐπεὶ δὲ δύο δια-
φοραῖς ὁρίζονται μάλιστα τὴν ψυχήν, κινήσει τε τῇ κατὰ τόπον καὶ [...] τῷ κρίνειν.

Momente dieser οὐσία sind κρίνειν, das »Abheben« gegen etwas anderes, das Sichorientieren in einer Welt, und das κινεῖν, das »Sich-darin-Bewegen«, das Darin-zu-tun-Haben, Darin-herum- und -Umgehen. Man muß also, wenn man die griechische Philosophie bespricht, etwas vorsichtiger sein mit der berühmten »Substanzialität« der Seele. Οὐσία besagt eine Weise des Seins, und wenn die Seele οὐσία genannt wird, so besagt das eine ausgezeichnete Weise des Seins, nämlich des Seins des Lebenden.

3. Μόριον ἐνυπάρχον[14]: Dieser Charakter wird repräsentiert z. B. durch die Fläche an einem Körper. Wenn ich die Fläche an einem Körper aus dem Da wegnehme, so ist damit der Körper aufgehoben. Er ist nicht mehr da. Die Fläche macht also das Dasein und das mögliche Dasein eines Körpers aus, genau wie die Linie das mögliche Dasein einer Fläche. Demnach ist die Fläche als Moment eines Körpers ein solcher Seinscharakter, den Aristoteles auch bezeichnet als ὁρίζον,[15] »der begrenzt«. Der Körper wird durch den Seinscharakter des μόριον ἐνυπάρχον *begrenzt*, d. h. das Seiende wird in seinem Sein bestimmt. Das ist nur möglich, weil bei den Griechen die *Grenze* ein ganz fundamentaler Charakter des Daseins des Seienden ist. Die *Grenzhaftigkeit* ist ein fundamentaler Charakter des Da. Dieses Moment des ὁρίζον ist σημαῖνον τόδε τι,[16] es »bezeichnet« das Seiende, in dem es vorhanden ist, als ein »das da«, so daß dies »das da« in seiner Seinsheit sichtbar, bestimmbar, faßbar wird. Weil die Begrenzung eine so eigentümliche Rolle spielt, daß sie Seiendes in seinem Sein bestimmt, sind einige darauf gekommen, »überhaupt« die Grenze, im weitesten Sinne die »Zahl«, als die οὐσία zu bezeichnen.[17] Sowohl *Pythagoreer* als *Platoniker* sahen in der Zahl die eigentliche οὐσία, Zahlen als οὐσίαι. Zahlenmäßiges, Zahlhaftes begrenzt das Seiende als solches, es sind keine Substanzen, Dämonen, die herumexistieren.

---

[14] Met. Δ 8, 1017 b 17: μόρια ἐνυπάρχοντα.
[15] Ebd.
[16] Met. Δ 8, 1017 b 18.
[17] Met. Δ 8, 1017 b 20: καὶ ὅλως ὁ ἀριθμὸς δοκεῖ τισι τοιοῦτος εἶναι.

4. τὸ τί ἦν εἶναι[18]: Aristoteles hat diesen Terminus nicht gebildet, sondern er wurde ihm überliefert. Τὸ τί ἦν εἶναι ist ein Charakter von Sein, und zwar derjenige, auf den hin der λόγος als ὁρισμός das Seiende anspricht.[19] Das τὸ τί ἦν εἶναι ist gerade das Thema des ὁρισμός. Wir können hier nicht daran denken, diesen Seinscharakter in extenso zum Verständnis zu bringen, er wird uns vielleicht am Ende der Vorlesung aufgehen. Ich charakterisiere nur ganz oberflächlich die Bedeutung dieses Seinscharakters und seines Zusammenhanges mit den übrigen. Er besagt das »Sein«, und zwar das »Wassein, wie es schon war«. Er meint ein Seiendes an ihm selbst, und zwar hinsichtlich dessen, was es schon war, woher es in seinem Sein stammt, hinsichtlich seiner *Herkünfigkeit*, hergekommen ins Da-seiende. Deshalb ist τὸ τί ἦν εἶναι das »Sein eines Jeweiligen«, οὐσία ἑκάστου.[20] Das ist nicht »jedes« oder gar »Einzelnes« und »Individuelles«. Mit solchen Übersetzungen hat man sich den Weg verlegt. Ἑκάς heißt »fern«, ἕκαστον »Jeweiliges«, sofern ich bei ihm verweile, sofern ich es in einer gewissen Distanz sehe. Das Jeweilige wird gerade nicht unmittelbar und direkt gesehen, es wird erst zugänglich, wenn ich einen gewissen Abstand von ihm nehme und es mir so, in diesem Abstand, präsentiere. Τὰ καθ᾽ ἕκαστα sind die Momente, die die Jeweiligkeit eines Seienden ausmachen. Sie werden erst präsent, sofern ich einen Abstand davon habe. Im natürlichen Umgang sind mir die vertrauten Gegenstände nicht eigentlich da, ich sehe darüber hinweg, sie haben nicht den Charakter der Präsenz, sie sind viel zu alltäglich, sie verschwinden gleichsam aus meinem alltäglichen Dasein. Erst bei irgendeinem Ereignis ungewöhnlicher Art kann mir etwas, mit dem ich täglich umgehe, plötzlich in seiner Präsenz gegenwärtig werden. Die Jeweiligkeit ist gar nicht zunächst und direkt gegeben. Es bedarf einer Abstandnahme, um die Alltäglichkeit in ihrem Dasein zu sehen, präsent zu haben, und die Seinscharaktere, die das Daseiende in seinem Da-

---

[18] Met. Δ 8, 1017 b 21 sq.
[19] Met. Δ 8, 1017 b 22.
[20] Met. Δ 8, 1017 b 22 sq.

sein ausdrücklich zeigen, die den Da-Charakter des Seins ausmachen, sind in dem τὸ τί ἦν εἶναι des Aristoteles beschlossen.

So unterscheidet nun Aristoteles zwei τρόποι, »Grundweisen«, in denen οὐσία gebraucht wird: 1. das ὑποκείμενον ἔσχατον, das für jeden Umgang damit schon da ist, 2. das Seiende im Charakter des τόδε τι ὄν, von dem ich sage »das da«, χωριστόν, »am eigenen Platze« stehend, »eigenständig« vorhanden sein.[21]

5. Diese Eigenständigkeit wird ausgedrückt durch das εἶδος,[22] »was gesehen, gesichtet wird«, das »Aussehen«, das »Sichausnehmen« eines Seienden. Was ich hier sehe und als daseiend eigenständig vorhanden feststelle, nimmt sich aus wie ein Stuhl, ist – für den Griechen – also ein Stuhl.

γ) Die οὐσία als Dasein. Die Seinscharaktere als
Charaktere des Da

Wir haben uns nur in einer Aufzählung von Seinscharakteren bewegt, es kommt darauf an, zu sehen, wie in diesen verschiedenen Charakteren von Sein eine *bestimmte Auffassung von Da* zum Ausdruck kommt, wie also diese verschiedenen Seinscharaktere *ganz bestimmte Charaktere des Sinnes von Da* sind, wie der Grieche das Da versteht. Dafür haben wir bereits einen Leitfaden in der geläufigen Bedeutung von οὐσία im Sinne des »Verfügbaren«, »Gegenwärtigen«, des Vorhandenen im Sinne des »Anwesens«, »Besitzstandes«.

Wir versuchen eine Grundorientierung über die Seinscharaktere zu erlangen, in der Weise, daß wir nachsehen, inwiefern alle diese scheinbar doch etwas differenten Charaktere von Sein als Charaktere des Da anzusetzen sind. Οὐσία heißt »Dasein« und hat nicht einen indifferenten Sinn von Sein, den es letztlich gar nicht gibt. Οὐσία ist die Verkürzung von παρουσία, »Gegenwärtigsein«. Häufiger ist das Gegenteil ἀπουσία, »Abwesenheit«, d.h. nicht einfach nichts, sondern es ist etwas da, aber da in einem Mangel.

[21] Met. Δ 8, 1017 b 23 sqq.
[22] Met. Δ 8, 1017 b 26.

Schielen ist ein Sehen in der ἀπουσία. Die ἀπουσία ist das ontologische Fundament für die Grundkategorie der στέρησις. Wir wollen versuchen, die genannten Charaktere des Da auf eine Grundorientierung zu bringen.

1. Ὑποκείμενον,[23] »Vorhandensein«, die »Vorhandenheit« von
etwas. Dieser Seinscharakter hängt mit Sein im Sinne der geläufigen Bedeutung zusammen, er meint das Daseiende nicht nur als
daseiend, er meint z. B. auch das Daseiende im Sinne dessen, worauf das Anwesen steht, das Land, die Erde, Himmel, Natur, Bäume, was vorhanden ist als das Seiende, worin das konkrete Leben
sein Dasein fristet. Οὐσία also Vorhandenheit, ohne daß ich selbst
zum Sein dieses Daseienden etwas dazu zu tun brauche.

2. Αἴτιον (τοῦ εἶναι) ἐνυπάρχον,[24] Beispiel: ψυχή.[25] Die »Seele« ist
οὐσία in dem Sinne, daß sie das Dasein eines Seienden vom Charakter eines Lebenden ausmacht. Ein Lebendes hat ein ganz charakteristisches Dasein: a) Es ist da im Sinne des ὑποκείμενον, ist
vorhanden, wie Steine, Tische. b) Aber der Mensch steht nicht
am Wege wie ein Stein, sondern er geht unter Bäumen spazieren.
Ich treffe ihn irgendwo, aber dieses sein Dasein als Vorkommen,
als »Welt« ist charakterisiert dadurch, daß es *ist in der Weise des
In-der-Welt-seins*, es ist, indem es eine Orientierung hat. Der
Mensch ist da so, daß er in der Welt ist, in der Weise, daß er seine
Welt hat; er hat seine Welt dadurch, daß er mit ihr umgeht. Ψυχή
als Seinscharakter ist ein ausgezeichneter, der in sich schließt das
Sein als ὑποκείμενον.

3. Μόριον ἐνυπάρχον,[26] das das mögliche Sein von etwas ausmacht: der Punkt z. B., die Linie, die Zahl als eigentlicher Seinscharakter, weil Zahl Begrenzung ist. Aber Zahl und Punkt usw.
sind nur dann Seincharaktere, wenn nachweisbar ist, daß für den
Griechen die Grenze und das Begrenztsein der eigentliche Seinscharakter ist.

---

[23] Met. Δ 8, 1017 b 13 sq.
[24] Met. Δ 8, 1017 b 15.
[25] Met. Δ 8, 1017 b 16.
[26] Met. Δ 8, 1017 b 17.

4. Τὸ τί ἦν εἶναι[27]: Schon die Zusammensetzung deutet darauf hin, daß es sich hier um einen ganzen Komplex von Seinsbestimmungen handelt, den wir später ablösen wollen. Das Sein im Charakter des τὸ τί ἦν εἶναι ist das eigentliche Thema desjenigen λόγος, den wir als ὁρισμός jetzt besprechen. Dieser Seinscharakter ist der des ἕκαστον. Jedes Daseiende in seiner Jeweiligkeit wird bestimmt durch das τὸ τί ἦν εἶναι.

In der Zusammenfassung der Seinscharaktere tritt noch ein 5. auf: εἶδος,[28] auch bei Aristoteles schon in der Bedeutung »Art«. Warum das »Art« heißt und γένος »Gattung«, versteht man nicht, wenn man nicht weiß, daß εἶδος ein ganz bestimmter Seinscharakter ist: Es ist zunächst gemeint das Daseiende in seinem »Sichausnehmen«. Baut ein Baumeister ein Haus, so lebt er und bewegt sich zunächst im εἶδος des Hauses, in dem, wie es aussieht.

Das τὸ τί ἦν εἶναι hat in sich die Bestimmung des ἦν: das Dasein eines Seienden, und zwar gesehen auf das, *was es war*, auf seine *Herkunft*. Wenn der Mensch bestimmt wird als ζῷον λόγον ἔχον, so *kommt* das Sprechen *her* von seinem ζῷον-, »Lebewesen«-Sein, dies ist sein γένος. Ich sehe ein Daseiendes hinsichtlich seines Seins, wie es da ist als *herkommend aus* ... Ich sehe ein Daseiendes eigentlich in seinem Sein, wenn ich es in seiner *Geschichte* sehe, das so Daseiende, aus seiner Geschichte ins Sein gekommen. Dieses Daseiende als so da ist *fertig*, es ist zu seinem *Ende* gekommen, zu seiner *Fertigkeit*, genau wie das Haus in seinem εἶδος als ποιούμενον fertig ist. Das ὑποκείμενον ist schon fertig, ich brauche es nicht erst herzustellen. Der Körper hat durch die Fläche seine Fertigkeit.

Dasein heißt also zusammenfassend: 1. primär *Gegenwärtigkeit, Gegenwart*, 2. das *Fertigsein*, die *Fertigkeit* – die beiden Charaktere des Da bei den Griechen. In diesen beiden ist alles Seiende hinsichtlich seines Seins auszulegen.[29]

---

[27] Met. Δ 8, 1017 b 21 sq.
[28] Met. Δ 8, 1017 b 26.
[29] Siehe Hs. S. 346 ff.

§ 8. Der ὁρισμός als bestimmte Weise des Seins-in-der-Welt.

*Die Aufgabe, die Grundbegriffe in ihrer Begrifflichkeit in das
Dasein als Sein-in-der-Welt hineinzuverstehen*

Λόγος als ὁρισμός ist ein solches »Sprechen«, »Ansprechen« der
Welt, daß in ihm das Seiende *hinsichtlich seiner Fertigkeit* und
diese *als gegenwärtig* angesprochen wird. Ὁρισμός ist λόγος
οὐσίας in dem Sinne, daß οὐσία bezeichnet das τὸ τί ἦν εἶναι. Der
λόγος ist also als ὁρισμός ein ganz ausgezeichnetes λέγειν, er ist
eine bestimmte Möglichkeit innerhalb des λέγειν. Das λέγειν wird
nicht primär so vollzogen, daß es ein ὁρίζειν ist, sondern primär
ist die Welt gegeben im Zunächst, als συγκεχυμένον,[1] »verwischt«,
»verschüttet«, »unartikuliert«. Es bedarf einer besonderen Ver-
anstaltung, eines besonderen Öffnens der Augen, um das Daseiende in seinem Sein zu sehen.

Aristoteles hat von diesem Tatbestand, daß der λόγος als ὁρισμός nicht alltäglich ist, ein ausdrückliches Bewußtsein gehabt. Er
formuliert dies im Eingang zur Untersuchung der οὐσία, »Metaphysik« Z 3: »Das Lernen, das Sichbekanntmachen mit etwas,
vollzieht sich für alle in der Weise, daß es geht über das, was weniger vertraut ist von Natur, zu dem, was mehr vertraut ist.«[2]
Wenn ich etwas lerne, habe ich etwas vorgegeben, und dieses Vorgegebene ist nur in der Durchschnittlichkeit des Daseins bekannt, ich bin darüber in einer oberflächlichen Weise orientiert.
Durch dieses hindurchgehend arbeite ich mich im Lernen vor zu
dem, was eigentlich bekannt sein kann. »Wie es sich in allem
Besorgen zeigt, daß man von dem, was jedem jeweilig zunächst
als gut vorkommt, zu dem eigentlichen Guten vorschreitet und
dieses eigentliche Gute für sich als Gutes aneignet, so verhält es
sich auch mit dem Bekanntwerden mit dem Sein, das jeweils zu-

---

[1] Aristotelis Physica. Recensuit C. Prantl. Lipsiae in aedibus B. G. Teubneri
1879. A 1, 184 a 22: συγκεχυμένα.
[2] Met. Z 3, 1029 b 3 sqq.: ἡ γὰρ μάθησις οὕτω γίγνεται πᾶσι διὰ τῶν ἧττον γνωρίμων φύσει εἰς τὰ γνώριμα μᾶλλον.

nächst bekannt ist«, es ist »oft unscharf (ἠρέμα) bekannt«.[3] Ich habe nicht die Zeit, die Veranlassung, das Daseiende mir schärfer anzusehen. Dieses Daseiende »hat wenig oder gar nichts vom Sein«.[4] Es ist so selbstverständlich da, daß ich darüber hinwegsehe, es nicht beachte. Gerade in diesem Nichtbeachtetsein zeigt sich die Selbstverständlichkeit des Daseins von Welt. Aber ich muß gerade von dem, was *uneigentlich* da ist, ausgehen zu dem, was nun *eigentlich* in die Bekanntheit übergeführt werden soll. Diese Sätze sind programmatisch, der eigentliche *Gegenstoß gegen die platonische Philosophie.* Aristoteles sagt: Ich muß *Boden* unter den Füßen haben, einen Boden, der in einer ersten Selbstverständlichkeit da ist, um mich um das Sein zu bemühen. Ich kann nicht phantastisch mich an einen bestimmten Seinsbegriff halten und dann spekulieren.

Die methodische Haltung zeigt sich schon ganz prinzipiell am Eingang der »Physik«, die eine der frühesten Untersuchungen ist und wahrscheinlich in der Zeit ausgearbeitet wurde, als Aristoteles noch in der Akademie mit *Plato* zusammenarbeitete. Das, was zunächst bekannt ist, wovon ich ausgehe, ist das καθόλου, »etwas, das ich im Überschlag da habe«[5]. Ich bin obenhin orientiert in meiner Umwelt, ohne daß ich, auf den Kopf zu gefragt, was das ist, eine Antwort geben könnte. Es kommt darauf an, durch das καθόλου das eigentliche Seiende zu sehen.[6] Das zeigt sich an dem Verhältnis zwischen dem *Sprechen als geläufigen* und dem *Terminus.* Das Wort, im natürlichen Sprechen gebraucht, weist hin auf ein Daseiendes, geschlossen in sich, und zwar ohne daß dieses so Angesprochene durchgegrenzt ist. Wenn sich dagegen das Bedeuten und die Wortverwendung vollzieht in einem λόγος, der ὁρισμός ist, dann nimmt er das so Daseiende in das auseinander, was

---

[3] Met. Z 3, 1029 b 5 sqq.: ὥσπερ ἐν ταῖς πράξεσι τὸ ποιῆσαι ἐκ τῶν ἑκάστῳ ἀγαθῶν τὰ ὅλως ἀγαθὰ ἑκάστῳ ἀγαθά, οὕτως ἐκ τῶν αὐτῷ γνωριμωτέρων τὰ τῇ φύσει γνώριμα αὐτῷ γνώριμα. [...] πολλάκις ἠρέμα ἐστὶ γνώριμα.
[4] Met. Z 3, 1029 b 9 sq.: μικρὸν ἢ οὐδὲν ἔχει τοῦ ὄντος.
[5] Phys. A 1, 184 a 23.
[6] Phys. A 1, 184 a 23 sq.: διὸ ἐκ τῶν καθόλου ἐπὶ τὰ καθ' ἔκαστα δεῖ προϊέναι.

nun die eigentliche »Jeweiligkeit« eines solchen Gegenstandes ausmacht: Τὰ καθ' ἕκαστα sind diejenigen Momente, die mir das zunächst oberflächlich Gemeinte in den nötigen *Abstand* bringen, damit ich es eigentlich in seiner *Artikuliertheit* sehe. »Die Kinder [die als solche in einem ganz ausgezeichneten Sinne in ihrer Welt leben, die sie unartikuliert haben] pflegen alle Männer als Väter und alle Frauen als Mütter anzusprechen, erst später kommen sie zum διορίζειν.«[7] Vater und Mutter ist die allererste und durchschnittliche Auslegung des Daseins von Menschen für das Kind, sie ist zunächst zugänglich, es wendet sie auf jeden Mann und jede Frau an. Diese Unbestimmtheit des Durchgängigen gibt ihm gerade die Möglichkeit, unter dem Daseienden, den Menschen sich zu orientieren. Hiervon, von dem, was zunächst ist, ist auszugehen und dieser Boden ausdrücklich zu sehen. Aus dieser Basis des natürlichen Seins in der Alltäglichkeit heraus erwächst nun die charakteristische Möglichkeit eines eigentümlichen Sprechens, das nun das Dasein in seiner eigentlichen Gegenwärtigkeit anspricht, im Charakter seines πέρας, es so anspricht, daß das Dasein in seiner Begrenztheit angesprochen wird.

Dieses Ansprechen des Daseins in seiner Begrenztheit ist ein λόγος als ὁρισμός. Ein begrenzendes Sprechen besagt für die Griechen ein Ansprechen des eigentlichen Daseins. Daß Grenze, Begrenztheit den eigentlichen Da-Charakter ausmacht, sehen wir aus »Metaphysik« Δ, Kapitel 17: πέρας ist das ἔσχατον, »das Äußerste eines jeweilig Daseienden, außerhalb dessen als dem Ersten nichts weiter von der betreffenden Sache anzutreffen ist, innerhalb dessen das Ganze des betreffenden Seienden zu sehen ist«.[8] Dieser Charakter des πέρας wird nun ohne weiteres bestimmt als εἶδος: Die Grenzhaftigkeit ist das eigentliche »Aussehen eines Seienden, das irgendwelche Erstreckung hat«.[9] Πέρας

---

[7] Phys. A 1, 184 b 12 sqq.: τὰ παιδία τὸ μὲν πρῶτον προσαγορεύει πάντας τοὺς ἄνδρας πατέρας καὶ μητέρας τὰς γυναῖκας, ὕστερον δὲ διορίζει τούτων ἑκάτερον.
[8] Met. Δ 17, 1022 a 4 sq.: τὸ ἔσχατον ἑκάστου καὶ οὗ ἔξω μηδὲν ἔστι λαβεῖν πρώτου, καὶ οὗ ἔσω πάντα πρώτου.
[9] Met. Δ 17, 1022 a 6: εἶδος [...] ἔχοντος μέγεθος.

ist aber nicht nur εἶδος, sondern auch τέλος.[10] Τέλος heißt »Ende« im Sinne der Fertigkeit, nicht »Ziel« oder gar »Zweck«. Die Fertigkeit ist nämlich ein solches πέρας, »auf das zugeht die Bewegung und die Handlung«,[11] κίνησις und πρᾶξις, das Beschäftigtsein mit etwas, wo eine Bewegung oder Handlung ihr Ende findet (keine Zweckidee!). Es gibt auch Seiendes, wo beides diesen Grenzcharakter hat. Den Charakter des πέρας hat auch das οὗ ἕνεκα, das, »worum willen« etwas geschieht.[12] Der eigentliche, letzte Charakter von Sein im εἶδος und τέλος ist der Charakter des πέρας. Grenze für das Erkennen ist die Grenzhaftigkeit deshalb nur, weil sie Grenzhaftigkeit der Sache ist, das πρᾶγμα in seiner Grenze bestimmt.[13]

Von hier ist zu entnehmen, was für Aristoteles und die Griechen die Maxime innerhalb der theoretischen Forschung besagt: μὴ εἰς ἄπειρον ἰέναι.[14] Εἰς ἄπειρον ἰέναι ist ein Gehen zu etwas, was gar nicht mehr ist, weil die Grenze fehlt. Diese *Maxime der Vermeidung des regressus ad infinitum* hat für die Griechen einen ganz bestimmten Sinn und ein ganz bestimmtes Gewicht und ist gar nicht auf heutige Untersuchungen zu übertragen, weil ein ganz anderer Sinn von Dasein vorliegt. Braucht man sie häufiger, so hat man sich zu rechtfertigen über das, was man Sein nennt. Die Seinscharaktere tragen in sich das Da-Moment des πέρας. Gegenwärtigkeit eines Seienden in seiner Fertigkeit bestimmt ein Seiendes in seinem Da, d.h. sie charakterisiert es schlechthin. Dieser Sinn von Sein ist von den Griechen nicht irgendwo gefunden, sondern aus ganz bestimmter Erfahrung des Seins erwachsen, sofern der Mensch nämlich in einer Welt lebt und sofern die Welt überwölbt ist vom οὐρανός, »Himmel«, sofern die Welt der οὐρανός ist, der in sich geschlossen und in sich fertig ist. Sein wird von den Griechen aus dem Dasein interpretiert – dies die einzig

---

[10] Ebd.

[11] Met. Δ 17, 1022 a 7: ἐφ’ ὃ ἡ κίνησις καὶ ἡ πρᾶξις.

[12] Met. Δ 17, 1022 a 8.

[13] Met. Δ 17, 1022 a 9 sq.: τῆς γνώσεως γὰρ τοῦτο πέρας· εἰ δὲ τῆς γνώσεως, καὶ τοῦ πράγματος.

[14] Phys. Θ 5, 256 a 29.

mögliche Art. Eine *bestimmte Erfahrung der Welt* ist der *Leitfaden für die Explikation des Seins* bei den Griechen.

Sie sehen, daß das, was wir beim Ausgang unserer Betrachtung als eine technische Angelegenheit des Denkens und der Denksauberkeit angetroffen haben, sich offenbart als ὁρισμός. Der ὁρισμός ist ein λόγος, ein *bestimmtes Sein-in-der-Welt*, das die daseiende Welt in ihrem eigentlichen Da-Charakter antrifft, in ihrem eigentlichen Sein anspricht. Wir haben eine konkrete Verweisung dahin, wo die eigentliche Bodenständigkeit des Begriffes zu suchen ist. Die Begrifflichkeit ist keine beliebige Sache, sondern eine *Angelegenheit des Daseins* im entscheidenden Sinne, *sofern es sich entschlossen hat, radikal mit der Welt zu sprechen,* d. h. zu fragen und zu forschen. Der λόγος, das »Sprechen«, wird das Seiende an ihm selbst dann aufzeigen, wenn dieses Sprechen den Charakter hat, daß es das Seiende *in seiner Grenzhaftigkeit* zeigt, daß es das Seiende *in seinem Sein begrenzt.* Derjenige λόγος, der ὁρισμός ist, ist die *eigentliche Zugangsweise zum Seienden,* Sprechen als ὁρισμός ist das eigentliche Ansprechen der Welt. Man kann diesen λόγος als die eigentliche Zugangsweise zum Seienden bezeichnen, sofern πέρας der Grundcharakter des Da ist. Ὁρισμός ist das Sprechen mit dem Seienden, das *in der Weise der Gegenwärtigkeit* und in ihr *begrenzt* ist, sofern er es als begrenztes betrifft.

Wenn man später οὐσία übersetzt hat mit »Wesen« und das heute in besonderem Maße tut und sich mehr oder minder deutlich darauf zurückberuft, so muß man sich darüber im klaren sein, was man darunter versteht, wenn man die Bestimmungen ›Wesen‹, ›Wesensschau‹, ›Wesenszusammenhänge‹ gebraucht, ob man dabei das Seiende, das man aufzeigen will, im selben Sinne des Seins meint wie die Griechen. Wenn das nicht der Fall ist, muß aufgezeigt werden, was man mit Sein meint. Sofern dies nicht geschieht, hängt alle Wesensschau in der Luft, was denn auch der Fall ist. Bei den Griechen ist der Seinsbegriff nicht vom Himmel gefallen, sondern hat seinen bestimmten Boden.

Wenn wir nach Grundbegriffen in ihrer Begrifflichkeit fragen, so sehen wir, daß der ὁρισμός eine Angelegenheit des Daseins ist, des Seins-in-der-Welt. *In das konkrete Dasein müssen wir die Grundbegriffe des Aristoteles hineinverstehen und in seine Grundmöglichkeiten des Sprechens mit seiner Welt,* in der das Dasein ist.

Daß in der Tat alle Aufklärung von Begriffen in ihrer Begrifflichkeit so vor sich geht, kann uns die Betrachtung des Begriffes οὐσία demonstrieren. Was geschah damit, daß wir zurückgingen auf die geläufige Bedeutung, um von da Anweisung für die Bedeutung von οὐσία, Da, »Dasein« zu holen? Dieser Rückgang ist ja nichts anderes als das *Abhören des Sprechens des natürlichen Daseins* mit seiner Welt, wie die Verständigung des Daseins mit sich selbst über das Daseiende spricht, was in dieser natürlichen Verständlichkeit Sein besagt.

Wenn wir uns nun ausdrücklicher an die Aufgabe machen, Grundbegriffe in ihrer Begrifflichkeit zu fassen, so sind wir daran gehalten, uns näher darüber zu verständigen, was Aristoteles mit dem *Dasein, Sein des Menschen in der Welt,* versteht, wie er das Dasein *erfährt,* in welchem Sinn von Sein er es *anspricht,* es *auslegt.* Erst wenn wir darüber versichert sind, werden wir die Möglichkeit haben, die Grundbegriffe in ihrer Urwüchsigkeit zu verstehen.[15]

---

[15] Siehe Hs. S. 351 f.

ZWEITES KAPITEL

Die aristotelische Bestimmung des Daseins des Menschen als ζωὴ πρακτική im Sinne einer ψυχῆς ἐνέργεια

Aristoteles bestimmt das Dasein des Menschen als eine ζωὴ πρακτική τις τοῦ λόγον ἔχοντος,[1] »ein Leben, und zwar πρακτική, eines solchen Seienden, das die Sprache hat«. Wir müssen eine Interpretation der obigen Bestimmung versuchen, um uns eine konkrete Anschauung zu verschaffen von dem, was Aristoteles unter dem Sein und Dasein des Menschen versteht. Sie muß in doppelter Richtung gehen. Sofern die ζωὴ πρακτική als ψυχῆς ἐνέργεια[2] bestimmt ist, werden wir 1. verfolgen die Bedeutung und den sachlichen Zusammenhang, der gemeint ist mit ἐνέργεια, und 2. den Zusammenhang, der gemeint ist mit ψυχή.

Ad 1. Ἐνέργεια ist vielleicht der *fundamentalste Seinscharakter* der aristotelischen Lehre vom Sein. Er schließt in sich das Stammwort ἔργον. Wir werden von ἐνέργεια auf das ἔργον zurückgehen und fragen: Was ist das ἔργον des Menschen, die »eigentliche Verrichtung« und das »Besorgen«, in dem der Mensch als Mensch in seinem Menschsein lebt? Daraus werden wir ablesen die Weise seines Seins, sofern jedes ἔργον als ἔργον seine bestimmte seinsmäßige Begrenzung hat. Was sein πέρας ausmacht, ist das ἀγαθόν (nicht Wert!). Von diesem ἀγαθόν als dem πέρας werden wir auf die ausgezeichnete Grenze eines Seins geführt, das bestimmt ist als κίνησις. Eine solche Grenze eines solchen Seins ist τέλος. Wir werden zur Bestimmung der εὐδαιμονία als diesem τέλος geführt, zur Bestimmung desjenigen, was das Seiende vom Charakter des Lebens als seine Grundmöglichkeit in sich

---

[1] Aristotelis Ethica Nicomachea. Recognovit F. Susemihl. Lipsiae in aedibus B.G. Teubneri 1887. A 6, 1098 a 3 sq.

[2] Eth. Nic. A 6, 1098 a 7.

trägt. Das Leben ist 1. eine Weise des Seins, charakterisiert durch sein *Sein-in-einer-Welt*; 2. ein Seiendes, dem es *in seinem Sein als solchem auf dieses Sein als solches ankommt*, ein Seiendes, das *um sein Sein besorgt ist*. Das eigene Sein des Lebens ist in irgendeiner Weise in sein ἔργον als τέλος gestellt. Innerhalb dieser konkreten Daseinsmöglichkeiten, nach denen jedes konkrete Dasein sich entscheidet, sucht Aristoteles *Grundmöglichkeiten*. Die *letzte Grundmöglichkeit*, in der Dasein eigentlich ist, bezeichnen wir als *Existenz*. Die Existenz im radikalen Sinne ist für den Griechen gerade diejenige Weise des Seins-in-der-Welt, des Verweilens in ihr, aus der der ὁρισμός als Sprechen mit der Welt motiviert ist. Die Existenz, die radikale Grundmöglichkeit des Daseins ist für den Griechen der βίος θεωρητικός: Das Leben verweilt im reinen Betrachten.

Ad 2. Die zweite Richtung verläuft ontologisch entgegengesetzt von der Aufklärung der ψυχή. Die ψυχή ist eine οὐσία, deren Grundmomente für Aristoteles das κρίνειν und das κινεῖν sind,[5] das »Abheben und Bestimmen« und das »Sichbewegen« in der Welt, das Mit-der-Welt-Umgehen. Sie geben den Boden für die weitere konkrete Auszeichnung des Seins-in-der-Welt, im weiteren Verlauf für die Möglichkeit des ἑρμηνεύειν. Das »Hören«, ἀκούειν, das dem Sprechen Entsprechende, ist die fundamentale Weise des »Vernehmens«, die eigentliche Möglichkeit der αἴσθησις. Im Hören bin ich in Kommunikation mit anderen Menschen, sofern Menschsein Sprechen heißt. Die ausdrückliche Betonung des ἀκούειν ist eine Merkwürdigkeit, weil sonst die Grundmöglichkeit als Existenz für die Griechen im θεωρεῖν, im ὁρᾶν gelegen ist. Wie dies zusammengeht, werden wir später auseinandersetzen.[4]

In diesen beiden Richtungen verfolgen wir die Aufklärung der Seinsstruktur des Daseins des Menschen bei Aristoteles. In seiner Explikation kommt nur ausdrücklich zur Vollendung, was in der

---

[5] De an. Γ 2, 427 a 17 sq.
[4] Siehe S. 104 f.

Geschichte der griechischen Daseinsauslegung schon lebendig war. Aristoteles hat keine andere Tendenz als das zu sagen, was ἔνδοξον ist, was im natürlichen Sein des Daseins selbst liegt, was selbstverständlich ist. Aber gerade das ist oft am schwersten zu sagen. Zu dieser Betrachtung des Seinscharakters des Daseins sind wir in gewisser Weise schon vorbereitet. Denn mit Absicht habe ich eine vorläufige Charakteristik der Seinscharaktere vorausgeschickt. Vermutlich werden diese Charaktere auch bei der Bestimmung des Menschen in Funktion treten. Wir haben also schon einen Leitfaden für die Seinscharakteristik des Daseins, wir sind schon etwas orientiert über das λόγον ἔχον.

§ 9. Das Dasein des Menschen als ψυχή: Sprechendsein
(λόγον ἔχειν) und Miteinandersein (κοινωνία)
(Pol. A 2, Rhet. A 6 und 11)

Wir müssen uns jetzt über das λέγειν verständigen. Wir haben noch keine Klarheit über das »Sprechen«, sofern es das eigentliche Sein des Menschen ausmacht.

a) Die Bestimmung des Menschen als ζῷον λόγον ἔχον.
Die Aufgabe der Abhebung des λόγος gegen die φωνή

Wir wollen ins Auge fassen das 2. Kapitel des 1. Buches der »Politik«. Die Bestimmung des Menschen als ζῷον λόγον ἔχον kommt hier in einer ganz bestimmten Abzweckung vor, im Zusammenhang des Nachweises, daß die πόλις eine Seinsmöglichkeit des menschlichen Lebens ist, die φύσει ist.[1] Φύσις ist nicht im modernen Sinne von »Natur« zu nehmen, dem »Kultur« gegenübersteht, womit man dann gegen Aristoteles polemisiert. Das ist eine oberflächliche Betrachtungsweise. Φύσει ὄν ist ein Seiendes, das

---

[1] Aristotelis Politica. Tertium edidit F. Susemihl. Lipsiae in aedibus B.G. Teubneri 1894. A 2, 1252 b 30.

von sich selbst her, aufgrund seiner eigenen Möglichkeiten ist, was es ist. *Im Sein des Menschen selbst liegt die Grundmöglichkeit des Seins-in-der-πόλις.* Im Sein-in-der-πόλις sieht Aristoteles das eigentliche Leben der Menschen. Um das zu zeigen, weist er auf, daß das Sein der Menschen λόγον ἔχειν ist. In dieser Bestimmung liegt beschlossen eine ganz eigentümliche, fundamentale Weise des Seins des Menschen, charakterisiert als »Miteinandersein«, κοινωνία. Dieses Seiende, das mit der Welt spricht, ist ein solches, das im *Sein-mit-anderen* ist.

λόγον δὲ μόνον ἄνθρωπος ἔχει τῶν ζῴων· ἡ μὲν οὖν φωνὴ τοῦ ἡδέος καὶ λυπηροῦ ἐστι σημεῖον, διὸ καὶ τοῖς ἄλλοις ὑπάρχει ζῴοις (μέχρι γὰρ τούτου ἡ φύσις αὐτῶν ἐλήλυθε, τοῦ ἔχειν αἴσθησιν λυπηροῦ καὶ ἡδέος καὶ ταῦτα σημαίνειν ἀλλήλοις), ὁ δὲ λόγος ἐπὶ τῷ δηλοῦν ἐστι τὸ συμφέρον καὶ τὸ βλαβερόν, ὥστε καὶ τὸ δίκαιον καὶ τὸ ἄδικον· τοῦτο γὰρ πρὸς τὰ ἄλλα ζῷα τοῖς ἀνθρώποις ἴδιον, τὸ μόνον ἀγαθοῦ καὶ κακοῦ καὶ δικαίου καὶ ἀδίκου καὶ τῶν ἄλλων αἴσθησιν ἔχειν. ἡ δὲ τούτων κοινωνία ποιεῖ οἰκίαν καὶ πόλιν.[2] »In der Weise des Sprechens über … hat einzig der Mensch sein Dasein unter dem, was lebt. Nun ist zwar die stimmliche Verlautbarung (φωνή) eine Anzeige (σημεῖον) des ἡδύ und des λυπηρόν, des Angenehmen und Betrüblichen, des das Dasein Hebenden und Verstimmenden, weshalb sie [φωνή] als Weise des Lebens auch bei den anderen Lebewesen vorhanden ist [der Mensch hat diese Verlautbarung auch, aber sie ist nicht das ἴδιον, das »Eigentümliche«, was das Sein des Menschen ausmacht]. Bis zu dieser Seinsweise ist die Seinsmöglichkeit der Tiere von sich selbst her gekommen, Vernehmung zu haben von dem, was das Wohlbefinden und das Verstimmtsein ausmacht, darüber orientiert zu sein und dieses einander anzuzeigen. Das Sprechen aber ist als solches darauf aus, es hat in sich die Funktion, offenbar zu machen (δηλοῦν) [nicht einfach zu verweisen, sondern derart, daß das, worauf verwiesen wird, zum Sprechen gebracht wird], offenbar zu machen das Zuträgliche und das Abträgliche und damit auch das Gehöri-

---

[2] Pol. A 2, 1253 a 9 sqq.

ge und Ungehörige. Das ist nämlich gegenüber den übrigen Lebewesen einzige Eignung des Seins des Menschen, allein Vernehh-
mung zu haben des Guten und Bösen, des Gehörigen und Unge-
hörigen und der anderen derartigen. Das Miteinandersein so
Seiender [d.h. die so in der Welt sind, daß sie mit ihr sprechen]
bildet aus Hausstand und πόλις.«

So sehen Sie, daß in dieser Bestimmung, λόγον ἔχον, ein fundamentaler Charakter des Daseins des Menschen sichtbar wird:
Miteinandersein. Und zwar nicht etwa Miteinandersein im Sinne
des Nebeneinandergestelltseins, sondern im Sinne des *Mitein-*
andersprechendseins in der Weise der Mitteilung, Widerlegung,
Auseinandersetzung.

Wir vergegenwärtigen uns die Stelle. Wir wollen – was Aristoteles mit Bewußtsein getan hat – den λόγος abheben gegen andere Weisen des Seins-in-der-Welt, gegen die φωνή. Was besagt diese »Verlautbarung« eigentlich, dieses σημαίνειν ἀλλήλοις? Es
macht das Miteinandersein dieser Lebenden aus. Wir werden also
ein Doppeltes betrachten, sowohl hinsichtlich der φωνή als auch
hinsichtlich des λόγος:

1. In der φωνή ebenso wie im λόγος zeigt sich eine *Bestimmtheit*
des Seins-in-der-Welt, eine *bestimmte Weise, wie die Welt dem*
Leben begegnet, im ersten Fall im Charakter des ἡδύ und des λυπηρόν, im zweiten Fall im Charakter des »Zu- und Abträglichen«
(συμφέρον, βλαβερόν) – fundamentale Bestimmungen: nämlich
daß die Welt im natürlichen Dasein nicht ein Tatbestand ist, den
ich zur Kenntnis nehme, keine Wirklichkeit oder Realität, sondern daß *die Welt zumeist da ist in der Weise des Zu- und Abträg-*
lichen, des das Dasein Hebenden und es Verstimmenden. Und diese
Charaktere des Zugangs sind einmal da in der »Verlautbarung«,
dann im »Sprechen«, in der φωνή und im λόγος. Einmal sehen
wir zu, wie Verlautbarung und Sprechen die begegnende Welt in
ihrem ursprünglichen und nächsten Daseinscharakter aneignen
und sie anderen mitteilen, so daß diese Seienden miteinander
sind. Der Daseinscharakter von Welt hat gerade seine Bezogenheit seines Da auf mehrere, die miteinander sind. Diese zunächst

da-seiende Welt für mehrere, die miteinander leben, bezeichnen wir als *Umwelt*, die Welt, in der ich mich zunächst und zumeist umtue.

2. sehen wir zu, wie diese beiden Möglichkeiten, in denen die Welt in ihrem nächsten Dasein begegnet, als solche die *Weisen* sind, *in denen Lebende miteinander sind*, in denen sich die κοινωνία konstituiert. Die nächste Aufgabe ist also, daß wir uns darüber klar werden, daß in der Tat mit diesen Bestimmungen des ἡδύ und des λυπηρόν Begegnismomente der Welt gemeint sind, die sich adressieren an das Sein-in-der-Welt, an das Leben, derart, daß das, was im Charakter des ἡδύ und des λυπηρόν da ist, als solches in seiner Wirklichkeit gar nicht ausdrücklich erfaßt ist. Die Welt ist im Charakter des ἡδύ und λυπηρόν ungegenständlich, die Tiere haben die Welt nicht als Gegenstände da. Die Welt begegnet in der Weise des Hebenden und Verstimmenden, sie begegnet in diesem Charakter so, daß die Lebenden diesen Charakter direkt in das Daseiende hineinsprechen.

Dieser Zusammenhang wird ohne weiteres deutlich, wenn wir uns eine Bestimmung, die Aristoteles in der »Rhetorik«, 1. Buch, Kapitel 11 gibt, ansehen, die Bestimmung der ἡδονή, eine bestimmte Weise des Seins-in-der-Welt, des »Sichwohlbefindens«: »Es liegt für uns also fest, daß das Sichwohlbefinden bei etwas ist eine gewisse Bewegung des Seins des Lebenden in seiner Welt, und zwar κατάστασις ἀθρόα, ein Auf-einmal-sich-ganz-Versetzen εἰς τὴν ὑπάρχουσαν φύσιν, in die eigentlich verfügbare Möglichkeit des betreffenden Daseins, so, daß dabei vernommen wird.«[3] Diese κατάστασις besagt nichts anderes als das Wohlbefinden: mit einem Schlag Gehobensein, eine spezifische Leichtigkeit des Seins-in-der-Welt, die in der Freude liegt. »Λύπη ist das Gegenteil«.[4] Sie sehen aus dieser Bestimmung des fundamentalen Charakters der ἡδονή als solcher: »Wenn also ἡδονή so etwas ist [eine Bewe-

---

[3] Aristotelis Ars rhetorica. Iterum edidit A. Roemer. Lipsiae in aedibus B.G. Teubneri 1914. A 11, 1369 b 33 sqq.: ὑποκείσθω δὴ ἡμῖν εἶναι τὴν ἡδονὴν κίνησίν τινα τῆς ψυχῆς καὶ κατάστασιν ἀθρόαν καὶ αἰσθητὴν εἰς τὴν ὑπάρχουσαν φύσιν.

[4] Rhet. A 11, 1369 b 35: λύπην δὲ τοὐναντίον.

gung, ein Umschlag des Seins des Lebens], dann ist offensichtlich das ἡδύ, das Hebende [im Gegensatz zum λυπηρόν,»Drücken- den«], das ποιητικόν, das, was so etwas machen, herstellen kann, die besagte Befindlichkeit (διάθεσις), die Lage, Weise des Sichbe- findens«.[5] Das ἡδύ ist also ein Ausrichtenkönnen.»Was die ἡδονή zerstört, die entgegengesetzte Befindlichkeit ausrichtet, das ist das λυπηρόν, das Verstimmende.«[6] Es ist zu sehen, was eigentlich die ἡδονή, die sich auf ein begegnendes ἡδύ bezieht und es ande- ren anzeigt, leistet für das Sein-in-der-Welt als Miteinandersein. Die entsprechende Betrachtung werden wir dann für den λόγος vollziehen.

b) Der λόγος des Menschen und die φωνή des Tieres als eigentümliche Weisen des Seins-in-der-Welt und Miteinanderseins

Wir suchen das Milieu der Begrifflichkeit und sind dabei zurück- geführt auf die Bestimmung des Seins des Menschen. Es ist cha- rakterisiert als Leben, das spricht. Wir müssen uns über das Spre- chen vergewissern, um zu sehen, welche Seinsbestimmungen des Menschen im λόγος enthalten sind. Aristoteles greift auf die Seinsbestimmung des Menschen als ζῷον λόγον ἔχον zurück: Er will zeigen, daß die πόλις, ein Zusammensein charakteristischer Art, nicht etwa an den Menschen herangebracht ist, sondern daß die πόλις die Seinsmöglichkeit ist − φύσει[7] −, die selbst in seinem eigenen Sein beschlossen und vorgezeichnet liegt, daß also die πόλις aus einem bestimmten Miteinandersein entspringt, das sei- nerseits in einem Miteinanderhaben von etwas gründet, und zwar im besonderen Sinne in einer κοινωνία des συμφέρον und des ἀγαθόν. In dem Miteinanderhaben der Welt in diesen Bestim-

---

[5] Rhet. A 11, 1369 b 35 sqq.: εἰ δή ἐστιν ἡδονὴ τὸ τοιοῦτον, δῆλον ὅτι καὶ ἡδύ ἐστι τὸ ποιητικὸν τῆς εἰρημένης διαθέσεως.
[6] Rhet. A 11, 1370 a 2 sq.: τὸ δὲ φθαρτικὸν ἢ τῆς ἐναντίας καταστάσεως ποιη- τικὸν λυπηρόν.
[7] Pol. A 2, 1252 b 30.

mungen gründet die bestimmte, begrenzte Möglichkeit eines ausgezeichneten Miteinanderseins, das durch die πόλις ausgedrückt ist. Und gerade die κοινωνία ἀγαθοῦ sucht Aristoteles aus dem Sein des Menschen selbst verständlich zu machen. Also muß die κοινωνία ἀγαθοῦ zurückgeleitet werden auf das Sein des Menschen. Diese Zurückführung führt er so durch, daß er auf das Phänomen des λόγος zurückgeht. Es zeigt sich, daß κοινωνία, die den Hausstand (οἰκία) bildet, allein auf dem Grunde des λέγειν möglich ist, auf dem Grundtatbestand, daß das Sein des Menschen Sprechen mit der Welt ist, das ist: Sichaussprechen, mit anderen Sprechen. Sprechen ist nicht primär und zunächst ein Vorgang, zu dem nachher andere Menschen dazukommen, so daß es dann erst ein Sprechen mit anderen würde, sondern das Sprechen ist in ihm selbst als solches Sichaussprechen, Miteinandersprechen mit anderen Sprechenden und deshalb das seinsmäßige Fundament der κοινωνία. Wir müssen uns das näher zum Verständnis bringen in der Weise, daß wir uns klar machen, wie es denn kommt, daß in der Tat der λόγος das ist, was das Miteinanderhaben des ἀγαθόν ausmachen kann.

Aristoteles selbst berührt das in einem Zusammenhang, in dem er nachweisen will, daß der Mensch ein ζῷον πολιτικόν ist. Er greift in diesem Zusammenhang zurück auf das Sein von Tieren und stellt das ζῷον λόγον ἔχον in Vergleich mit einem ζῷον, das nur die φωνή hat. Er sucht zu zeigen, daß schon das Leben, das konstituiert ist durch die φωνή, daß auch die in dieser Weise Lebenden ein Sein haben, das fundamental bestimmt ist als Miteinandersein, daß auch die Tiere schon in gewissem Sinne ζῷα πολιτικά sind. Der Mensch ist nur μᾶλλον ζῷον πολιτικόν als z. B. die Biene.[8] Durch die Abgrenzung gegen das Sein der Tiere, konstituiert durch die φωνή, soll das eigentümliche Sein, das durch den λόγος bestimmt ist, schärfer charakterisiert werden.

---

[8] Pol. A 2, 1253 a 10: διότι δὲ πολιτικὸν ζῷον ὁ ἄνθρωπος πάσης μελίττης καὶ παντὸς ἀγελαίου ζῴου μᾶλλον, δῆλον.

α) Orientierung über Phänomene, die der Abhebung des λόγος
gegen die φωνή zugrunde liegen

Zur Erleichterung des Verständnisses dieser Vergleichung und
zugleich um die Abhebung des λόγος gegen die φωνή in den Griff
zu bekommen, wollen wir uns ganz allgemein kurz über Phänomene orientieren, die dem Vergleich zugrunde liegen.

Beide Male ist in Beobachtung gestellt Lebendes, Leben als
Sein-in-einer-Welt. Die Welt ist also für dieses In-ihr-Sein da,
nicht zuweilen und gelegentlich, sondern die Welt ist ständig da.
Die Frage ist nur, *wie* dieses Dasein der Welt primär bestimmt
wird. Die Welt ist in der Weise im Leben da, daß sie das Leben,
das In-ihr-Sein, immer in irgendeiner Weise *angeht*. Die Welt, in
der ich mich befinde, geht mich an. Dieses *Angehen* oder dieser
Tatbestand, daß das Leben von der Welt, in der es ist, *angegangen*
wird, charakterisieren wir als eine *bestimmte Weise des Begegnens
der Welt im Leben.*

Die Welt als eine Lebendes angehende begegnet in der Richtung des In-ihr-Seins, sie begegnet, d.h. sie betrifft das In-ihr-
Sein des Lebenden. Wenn wir sagen, der Charakter des Begegnens der Welt ist das Angehen, so muß betont werden, daß zumeist vieles begegnet, das mich nichts angeht, daß gerade im täglichen Leben die Welt so da ist, daß sie für mich, mein Sein in
und mit ihr *ohne Belang* ist, sie *belangt mich nicht*: die *Belanglosigkeit* als ein Charakter des Daseins der Umwelt. Diese Belanglosigkeit ist ein spezifischer Charakter des Angehens. Wenn ich
sage:»Das geht mich nichts an«, so heißt das nicht, daß dies nicht
da ist, sondern gerade dann gebe ich der Welt zu, daß sie da ist.
Dies ist der spezifische Charakter der *Alltäglichkeit.* Wenn also
die Belanglosigkeit ein Charakter der Alltäglichkeit des Lebens
ist, der die Welt in ihrem Dasein bestimmt, und wenn die Belanglosigkeit selbst verständlich wird als etwas, das mich nichts
angeht, so zeigt sich gerade, daß das Dasein die Welt auslegt als
etwas, im Charakter von etwas, das es angeht.

Das Leben-in-der-Welt wird von ihr angegangen. Die Art und

Weise, wie die Welt da ist, die Möglichkeit des Daseins der Welt
in einem Lebenden, hängen an der Grundmöglichkeit dessen,
wie weit dieses Leben in sich selbst *verschlossen* ist oder wie weit
das Leben *geweckt*, das In-der-Welt-sein *aufgedeckt* ist, den Charakter des *aufgedeckten Da* hat, wie weit also die Welt selbst und
das In-ihr-Sein *entdeckt* ist. Hier gibt es verschiedene Grade und
Stufen. Aristoteles sieht gerade dieses eigentümliche Phänomen,
wenn er sagt: μέχρι γὰρ τούτου ἡ φύσις αὐτῶν ἐλήλυθε, τοῦ ἔχειν
αἴσθησιν λυπηροῦ καὶ ἡδέος,[9] »bis dahin ist die Weise ihres Seins
in ihrer Seinsmöglichkeit gekommen [der Tiere], das Sein der
Tiere ist so weit erschlossen, daß es ist ein Vernehmen zu haben
des ἡδύ und λυπηρόν, von den Bestimmungen des Hebenden und
Niederdrückenden«. Αἴσθησις ist nicht als »Empfindung« zu
übersetzen, αἴσθησις heißt einfach das »Vernehmen« der Welt,
die Weise des Sie-Dahabens. Die Möglichkeit des Ausmaßes, in
der die Welt ein Sein angeht, hängt an dieser eigentümlichen
Erschlossenheit. Diese Erschlossenheit des Lebens der Tiere bzw.
die Weise der Ausbildung, der Ausgebildetheit und Kundgabe
dieser Erschlossenheit ist bei den Tieren durch die φωνή charakterisiert, bei den Menschen durch den λόγος. Die Erschlossenheit
des Seins der Welt hat bei Aristoteles ihre eigentliche Grundmöglichkeit im λόγος, in dem Sinn, daß im λόγος das Lebende-in-ei-
ner-Welt die Welt sich zueignet, da hat und in diesem Dahaben
eigentlich ist und sich bewegt.

Wir haben bei der Betrachtung dieser beiden Grundweisen zu
sehen: 1. wie in dem durch φωνή charakterisierten Leben der Tiere die Welt begegnet, welches die Begegnischaraktere sind, welches für die Tiere die Anzeige der begegnenden Welt ist, welches
die Grundweise des Da, des In-der-Welt-seins ist; 2. die entsprechende Betrachtungsweise über das Sein des Menschen in der
Welt durch den λόγος: In welchem Sinne ist beim Menschen die
Welt da, wie wird sie durch den λόγος zum Sichzeigen gebracht?
Wie ist die Welt im Begegnischarakter des συμφέρον und des
ἀγαθόν da?

---

[9] Pol. A 2, 1253 a 12 sq.

Der Begegnischarakter der Welt für das Leben der Tiere ist das ἡδύ und das λυπηρόν, der Begegnischarakter für das Sein des Menschen ist der Charakter des Zuträglichen und Abträglichen, zusammengefaßt: des Beiträglichen, und des Guten. Wenn man diese Abgrenzung durchführt, so muß man sich erinnern, daß die bestimmten Seinsmöglichkeiten, bis zu denen das Tier gekommen ist, wie es Aristoteles in De anima in seiner Untersuchung über die Seinscharaktere des Lebenden zeigt, nicht einfach *neben* denen des Menschen stehen, sondern wie alle Möglichkeiten, die das Tier hat, *im* Menschen *mit da* sind, nicht nebeneinander liegen, sondern von der οὐσία des Menschen, von seiner Weise, in der Welt zu sein, bestimmt sind, so daß der Charakter der ἡδονή eine ganz bestimmte Modifikation bekommt, gemäß der Weise des Seins des Menschen in der Welt. Hier aber gebraucht Aristoteles das Gegeneinanderhalten der jeweiligen Stufen der Entdecktheit, in der das jeweilige Leben sich bewegt.

β) Die Begegnischaraktere der Welt des Tieres: ἡδύ und λυπηρόν. Die φωνή als Anzeigen, Locken und Warnen

Im 11. Kapitel des 1. Buches der »Rhetorik« gibt Aristoteles eine Bestimmung der ἡδονή. Es kommt darauf an, sie näher zu verstehen. Ἡδύ und λυπηρόν sind ποιητικὰ ἡδονῆς καὶ λύπης.[10] »Das, was ausbilden kann das, was in der Welt begegnet als Angenehmes«, braucht nicht direkt präsent zu sein, es kann sich anmelden, das λυπηρόν kann bedrohen. Dieser Charakter des ›kann‹ ist weiterhin bestimmend für das Dasein der Welt, ein Charakter, auf den ich jetzt nicht weiter eingehen kann. Das ἡδύ, das »Hebende«, begegnet in der Richtung auf die διάθεσις,[11] »Befindlichkeit«, so, daß es ausbildet eine bestimmte Befindlichkeit: εἰς τὴν ὑπάρχουσαν φύσιν,[12] in der Richtung der Befindlichkeit, die so ist, daß, sofern sie da ist, das Seiende in seiner eigensten Seinsmöglichkeit

---

[10] Rhet. A 11, 1370 a 1 sqq.
[11] Rhet. A 11, 1370 a 2.
[12] Rhet. A 11, 1369 b 34 sq.

ist, bei sich selbst, bei dem, was dem Tier gemäß seinem Sein eignet. Das Dasein ist gehoben, ist leicht, ist eigentlich es selbst.

Dabei ist, um den Sachzusammenhang zu verstehen, zu beachten: Wenn das ἡδύ begegnet und Befindlichkeit ausbildet, so begegnet das ἡδύ einem Tier, das ja schon ist in der Weise des Sichbefindens in der Welt. Eine bestimmte Befindlichkeit ist im vorhinein schon da, so daß die Ausbildung einer bestimmten Befindlichkeit von seiten des ἡδύ besagt, daß ein Befinden, das angegangen wird durch das ἡδύ, befindlicher Weise *sich versetzt* in ein neues, durch das ἡδύ bestimmtes Befinden – κατάστασις: 1. das »Sichversetzen« in eine Befindlichkeit, 2. diese »Befindlichkeit«, in die gebracht wird, selbst. Das Recht zu dieser doppelten Übersetzung nehme ich aus einem *Grundzusammenhang des Lebens: Alle Weisen des Lebens sind dadurch charakterisiert, daß die Weise des Seins hier ist ein Sichbefinden in der Weise des In-eine-Befindlichkeit-Bringens-und-darin-Seins.* Ich befinde mich erst im eigentlichen Sinne durch das Mich-dahin-Bringen, so daß also notwendig dieser *Doppelcharakter* zum Ausdruck gebracht werden muß. In die Freudigkeit komme ich einzig und allein dadurch, daß ich mich freue. Es kann noch so viel Erfreuliches um mich herum sein, aber erst dadurch, daß ich mich freue, gewinne ich die eigentliche Freudigkeit. Dies gilt für jedes Phänomen des Lebens, sofern man es in dieser Weise bestimmt.

Das Leben als In-einer-Welt-Sein befindet sich charakterisiert durch die ἡδονή, sofern das ἡδύ *da* ist. Das Begegnen der Welt im Charakter des ἡδύ ist für das Tier z. B. ein günstiger Futterplatz und nicht eine Symphonie, es ist immer etwas, das es in der Umwelt des Tieres gibt. Dieses Daseiende im Charakter des Das-Tier-Angehens wird *angezeigt*, das Tier gibt ein »Zeichen«, σημεῖον. Es *zeigt an* das Daseiende vom Charakter des ἡδύ. Es erstattet keinen Bericht über das Vorhandensein von Angenehmem draußen in der Natur, sondern dieses Anzeigen und Aufschreien ist in sich selbst ein *Locken* oder ein *Warnen*. Das Anzeigen des Daseienden ist Lockung und Warnung. Lockung und Warnung haben in sich selbst den Charakter des *Sichadressierens an* ...

Locken besagt: ein anderes Tier in dieselbe Befindlichkeit bringen; Warnen: es abdrängen aus dieser Befindlichkeit. Locken und
Warnen als *Abdrängen* und *Bringen* haben in sich selbst zu Grunde liegend das *Miteinandersein*. Schon im Locken und Warnen
zeigt sich, daß das Tier mit einem anderen ist. Das Miteinandersein wird offenbar gerade in dem spezifischen Seinscharakter des
Tieres als φωνή. Es wird nicht aufgezeigt, auch nicht kundgege-
ben, daß etwas als solches da ist. Die Tiere kommen nicht dazu,
etwas als vorhanden zu konstatieren, sie *zeigen* es nur *an* im Umkreis ihres tierhaften Zutunhabens. Dadurch daß das Tier das
Drohende oder Ängstigende usw. anzeigt, gibt es in dieser Anzeige des Daseins der Welt zugleich kund sein Sein in ihr. Die Welt
wird angezeigt als ἡδύ und zugleich ist dies eine Kundgabe von
Sein, Bedrohtsein, Gefundenhaben usw.

γ) Die Begegnischaraktere der Welt des Menschen:
συμφέρον, βλαβερόν und ἀγαθόν. Der λόγος als Sichaussprechen
mit anderen über das Beiträgliche zum Ende des Besorgens

Wir müssen den Doppelcharakter, der dadurch entsteht, daß die
Anzeige der begegnenden Welt in der φωνή zugleich Kundgabe
des In-ihr-Seins ist, im λόγος verfolgen. Wir müssen klar machen,
wie im Sprechen, sofern es Grundphänomen des Seins ist, zu sehen ist, daß es selbst aus der Grundweise des Seins als Miteinandersein ist. Wie ist das durch den λόγος In-der-Welt-sein unterschieden von dem durch die φωνή?
Es ist gezeigt, wie die φωνή, entsprechend dem λόγος beim
Menschen, eine fundamentale Seinsbestimmung des Tieres ist in
der doppelten Funktion: 1. der Anzeige von etwas, Anzeige der
Welt als ἡδύ und λυπηρόν, die 2. als Kundgabe das ausmacht, was
man als charakteristisches Miteinandersein der Tiere ansieht. In
diesem In-der-Welt-sein der Tiere offenbart sich das eigentümliche Sein der Tiere als solcher, das Miteinandersein. Aristoteles
schickt den Hinweis auf die φωνή und die ζῷα als θηρία voraus,
um der weiteren Charakteristik des Seins des Menschen in der

Welt, der λόγος-Untersuchung, den richtigen Hintergrund zu geben. Wir werden nun untersuchen, in welcher Weise im λόγος als solchem das charakteristische Sein des Menschen in seiner Welt als Miteinandersein sichtbar wird, in welcher Weise es gerade der λόγος ist, in dem sich die κοινωνία konstituiert, das Miteinander-Dahaben der Welt, in dem die Menschen sind. Wenn der λόγος das Miteinander-Dahaben der Welt ausmacht, konstituiert sich in ihm die Bestimmung des Miteinanderseins. Und die Bestimmung des ζῷον λόγον ἔχον muß dann zugleich in sich enthalten die Bestimmung des ζῷον πολιτικόν. Das besagt: Der Mensch ist ein solches Lebendes, das sein kann φύσει in der Weise der πόλις, d. h. dieses ausgezeichnete Miteinandersein ist nicht etwas, was an den Menschen herangebracht ist, sondern *die* Seinsmöglichkeit. Sofern der Mensch in der πόλις lebt, ist er für den Griechen eigentlich Mensch. Das Miteinandersein als fundamentale Bestimmung des Seins des Menschen soll sichtbar werden in der näheren Betrachtung des λόγος als derjenigen Weise, in der der Mensch seine Welt da hat.

Um in den Blick zu bekommen, worum es sich handelt, muß man von vornherein ein Vorurteil abstellen, das wir heute mehr als je geneigt sind, in die Betrachtung hineinzutragen. Man könnte die Sache so auffassen, daß in der φωνή und im λόγος die Wirklichkeit in einer bestimmten Hinsicht erfaßt wird, daß die Welt in einem bestimmten »Aspekt« da ist, in einem Aspekt relativ auf das »Subjekt«, d. h. die Welt begegnet nur in einem »subjektiven Aspekt«, nicht eigentlich an sich, als handele es sich um eine bestimmte Auffassungsweise der Welt. Diese Orientierung auf Subjekt und Objekt muß grundsätzlich abgestellt werden. Nicht nur, daß diese Grundbegriffe, Subjekt/Objekt, und das, was sie meinen, in der griechischen Philosophie nicht vorkommen, sondern es ist auch die Orientierung mit Subjekt/Objekt in der griechischen Philosophie sinnlos, sofern es sich nicht darum handelt, eine *Auffassungsweise* der Welt zu charakterisieren, sondern das *Sein* in ihr. Und ferner darf man nicht an die ganzen Analysen der Begegnischaraktere der Welt so herankommen, als gäbe es eine Welt an sich, aus der Tier und Mensch einen bestimmten Ausschnitt hätten, die das Tier und der Mensch je in einem bestimmten (ihrem) Aspekt sähen. Es ist auch nicht richtig, von einer »Welt des Tieres« und einer »Welt des Menschen« zu reden. Es handelt sich nicht um *Auffassungsweisen von Wirklichkeit* hinsichtlich bestimmter Aspekte, sondern um das *Sein-in-der-Welt*. Deshalb, weil die Welt hineinbegegnet in eine bestimmte Befindlichkeit des Lebenden, ist das Tier und der Mensch in seiner Welt. Die Bezogenheit des Tieres zur Welt ist es gerade, die das Tier in seinem Sein eigentlich ins Dasein bringt. Sofern man überhaupt Auffassung, Erfassen von Welt zum Thema einer Untersuchung macht, muß man darüber im klaren sein, daß Erfassen und Auffassen von Welt *voraussetzt* ein Sein-in-der-Welt. Erfassen der Welt ist eine bestimmte Möglichkeit des Seins in ihr, nur seiend in der Welt kann man sie erfassen. Man kommt mit der Scheidung Subjekt/Objekt nicht an die Tatbestände heran. Das Grundphänomen des Seins-in-der-Welt bekommt man nicht zu sehen. Für das Verständnis ist festzuhalten, daß man sich von überlieferten philosophischen Fragestellungen frei machen muß.

Die Frage ist jetzt, wie der λόγος die Charakteristik des Seins-in-der-Welt ist, in der die Welt für den Menschen da ist. Wir fragen: In welchem Charakter begegnet die Welt dem Menschen für Aristoteles? Welches ist die Erschlossenheit, bis zu der der Mensch gekommen ist? Das ἴδιον des Menschen ist: τὸ μόνον ἀγαθοῦ καὶ κακοῦ καὶ δικαίου καὶ ἀδίκου καὶ τῶν ἄλλων αἴσθησιν ἔχειν,[13] »daß er allein [als Mensch] αἴσθησις hat, in der Vernommenheit lebt von gut und böse, gehörig und ungehörig«, von συμφέρον und βλαβερόν[14]. Wir werden also zunächst fragen: Was besagt das eigentlich: Die Welt, in der der Mensch sich bewegt, begegnet im Charakter des »Beiträglichen«, im Charakter des συμφέρον?[15]

---

[13] Pol. A 2, 1253 a 16 sqq.
[14] Pol. A 2, 1253 a 14 sq.
[15] Rhet. A 6, 1362 a 18.

Die συμφέροντα, die »Charaktere des Beiträglichen« sind:

1. τὰ πρὸς τὸ τέλος,[16] »dasjenige, was an ihm selbst ist hin zu, auf das Ende«;

2. κατὰ τὰς πράξεις,[17] »im Umkreis des Hinblicks, der der πρᾶξις eignet«;

3. σκοπὸς πρόκειται τῷ συμβουλεύοντι,[18] »daß das, worauf er hinsieht, vorliegt für den, der überlegt«.

Hieraus werden wir das συμφέρον und dann auch das ἀγαθόν charakterisieren. Es ist die Art und Weise, wie die Welt, als den Menschen angehend, für ihn da ist. Der Zusammenhang mit dem ἀγαθόν wird über der Sache selbst herausspringen.

Ad 1. Συμφέρον ist »das, was beiträgt zu …«, auf das Ende zu. Ein *Beiträgliches* ist an ihm selbst ein solches Seiendes, das die *Verweisung* hat *auf etwas*. Dieses Verweisen auf etwas ist für das Beiträgliche nicht etwas Gelegentliches, sondern macht gerade seine Beiträglichkeit aus. Das, wohin das Beiträgliche als solches verweist, wird bezeichnet als τὸ τέλος. Was wir unter τέλος zu verstehen haben, erfahren wir in der zweiten Bestimmung.

Ad 2. Πρᾶξις ist »Besorgen« und heißt als solches hier nichts anderes als Etwas-zu-seinem-Ende-Bringen. Darin liegt, daß *das Besorgen in sich selbst ein Ende hat*, und zwar das Ende hat als dasjenige, worauf zu das Besorgen als Besorgen geht. Das συμφέρον ist Verweisen auf das Ende eines Besorgens, es trägt bei zum Zu-Ende-Bringen von etwas.

Ad 3. Das συμφέρον ist σκοπός. Das συμβουλεύεσθαι charakterisiert Aristoteles in der »Nikomachischen Ethik«, Buch 6, Kapitel 10 als ζητεῖν τι καὶ λογίζεσθαι,[19] ein »Suchen von etwas in der Weise [καί hier explikativ] des Überlegens« – λογίζεσθαι: dadurch, daß ich »zur Sprache bringe« das, worauf ich hinsehe beim Überlegen, das Beiträgliche zu dem Ende des Besorgens. In der πρᾶξις

---

[16] Rhet. A 6, 1362 a 19.
[17] Rhet. A 6, 1362 a 19 sq.
[18] Rhet. A 6, 1362 a 17 sq.
[19] Eth. Nic. Z 10, 1142 a 31 sq.: τὸ γὰρ βουλεύεσθαι ζητεῖν τι ἐστίν. Z 10, 1142 b 1 sq.: ὁ δὲ βουλευόμενος ζητεῖ καὶ λογίζεται.

ist ein Ende, das Beiträgliche wird zum Ende gebracht, in jedem Besorgen ist ein Ende im vorhinein festgemacht. Das λογίζεσθαι ist die eigentliche Weise des Vollzugs des Überlegens, des Zur-Sprache-Bringens des συμφέρον. Wenn also das Beiträgliche zur Sprache gebracht wird, so besagt das, daß in diesem Zur-Sprache-Bringen mit da ist das τέλος. Das Beiträgliche hat in sich die Verweisung auf das Ende. Der λόγος, das λογίζεσθαι vollzieht sich in der Grundstruktur des ›wenn-so‹: *Wenn* das und das das Ende eines Besorgens ist, *so* muß das und das in Angriff genommen, zur Sprache gebracht werden. Die Vollzugsart dieses ›wenn-so‹, das Durchsprechen des συμφέρον, ist der συλλογισμός: Es sind λόγοι zusammen, ineinander verklammert. Und zwar wird genauer zur Sprache gebracht τὸ ὠφέλιμον, was hier dasselbe besagt wie τὸ συμφέρον, und zwar: κατὰ τὸ ὠφέλιμον, καὶ οὗ δεῖ καὶ ὡς καὶ ὅτε,[20] es wird durchgesprochen das Beiträgliche im Hinblick auf das, »was benötigt wird« für das Zu-Ende-Bringen eines Besorgens, und »wie« das Besorgen durchzuführen ist und »wann«. In diesem Zur-Sprache-Bringen des συμφέρον, der Welt, so wie sie konkret da ist, wird die Welt eigentlich erst ins Da gebracht. Das Jetzt und Hier des Seins des Menschen wird in einer bestimmten Überlegung ausdrücklich, durch dieses Überlegen ist der Mensch – modern gesprochen – in der konkreten Situation, im eigentlichen καιρός. Das Sein des Menschen ist in diesem λόγος, λέγειν als λογίζεσθαι ein Dahaben der Welt, so, daß ich in ihr bin in einer jetzt und hier bestimmten Lage.

Was heißt, daß der λόγος das συμφέρον ausdrückt? Der λόγος ist gegenüber der φωνή: ἐπὶ τῷ δηλοῦν,[21] er hat das Amt, die Welt »offenbar zu machen« in einem Charakter, der sich vollzieht im λογίζεσθαι. Das ›wenn‹ zeigt an, daß für das Überlegen das Ende festgemacht ist. Über das Ende gibt es keine Überlegung, es steht im vorhinein fest. Das ›wenn‹ ist das erste überlegende Ergreifen des τέλος. Ich will meinem Freund ein Geschenk, eine Freude

---

[20] Eth. Nic. Z 10, 1142 b 28.
[21] Pol. A 2, 1253 a 14.

machen, dies ist das τέλος: die Freude. Dieses τέλος ist vorweggenommen. Die »Vorwegnahme« eines τέλος, eines »Endes« der
πρᾶξις, ist die προαίρεσις. Wenn ich das will, wenn das zu Ende
gebracht werden soll, wenn sich der andere freuen soll, was dann?
Jetzt beginnt die Überlegung: Wie soll dem Betreffenden eine
Freude gemacht werden? Die Überlegung ergibt: Ich will ihm
ein Buch schenken. In dieser Überlegung orientiert sich mein
Dasein in diesem Augenblick in dieser προαίρεσις. Der Umblick,
in dem sich das Überlegen bewegt, hat seine Welt da. Ich gehe
also zum Buchhändler, und zwar zu dem und dem bestimmten,
um das Buch schnell zu bekommen, d. h. damit das Besorgen mit
der Freude als dem τέλος zu Ende gebracht wird. Durch die
Überlegung wird nicht die Buchhandlung zur Buchhandlung.
Die Welt ist für den Seienden, der in der Weise der πρᾶξις μετὰ
λόγου in seiner Welt ist, vorhanden im Charakter des συμφέρον.
Ihr Sein, charakterisiert als Dasein, ist primär so. Der Stock, den
ich nehme, der Hut, den ich aufsetze, sie sind συμφέροντα. Der
Stock ist nicht primär ein Stück Holz oder dergleichen, sondern
der Stock. In diesem Überlegen hält sich die Welt ausdrücklich
an ihren primären Charakter des *als* so und so, *als* beiträglich
zu …, und zwar deshalb, weil das λέγειν in seiner primären Art
und Weise die Welt anspricht *als* etwas: λέγειν τι κατά τινος. Im
Sprechen über etwas vergegenwärtige ich es, bringe ich es ins Da,
es *als* das und das, im Charakter des *Als*. Es ist die primäre Funktion des λόγος, die an jedem Schritt die Eignung hat, die Welt in
diesem Charakter des Verweisens auf … ausdrücklich abzuheben
und ins Da zu bringen. So wird deutlich, daß das Sprechen in der
Welt für den Menschen das δηλοῦν τὸ συμφέρον[22] ist.

Dieses Sprechen über … ist Überlegen, συμβουλεύεσθαι, »zur
Sprache bringen mit sich selbst«. Bei sich selbst geht man zu Rate
über etwas: Das ist nur eine ganz bestimmte Möglichkeit einer
viel ursprünglicheren, des Beratens *mit anderen*. Dieses So-zur-
Sprache-Bringen als Aussprechen ist *mit einem anderen* über et-

---

[22] Ebd.

was sprechen, es *durchsprechen*. Sprechen ist aufzeigendes Sich-aussprechen *zu* ... Es ist kein feststellendes Sprechen, sondern *Besprechen* des συμφέρον. Im Blick steht das συμφέρον. Der λόγος, der in dieser Funktion des Aufzeigens ist, hat den Charakter eines bestimmten *Mitteilens*: Ich mache dem anderen *Mitteilung*, ich habe mit dem anderen, der andere mit mir, sofern wir etwas durchsprechen, die Welt da – κοινωνία der Welt. *Sprechen ist an ihm selbst Mitteilen* und als Mitteilung nichts anderes als κοινωνία.

Vielleicht besteht für Sie in der Darstellung ein Sprung, weil Sie nicht sehen, warum Sprechen Mit-anderen-Sprechen ist. Aber der λόγος ist von den Griechen ursprünglich gesehen. Heute haben wir eine primitive oder gar keine Vorstellung von Sprache. Der konkrete Beleg für die Ursprünglichkeit des Sehens ist die ganze »Rhetorik«. Das Sprechen ist überlegendes Sprechen über das Beiträgliche, Miteinandersprechen, der λόγος ist die Weise des Seins des Menschen in seiner Welt, so, daß dieses Sein in sich selbst ist Mit-einem-anderen-Sein. Diese κοινωνία ist nicht nur bestimmt durch den λόγος selbst, sondern auch dadurch, daß der λόγος ein Überlegen im Umblick des Besorgens ist. Das Besorgen ist μετὰ λόγου. Μετά besagt hier »mittendrin«: Der λόγος gehört zum Besorgen, das Besorgen ist an sich selbst ein Sprechen, ein Besprechen.

Wir haben bisher den weiteren Charakter des Begegnens der Welt, das *ἀγαθόν*, unterschlagen, obwohl Aristoteles letztlich das συμφέρον als ἀγαθόν bezeichnet. Wir sind jetzt vorbereitet, zu verstehen, was das ἀγαθόν besagt. Aristoteles gibt darüber an der genannten Stelle der »Rhetorik«, Buch 1, Kapitel 6, gleich im Anschluß an die Bestimmung des συμφέρον, eine Ausführung. Ἀγαθόν ist:

1. αὐτὸ ἑαυτοῦ ἕνεκα αἱρετόν,[25] das, was »an ihm selbst um seiner selbst willen ergreifbar« ist – hier also die Bestimmung des ἀγαθόν als οὗ ἕνεκα, »Worum-willen«, »Um-willen-dessen«.

---

[25] Rhet. A 6, 1362 a 22.

2. καὶ οὗ ἕνεκα ἄλλο.[24] Die Verweisung läuft in umgekehrter Richtung als vorhin vom τέλος zum συμφέρον. Um den fundamentalen Zusammenhang zu sehen, muß man beachten: Nur weil primär das ἀγαθόν den Charakter des Endes hat, kann es ein Worum-willen sein, und zwar ein Um-willen-eines-anderen.

3. Ferner ist das ἀγαθόν bestimmt als οὗ ἐφίεται πάντα,[25] »dasjenige, worauf zu alles sich hält, worauf zu es unterwegs ist«, und zwar

4. οὗ παρόντος: Dieses, »sofern es gegenwärtig ist«, εὖ διάκειται.[26] Wenn das ἀγαθόν als solches da ist, wenn das Besorgen zu Ende gebracht ist, dann εὖ διάκειται der Besorgende, er ist in einer Befindlichkeit, die charakterisiert ist als εὖ. Εὖ ist ein bestimmtes Wie des Sichbefindens, das ausgebildet ist, sofern das zu Besorgende erledigt ist. Das εὖ ist abhängig von der Art und Weise des Besorgens des Endes.

Diese verschiedenen Bestimmungen des ἀγαθόν laufen alle darin zusammen, daß das ἀγαθόν primär ist Ende, τέλος, genauer πέρας. Πέρας ist uns schon als eine fundamentale Bestimmung des Seins begegnet.

c) Das Man als Wie der Alltäglichkeit des Miteinanderseins. Die Gleichursprünglichkeit des Miteineinanderseins und des Sprechendseins

Als neuer Charakter des Seins des Menschen hat sich herausgestellt das *Miteinandersein*. Es zeigt sich in der konkreten Struktur des λόγος selbst – λόγος als »Sprechen«, wie es in der *Alltäglichkeit* lebendig wird, dasjenige Sprechen, das die Vollzugsweise des Überlegens, des jeweiligen Mit-sich-zu-Rate-Gehens, Besorgens ist. Als Überlegen vollzieht sich ein Sichumtun in der Welt, die da ist im Charakter des ἀγαθόν bzw. des συμφέρον. Im συμφέρον ist mitgegeben das Wofür, das τέλος als etwas, woran und worin das

---

[24] Ebd.
[25] Rhet. A 6, 1362 a 23.
[26] Rhet. A 6, 1362 a 26 sq.

Besorgen zu seinem Ende kommt. Dieses συμφέρον begegnet im λογίζεσθαι, das λογίζεσθαι hat die Vollzugsform des συλλογισμός, des Schlusses, und zwar als ›wenn-so‹. Darin ist da die Welt als Umwelt des Menschen, in der er sich bewegt. Und zwar ist es gerade der λόγος, der die Beiträglichkeit als solche und umgekehrt das οὗ ἕνεκα aufzeigt, ausdrücklich macht: λέγειν τι κατά τινος, etwas wird gemeint »als etwas«, die Welt wird da gehabt im Charakter des Als, gestellt in eine bestimmte Hinsicht. Daher kommt es, daß Aristoteles an derselben Stelle auch sagen kann: αἴσθησιν ἔχειν τοῦ ἀγαθοῦ.[27] Diese Sicht des Besorgens bezeichnen wir als *Umsicht*: Im Überlegen *sehe ich mich um*. Diese Umsicht aber und das, was in ihr da ist, wird gerade durch den λόγος, der ja ἀποφαίνεσθαι ist, aufgezeigt. Die Charaktere des ›als so und so‹ werden ausdrücklich ins Da gebracht. So sehen wir, daß der λόγος hier seine Grundfunktion vollzieht: ἐπὶ τῷ δηλοῦν,[28] er ist »dabei, offenbar zu machen« die Welt. Dieses Offenbarmachen als vollzogen durch das Sprechen ist ein *Mitteilen*, Einem-anderen-Offenbarmachen, die Weise des Ausdrücklich-miteinander-Dahabens der Welt – Grundbestimmung des Seins des Menschen in der Welt. Es ist eine Grundweise, worin das Sein des Menschen als Miteinander sich offenbart. Der Mensch ist ein solches Seiendes, das ein ζῷον πολιτικόν ist, das in seiner Struktur die Möglichkeit eines ausgebildeten Seins-in-der-πόλις hat.

Wir können diese Bestimmung, die jetzt hinsichtlich des Seins des Menschen herausgetreten ist, noch etwas schärfer nehmen. Es ist zu beachten, das mit dieser Bestimmung nicht etwa eine Tatsache festgestellt wird, derart, daß gesagt wird, daß der Mensch nicht allein sei, sondern es seien mehrere miteinander. Sondern dieses Miteinandersein besagt ein *Wie des Seins*: Der Mensch ist *in der Weise* des Miteinanderseins. Die Grundaussage, die ich selbst als lebender Mensch in meiner Welt von mir mache, die ganz primäre Aussage: »ich bin«, ist eigentlich falsch. Man

---

[27] Pol. A 2, 1253 a 14 sqq.
[28] Pol. A 2, 1253 a 14.

muß sagen: »ich bin man«. »Man« ist, »man« unternimmt das und das, »man« sieht die Dinge so und so. Dieses *Man* ist das *eigentliche Wie der Alltäglichkeit, des durchschnittlichen, konkreten Miteinanderseins.* Aus diesem Man heraus erwächst die Art und Weise, wie der Mensch die Welt zunächst und zumeist sieht, wie die Welt den Menschen angeht, wie er die Welt anspricht. Das Man ist das eigentliche Wie des Seins des Menschen in der Alltäglichkeit und *der eigentliche Träger dieses Man ist die Sprache.* Das Man hält sich auf, hat seine eigentliche Herrschaft in der Sprache. Bei schärferer Fassung des Man sehen Sie, das es zugleich die Möglichkeit ist, aus der ein eigentliches Miteinandersein in bestimmten Weisen erwächst. Die Grundbestimmung des Seins des Menschen als ζῷον πολιτικόν ist festzuhalten, auch bei der späteren Explikation, wo es sich um das »Hinsehen«, θεωρεῖν, auf die Welt handelt, um das, was in diesem Hinsehen da ist, das εἶδος, das »Aussehen« der Welt, wie man sie gewöhnlich sieht. Im εἶδος liegt eine sogenannte Allgemeinheit, Allgemeingültigkeit, ein Anspruch auf eine bestimmte Durchschnittlichkeit. Hier ist die Wurzel für die Grundbestimmung des *Allgemeinen,* die man so gern als Grundbestimmung des griechischen Wissenschaftsbegriffs auffaßt. Also dieses Man müssen wir als eine Grundbestimmung des Seins des Menschen primär und ständig im Auge behalten. Das ist also gewissermaßen das Ergebnis der Interpretation der Stelle in der »Politik«, 1. Buch, 2. Kapitel.

Es wird verständlich, daß die Bestimmung des Miteinanderseins *gleichursprünglich* ist mit der Bestimmung des Sprechendseins. Es wäre gänzlich verkehrt, aus einem der Sätze den anderen zu deduzieren, sondern das Phänomen des Daseins des Menschen als solches hat *gleichursprünglich das Sprechendsein und das Miteinandersein.* Diese Charaktere der *Gleichursprünglichkeit* des Seins des Menschen müssen, wenn sie das Phänomen wirklich treffen sollen, einheitlich durchgehalten werden.[29]

---

[29] Siehe Hs. S. 353 f.

§ 10. Das Dasein des Menschen als ἐνέργεια: das ἀγαθόν
(Eth. Nic. A 1-4)

Weshalb interessiert uns das Sein des Daseins des Menschen? Weshalb sind wir darauf zurückgegangen? Deshalb, weil wir früher ausgemacht haben, daß die Begrifflichkeit zurückweist in das Dasein des Menschen. Begrifflichkeit ist eine Angelegenheit einer bestimmten Seinsmöglichkeit des Daseins des Menschen. Sofern wir griechische Begrifflichkeit erfassen wollen, müssen wir uns das Dasein in der griechischen, aristotelischen Interpretation verständlich und zugänglich machen. Im Verfolg der Aufgabe der Auseinanderwicklung des Daseins des Menschen sind wir schon einigen Seinsbestimmungen begegnet, wir haben die neue Seinsbestimmung des Miteinanderseins gefunden. Wir werden aber so weit fortschreiten, bis wir dem eigentlichen Seinscharakter begegnen, dem πέρας. Dieses πέρας ist uns schon bei der Analyse des Miteinanderseins begegnet. Das Sein des Menschen ist bestimmt als Besorgen, jedes Sorgen als Besorgen hat ein bestimmtes Ende, ein τέλος. Sofern das Sein des Menschen durch die πρᾶξις bestimmt ist, jede πρᾶξις ein τέλος hat, sofern das τέλος jeder πρᾶξις als πέρας das ἀγαθόν ist, ist *ἀγαθόν der eigentliche Seinscharakter des Menschen*. Das ἀγαθόν ist eine Bestimmung des Seins des Menschen in der Welt. Wir werden also durch diese Analyse des ἀγαθόν für das Dasein des Menschen eine neue Aufklärung bekommen, so zwar, daß wir diese zurückführen auf das πέρας, das heißt aber auf den eigentlichen Seinscharakter selbst. Aufgrund des Gewonnenen werden wir das ἀγαθόν näher untersuchen als Seinsbestimmung des Menschen, Seinscharakter des Besorgens und damit des Daseins selbst.

Wir untersuchen also das Sein des griechischen ἀγαθόν. Zu diesem Zweck halten wir uns an konkrete Betrachtungen des Aristoteles selbst, und zwar im 1. Buch der »Nikomachischen Ethik«. Wir stellen vier Fragen:

1. Wo ist das ἀγαθόν als ἀγαθόν *ausdrücklich sichtbar*? In welcher Weise des Bezogenseins auf die Welt ist es ausdrücklich da?

Wir fragen nach dem Feld, in welchem wir es ursprünglich und konkret sehen.

2. Wo ist das ἀγαθόν der πρᾶξις, d. h. das ἀγαθόν des Besorgens als einer *Bestimmung des Menschen*, das ἀγαθόν für dasjenige Sein, das bestimmt ist als ζῷον πολιτικόν? Wo zeigt sich das *ἀνθρώπινον ἀγαθόν*?

3. fragen wir nach den *Grundbestimmungen* des ἀγαθόν als solchen.

4. fragen wir nach demjenigen Sein und derjenigen *Seinsmöglichkeit des Menschen*, die der herauszustellenden Struktur des ἀγαθόν genügt.

Wir fragen also kurz: 1. Wo treffen wir so etwas wie ἀγαθόν an? 2. Nach dem ἀνθρώπινον ἀγαθόν. 3. Nach den allgemeinen Bestimmungen des ἀγαθόν als solchen (also des ἀνθρώπινον ἀγαθόν, wie sich herausstellen wird). 4. Welches Sein, welche Seinsmöglichkeit des Menschen genügt dem ἀγαθόν?

Für die rechte Vorbereitung dieser Betrachtung ist es wichtig, daß wir uns vergegenwärtigen, was wir an Bestimmungen des Seins des Menschen bisher gewonnen haben:

1. Ζωή: Sein des Menschen ist *In-einer-Welt-Sein*. (Vielleicht sind Sie der Meinung, daß dies hineingedeutet ist in Aristoteles, aber Sie werden vielleicht später einmal sehen, daß Interpretation vielleicht nichts anderes ist als Herausstellen dessen, was nicht da steht.)

2. Dieses Sein-in-einer-Welt ist charakterisiert durch den *λόγος*.

3. Dieses Sprechen selbst ist die Vollzugsweise eines *Besorgens*: besorgender Weise sich in der Welt umtun. Das In-einer-Welt-Sein ist gleichursprünglich Besorgen.

4. Dieses Besorgen selbst hat immer ein Ende festgemacht, auf das zu es das Beiträgliche überlegt, es hat in einer bestimmten Vorwegnahme das, worauf es ihm ankommt. Αἴσθησιν ἔχει: Das Besorgen ist charakterisiert als *Umsicht*. Hieraus erwächst in der Alltäglichkeit die Möglichkeit des »bloßen Hinsehens auf …«, des θεωρεῖν.

5. Dieses Sein ist an sich selbst *Miteinandersein*, Sein-in-der-πόλις, ausdrücklich genommen.

Diese Grundstruktur gilt es nun festzuhalten. Sie müssen sich damit vertraut machen, nicht so, daß Sie sie auswendig lernen, sondern so, daß Sie diese Dinge in Ihrem konkreten Dasein ausweisen, sich an ihm klar machen.

a) Die Ausdrücklichkeit des ἀγαθόν

α) Die Ausdrücklichkeit des ἀγαθόν als solchen in der τέχνη

Wo finden wir das ἀγαθόν ausdrücklich? Darüber gibt Aufschluß der erste Satz der »Nikomachischen Ethik«: Πᾶσα τέχνη καὶ πᾶσα μέθοδος, ὁμοίως δὲ πρᾶξίς τε καὶ προαίρεσις ἀγαθοῦ τινος ἐφίεσθαι δοκεῖ.[1] »Es sieht so aus, daß jede τέχνη [das Sichauskennen in etwas, in einer bestimmten Weise des Besorgens: der Schuster versteht, wie man einen Schuh macht, er kennt sich darin aus], jede Auskenntnis in einem Besorgen, jede μέθοδος, jedes Einer-Sache-Nachgehen, Auf-dem-Wege-Sein hinter einer Sache her [auch wieder eine Weise des Orientiertseins, des Sichauskennens], in gleicher Weise das Besorgen und das Sichvornehmen von etwas als zu erledigendes, als zu besorgen, zu Ende zu bringen – alle diese Weisen des Sichauskennens und Besorgens von etwas sehen so aus, daß sie hinterher sind hinter einem Guten.« Dieses ἐφίεσθαι, dieses »Hinterhersein« gehört zu ihrem Sein selbst. In ihnen selbst als Sichauskennen, Besorgen von etwas ist präsent, ausdrücklich da ein ἀγαθόν. Das Besorgen ist nicht etwas anderes und dann gelegentlich auch ein Hinterhersein. Diese Charaktere der τέχνη, πρᾶξις, μέθοδος und προαίρεσις sind Phänomene, die wir bereits kennen, sie kehren später in der »Nikomachischen Ethik« in den Zusammenstellungen τέχνη/πρᾶξις,[2] προαίρεσις/γνῶσις[3] wieder: Doppelung von Bestimmungen betreffend das In-

---

[1] Eth. Nic. A 1, 1094 a 1 sq.
[2] Eth. Nic. A 5, 1097 a 16: πράξει καὶ τέχνῃ.
[3] Eth. Nic. A 2, 1095 a 14: γνῶσις καὶ προαίρεσις.

der-Welt-sein in der Weise des Besorgens, das umsichtig ist, etwas sieht, sich irgendwie auskennt in dem, was es vorhat. Die τέχνη nun, das »Sichauskennen im jeweiligen Besorgen«, ist diejenige Weise des Seins-in-der-Welt, in der *ausdrücklich sichtbar wird das ἀγαθόν.* Die τέχνη macht ausdrücklich sichtbar das τέλος. Damit haben wir ganz allgemein zunächst die erste Frage beantwortet.

β) Die Ausdrücklichkeit des ἀνθρώπινον ἀγαθόν in der πολιτική

Daraus ergibt sich nun, daß wir, wenn wir das ἀγαθόν des Seins des Menschen als eines ζῷον πολιτικόν suchen, diejenige Auskenntnis uns vergegenwärtigen müssen, die dem Sein des Menschen als so bestimmtem eignet, die Auskenntnis, die das Sein des Menschen als Miteinandersein in seinem τέλος ausdrücklich macht, genauer: die dieses Miteinandersein als dieses konkrete Sein in seiner πόλις ausdrücklich macht. Die τέχνη, die μέθοδος, die bezogen ist auf das Seiende als ζῷον πολιτικόν, ist die *πολιτική,* dieses Sichauskennen im Sein des Menschen, das bestimmt ist als Miteinandersein. Die *Politik* als eine bestimmte Weise des Sichauskennens, des diese Auskenntnis Ausbildens, ist es, in der wir etwas über das τέλος-Sein erfahren werden. Wenn wir es darauf absehen, das ἀνθρώπινον ἀγαθόν zu verstehen, diejenige Seinsbestimmung, die das Sein des Menschen in seinem eigentlichen In-seiner-Welt-Sein ausmacht, müssen wir auf das Sein des Menschen selbst sehen. Wir müssen die Grundbestimmung des Menschen als ζῷον πολιτικόν im Auge behalten und uns den Menschen selbst ansehen, wie er konkret da ist in der πόλις, wie er sich ausnimmt in diesem Miteinandersein.

Dieses Sichausnehmen des Menschen, dieses »Sichhalten« in der Welt, diese »Haltung« ist τὸ ἦθος. Also die Politik als die Auskenntnis über das Sein des Menschen in seiner Eigentlichkeit – ἡ περὶ τὰ ἤθη πολιτική[4] – ist *Ethik.* Ethik als *Teil* der Politik ist ein Mißverständnis. Aristoteles sagt ausdrücklich: ἡ μὲν οὖν μέθοδος

---

[4] Rhet. A 4, 1359 b 10 sq.

τούτων ἐφίεται, πολιτική τις οὖσα,[5] »diese Untersuchung [im 1. Buch der »Nikomachischen Ethik«] ist eine Untersuchung, die sich dahin bewegt [die Auskenntnis über das Sein des Menschen in seiner Eigentlichkeit auszubilden].« Sofern diese Betrachung πολιτική ist, liegt darin beschlossen eine Grundbestimmung des Seins in allen Betrachtungen über das ἀγαθόν.

b) Die Grundbestimmungen des ἀγαθόν

Wir fragen jetzt nach den *Bestimmungen des ἀγαθόν als solchen.* Wir wissen: ἀγαθόν ist *τέλος.* Also wird vermutlich gefragt werden nach dem *Charakter des Ende-Seins,* der Endlichkeit, der τελειότης, inwiefern das ἀγαθόν τέλειον ist, das Fertigsein ausmacht. Die letzte Frage ist: Welches Sein des Menschen ist es, das dem τέλειον ἀκρότατον genügt? ᾽Αγαθόν ist nichts objektiv Herumschwirrendes, sondern ein *Wie des Daseins selbst.*

Bei der Untersuchung des ἀγαθόν in der Absicht, verschärften Einblick in die Struktur des Seins zu bekommen, haben sich vier Stationen der Erörterung des ἀγαθόν ergeben:

1. Wo wird überhaupt so etwas wie das ἀγαθόν sichtbar?
2. Wo finden wir dementsprechend das ἀνθρώπινον ἀγαθόν auf?
3. Welches sind die allgemeinen Bestimmungen des ἀγαθόν?
4. Was genügt diesem so charakterisierten ἀγαθόν, was macht das Dasein des Menschen in seiner Fertigkeit aus?

Hinsichtlich des Umkreises, in dem das ἀγαθόν sichtbar wird, ist zurückzugehen auf den ersten Satz der »Nikomachischen Ethik«, wo gezeigt wird, daß ἀγαθόν relativ ist auf τέχνη, πρᾶξις, προαίρεσις und γνῶσις. Das ἀγαθόν wird angetroffen in einer Auskenntnis über etwas, wobei festzuhalten ist, daß τέχνη nicht etwa neben einem Besorgen gelegentlich hergeht. Τέχνη gehört mit zum Sinn des Besorgens. »Ich besorge etwas«: Damit ist gesagt, daß ich mich im Umkreis dessen, was ich mir vornehme, auskenne, daß das Was des Besorgens in einer Sicht steht, ausdrücklich

---

[5] Eth. Nic. A 1, 1094 b 11.

da ist, daß ich mich im Beiträglichen auskenne. In der τέχνη als
solcher begegnet das ἀγαθόν, so zwar, daß es ausdrücklich ist. Das
ist ein Hinweis, daß es sich beim ἀνθρώπινον ἀγαθόν um eine
τέχνη handeln wird, die einem Besorgen zugehört, welches Besorgen das Sein des Menschen ausmacht, daß wir das ἀνθρώπινον
ἀγαθόν finden werden in einer charakteristischen Auskenntnis
des Lebens selbst. Diese τέχνη bezeichnet Aristoteles als πολιτική:
Darin liegt, daß er das Sichauskennen des Lebens hinsichtlich
seiner selbst sieht als πολιτική, das Dasein als Miteinandersein.

α) Mannigfaltigkeit und Führungszusammenhang der τέλη und
Notwendigkeit eines τέλος δι' αὑτό

Bezüglich dieses Daseins des Menschen, das im vorhinein in
dieses Blickfeld gestellt wird, gibt es beschreibender Weise verschiedenes auszumachen: daß nämlich eine *Mannigfaltigkeit von
Besorgungen* gegeben ist. Im Miteinandersein liegt eine Mannigfaltigkeit des Besorgens, keine Menge, sondern eine Vielfachheit,
die einen Zusammenhang hat, der aus dem Charakter des Miteinanderseins bestimmt ist. Ferner wird es bei dieser Mannigfaltigkeit von Besorgungen auch eine *Mannigfaltigkeit der τέλη*
geben, dessen, wo das Besorgen zu Ende kommt.

Bezüglich der τέλη macht Aristoteles fundamentale Unterschiede. Er sagt gleich am Anfang der »Nikomachischen Ethik«:
διαφορὰ δέ τις φαίνεται τῶν τελῶν· τὰ μὲν γάρ εἰσιν ἐνέργειαι, τὰ δὲ
παρ' αὐτὰς ἔργα τινά.[6] »Es zeigt sich, daß ein gewisser Unterschied
vorliegt unter den τέλη. Die einen sind ἐνέργειαι [Ἐνέργεια ganz
ausgezeichneter, vielleicht der fundamentale Charakter des
Seins, ein Wie des Seins in einem ganz ausgezeichneten Sinn. Er
besagt das »Im-Werke-Sein« selbst. Wenn unser Ausdruck »Wirklichkeit« nicht so abgegriffen wäre, wäre er eine ausgezeichnete
Übersetzung. Ἐνέργεια ein Wie des Seins, eines solchen Seins vom
Seinscharakter der πρᾶξις, also das Wie des Besorgens], die ande-

---

[6] Eth. Nic. A 1, 1094 a 3 sqq.

ren τέλη sind παρ' αὐτάς, neben dem Besorgen, und zwar ἔργα, Werke.« Diese τέλη sind derart, daß sie abfallen bei einem Besorgen. Neben dem Verfertigen des Schuhs fällt der Schuh ab. Das παρά will andeuten, daß das τέλος des Besorgens etwas für sich Eigenständiges ist. Dieses ist zumeist vom Charakter des Beiträglichen. Dagegen ist ein Spaziergang – entgegen der Schusterei, die zu Ende kommt bei etwas, das in sich selbst sein eigentliches Sein hat – damit bei seinem τέλος, daß ich spazierengehe; nicht daß ich da und da hingehe, eine bestimmte Strecke laufe, sondern daß ich draußen bin an der Luft, daß ich spazierengegangen bin. Das τέλος liegt in der πρᾶξις. Dadurch, daß ich mich im Besorgen aufhalte, kommt diese Besorgung zu Ende, zu ihrem τέλος. Die Eigentlichkeit des Fertigseins, des Spazierengehens, gründet darin, wie ich spazierengehe. Es sind zwei verschiedene Weisen des Besorgens unterschieden nach dem Seinscharakter dessen, was das τέλος ausmacht.

πολλῶν δὲ πράξεων οὐσῶν καὶ τεχνῶν καὶ ἐπιστημῶν πολλὰ γίνεται καὶ τὰ τέλη.[7] »Da nun eine Mannigfaltigkeit der Besorgungen vorliegt und eine Mannigfaltigkeit von Auskenntnissen und Wissenschaften, so ist darin mitgegeben eine solche der τέλη.« ἰατρικῆς μὲν γὰρ ὑγίεια, ναυπηγικῆς δὲ πλοῖον, στρατηγικῆς δὲ νίκη, οἰκονομικῆς δὲ πλοῦτος.[8] »Für die Arzneikunst die Gesundheit, für den Schiffbau das Schiff, für die Heeresleitung der Sieg, für die wirtschaftliche Betätigung der Reichtum, das Vermögen.« So zeigt sich eine Mannigfaltigkeit von Besorgungen, und es fragt sich, wie sie miteinander sind. Der konkrete Aspekt des Daseins des Menschen in diesem Miteinandersein zeigt zugleich, daß hier eine gewisse *Führung* vorliegt unter diesen Besorgungen. Die eine ist gegenüber den anderen führend. So ist z. B. die »Pflege der Pferde« für den Heeresdienst (ἱππική) maßgebend für den Sattler, der das Sattelzeug herstellt,[9] und der ist maßgebend für die Gerberei. Die ἱππική ist geführt von der Kriegsführung selbst,

[7] Eth. Nic. A 1, 1094 a 6 sqq.
[8] Eth. Nic. A 1, 1094 a 8 sq.
[9] Eth. Nic. A 1, 1094 a 10 sq.: ὑπὸ τὴν ἱππικὴν χαλινοποιητική.

der στρατηγική, ist unterstellt der »Heeresleitung«,[10] so daß diese in einer bestimmten Hinsicht maßgebend ist für die Gerberei. Also ist die στρατηγική eine δύναμις, die *führend hindurchgreift* durch eine ganze Mannigfaltigkeit von Besorgungen.[11] Die στρατηγική ist unterstellt einem charakteristischen Interesse am Dasein des Menschen als Miteinandersein, an der πόλις. An diesem Beispiel zeigt sich, daß ein *Führungszusammenhang* unter der Mannigfaltigkeit von Besorgungen vorliegt, daß es also eine ganze Mannigfaltigkeit von Besorgungen gibt, die »wegen eines anderen«, δι' ἕτερον, sind.[12]

Aristoteles sagt nun: Es muß in dieser Mannigfaltigkeit von Besorgungen solche bzw. eine solche geben bzw. ein solches τέλος, das δι' αὐτό ist.[13] Es ist unmöglich, daß wir im Umkreis aller möglichen Besorgungen im Miteinandersein »das eine wegen eines andern ergreifen. Denn so geht man ins Unbegrenzte, man gewinnt auf diese Weise kein πέρας, so daß die ὄρεξις, das Aussein auf etwas, wird κενὴ καὶ ματαία, leer und eitel.«[14] Πέρας bestimmt das Dasein des Besorgten. Im Besorgen von etwas liegt schon, daß es etwas besorgt. *Der Vollzug des Besorgens ist nur möglich dadurch, daß das, was besorgt wird, da ist, daß das Besorgen nicht ins Leere greift, daß das Besorgen den Charakter des πέρας hat.* Nur dadurch ist es möglich, daß überhaupt ein Besorgen zu seinem Sein kommt. In dem Sinne von Sein ist das im vorhinein gemeint: Dasein ist Begrenztsein. Demnach sagt Aristoteles: Die Mannigfaltigkeit der Besorgungen, die das Dasein des Menschen als Miteinandersein ausmacht, muß ein πέρας haben. Das besagt aber: Sofern die Besorgungen untereinander in einem Führungszusammenhang stehen, ist das πέρας konstituiert durch ein τέλος δι' αὐτό, ein τέλος, das wir »um seiner selbst willen« besorgen.

---

[10] Eth. Nic. A 1, 1094 a 12 sq.: αὕτη δὲ [...] ὑπὸ τὴν στρατηγικήν.
[11] Eth. Nic. A 1, 1094 a 9 sq.: ὅσαι δ' εἰσὶ τῶν τοιούτων ὑπὸ μίαν τινὰ δύναμιν.
[12] Eth. Nic. A 1, 1094 a 20.
[13] Eth. Nic. A 1, 1094 a 19.
[14] Eth. Nic. A 1, 1094 a 19 sqq.: μὴ πάντα δι' ἕτερον αἱρούμεθα (πρόεισι γὰρ οὕτω γ' εἰς ἄπειρον, ὥστ' εἶναι κενὴν καὶ ματαίαν τὴν ὄρεξιν).

Über das ἀνϑρώπινον ἀγαϑόν ist aus dieser allgemeinen Betrachtung zu entnehmen: Es ist dasjenige, was im Betrachten des Daseins des Menschen als das τέλος δι' αὑτό da ist, was περιέχοι ἂν τὰ τῶν ἄλλων [τέλη][15]: Das τέλος, das in der πολιτική zum Thema gemacht wird, muß so sein, daß es »die anderen umgreift, in sich beschließt«. Sie sehen aus der Art dieser Betrachtung, daß sie zunächst gar keine inhaltliche Bestimmung gibt bezüglich dessen, was nun das τέλος des Menschen ist. Aristoteles sagt nur, daß aus der Seinsstruktur des Miteinanderseins folgt, daß es ein τέλος δι' αὑτό geben muß. Dieses τέλος δι' αὑτό ist notwendig das Thema der πολιτική. Die Frage ist nun: Welches sind die Charaktere dieses τέλος, dieses ἀνϑρώπινον ἀγαϑόν als τέλος δι' αὑτό? Was gehört zum Charakter des ἀγαϑόν als τέλος δι' αὑτό für das Miteinandersein der Menschen?

β) Die βίοι als τέλη δι' αὑτά. Die Kriterien für das τέλος δι' αὑτό: οἰκεῖον, δυσαφαίρετον, τέλειον und αὕταρκες

Sie sehen bei dieser scheinbar formal-allgemeinen Betrachtung, daß Aristoteles ständig den Blick hält auf das *konkrete Dasein*, bestimmt als Miteinandersein. Die weitere Betrachtung, die Herausstellung der Grundbestimmungen des ἀγαϑόν und ebenso dessen, was diesem ἀγαϑόν genügt, nimmt die Orientierung an der konkreten Erfahrung selbst, und zwar so, daß nicht nur das *gegenwärtige Dasein* in die Untersuchung gestellt wird, sondern zugleich befragt werden die *Meinungen*, die dieses gegenwärtige Dasein von sich selbst hat hinsichtlich dessen, was für es das ἀγαϑόν ist. Aristoteles steht darin. Das konkrete Dasein bekommt ja nicht erst durch ihn eine Auslegung, sondern *zum Dasein selbst gehört mit eine Auslegung seiner selbst*, die es in irgendeinem Ausmaße immer schon bei sich trägt. Die Verständlichkeit, in der sich das Dasein bewegt, das Man, gründet letztlich in der δόξα, in dem, was man so durchschnittlich meint über die Dinge und sich

---

[15] Eth. Nic. A 1, 1094 b 6.

selbst. Diese selbstverständliche Meinung des Daseins von sich selbst ist an erster Stelle die Quelle, aus der Aristoteles sich ausdrücklich orientiert darüber, wie das Dasein selbst konkret denkt über das, wobei es eigentlich seine Fertigkeit hat. Deshalb ist die Methode des Aristoteles von ihm so charakterisiert, daß er die λόγοι untersucht ἐκ [...] [τῶν κατὰ τὸν βίον πράξεων] καὶ περὶ τούτων[16]: Er schöpft das, was er ausmacht über das Dasein, aus dem, wie das Dasein über sich selbst spricht, und zwar »hinsichtlich der Lebenshaltung«. Βίος: ein neuer Begriff von »Leben«, nicht dasselbe wie ζωή. Die moderne Biologie meint gerade den griechischen βίος nicht. Βίος ist »Lebenshaltung«, »Lebensweg«, die spezifische Zeitlichkeit eines Lebens von der Geburt zum Tode, »Lebenslauf«, so daß βίος auch besagt »Lebensbeschreibung«: Das Wie einer ζωή ist der βίος, Geschichte eines Lebens. Was das Leben über sich ausmacht, ist aus den Besorgungen im Lebenswandel selbst geschöpft, und diese aus den Besorgungen in einer bestimmten Lebenshaltung geschöpfte Auffassung des Lebens ist zugleich περὶ τῶν πράξεων, Auslegung der Besorgungen, aus denen geschöpft wird, selbst. Das ist der methodische Leitfaden, den Aristoteles aufnimmt bei der Betrachtung der βίοι, um aus dieser Betrachtung zu sehen, was das Leben als τέλος καθ' αὑτό selbst ergriffen hat. Als solche βίοι legt er drei vor:

1. βίος ἀπολαυστικός, »das Leben in Vergnügen, in Genuß«;

2. βίος πολιτικός, die Weise der Erfahrung des Lebens, die aufgeht im Besorgen innerhalb des konkreten Daseins;

3. βίος θεωρητικός, die Weise des Daseins, die charakterisiert ist durch das Betrachten.[17]

Aus diesen βίοι stellt Aristoteles zunächst verschiedene τέλη heraus und zeigt an ihnen, daß sie δι' αὑτό besorgt werden. Zugleich stellt er die kritische Frage, ob diese dem Sinn des δι' αὑτό als dem τέλος des Miteinanderseins genügen. Es muß das κριτήριον sichtbar werden, dem diese τέλη genügen sollen. Das τέλος muß sein:

[16] Eth. Nic. A 1, 1095 a 3 sq.
[17] Eth. Nic. A 3, 1095 b 17 sqq.

1. οἰκεῖον,

2. δυσαφαίρετον,[18] so, daß dieses τέλος im Dasein selbst »zu Hause« ist, nicht von außen herangetragen, in der Weise, daß es ihm »unentreißbar« zukommt.

3. Aber auch die Bestimmung des δυσαφαίρετον ist ungenügend, es muß sein τέλειον,[19] »das im eigentlichen Sinne die Fertigkeit ausmacht«. Die ἡδονή kann auch erstrebt werden um willen meines Daseins als solchen und nicht um ihrer selbst willen. Es ergibt sich also die Notwendigkeit der Bestimmung des τέλειον.

4. muß das τέλος sein αὔταρκες,[20] »sich selbst genug«. In der Interpretation des αὔταρκες wird sichtbar, daß das τέλος ein solches ist, daß es ein Dasein als Miteinandersein bestimmt. Das τέλος muß sich selbst genügend sein in der Bestimmung des Miteinanderseins.

Wir wollen diese vier Bestimmungen näher betrachten. Das formal als δι' αὐτό bestimmte τέλος ist das, was man so gemeinhin als εὐδαιμονία bezeichnet,[21] gemeinhin übersetzt als »Glückseligkeit«. Die Betrachtung der βίοι beginnt im 3. Kapitel des 1. Buches der »Nikomachischen Ethik«: »Es scheint, daß man das, was man unter ἀγαθόν versteht, unter der εὐδαιμονία, dem, was die Eigentlichkeit des Daseins des Menschen ausmacht, οὐκ ἀλόγως aus den βίοι genommen hat [nicht so, daß dabei nichts aufgezeigt würde, sondern gerade so, daß etwas zum Vorschein kommt].«[22] Οὐκ ἀλόγως meint also, daß diese Bestimmung des τέλος-Seins des βίος auf dem rechten Wege ist, weil in der Tat etwas Sachliches aufgezeigt wird. Vom βίος ἀπολαυστικός sagt Aristoteles, daß er das τέλος hat in der ἡδονή, und so, daß die, die sich dafür ent-

---

[18] Eth. Nic. A 3, 1095 b 26.
[19] Eth. Nic. A 5, 1097 a 33.
[20] Eth. Nic. A 5, 1097 b 8.
[21] Eth. Nic. A 2, 1095 a 17 sq.: τὴν γὰρ εὐδαιμονίαν καὶ οἱ πολλοὶ καὶ οἱ χαρίεντες λέγουσιν.
[22] Eth. Nic. A 3, 1095 b 14 sqq.: τὸ γὰρ ἀγαθὸν καὶ τὴν εὐδαιμονίαν οὐκ ἀλόγως ἐοίκασιν ἐκ τῶν βίων ὑπολαμβάνειν.

schlossen haben, τυγχάνουσι δὲ λόγου,[23] »ins Gespräch kommen«,
man spricht von ihnen, man macht das mit, man hält das allgemein für das Rechte, und sie haben die Zustimmung der Menge.
οἱ δὲ χαρίεντες καὶ πρακτικοὶ τιμήν.[24] »Dagegen die Gebildeten und
die in der Tat, in einem Beruf aufgehen, die setzen das τέλος in
die τιμή.« Sie sagen: Im konkreten Dasein als Miteinandersein
kommt es letztlich darauf an, daß man bei den anderen in »Ansehen« steht. Aristoteles sagt demgegenüber, daß bei der Bestimmung des τέλος als τιμή das ἀγαθόν nicht bei demjenigen ist, der
darauf aus ist, in Ansehen zu stehen, sondern das ἀγαθόν ist bei
denen, die den anderen schätzen, denn die sind es, die das ἀγαθόν
angeeignet haben, während die anderen auf die τιμή aus sind,
»um sich selbst zu sichern und zu überzeugen, daß ihr Dasein ein
ἀγαθόν ist«.[25] So ist die τιμή gar nicht etwas, was in meinem eigentlichen Dasein als solchem steht, τιμή ist kein οἰκεῖον ἀγαθόν,
ich habe die τιμή von Gnaden der anderen. Das ist noch durchsichtiger bei der ἡδονή, so daß Aristoteles gar nicht zeigt, daß dieses ἀγαθόν von außen an den Menschen herangebracht ist, kein
δυσαφαίρετον, kein »Unentreißbares« ist. Auch dieses höher gele-
gene τέλος als τιμή ist kein τέλος, das im Dasein selbst als letzter
Besitz zu sehen wäre. Aber auch die weitere Bestimmung als
ἀρετή ist κατὰ τούτους.[26] »Es kann einer ein tüchtiger Kerl sein
und doch sein Dasein verschlafen, er kann Pech haben, es gelingt
ihm nichts«[27] – zwei Bestimmungen: das *Wachsein* und das *Gelingen.* Es bedarf also, wenn man die ἀρετή, »Tüchtigkeit«, mit in
Ansatz bringt, dieser Ansatz weiterer Bestimmungen. Die Möglichkeit, daß er sein Leben verschlafen oder Pech haben kann,
verlangt, daß die ἀρετή ist ἐνέργεια, eine Sache, die sich *in der Tat*
zeigt, die ihr Sein hat *im eigentlichen, konkreten in jeder Lage Da-*

[23] Eth. Nic. A 3, 1095 b 21.
[24] Eth. Nic. A 3, 1095 b 22 sq.
[25] Eth. Nic. A 3, 1095 b 27 sq.: ἵνα πιστεύσωσιν ἑαυτοὺς ἀγαθοὺς εἶναι.
[26] Eth. Nic. A 3, 1095 b 29 sq.
[27] Eth. Nic. A 3, 1095 b 32 sqq.: δοκεῖ γὰρ ἐνδέχεσθαι καὶ καθεύδειν ἔχοντα τὴν
ἀρετὴν ἢ ἀπρακτεῖν διὰ βίου, καὶ πρὸς τούτοις κακοπαθεῖν καὶ ἀτυχεῖν τὰ μέγιστα.

sein. Das »Gut-Ablaufen«, die εὐτυχία, ist mit eine Bestimmung der Eigentlichkeit eines Besorgens. Εὐτυχία liegt mit darin in der εὐδαιμονία. Warum das von Aristoteles mit aufgenommen ist, kann man nur verstehen, wenn man die Bestimmung des griechischen Seins im Auge behält: Die Griechen haben den vollen konkreten Sinn des Daseins als In-einer-Welt-Sein, des Daseins in seiner Konkretion, daß es in der Lebendigkeit des Vollzugs des Besorgens gesehen wird.

Was das Leben konkret über sich ausgesprochen hat, ist so etwas, das seine Begründung in sich trägt. Aristoteles sagt am Schluß des 2. Kapitels des 1. Buches der »Nikomachischen Ethik«: καὶ εἰ τοῦτο φαίνοιτο ἀρκούντως, οὐδὲν προσδεήσει τοῦ διότι,[28] »wenn ich orientiert bin über das [was das Leben von sich selbst sagt], bedarf es keiner Berufung auf das διότι, deshalb, weil, denn«. Das Leben hat so gesprochen. Aristoteles nimmt die Daseinsauslegung des Lebens so auf, daß er sie positiv nimmt. Dadurch, daß das Dasein, wie es über sich selbst spricht, sich so angesprochen hat, trägt es schon seine Begründung. Wenn ich das ὅτι, »daß« das Leben so gesprochen hat, ins Auge fasse und das verstanden habe, dann bedarf es keiner διότι mehr. Das Leben hat seine Möglichkeiten sich zugeeignet und ausdrücklich gemacht, und zwar nach drei Hinsichten, den drei βίοι. Die Erörterung des βίος θεωρητικός verschiebt Aristoteles ausdrücklich (»Nikomachische Ethik«, 10. Buch).[29] Diesen βίος stellt er als die eigentliche Möglichkeit menschlicher Existenz heraus. Die beiden anderen βίοι geben ihm Gelegenheit, zwei Arten von τέλη festzustellen: 1. ἡδονή, 2. τιμή.

Ad 1. Die Betrachtung der ἡδονή ist kurz gehalten, weil es ohne weiteres durchsichtig ist, daß ein solches ἀγαθόν das Dasein von sich wegzieht und es in die Welt lenkt. In der ἡδονή kommt das Dasein nicht zu ihm selbst, das Leben wird gelebt von der Welt, in der es sich bewegt, völlig abhängig von der Welt, es wird nicht sein eigenes Sein gelebt.

---

[28] Eth. Nic. A 2, 1095 b 6 sq.
[29] Vgl. Eth. Nic. A 3, 1096 a 4 sq.

Ad 2. Die zweite Ansetzung hat schon mehr für sich, sofern es sich zeigt, daß in der τιμή eine ausgezeichnete Möglichkeit des Miteinanderseins, des Unter-den-anderen-Sichbefindens liegt, sofern ich gerade, wenn ich bei anderen in Ansehen stehe, eine ausgezeichnete Stellung habe in der Welt. Das Unter-anderen-Angesehensein ist eine ausgezeichnete Befindlichkeit, die aber von den anderen abhängig ist. Es steht bei denen, unter denen ich in Ansehen stehe, mir das Ansehen zu leihen oder nicht. Die anderen haben das ἀγαθόν und schenken es mir, können es mir aber auch versagen. Es gehört nicht meinem Sein als solchen. Die τιμή ist also, sofern sie bei den anderen ist, kein ἀγαθόν οἰκεῖον, ein solches, das bei meinem Sein und auf Grund dessen bei mir »zu Hause« ist. Weil also die anderen es auch versagen können, ist es entreißbar, es ist nicht nur nicht beim Dasein zu Hause, es ist auch nicht δυσαφαίρετον. Ein ἀγαθόν, das im eigentlichen Sinne ἀγαθόν des Daseins ist, muß in diesem Sein als solchen zu Hause sein und darf nicht entreißbar sein.

Ein solches ἀγαθόν scheint nun die ἀρετή zu sein, die Art und Weise des Daseins, von der wir sagen, einer sei ein tüchtiger Kerl, die »Tüchtigkeit«, das Verfügen jeweils über eine ganz bestimmte Möglichkeit des eigenen Seins. Die ἀρετή des Flötenspielers besteht darin, daß er über die Möglichkeit des Flötenspiels in ausgezeichnetem Sinne verfügt. Ein solches Sein und Leben kann aber gewissermaßen sich verschlafen. Man kann tüchtig sein und dabei das Leben verschlafen. Wenn dieses Verfügen über die eigene Seinsmöglichkeit ein ἀγαθόν sein soll, so muß es sein in der Weise des Wachseins und es muß die Möglichkeit des Verfügens selbst vollziehen, die πρᾶξις. Deshalb ist am Ende das eigentliche ἀγαθόν des menschlichen Daseins die εὐπραξία oder εὐζωία.[30] Das εὖ ist nicht etwas, das außerhalb in der Welt gelegen ist, sondern ein Wie des Lebens selbst. Aus der Bestimmung, daß das ἀγαθόν ein Wie des Besorgens selbst ist, haben wir eine Reihe von Momenten, die das ἀγαθόν bestimmen und demnach eine Vorzeich-

---

[30] Eth. Nic. A 8, 1098 b 21 sq.

nung geben für das, was allein einem so bestimmten Sinn von
ἀγαθόν genügen kann. Dazu gehört, daß, wer sich in der εὐζωία
befindet, die εὐτυχία hat. Das konkrete Dasein kann sich so vollziehen, es kann aber auch Pech haben. Diese εὐτυχία als ein weiteres Moment der εὐδαιμονία des ἄριστον kennzeichnet, daß die
εὐζωία Sein-in-einer-Welt ist mit ihren bestimmten Bedingungen
und Möglichkeiten, und daß die εὐτυχία einbezogen ist, zeigt, daß
diese Ethik keine phantastische ist, sondern daß sie das ἀνθρώπινον ἀγαθόν in seiner Möglichkeit sucht.

Aristoteles kommt im Kapitel 4 zu dem Ergebnis, daß es ein
Gutes an sich nicht geben kann. ᾽Αγαθόν ist an ihm selbst immer
πέρας einer πρᾶξις, diese πρᾶξις ist aber jetzt und hier, geht auf
das jetzt und hier Seiende, πρᾶξις immer περὶ τὰ ἔσχατα καὶ τὰ
καθ᾽ ἕκαστα,[31] »geht auf das Äußerste, auf das zugespitzte Jetzt
und Hier«, καὶ τὰ καθ᾽ ἕκαστα, auf das »Jeweilige als solches in
seiner Bestimmtheit.« Deshalb ist die Idee eines ἀγαθόν καθόλου[32]
sinnlos, sie verkennt den Seinscharakter des ἀγαθόν selbst.

Dagegen schlägt nun Aristoteles, um das ἀγαθόν καθ᾽ αὐτό in
einer verschärften Bestimmung zu bringen, einen neuen Weg
ein, und zwar führt er jetzt eine Untersuchung über den Seinscharakter des ἀγαθόν durch. Das ἀγαθόν ist πέρας oder τέλος,
»Ende« im Sinne des Eine-Fertigkeit-Ausmachens. Er definiert
im 5. Kapitel das ἀγαθόν als τέλος, genauer als τέλειον.[33] Zur Vorbereitung auf diese Betrachtungen über das Ende in seiner Endlichkeit interpretiere ich das 16. Kapitel des 5. Buchs der »Metaphysik«.

---

[31] Eth. Nic. Z 12, 1143 a 32 sq.: ἔστιν δὲ τῶν καθ᾽ ἕκαστα καὶ τῶν ἐσχάτων ἅπαντα τὰ πρακτά.
[32] Eth. Nic. A 4, 1096 a 11.
[33] Eth. Nic. A 5, 1097 a 33.

§ 11. Das τέλειον (Met. Δ 16)

Τέλειον hat wie der Terminus ὄν und entsprechend ἀγαϑόν eine *Doppeldeutigkeit.*[1] Ἀγαϑόν besagt genau wie οὐσία: 1. ein Gutes, ein Seiendes, das gut ist; 2. Gutsein, Gutheit. So besagt auch τέλειον: 1. Fertigseiendes, 2. was das Fertigsein ausmacht, das bestimmte Sein, in dem ein Fertiges sein muß, um fertig zu sein, die Seinsweise des Fertigseienden.

a) Übersetzung des Kapitels

τέλειον λέγεται ἓν μὲν οὗ μὴ ἔστιν ἔξω τι λαβεῖν μηδὲ ἓν μόριον, οἷον χρόνος τέλειος ἑκάστου οὗτος οὗ μὴ ἔστιν ἔξω λαβεῖν χρόνον τινὰ ὃς τούτου μέρος ἐστὶ τοῦ χρόνου.[2] »Als fertig wird einmal angesprochen ein Seiendes, außerhalb dessen auch nicht ein einziger Teil sich antreffen läßt [derart, daß dieser Teil noch das betreffende Sein mit ausmacht], derart ist die Zeit für ein jeweilig Daseiendes fertig in dem Sinne, daß es außerhalb dieser nicht noch eine gewisse Zeit gibt, die jene mit ausmacht.« Wenn wir sagen: »Jedes Ding hat seine Zeit«, meinen wir so etwas, was Aristoteles hier im Auge hat, eine bestimmte Eingrenzung der Zeit, außerhalb derer nichts Seiendes zeitlich ist. Wenn etwas seine Zeit gehabt hat, ist es in einer Weise, die sein Fertigsein ausmacht, es ist τέλειον (vgl. Analyse der Zeit im 4. Buch der »Physik«, Kapitel 10—14).

καὶ τὸ κατ’ ἀρετὴν καὶ τὸ εὖ μὴ ἔχον ὑπερβολὴν πρὸς τὸ γένος, οἷον τέλειος ἰατρὸς καὶ τέλειος αὐλητής, ὅταν κατὰ τὸ εἶδος τῆς οἰκείας ἀρετῆς μηδὲν ἐλλείπωσιν. οὕτω δὲ μεταφέροντες καὶ ἐπὶ τῶν κακῶν λέγομεν συκοφάντην τέλειον καὶ κλέπτην τέλειον, ἐπειδὴ καὶ ἀγαϑοὺς λέγομεν αὐτούς, οἷον κλέπτην ἀγαϑὸν καὶ συκοφάντην ἀγαϑόν. καὶ ἡ ἀρετὴ τελείωσίς τις.[3] »Weiter wird als fertig ange-

---

[1] Vgl. Met. Z 6, 1031 a 28 sqq.
[2] Met. Δ 16, 1021 b 12 sqq.
[3] Met. Δ 16, 1021 b 15 sqq.

sprochen das, was im Umkreis des Verfügens über eine eigene
Seinsmöglichkeit in ihrer echten Herkünftigkeit kein Darüber-
hinaus mehr hat. Wir sprechen von einem vollendeten Arzt und
von einem vollendeten Flötenspieler. Ein Arzt, ein Flötenspieler
ist vollendet, wenn im Hinblick darauf, wie das ihnen eigene Verfügen über ihr Sein da ist, sie in nichts zurückbleiben [wenn also
der Flötenspieler in seiner ἀρετή in nichts zurückbleibt hinter seiner Möglichkeit]. In diesem Sinne aber [wie er in dieser Bestimmung gegeben war] sprechen wir auch einen Sykophanten (An-
geber) oder einen Dieb als vollendet an, in der Weise, daß wir das
Wie der Gemeintheit [von τέλειον], μεταφέροντες, übertragen
auch auf das Schlechte, da wir sie ja offenbar auch gut nennen,
z. B. nennen wir einen einen guten Dieb und einen guten Ange-
ber. Und das Verfügen über eine Seinsmöglichkeit ist ja eine gewisse Weise des Die-Fertigkeit-des-betreffenden-Seienden-Aus-
machens [dieses bestimmten Seienden, das in der ἀρετή ist].«

ἕκαστον γὰρ τότε τέλειον καὶ οὐσία πᾶσα τότε τέλεια, ὅταν κατὰ
τὸ εἶδος τῆς οἰκείας ἀρετῆς μηδὲν ἐλλείπῃ μόριον τοῦ κατὰ φύσιν μεγέθους.[4] »Denn jeweilig ist dann etwas fertig und jedes Seiende
im Wie seines Seins da, wenn im Hinblick auf die ἀρετή nichts
ausbleibt von dem, was das Ausmaß des möglichen Seinkönnens
des betreffenden Seienden betrifft.«

ἔτι οἷς ὑπάρχει τὸ τέλος σπουδαῖον, ταῦτα λέγεται τέλεια· κατὰ
γὰρ τὸ ἔχειν τὸ τέλος τέλεια. ὥστ’ ἐπεὶ τὸ τέλος τῶν ἐσχάτων τί ἐστι,
καὶ ἐπὶ τὰ φαῦλα μεταφέροντες λέγομεν τελείως ἀπολωλέναι καὶ τελείως ἐφθάρθαι, ὅταν μηδὲν ἐλλείπῃ τῆς φθορᾶς καὶ τοῦ κακοῦ ἀλλ’
ἐπὶ τοῦ ἐσχάτου ᾖ.[5] »Ferner ist τέλειον Sein im Wie des Fertigseins, das Seiende, in dem als solchem seine Fertigkeit ernsthaft
vorhanden ist. Und zwar wird ein solches Seiendes als τέλειον angesprochen im Hinblick auf das Haben des Endes im Sinne der
Fertigkeit. Daher wir denn, da ja τέλος zu den Äußersten gehört,
auch auf das Schlechte dieses Wie der Gemeintheit übertragen.«

---

[4] Met. Δ 16, 1021 b 21 sqq.
[5] Met. Δ 16, 1021 b 23 sqq.

Wir sprechen von einem völligen Vernichtetwordensein, wenn nichts mehr fehlt beim Untergang, sondern es beim Äußersten steht, ganz, völlig untergegangen ist.« διὸ καὶ ἡ τελευτὴ κατὰ μεταφορὰν λέγεται τέλος, ὅτι ἄμφω ἔσχατα.[6] »Daher wird auch das Lebensende, der Tod, im Hinblick auf eine Übertragung Vollendung genannt, ein Fertigsein des Lebens ausmachend.« Die Übertragung gründet darin, daß das Lebensende den Charakter des Äußersten hat, τελευτή ist τέλος.

τέλος δὲ καὶ τὸ οὗ ἕνεκα ἔσχατον.[7] »Τέλος, Ende als Fertigsein ausmachend heißt auch das, worum willen etwas ist, das Worumwillen als das Äußerste.« Zum Schluß folgt eine zusammenfassende Gliederung der genannten Bedeutungen, eine Einteilung unter dem Gesichtspunkt der Kategorien, auf die wir zurückkommen werden, um zu sehen, wie gerade τέλος Grundkategorie des Seienden ist.

Vorsichtig muß man sein mit dem Begriff der ›Teleologie‹. Aristoteles hatte keine »teleologische« Weltanschauung. Schon ein flüchtiges Verstehen zeigt, daß mit τέλειον und τέλος nicht gemeint ist »Ziel« oder »Zweck«. Es ist ausdrücklich formuliert als τῶν ἐσχάτων τι, hat den Charakter »des Äußersten«. Die primäre Grundbestimmung ist *Ende-Sein*. Daß man τέλος mit »Zweck« oder »Ziel« übersetzt, hat natürlich seinen Boden und ist nicht aus der Luft gegriffen. Es fragt sich, ob diese Übersetzungen die primären sind und ob man auf diesem Niveau der Seinsuntersuchung primäre und abgeleitete Bedeutungen durcheinanderwerfen darf. Zweck ist das Wozu-etwas, Ziel das, woraufhin etwas ist. In den Charakter von Zweck und Ziel kann das Ende treten, aber nur weil τέλος Ende ist, kann es auch einmal Ziel oder Zweck sein. Es ist Ziel oder Zweck im Hinblick auf ein bestimmtes Hinsehen-auf …, Ins-Auge-Fassen. Zwecktätigkeit oder Zielstrebigkeit ist im Niveau dieser Untersuchung eine völlige Mißdeutung und führt zu der Vorstellung, als wäre Aristote-

---

[6] Met. Δ 16, 1021 b 28 sq.
[7] Met. Δ 16, 1021 b 29 sq.

les auch einer von den primitiven Menschen gewesen, wie sie im 19. Jahrhundert lebten.

b) Gliederung des Kapitels

α) Die ersten beiden Gliederungspunkte. Die Methode der Übertragung

Wir gliedern das Kapitel »Metaphysik« Δ 16:

1. χρόνος τέλειος: charakterisiert τέλειον als das, *worüber hinaus nichts da ist*, worüber hinaus es nichts gibt, nichts, das das Sein des Seienden, dessen Charakter τέλειον ist, mit ausmacht. Und zwar ist hier das τέλειον (πέρας) zunächst gesagt von Seiendem, sofern es in seinem Vorhandensein verstanden ist.[8]

2. τὸ κατ᾽ ἀρετήν: gibt das Seiende schon in einem ganz eigentümlichen Charakter, nämlich als ein solches, *das über seine eigentlichste Seinsmöglichkeit verfügt*, wobei τέλειον dann heißt: worüber hinaus nichts da ist, was als diese Möglichkeit das Seiende noch eigentlicher macht. Es gibt für den vollendeten Flötenspieler kein Darüber-hinaus (ὑπερβολή) im Sinne der Möglichkeit seines eigensten Seins. Hinsichtlich seiner eigensten Seinsmöglichkeit, dessen, was er selbst ist, gibt es kein Darüberhinaus. In dieser Grundbestimmung gründet die Möglichkeit eines »Übertragens«, eines μεταφέρειν, als Sprechen von einem »guten Dieb«. Ein »guter Dieb«: Darin liegt nicht, daß er ein guter Mensch ist, sondern ein vollendeter Dieb besagt einen solchen, der in seinem Sein zu seiner rechten Seinsmöglichkeit gekommen ist, diese Möglichkeit zu ihrem Ende gebracht hat.[9]

Aristoteles erwähnt ausdrücklich das μεταφέρειν,[10] er führt die *Übertragung* selbst an, zu einem bestimmten Zweck. In einem Übertragen des Sprechens nehmen wir aus dem nächsten und ursprünglichen Ansprechen, aus der nächsten und urspüng-

---

[8] Met. Δ 16, 1021 b 12–14.
[9] Met. Δ 16, 1021 b 15–17.
[10] Met. Δ 16, 1021 b 17 sq.

lichen Bedeutung von τέλειον eine Bedeutung noch mit (μετά) und tragen sie über auf ein neues Angesprochenes. Bei diesem Übertrag, wo wir eine Bedeutung mitnehmen, wird gerade das, was wir mitnehmen, sichtbar. Und darin wird sichtbar, was wir in der Grundbedeutung, von woher wir mitnehmen, schon gemeint haben. Beim vollendeten Arzt: Es kommt nicht auf moralische Güte an, sondern in diesem τέλειος liegt das Zu-Ende-Bringen. Das μεταφέρειν macht sichtbar, was mit τέλειον eigentlich gemeint ist, wobei der Arzt ἀγαθός ist und der Dieb auch ἀγαθός qua Dieb, in einem anderen Sinne κακός. Es ist kein Zufall, daß Aristoteles nicht nur hier, sondern in einer ganzen Reihe von Analysen immer in dieser Weise des μεταφέρειν die Betrachtungen vollzieht.

β) Vergegenwärtigung des Zusammenhangs der Behandlung des τέλειον

Das τέλειον ist eine Bestimmung des ἀγαθόν, und so hat denn auch schon ἀρετή, die wir später auch als eine fundamentale Bestimmung des Seins des Lebens kennenlernen werden, einen eigentümlichen Bezug auf Fertigsein. Im Verfügen über etwas, über eine bestimmte Möglichkeit seines Seins, ist dieses Sein schon in seinem Ende gehalten, habe ich meine eigentliche Seinsmöglichkeit schon im Griff und im Besitz. Τελείωσις[11]: Auf dieses eigentümliche Phänomen des ἔχειν τὸ τέλος kommt Aristoteles ausdrücklich zu sprechen.

Der Zusammenhang ist der, daß Aristoteles nach der Besprechung der einzelnen βίοι als ἀγαθὰ δι' αὑτά und τέλη, nach der Herausstellung charakteristischer Momente des ἀγαθόν, versucht, den Charakter des ἀγαθόν als τέλειον schärfer aufzuklären. Dieser Betrachtung des τέλος als τέλειον geht voraus die Diskussion mit *Plato*, auf die wir später zurückkommen werden.[12]

---

[11] Met. Δ 16, 1021 b 20 sq.
[12] Siehe S. 305 ff.

Was ergibt sich für das ἀνϑρώπινον ἀγαϑόν, wenn man es als τέλος auffaßt? Es handelt sich um das ἀνϑρώπινον ἀγαϑόν, das Bezug hat auf das Sein des Menschen, das wir kennen gelernt haben als Miteinandersein. Dieses ist bestimmt durch eine Mannigfaltigkeit von πρᾶξεις, die unter sich einen Führungszusammenhang haben, so daß unter ihnen ein ἀκρότατον ἀγαϑόν, »höchstes Gut«, vorfindlich ist, ein ἀγαϑόν, das δι' αὐτό ist. Solche ἀγαϑὰ δι' αὐτά hat Aristoteles in den βίοι nachgewiesen. Unter dem zweiten βίος, dem βίος πολιτικός, sind zwei Möglichkeiten nachgewiesen: τιμή und ἀρετή – ἀρετή, um eine Vordeutung zu geben auf das, was Aristoteles selbst als ἀγαϑόν ansetzt.

Mit der Diskussion des τέλειον bekommen wir ein Fundament für die Erörterung des *Fundamentalbegriffes der aristotelischen Lehre vom Sein*, der ἐντελέχεια. Τέλος ist nicht »Ziel«, sondern ἔσχατον, Charakter der Grenze, »Äußerstes«. Ziel und Zweck sind bestimmte Weisen, in denen τέλος als »Ende« ist, aber sie sind nicht primäre Bestimmungen, sondern Zweck und Ziel sind im τέλος als »Ende« als der ursprünglichen Bedeutung fundiert.

γ) Neuansetzung der Gliederung des Kapitels

Wir gliedern das Kapitel »Metaphysik« Δ 16 nach acht Punkten:

1. Der Charakter des τέλειον als das, *worüber hinaus nichts anderes da ist.*[13]

2. Ein Worüber-hinaus-nichts, was als bestimmte Seinsmöglichkeit eines Seienden dieses *in seinem Sein eigentlich bestimmt*; das Worüber-hinaus-nichts in dem Sinne, daß es über das τέλος hinaus keine weitere Seinsmöglichkeit für ein Seiendes gibt, daß ein Seiendes *hinsichtlich seiner Seinsmöglichkeiten zu seinem Ende gekommen* ist.[14]

3. In dieser Bestimmung des Zu-Ende-Gekommenseins eines Seienden liegt die Möglichkeit der *Übertragung* des τέλειον. So-

---

[13] Met. Δ 16, 1021 b 12–14
[14] Met. Δ 16, 1021 15–17.

fern wir sprechen von einem »guten Dieb«, wird in dieser Übertragung sichtbar, was mit τέλειον eigentlich gemeint ist, wenn
wir von einem »guten Arzt« sprechen. Das Prädikat ›gut‹ hat die
Nebenbedeutung von ausgezeichnet, wertvoll. Τέλειον meint dies
nicht, sofern wir eben auch von einem »vollkommenen Dieb«
sprechen, so daß die Bedeutung von τέλειον einen Seinscharakter
ausmacht, der nicht gebunden ist an die spezifische Bedeutung
von ἀγαθόν, wofern eine bestimmte Eigenschaft eines Seienden
ausgedrückt zu werden pflegt.[15]

4. Ferner hat τέλειον Bezug zur ἀρετή: Sofern mit ἀρετή gemeint ist das Verfügen über etwas, über eine bestimmte Seinsmöglichkeit, liegt darin schon die Bestimmung des τέλος oder
τέλειον. Das Verfügenkönnen über eine Seinsmöglichkeit besagt,
daß ein Seiendes, das eine ἀρετή hat, schon *in bestimmter Weise
sein Ende in dieser ἀρετή hat*. Die ἀρετή ist ein bestimmtes Sein,
das in sich selbst ausgerichtet ist auf das τέλος, ein Verfügenkönnen, das nicht ausdrücklich bei seinem τέλος angekommen zu
sein braucht.[16]

5. Die weitere Bestimmung ist schon in diesem Begriff von
ἀρετή als τελείωσις vorgezeichnet, sofern es Seiendes gibt, das im
eigentlichen Sinne sein τέλος hat, so daß sein τέλος in ihm »vorhanden ist«, Seiendes, in dem ὑπάρχει[17] τέλος, daß es *in einer ersten Weise sein Ende hat*. Ἔχειν ist in einem ganz ausgezeichneten
Sinne gemeint. Man spricht von »Haben« in doppeltem Sinne:
a) als *Vorkommen an etwas*, etwas ist so und so beschaffen, es hat
die und die Bestimmtheit: »Der Tisch hat Risse« – das, was hier
gehabt wird, ist vorkommend an einem bestimmten Seienden;
b) kann »Haben« besagen direktes *Besorgen von etwas* in der Ausdrücklichkeit, das Gehabte präsent haben, damit zu tun haben. Es
gibt ganz bestimmte Übergänge. »Der Baum hat Blüten.« Dieser
Habenszusammenhang ist nicht ohne weiteres identisch mit dem
Seinszusammenhang, der zum Ausdruck gebracht wird mit: »Der

---

[15] Met. Δ 16, 1021 b 17–20.
[16] Met. Δ 16, 1021 b 20–23.
[17] Met. Δ 16, 1021 b 23.

Tisch hat Risse.« – »Der Mensch hat Langeweile, Zahnschmer-
zen.« Auch dieses Haben ist ein anderes, sofern wir ganz trivial
sagen, daß dieses Gehabte und Haben selbst bewußt ist. »Der
Mensch hat den Gedanken, wegzulaufen.« Diese *doppelte Bedeutung* von Haben ist im Auge zu behalten und die letztere ist gemeint, wenn hier die Rede ist von einem ὑπάρχειν τέλος σπουδαῖον[18]: »In ernsthafter Weise« ist das τέλος da, »in ernsthafter
Weise« gehabt, wobei nicht zu denken ist, daß jemand als »ernst«,
σπουδαῖος, angesprochen wird, wenn er ein böses Gesicht macht.
Σπουδαῖος bezeichnet die Weise des Daseins, in der ich eine Sache
im Ernst habe, d. h. nicht mit ihr spiele: bei einer Sache sein, im
Ergriffenhaben alles auf eine Karte setzen. Die Sache, die ich
ernsthaft habe, braucht nicht Außergewöhnliches zu sein; je weniger das, wobei der Ernst sich aufhält, außergewöhnlich ist, de-
sto weniger ist die Möglichkeit der Täuschung über die Ernsthaf-
tigkeit da. Σπουδαῖον ist eine Bestimmung des Wie: Es muß Ernst
gemacht werden mit einer Möglichkeit seines eigenen Seins.[19]

6. In der weiteren Bestimmung des τέλειον wird nun erst eigentlich deutlich, in welchem Sinne τέλειον ein Seinscharakter
ist. Es wird gesprochen von einem τελείως ἐφθάρθαι.[20] Ferner
wird die τελευτή, der »Tod«, als τέλος bezeichnet.[21] Was wird in
dieser Übertragung sichtbar? Wir sagen von einem Menschen:
»Er ist ganz fertig, erledigt, verbraucht.« Das besagt hier: Er ist
nicht mehr der, der er früher war, er ist als der, der er früher eigentlich gewesen ist, nicht mehr da. Fertigsein ist *Aus-dem-Da-
sein-Wegsein.* Was ist der Sinn der Übertragung, wenn τελευτή als
τέλος bezeichnet wird? Mit dem Tod ist das Leben zu Ende, der
Tod macht das Leben fertig dadurch, daß er das Sein aus dem Da
wegnimmt, das Leben verschwindet. Mit dieser Übertragung
zeigt sich τέλειον, τέλος als ein Daseinscharakter, sofern τὸ τέλος,
τέλειον dasjenige Dasein bezeichnet, das wir als Nicht-mehr-

---

[18] Met. Δ 16, 1021 b 23 sq.: ὑπάρχει τὸ τέλος σπουδαῖον.
[19] Met. Δ 16, 1021 b 23–25.
[20] Met. Δ 16, 1021 b 27.
[21] Met. Δ 16, 1021 b 28 sq.

Dasein, als Wegsein bezeichnen. *Wegsein ist eine ausgezeichnete Weise des Daseins.* Gerade in dieser Übertragung von τέλος und τέλειον auf den Tod zeigt sich die ausgezeichnete Funktion von τέλειον, der Charakter des Daseins zu sein in der ausgezeichneten Möglichkeit des Verschwindens.[22]

7. Die Bestimmung des τέλειον wird zugesprochen dem οὗ ἕνεκα, οὗ χάριν, und zwar ist dieses dann τέλειον, wenn es ἔσχατον ist.[23] Das οὗ ἕνεκα ist dasjenige Seiende, das *in einem Willen steht*, mit dem ich willentlich zu tun habe, das, worauf ich in irgendeiner Weise der ὄρεξις aus bin, charakterisiert als das Ende, Letzte, etwas, was letztlich τέλος ist. Οὗ ἕνεκα bekommt τέλος-Charakter von der Bestimmung des ἔσχατον. Οὗ ἕνεκα ist nicht Ziel, worauf ich hinsehe, das ist σκοπός.[24]

8. Aristoteles teilt in der Zusammenfassung des Kapitels von den verschiedenen Bedeutungen auf in zwei verschiedene Gruppen: a) sofern τέλος eigentlich ausgesagt wird von etwas,[25] b) dann solche Bedeutungen, die ihre Bedeutung als τέλειον davon haben, daß sie sind mit Rücksicht auf ein im Sinne von a) mit τέλειον Benanntes.[26] Τέλειον wird also auf das Schema der Kategorien gebracht. Das deutet darauf hin, daß, sofern τέλειον eine solche Aufteilung zuläßt, es in sich selbst ein *fundamentaler Seinscharakter* ist. Τέλειον wird gezeigt als ein *ausgezeichneter Charakter des Seins im Sinne des Daseins* (Aufschluß hierüber siehe »Nikomachische Ethik« A, Kapitel 5).[27]

---

[22] Met. Δ 16, 1021 b 25–29.
[23] Met. Δ 16, 1021 b 30.
[24] Met. Δ 16, 1021 b 29 sq.
[25] Met. Δ 16, 1021 b 30: τὰ μὲν οὖν καθ᾽ αὐτὰ λεγόμενα.
[26] Met. Δ 16, 1022 a 1 sqq.: τὰ δ᾽ ἄλλα [...] πρὸς τὰ πρώτως.
[27] Met. Δ 16, 1021 b 30 – 1022 a 3.

c) Das τέλειον als Grenze im Sinne des eigentlichen Da
eines Seienden

Wenn wir zusammenfassen, so ist primär festzuhalten: Τέλος hat
die Bestimmung von *Grenze*. Dieser *Grenzcharakter* ist so aufzufassen: das, worüber hinaus nichts weiter da ist, Ende, das, wobei
etwas aufhört. Hier müssen wir aber vorsichtig sein. Ein Pfad
durch eine Wiese hört auf bei einem Gartenzaun. Der Gartenzaun ist aber nicht τέλειον. Das Pfad-Sein als solches ist nicht bestimmt durch den Gartenzaun. Das, wobei der Pfad aufhört, ist
selbst ein Seiendes, das in derselben Weise ist wie das, was bei
ihm aufhört. Vermutlich ist τέλειον nicht ein Seiendes, ein Stück
des Seienden, dessen Ende es ausmacht, sondern τέλειον ist ein
Sein, eine *Weise des Seins selbst.* Τέλειον ist Grenze nicht als ein
Seiendes zu einem Seienden, dessen Grenze es ist. In diesem Sinne ist der Dieb fertig, wobei die Grenze nicht außerhalb seiner
liegt. Das Wie seines Seins, das Stehlen selbst, ist zu seiner bestimmten Möglichkeit gekommen. Er ist nicht deshalb ein guter
Dieb, weil er auf eine große Menge Gelder stößt. Das τέλειον ist
eine *Bestimmung des Seins des Seienden* und nicht irgendeine Eigenschaft wie etwa weiß oder schwarz. Das Worüber-hinaus-
nichts hat den Charakter der Grenze im Sinne einer Bestimmung
des Seins.

Dieser Grenzcharakter des τέλειον als Seinsbestimmung wird
deutlich in der weiteren Übertragung: Tod eine Weise des Daseins, das Nicht-mehr-Dasein, das Wegsein, die ἀπουσία. Das
Nicht-mehr-da ist ein Charakter des Da, sofern τελευτή als τέλος
angesprochen wird, wobei es sich aber um eine Übertragung handelt. Damit ist gemeint, daß bei diesem Ansprechen des Todes als
τέλος die eigentliche Bedeutung von τέλος und τέλειον in gewissem Sinne verloren gegangen ist, insofern mit τέλος gemeint ist
ein solches Ende, daß dieses Ende das Betreffende nicht einfach
verschwinden läßt, es nicht aus dem Da wegnimmt, sondern im
Da hält, es in seinem eigentlichen Da bestimmt. Τέλος besagt
also ursprünglich: *zu Ende sein so, daß dieses Ende das eigentliche*

*Da ausmacht, ein Seiendes in seiner Gegenwärtigkeit eigentlich be-
stimmen.* Weil das die Grundbedeutung von τέλος ist, kann man
übertragender Weise von τέλος im Sinne des Todes sprechen.
Hier liegt nämlich ein fundamentaler Zusammenhang, daß nämlich Nichtsein oder Nicht-Dasein selbst nur interpretiert werden
kann, wenn man das Dasein selbst eigentlich positiv ausgelegt
hat. Man kann das Sein des Seienden nicht dadurch sehen und
verständlich machen, daß man sagt, ein Seiendes ist auch, wenn
es nicht ist, d. h. wenn man es nicht erfaßt. Das ist nur eine nega-
tive Bestimmung, die nichts besagt und die verkehrte Überzeugung nährt, als könnte man auf diese Weise zur Aufklärung des
Sinnes von Sein beitragen. Wegsein ist die extremste Weise des
Daseins, so daß die Interpretation des Seins zurückgeworfen wird
auf die Auslegung des Da. Τέλος, τέλειον hat den Charakter der
Grenze, und zwar der Grenze im Sinne des Seins derart, daß diese Grenze das Seiende in seinem Da bestimmt, Ende etwa in dem
Sinne, daß dieses τέλος zurückgreift auf das, dessen Ende es ist,
und dieses in seinem Da bestimmt – Charakter des rückgreifen-
den Umfassens. Ein vollendeter Geiger ist durch sein Vollendet-
sein in seinem eigentlichen Sein.

Von da ist ungefähr zu ermessen, was nun für Aristoteles der
fundamentale Begriff ἐντελέχεια besagt. Ein Seiendes, durch die
ἐντελέχεια bestimmt, besagt fundamental *ein solches Seiendes, das
sich selbst hält in seiner eigentlichen Seinsmöglichkeit, so daß die
Möglichkeit vollendet ist.* Wenn das Seiende ein solches ist, das
sein τέλος haben kann – das τέλος steht in der Sicht, so daß darüber gesprochen werden kann. Es kommt der fundamentalste
Charakter des Da in diesem Begriff der ἐντελέχεια zum Ausdruck. Es kann nun diese Bestimmung des τέλος von fundamentaler Bedeutung werden, insofern das Sein des Seienden für
dieses Seiende selbst *ausdrücklich* werden kann, und diese Möglichkeit des *Ausdrücklichseins* des eigentlichen Seins für ein Seiendes besteht für ein Seiendes, das wir charakterisieren als Leben, Sein-in-einer-Welt. Daher ist denn bei Aristoteles die Seele
»die ἐντελέχεια ἡ πρώτη eines Körpers, der in sich selbst die Mög-

lichkeit des Lebens trägt«.[28] Sie sehen hier, worin die ausführliche Diskussion dieses Grundbegriffes des τέλειον begründet ist.

Halten wir diese Bestimmung fest, so sind wir jetzt in den Stand gesetzt, die weitere Diskussion des ἀνϑρώπινον ἀγαϑόν als ἀγαϑὸν δι' αὐτό schärfer zu verstehen.

§ 12. Fortsetzung der Betrachtung des ἀγαϑόν (Eth. Nic. A 5-6)

Im 5. Kapitel des 1. Buchs der »Nikomachischen Ethik« wiederholt Aristoteles zunächst kurz den Gang der Betrachtung bis zur Auseinandersetzung mit *Plato.* Er weist darauf hin, daß uns eine Mannigfaltigkeit von Besorgungen entgegensteht, diese Mannigfaltigkeit selbst nicht als eine Menge, sondern in bestimmter Weise geführt, eine Mannigfaltigkeit der τέλη, dessen, wobei die einzelnen Besorgungen jeweils zu Ende kommen. Da sich im konkreten Hinsehen auf das Dasein des Menschen eine Mannigfaltigkeit von τέλη zeigt, und zwar solchen, die δι' ἕτερα sind, so ist mitgegeben, daß sie nicht alle τέλεια sein können. Damit ist gesagt: Nicht jedes τέλος ist schon τέλειον, eigentliches Ende für das Seiende, das sich in der Besorgung hält. Obzwar einzelne Besorgungen τέλη sind, sind sie nicht eigentliches Ende des Daseins. Werkzeuge sind τέλη, bei denen eine bestimmte πρᾶξις zu Ende ist, aber eine πρᾶξις, bei der das ἔργον παρά ist. Der Schuh ist das τέλος in dem Sinne, daß er, wenn er fertig ist, »neben« (παρά) dem Sein des Schuhmachers als einer Weise des Besorgens in sich selbst ein eigenes Dasein in der Welt hat. Der Schuh hat als τέλος sein eigenes Dasein in der Welt. Ebenso ist ein Instrument τέλος für den Instrumentenmacher. Diese τέλη sind selbst nicht τέλεια, sondern haben in sich selbst den Charakter der *Beiträglichkeit.* Der Hammer ist gerade als τέλος des Hammerschmieds in dem Sinne, daß er nicht vorkommt wie ein Stein, sondern daß ich da-

---

[28] De an. B 1, 412 a 27 sq.: ἐντελέχεια ἡ πρώτη σώματος φυσικοῦ δυνάμει ζωὴν ἔχοντος.

mit einen Nagel einschlagen kann. Diese seine Beiträglichkeit, Verwendbarkeit macht sein Dasein selbst aus. Er ist in sich selbst bzw. seiner Fertigkeit zwar τέλος, aber kein τέλειον, er weist in sich selbst von sich selbst weg in eine andere durch ihn mögliche Weise des Besorgens. So gibt es in der Welt eine Mannigfaltigkeit von τέλη, die nicht selbst jeweils τέλεια sind.

a) Fortsetzung der Diskussion der Grundbestimmungen des ἀγαθόν. Das ἀνθρώπινον ἀγαθόν als das ἁπλῶς τέλειον

Vom ἀνθρώπινον ἀγαθόν wurde schon gesagt, es ist δι' αὐτό, »seiner selbst wegen«, und es ist das ἄριστον, ἀκρότατον ἀγαθόν, ἀγαθόν, bei dem es nicht weiter geht, so daß also vermutlich dieses ἄριστον ein τέλειον ist. Nun hat schon die Betrachtung der βίοι ergeben, daß es eine Mannigfaltigkeit von τέλη δι' αὐτά gibt. Wenn es also eine Mannigfaltigkeit von τέλη δι' αὐτά, τέλεια gibt, so muß es unter diesen ein τελειότατον geben. Gibt es aber dieses, so gibt es auch ein τελειότερον. Diese Betrachtung zeigt, wie die Interpretation des ἀγαθόν hier im vorhinein abzielt auf eine *radikale Durchführung der Idee des τέλος, πέρας*. Es wird für die Seinsbestimmung des Daseins des Menschen die griechische Grundbestimmung des Seins radikal und konsequent in Anspruch genommen und so gezeigt, daß das ἀγαθόν in dem Sinne τέλος ist, daß es ἁπλῶς τέλειον, schlechthin τέλειον ist.

In dieser zunächst formalen Strukturbetrachtung ist die Tragweite noch nicht so ohne weiteres zu ersehen. Wir werden aber sehen, wie gerade von hier aus die aristotelische Bestimmung der *Grundmöglichkeit des Daseins des Menschen*, das θεωρεῖν, verständlich wird. Θεωρεῖν ist deshalb die eigenste Möglichkeit des Daseins, weil in ihm das Dasein so zu seinem Ende kommt, daß es in seine eigentlichste Möglichkeit, in sein eigenstes Da versetzt wird, weil das θεωρεῖν die eigentlichste ἐντελέχεια des Seins des Menschen ausmacht. Aristoteles gibt hier dem, was im griechischen Dasein konkret als *Existenz-Tendenz* vorlag, seinen eigentlichen Ausdruck, derart, daß er diese *Existenz* aus dem eigentlichen Sinn von Sein und Dasein verständlich macht und darin gründet.

Die allgemeinste und nächste Bestimmung des τέλειον ist als das, worüber hinaus nichts ist, zu fassen in dem Sinne, daß darin ein *Seinscharakter* zum Ausdruck kommt. Τέλειον ist nicht Seiendes als Seiendes, sondern als *Sein*. Schuhe, Werkzeuge usw., ὑποκείμενα, alle diese Seienden sind nur τέλη, wenn ihr *Seinscharakter* dabei ausdrücklich geworden ist, dasjenige, wobei ein bestimmtes Handwerk zu Ende kommt, eigentlich ist. Das Worüber-hinaus-nichts ist nicht im negativen Sinne Fertigsein im Sinne des Zu-Ende-Seins, sondern im positiven Sinne genommen als *das eigentliche Da ausmachend*. Das τέλος ist so, daß es das Seiende *in seiner Gegenwärtigkeit hält*. Der Sinn von Sein ist durch dieses *Gegenwärtigsein* bestimmt.

Mit diesem geklärten Begriff von τέλειον gehen wir an die weitere Betrachtung des Aristoteles hinsichtlich des ἀνϑρώπινον ἀγαϑόν. Das ἀγαϑόν des menschlichen Daseins muß ein πέρας sein, weil jedes Seiende als Grenze-Sein bestimmt ist. Die Frage ist also, welchen Charakter das ἀνϑρώπινον ἀγαϑόν qua τέλος hat. Welche Bestimmungen kommen diesem τέλος selbst zu?

Diese Erörterung vollzieht sich auf dem konkreten Boden des Daseins des Menschen, so wie es in der natürlichen Erfahrung gesehen wird, und zwar menschliches Dasein als Miteinandersein in der πόλις, Miteinandersein im Besorgen. Menschliche Besorgungen gehen in einem Führungszusammenhang. Die τέλη verweisen in sich selbst aufeinander, d.h. die τέλη sind jeweilig δι’ ἕτερα. Dies ist eine Seinsbestimmung der τέλη. Es ist nicht so, daß das τέλος etwas Vorliegendes wäre, das nachträglich eine bestimmte Verwendung fände. Schon das, worauf der Instrumentenmacher aus ist, hat in sich selbst den Charakter der Verwendbarkeit zu... Diese Besorgung, die Herstellung eines Schuhes, ist an sich selbst bestimmt dadurch, daß das τέλος das Getragenwerdenkönnen des Schuhes ist. »Nicht alle τέλη sind τέλεια«,[1] so wie

[1] Eth. Nic. A 5, 1097 a 27 sq.: οὐκ ἔστιν πάντα τέλεια.

94   *Die aristotelische Bestimmung des Daseins des Menschen*

sie im konkreten Dasein begegnen. Nicht alles von dem, wobei
eine Besorgung zu Ende kommt, ist τέλειον. Das ἀνθρώπινον
ἀγαθόν nur wird im eigentlichen Sinne τέλειον sein.² Es wird von
ihm gesagt, daß es nicht εἰς ἄπειρον geht,³ d. h. daß die Geführt-
heit der τέλη der πράξεις sich nicht im Unendlichen verläuft. Die
Diskussion der βίοι, der τέλη καθ' αὑτά hat ergeben, daß es eine
Mannigfaltigkeit von τέλη καθ' αὑτά gibt, so daß das ἄριστον das
sein muß, was unter diesen τέλη καθ' αὑτά das τελειότατον bzw.
τελειότερον ist,⁴ das, was mehr und eigentlicher den Charakter
des Endes hat. Sonach ergibt sich, da vermutlich eine Mannigfaltigkeit von τέλη καθ' αὑτά besteht, die Frage nach dem τελειότερον und τελειότατον.

Was gehört zu einem ἁπλῶς τέλειον⁵? Aristoteles gibt zunächst
die Bestimmung des τελειότερον: τελειότερον δὲ λέγομεν τὸ καθ'
αὑτὸ διωκτὸν τοῦ δι' ἕτερον.⁶ »Das τελειότερον ist dasjenige καθ'
αὑτό, das διωκτὸν τοῦ δι' ἕτερον, das verfolgt, ergriffen wird von
einem, das wegen eines anderen [d. i. seinetwegen] ist.« Diese Bestimmung des τελειότερον im Hinblick auf ein δι' ἕτερον, »etwas,
das um eines anderen willen ist«, ist zwar eine notwendige, aber
keine hinreichende Bestimmung.

Im Hinblick auf das καθ' αὑτό ist dasjenige τελειότερον, das
μηδέποτε δι' ἄλλο⁷ und αἰεὶ καθ' αὑτὸ αἱρετόν,⁸ ein solches δι' αὑτό,
das »beständig«, »immer« das ist, was es ist. Die τέλη καθ' αὑτά:
ἡδονή, τιμή, ἀρετή, »können auch am Ende und zumeist um der
εὐδαιμονία willen zugeeignet werden«: τιμὴν δὲ καὶ ἡδονὴν καὶ [...]
ἀρετὴν αἱρούμεθα μὲν καὶ δι' αὑτά [...], αἱρούμεθα δὲ καὶ τῆς
εὐδαιμονίας χάριν.⁹ Diese τέλη können im Hintergrund auch noch
ein anderes τέλος haben, wobei es *darauf dem Menschen eigent-*

² Eth. Nic. A 5, 1097 a 28: τὸ δ' ἄριστον τέλειόν τι φαίνεται.
³ Eth. Nic. A 1, 1094 a 20.
⁴ Eth. Nic. A 5, 1097 a 30.
⁵ Eth. Nic. A 5, 1097 a 33.
⁶ Eth. Nic. A 5, 1097 a 30 sq.
⁷ Eth. Nic. A 5, 1097 a 31 sq.
⁸ Eth. Nic. A 5, 1097 a 33: καθ' αὑτὸ αἱρετὸν αἰεί.
⁹ Eth. Nic. A 5, 1097 b 2 sqq.

lich ankommt: Am Ende ist dies τέλος *das Dasein selbst*. Soll nämlich das ἁπλῶς τέλειον etwas sein, das beständig und immer καθ᾽
αὑτό ist, so kommt für das Dasein des Menschen nur in Betracht
etwas, was diesem Dasein als solchem zukommt. Das ἀεί ist nicht
im platonischen Sinne gemeint, sondern bezogen auf das Sein des
Menschen. Das Sein, *worauf es letztlich ankommt*, kann für das
Dasein nur *sein Sein* sein, so daß sich hier eine fundamentale Bestimmung des Daseins zeigt: *ein solches Seiendes, in dessen Sein es
ausdrücklich oder unausdrücklich auf sein Sein ankommt*, so daß
das ἁπλῶς τέλειον das ist, was schlechthin das Fertigsein des Daseins ausmacht, die *schlechthinnige Seinsmöglichkeit des Daseins
selbst*. Wenn das Dasein als In-der-Welt-sein von den τέλη (ἡδονή,
τιμή) her als eine Befindlichkeit bestimmt wurde, so wird die
Seinsmöglichkeit eine *Befindlichkeit* bezeichnen, die Art des Daseins als διαγωγή,[10] als »Verweilen« in einer Welt. Dieses Dasein
im eigentlichsten Sinne hat seine Vollzugsmöglichkeit im θεωρεῖν.

Diese Bestimmung, daß letztlich das Sein des Daseins dasjenige ist, was schlechthin das Dasein in seinem Da ausmacht, klingt
durch in der *kantischen* Bestimmung des Menschen: Das vernünftige Wesen existiert als *Zweck an ihm selbst*. Diese Bestimmung
ist zugleich die ontologische Bedingung der Möglichkeit des *ka-
tegorischen Imperativs*. Sofern das vernünftige Wesen etwas ist,
das erschlossen ist für das Gesetz in der Grundbestimmung der
Achtung und zugleich so ist, daß sein Sein bei ihm selbst gewissermaßen zu Ende ist, also kein weiteres Warum hat, ist dieses
Gesetz das Letzte in sich selbst, das Sollen ist *kategorisch*, nicht
hypothetisch. Es gibt für das Sein des Menschen kein Wenn, sondern ein *letztes So*. Dadurch, daß die *Gesetzesidee* hineinkommt,
bekommt die Grundlage und der Aufriß dieses Zusammenhangs
ein anderes Aussehen. Die Gesetzesidee ist orientiert an der *Ge-
setzlichkeit der Natur*, wobei Gesetz aber weiter gefaßt wird. Natur ist aber hier die Weise des Daseins, also im Sinne von φύσις

---

[10] Eth. Nic. K 7, 1177 a 27.

(Aristoteles). Die Merkwürdigkeit ist zu beachten, daß *Kant* den Begriff des Naturgesetzes im weiteren, fast aristotelischen Sinne faßt. »Handle so, daß die Maxime deines Handelns allgemeines Naturgesetz sein könnte«.[11] Die Maxime soll nicht Gesetz der Natur als ausdrückliches Gesetz werden, sondern *Weise des Daseins schlechthin*.

Das *Sein des Menschen selbst* also ist es, was am Ende das ἁπλῶς τέλειον eines Daseienden ausmacht. Und dieses ἁπλῶς τέλειον ist das, was man mit dem Audruck εὐδαιμονία meint. Aristoteles gibt diesem populären, geläufigen Begriff einen spezifisch philosophischen Sinn, indem er die Bedeutung der εὐδαιμονία aus dem Dasein selbst bestimmt. Im Zusammenhang dieser Aufklärung der εὐδαιμονία als ἁπλῶς τέλειον gibt Aristoteles eine Ergänzung dieses τέλειον, die zeigt, daß es bestimmt ist als τέλειον des Daseins des Menschen. Diese Bezogenheit des τέλειον als Fertigsein ausmachend kommt zum Ausdruck in der Bestimmung des αὔταρκες: »Dasjenige Gute, das das Dasein des Menschen fertig macht, scheint sich selbst genug zu sein. [Da ja nun seiner eigenen Seinsmöglichkeit nach der Mensch ein Lebewesen, das im Miteinandersein lebt, ein ζῷον πολιτικόν, ist] kann die Bestimmung des τέλειον als selbstgenügend nicht auf den einzelnen bezogen sein, nicht primär für den gelten, der ein Einsiedlerleben führt, sondern mitbeschlossen im Dasein selbst liegt das Sein mit Eltern, Kindern, der Frau, den Freunden und denen, die mit einem in der πόλις sind. Von diesem bestimmten Miteinandersein muß, sofern es ein Dasein sein soll, ein ὅρος gewonnen werden. Denn wenn man das Miteinandersein ausdehnt auf die Freunde der Freunde und die Verwandten der Verwandten usw., verliert man sich, geht εἰς ἄπειρον.«[12] Das eigentliche Miteinandersein

---

[11] Vgl. I. Kant, Grundlegung zur Metaphysik der Sitten. In: Immanuel Kants Werke. Hg. v. E. Cassirer. Bd. IV. Berlin 1913. S. 279: »Handle so, als ob die Maxime deiner Handlung durch deinen Willen zum allgemeinen Naturgesetze werden sollte.«

[12] Eth. Nic. A 5, 1097 b 8 sqq.: τὸ γὰρ τέλειον ἀγαθὸν αὔταρκες εἶναι δοκεῖ. τὸ δὲ αὔταρκες λέγομεν οὐκ αὐτῷ μόνῳ τῷ ζῶντι βίον μονώτην, ἀλλὰ καὶ γονεῦσι καὶ

verliert sich, wenn es ein wildes Mit-allen-Menschen ist. Es ist
also ein echtes, wenn es in sich selbst seine bestimmte Grenze
hat. So zeigt die weitere Bestimmung, wie von vornherein das
τέλειον ἀγαθόν gesehen ist, welche Rolle im τέλειον als αὔταρκες
das Miteinandersein spielt.

Eine Bestimmung der εὐδαιμονία: Sie ist nicht etwa συναριθμουμένη,[13] »Zusammengezähltes«, nicht eine Summe. Aristoteles will
darauf hinaus: Sollte, wie die Bestimmung des αὔταρκες nahelegt, eine Mannigfaltigkeit von Bezügen das Fertigsein des Daseins ausmachen, so ist zu beachten, daß es nicht auf eine Summe ankommt, auf ein Wieviel, sondern das τέλειον ist so zu
nehmen und diese Mannigfaltigkeit der Bezüge muß verstanden
werden nicht in der Weise der Summe, sondern aus dem Sein,
dessen τέλειον die εὐδαιμονία ist, aus der πρᾶξις; und das τέλειον
des Daseins selbst ist nicht ein summatives Was, das man zusam-
menbringen könnte (μὴ συναριθμουμένη), sondern ein Wie des εὖ,
die εὐζωία, das, was das eigentliche τέλειον des Daseins selbst ausmacht.

So haben wir eine ganze Reihe von Charakteren des ἀγαθόν.
Wenn wir uns erinnern an die Diskussion der βίοι, ergab sich:
1. Das οἰκεῖον und 2. δυσαφαίρετον ist Grundbestimmung des
ἀγαθόν. 3. Das Sein des Daseins selbst als ἁπλῶς τέλειον ist dasjenige, was im eigentlichsten Sinne im Dasein zu Hause ist. 4. Bestimmung des ἀγαθόν als αὔταρκες.

b) Die ψυχῆς ἐνέργεια κατ᾿ ἀρετήν als die dem Sinn des
ἀνθρώπινον ἀγαθόν genügende Seinsmöglichkeit des Menschen

Nach dieser Betrachtung stellt Aristoteles jetzt die weitere Frage,
was nun eigentlich dieses ἀγαθόν ist, was am Sein des Menschen

---

τέκνοις καὶ γυναικὶ καὶ ὅλως τοῖς φίλοις καὶ πολίταις, ἐπειδὴ φύσει πολιτικὸν ὁ ἄνθρωπος. τούτων δὲ ληπτέος ὅρος τις· ἐπεκτείνοντι γὰρ ἐπὶ τοὺς γονεῖς καὶ τοὺς ἀπο-
γόνους καὶ τῶν φίλων τοὺς φίλους εἰς ἄπειρον πρόεισιν.
[13] Eth. Nic. A 5, 1097 b 17: μὴ συναριθμουμένην.

es nun eigentlich ist, das diesem so bestimmten Sinn von ἀνθρώπινον ἀγαθόν genügt. ποθεῖται δ᾽ ἐναργέστερον τί ἐστιν ἔτι λεχθῆναι [ἀγαθόν].[14] »Man hat den Wunsch, daß nun genauer Aufschluß gegeben wird darüber, was nun ἀγαθόν ist.«

Aristoteles gibt einen allgemeinen Leitfaden für die Untersuchung des ἀγαθόν: Das ἀγαθόν eines Seienden finde ich, wenn ich auf sein *ἔργον* sehe.[15] Bei jeder πρᾶξις liegt immer ein ἔργον vor. Im *Wirken* selbst scheint das ἀγαθόν als solches vorfindlich zu sein. Wenn ich also nach dem ἀνθρώπινον ἀγαθόν frage, muß ich den Blick darauf richten, was am Dasein des Menschen das *ἀνθρώπινον ἔργον* ist,[16] dasjenige Besorgen des menschlichen Daseins, das das Sein des Menschen als solches ausmacht. Gibt es überhaupt ein solches ἔργον ἀνθρώπινον?

Wenn wir uns umsehen im konkreten Dasein des Menschen, so sehen wir bestimmte Berufe, Besorgungen: Baumeister, Schuster usw. Das sind Bestimmungen des menschlichen Daseins, die nicht jedem Menschen als Menschen jeweilig zukommen. Bei diesen Besorgungen selbst betätigt sich der Mensch mit den Händen, geht mit den Füßen, in der Weise, daß er sieht, zugreift, daß gewisse Teile dieses Daseienden jeweilig ihre bestimmte Aufgabe und Seinsmöglichkeit haben. Die Frage ist, ob es daneben − neben dem ἔργον des Schusters, Zimmermeisters, dem Gehen usw. − noch ein ἔργον des Menschen gibt, das dem Menschen als Menschen ἴδιον[17] wäre, ihm »zu eigen«. Aristoteles entscheidet diese Frage nicht phantastisch, sondern so, daß er die Augen aufmacht. Es handelt sich darum, das ἴδιον zu *sehen*. Es ist all dasjenige »auszugrenzen«, ἀφορίζεσθαι,[18] was dieses menschliche Leben als Leben auch mit den anderen hat; also in das Blickfeld der Untersuchung gerückt wird alles mögliche Leben. All dasjenige also, was bei der konkreten Vergegenwärtigung des Lebens des

---

[14] Eth. Nic. A 6, 1097 b 23 sq.
[15] Eth. Nic. A 6, 1097 b 26 sq.: ἐν τῷ ἔργῳ δοκεῖ τἀγαθὸν εἶναι.
[16] Eth. Nic. A 6, 1097 b 24 sq.: τὸ ἔργον τοῦ ἀνθρώπου.
[17] Eth. Nic. A 6, 1097 b 34.
[18] Eth. Nic. A 6, 1097 b 34 sq.: ἀφοριστέον.

Menschen sich gibt als auch in den anderen Lebewesen vorfindlich, wird weggestellt.

Das Blickfeld der Untersuchung ist Daseiendes in der Weise
des Lebens. τὸ μὲν γὰρ ζῆν κοινὸν εἶναι φαίνεται καὶ τοῖς φυτοῖς, ζη-
τεῖται δὲ τὸ ἴδιον. ἀφοριστέον ἄρα τὴν ϑρεπτικὴν καὶ αὐξητικὴν
ζωήν.[19] »Das Leben scheint auch den Pflanzen gemeinsam zu sein,
es wird aber das ἴδιον gesucht. Also ist auszugrenzen die Weise des
Lebens, die wir bezeichnen als Ernähren und Aufwachsen [als
eine ausgezeichnete Möglichkeit des Lebens].« In der Nahrungs-
aufnahme ist ein Lebendes in einer ganz bestimmten Weise in
seiner Welt. Dieses In-der-Welt-sein kann zurückführen auf das
zur Welt Bringen, Erzeugen und Gebären. Wir haben den spezifischen Ausdruck »zur Welt kommen«. Ernähren und Wachstum
sind nur bestimmte Seinsmöglichkeiten des Lebens, in dem diese
Grundmöglichkeit, das γεννᾶν, ausgebildet ist. Es ist aber nichts
spezifisch Menschliches.

Beim Sein der Tiere als In-der-Welt-sein beobachten wir die
αἴσϑησις[20]: Die Tiere vernehmen die Welt in bestimmten Grenzen, sie sind in der Welt derart, daß sie die Umwelt da haben, sie
haben in ihr eine bestimmte Orientierung. Also auch dieses
Orientiertsein in der Welt, dieses Irgendwie-ausdrücklich-sie-
Dahaben, ist dem Menschen als solchen nicht eigen.

Wir müssen den Blick immer konkret auf den Menschen richten. Mitgesehen sind andere Weisen des Lebens. λείπεται δὴ πρακτική τις τοῦ λόγον ἔχοντος.[21] »Es bleibt« am Menschen nur noch
eine Weise des Seins-in-der-Welt, die so ist, daß sie in ihr etwas
besorgen kann, und ein »Besorgen eines solchen Seienden, das
spricht.« Das ἴδιον ἔργον, die eigentliche Weise des Menschen, ist
die πρᾶξις, bestimmt als Weise des Seins-in-der-Welt, und zwar
sprechend, μετὰ λόγου,[22] κατὰ λόγον.[23]

[19] Eth. Nic. A 6, 1097 b 33 sqq.
[20] Eth. Nic. A 6, 1098 a 2: αἰσϑητική τις.
[21] Eth. Nic. A 6, 1098 a 3 sq.
[22] Eth. Nic. A 6, 1098 a 14.
[23] Eth. Nic. A 6, 1098 a 7.

Wir wissen aus dem Vorangegangenen, daß es sich um dasjenige handelt, was die eigentliche Seinsmöglichkeit ausmacht. Nun kann aber das Besorgen *ruhen,* der Mensch kann auch sein Dasein verschlafen. Es kommt auf die eigentliche Weise des Daseins an, so daß das zu Besorgende *an sich selbst gegenwärtig,* das ἔργον *da* ist, so daß der Mensch *im ἔργον ist, κατ' ἐνέργειαν.*[24] Im Hinblick auf das *eigentliche in der Besorgung Leben und Aufgehen* läßt sich der Mensch bestimmen.

Und dieses κατ' ἐνέργειαν läßt eine weitere Seinsbestimmung zu. Wir wissen, daß das Sein des Menschen bestimmt ist durch die ἀρετή, die Weise des Seins, in der das τέλος gehabt wird, τέλος als das Worüber-hinaus-nichts. So ist die ἐνέργεια: προστιθεμένης τῆς κατ' ἀρετὴν ὑπεροχῆς,[25] im Hinblick darauf (ὑπέροχος von ὑπερέχω), daß ἔργον genommen wird in seiner eigensten Seinsmöglichkeit, nämlich *als sich vollziehend in der ἀρετή,* als wirklich da. Z. B. bei einem Geiger unterscheiden wir zwischen Geiger und Geiger. Ein schlechter ist unterschieden von einem σπουδαῖος, »ernsthaften« κιθαριστής,[26] der mit seiner Seinsmöglichkeit Ernst gemacht hat, der das Verfügenkönnen über das, was er ist, eigentlich ins Werk gesetzt hat.

So zeigt sich, daß das ἔργον des Menschen πρακτικὴ ζωή ist. Sofern also das τέλος des Menschen nicht außerhalb seiner selbst liegt, sondern *in ihm selbst* als *seine Seinsmöglichkeit,* ist das ἀνθρώπινον ἀγαθόν die ζωή selbst, das »Leben« selbst. Das ἔργον ist das Leben selbst, gefaßt im Sinne des In-der-Welt-seins μετὰ λόγου, so, daß dabei gesprochen wird. Das ἀνθρώπινον ἀγαθόν ist also *ψυχῆς ἐνέργεια κατ' ἀρετήν.*[27] Die ψυχή ist bestimmt als das Sein des Lebenden ausmachend. Dieses In-der-Welt-sein als ἐνέργεια ist eine bestimmte Möglichkeit des Besorgens, der πρᾶξις, als ins Werk gesetzter, und dieses Ins-Werk-Setzen als εὖ, ernsthaft

[24] Eth. Nic. A 6, 1098 a 6.
[25] Eth. Nic. A 6, 1098 a 10 sq.
[26] Eth. Nic. A 6, 1098 a 11 sq.: κιθαριστοῦ μὲν γὰρ τὸ κιθαρίζειν, σπουδαίου δὲ τὸ εὖ.
[27] Eth. Nic. A 6, 1098 a 16.

(σπουδαίου) ergriffen, so, daß die letzte Seinsmöglichkeit an ihrem Ende erfaßt ist.

Wir verfolgen die konkretere Ausgestaltung, die Aristoteles vom ἀνθρώπινον ἀγαθόν gibt, nicht näher. In den Kapiteln 7–12 der »Nikomachischen Ethik« diskutiert er im Anschluß an die Tradition den konkreten Zusammenhang des so bestimmten ἀνθρώπινον ἀγαθόν mit den Möglichkeiten des Daseins in der πόλις. Uns kommt es ja darauf an, für die Begrifflichkeit als Angelegenheit des Daseins des Menschen diesen Boden, das Dasein selbst, schärfer zu sehen. Wir sind im Anschluß an die Diskussion des ἀγαθόν zu der Bestimmung des Daseins gelangt, deren eines Moment die ψυχή ist, die ontologische Grundbestimmung des Lebens, ψυχή als πρακτική ἐνέργεια. Die Untersuchung ergibt sich von selbst, den Leitfaden gibt Aristoteles selbst an, sofern er sagt: Die Auskenntnis, die das Dasein des Menschen als Miteinandersein ausmacht, muß περὶ ψυχῆς unterrichtet sein.[28] Das heißt nicht, daß ein Politiker auch Psychologe sein muß, sondern daß er es mit dem eigentlichen Sein des Lebenden in seiner Grundstruktur zu tun hat. *Psychologie* hat nichts mit »Bewußtsein« und »Erlebnissen« zu tun, sondern ist nur *Lehre vom Sein des Lebenden*, die Ontologie des Seins, das charakterisiert ist durch Leben. Περὶ ψυχῆς orientiert sein besagt nichts anderes, als über die eigentlichen seinsmäßigen Bestimmungen des Lebens im klaren sein. Für den πολιτικός hat die Aufgabe eine bestimmte Grenze. Die nähere Orientierung über die ψυχή führt Aristoteles durch am Leitfaden durchschnittlicher Meinungen des Lebens von sich selbst. Eine solche Meinung ist die Bestimmung des Menschen als ζῷον λόγον ἔχον. In der Richtung dieser bewegen sich die weiteren Bestimmungen.

---

[28] Eth. Nic. A 13, 1102 a 18 sq.: δεῖ τὸν πολιτικὸν εἰδέναι πως τὰ περὶ ψυχήν.

DRITTES KAPITEL

Die Auslegung des Daseins des Menschen
hinsichtlich der Grundmöglichkeit des Miteinandersprechens am Leitfaden der Rhetorik

*§ 13. Das Sprechendsein als Hörenkönnen und als Möglichkeit
des Verfallens. Der doppelte Sinn des ἄλογον
(Eth. Nic. A 13, De an. B 4)*

Diese Betrachtung ist insofern zu einem vorläufigen Ende gekommen, als wir die Grundbestimmungen herausgestellt haben,
die dieses Sein des Menschen betreffen. Wir sind zu der Bestimmung des Seins der ζωή des Menschen gelangt. Aristoteles bestimmt sie als ψυχῆς ἐνέργεια κατ' ἀρετὴν τελείαν.[1] Ἐνέργεια ist ein
Charakter desjenigen Seienden, das beseelt ist, das in der Weise
des Seins in einer Welt ist. Ζωή ist ein solches Leben, das in akti-
ver Weise da ist, so daß dieses Dasein eigentlich im Besorgen lebt,
so daß es sein τέλος so hat, daß es das Dasein des Menschen zu
seinem eigentlichen Ende bringt. In der konkreten Ausgestaltung
des Seins des Menschen muß nun über die ἀρετή gehandelt werden. Es schließt sich auch an das 1. Buch der »Nikomachischen
Ethik« die ausführliche Betrachtung der ἀρεταί. Sie sehen aus
dem Bisherigen, was nun eigentlich dieses Thema besagt, wenn
man das Ziel der Betrachtung ins Auge faßt.

Wir gehen der Betrachtung der ἀρεταί nicht nach. Uns interessiert die konkrete Ausgestaltung der Daseinsinterpretation hier
nicht, sondern ein anderes Moment, das hier beschlossen liegt,
nämlich daß das Sein des Menschen, ἐνέργεια κατ' ἀρετήν, den
Charakter des Sprechens hat: πρᾶξις μετὰ λόγου. Diese Betrach-

[1] Eth. Nic. A 13, 1102 a 5 sq.

tung geht in gewissem Sinne mit der anderen zusammen (κατ' ἀρετὴν τελείαν). Wir legen hier den Nachdruck auf das μετὰ λόγου, sofern wir nach dem λόγος fragen, nach demjenigen Sprechen und Ansprechen der Welt, in dem der Begriff und die Begrifflichkeit zu Hause sind. Wir suchen nach der Basis, der Bodenständigkeit der Begriffsbildung im Dasein selbst. Begriffsbildung ist keine zufällige Angelegenheit, sondern eine Grundmöglichkeit des Daseins selbst, sofern es sich für die Wissenschaft entschieden hat.

Schon die vorläufige Bestimmung des ζῷον λόγον ἔχον ergab, daß darin sich ein Grundcharakter des Daseins als ζῷον πολιτικόν offenbart: Der Mensch ist in der Weise des Miteinanderseins, die Grundbestimmung seines Seins selbst ist Miteinandersein. Dieses Miteinandersein hat seine Grundmöglichkeit im Sprechen, und zwar Miteinandersprechen, Sprechen als Sich-selbst-Aussprechen im Sprechen-über-etwas. Nicht nur bei dieser fundamentalen Bestimmung tritt der λόγος in Funktion, sondern auch gerade da, wo Aristoteles die Frage nach den möglichen ἀρεταί stellt. Die Untersuchung darüber wird gegliedert am Leitfaden der Untersuchung, die Aristoteles selbst am λόγον ἔχον durchführt. Das λόγον ἔχον ist nur ganz oberflächlich geklärt worden. Eine ganze Reihe von Bestimmungen liegt darin beschlossen.

Das Dasein des Menschen, charakterisiert als λόγον ἔχον, bestimmt Aristoteles genauer so, daß im Menschen selbst noch sein Sprechendsein eine fundamentale Rolle spielt. Im Miteinandersein kann der eine der Sprechende sein, der andere der *Hörende*. Das ἀκούειν,»Hören«, ist die eigentliche αἴσθησις. Obzwar das Sehen im Zusammenhang mit dem θεωρεῖν die Welt im eigentlichen Sinne offenbart, ist es doch das *Hören*, weil es das *Vernehmen des Sprechens* ist, weil es die *Möglichkeit des Miteinanderseins* ist. Der Mensch ist nicht nur ein Sprechender und Hörender, sondern er ist für sich selbst ein solches Seiendes, das *auf sich hört*. Sprechen ist als Sichaussprechen-über-etwas zugleich ein Zu-sich-selbst-Sprechen, so daß also die Bestimmung des λόγον ἔχον noch weiter in sich schließt: Der Mensch hat auch in der Weise den λόγος, daß er *auf dieses sein eigenes Sprechen hört.* Im Menschen gibt es eine Seinsmöglichkeit, die als ὑπακούειν zu charakterisieren ist. Den Aufweis für dieses Grundphänomen nimmt Aristoteles aus konkreten Daseinszusammenhängen selbst, aus eigentümlichen Phänomenen, die im 1. Buch, Kapitel 13 der »Nikomachischen Ethik« berührt werden, die Aristoteles bezeichnet als παράκλησις, »Aufmunterung«, νουθέτησις, das »Aufmerksammachen«, ἐπιτίμησις, »Tadel«.[2] Alle diese Weisen des natürlichen Miteinandersprechens tragen in sich den Anspruch darauf, daß der andere nicht nur etwas zur Kenntnis nimmt, sondern *aufnimmt,* etwas *befolgt,* sich auf etwas *besinnt,* daß er das Gesprochene *wiederholt,* so, daß er beim Wiederholen *darauf hört.* So daß sich daraus ergibt: *Im Sein des Menschen als einem besorgenden liegt die Möglichkeit beschlossen, auf sein Sprechen zu hören.*

Diese Möglichkeit des Hörens, dieses ἀκουστικόν,[3] liegt genauer zusammen mit der Weise des Seins, die in der πρᾶξις fundamental beschlossen liegt, mit der ὄρεξις.[4] Jedes Besorgen hat in sich *Tendenz,* es *ist auf etwas aus,* auf ein ἀγαθόν, das immer da ist als λεγόμενον, als »Angesprochenes«. Dieses *Aussein* hört auf das Gesprochene, auf die Vorgabe dessen, was und wie es besorgt werden soll. Wir sehen deutlicher, daß das besorgende Leben, in dem mit darin ist das Sprechen, so spricht, daß es dabei auf sich hört. Ζωὴ πρακτικὴ μετὰ λόγου spricht so, daß es selbst auf sich hört. Dieses besorgende Hören auf das Sprechen selbst ist nun als ὄρεξις nicht eigentlich Sprechen, es ist nur insofern Sprechen, als es auf das Sprechen hört. Sofern es nicht eigentlich Sprechen ist, bezeichnet Aristoteles es als ἄλογον.[5] Das heißt nicht, daß es ohne jeden Bezug wäre auf Sprechen, sondern nur nicht κυρίως,[6] die

---

[2] Eth. Nic. A 13, 1102 b 34 sq.
[3] Eth. Nic. A 13, 1103 a 3.
[4] Eth. Nic. A 13, 1102 b 30 sq.: τὸ δ᾽ ἐπιθυμητικὸν καὶ ὅλως ὀρεκτικὸν μετέχει πως [λόγου].
[5] Eth. Nic. A 13, 1102 b 29, 34.
[6] Eth. Nic. A 13, 1103 a 2.

ὄρεξις ist nicht primär Sprechen. Das ἄλογον hat für die volle Bestimmung des Seins des Menschen eine doppelte Bedeutung[7]:
1. nicht sprechend sein im Sinne des Hörens auf Sprechen, 2. gar
nicht im Zusammenhang mit dem Sprechen stehen, wie die
θρεπτική, Ernähren, Fortpflanzen, die unbezogen auf den λόγος
sind und in einem ganz fundamentalen Sinne unbezogen. Die
Funktion der Magensäfte hat zum Sprechen des Menschen gar
keinen Bezug. Ἄλογον ist also einmal bestimmt hinsichtlich der
θρεπτική, dann aber ist es eine Seinsmöglichkeit, charakterisiert
durch Hörenkönnen auf das Sprechen selbst. Das eigentliche
Sprechen ist das λόγον ἔχον κυρίως-Sein.
Dies ist der Leitfaden für die Aufteilung der möglichen ἀρεταί.
Es gibt ἀρεταί, Weisen von Möglichkeiten des Seins, die sich
orientieren am eigentlichen Sprechen, Überlegen, Sacherfassen.
Dann gibt es Weisen des Verfügenkönnens über das Sein, bei denen zwar der λόγος mit dabei ist, wo aber das Entscheidende im
»Zugriff«, in der προαίρεσις liegt. Die ersten sind die ἀρεταὶ δια
νοητικαί, die zweiten die ἀρεταὶ ἠθικαί.[8] Διανοεῖσθαι: »durchdenken«, »durchvermeinen«, »durchüberlegen«. Ἠθικός heißt nicht
»sittlich«, bei den »ethischen Tugenden« muß man sich nicht
äußerlich an das Wort halten. Ἦθος bedeutet die »Haltung« des
Menschen, wie der Mensch da ist, wie er als Mensch sich gibt, wie
er sich ausnimmt im Miteinandersein, wie ein Redner spricht,
Haltung hat in all dem, wie er zu den Sachen, über die er spricht,
steht. Die Aufteilung der ἀρεταί kann nicht genauer verfolgt werden. Später werden wir die ἀρεταὶ διανοητικαί ins Auge fassen,[9]
weil in ihrem Felde die Grundmöglichkeit des Betrachtens, der
wissenschaftlichen Forschung liegt, der βίος θεωρητικός, und damit zugleich die Grundmöglichkeit der menschlichen Existenz.

---

[7] Eth. Nic. A 13, 1102 b 28 sq.: φαίνεται δὴ καὶ τὸ ἄλογον διττόν.
[8] Eth. Nic. A 13, 1103 a 4 sq.: λέγομεν γὰρ αὐτῶν τὰς μὲν διανοητικὰς τὰς δὲ
ἠθικάς.
[9] Anm. d. Hg.: Zu einer ausführlichen Interpretation der ἀρεταὶ διανοητικαί
kommt es in dieser Vorlesung nicht. Siehe aber den Hinweis auf die ἕξις des ἀλη
θεύειν S. 263 ff.

Für uns, die wir den λόγος ins Auge fassen, ist es wichtig, daß diese fundamentale Scheidung der Seinsmöglichkeiten des Menschen unter der Orientierung am λόγος, in der Grundmöglichkeit des λόγος gesehen ist. Der Mensch ist ein Seiendes, das spricht. Diese Bestimmung ist nicht von Aristoteles erfunden. Er sagt ausdrücklich: Er gibt damit ein ἔνδοξον wieder, eine δόξα, die im griechischen Dasein selbst eine Herrschaft hat. Die Griechen schon vor Aristoteles sahen den Menschen als ein Seiendes, das spricht. Sogar die Unterscheidung des λόγον ἔχον und ἄλογον ist eine solche, die auf die ἐξωτερικοὶ λόγοι zurückgeht.[10] Ἐξωτερικοὶ λόγοι: Lange hat man herumgerätselt, was das eigentlich besagen soll. Es hat die Meinung sich gebildet und verbreitet, es seien damit die Dialoge des Aristoteles als diejenigen seiner Schriften, die veröffentlicht waren, gemeint. Diese Meinung läßt sich nicht halten. Der wirkliche Sinn der ἐξωτερικοὶ λόγοι wurde zum ersten Male von *Diels* 1883 in den Abhandlungen der Berliner Akademie herausgestellt.[11] *Jaeger* hat diese Bedeutung aufgenommen und sie für die Bestimmung des literarischen Charakters der aristotelischen Schriften fruchtbar gemacht.[12] Ἐξωτερικὸς λόγος ist die Weise des Sprechens *außerhalb der Wissenschaft*, das »wie man so redet« und was sich in diesen Reden niederschlägt. Aristoteles beruft sich ausdrücklich darauf, wenn er das ἄλογον als Grundbestimmung des Menschen aufnimmt. Das gibt uns einen wesentlichen Fingerzeig dafür, daß am Ende, wenn die Bestimmung des ζῷον λόγον ἔχον so fundamental ist, diese Untersuchung des Aristoteles einen wirklichen Boden haben muß, daß es nicht zufällig ist, daß die Griechen in ihrer natürlichen Selbstauslegung des Daseins den Menschen bestimmten als ζῷον λόγον ἔχον.

[10] Eth. Nic. A 13, 1102 a 26 sq.: λέγεται δὲ περὶ αὐτῆς καὶ ἐν τοῖς ἐξωτερικοῖς λόγοις.
[11] H. Diels, Über die exoterischen Reden des Aristoteles. In: Sitzungsberichte der Königlich Preussischen Akademie der Wissenschaften zu Berlin. Jahrgang 1883. Berlin 1883. S. 477-494.
[12] W. Jaeger, Studien zur Entstehungsgeschichte der Metaphysik des Aristoteles. Berlin 1912. S. 134 ff.

Wir haben eine dem entsprechende Definition nicht. Eine ungefähr entsprechende wäre höchstens: Der Mensch ist ein Lebendes, das Zeitung liest. Das klingt Ihnen zunächst merkwürdig, ist
aber das, was der griechischen Definition entspricht. Wenn die
Griechen sagen: Der Mensch ist ein Lebendes, das spricht, so
meinen sie das nicht im physiologischen Sinne, daß er bestimmte
Laute von sich gibt, sondern: Der Mensch ist ein Lebendes, *das
im Gespräch und in der Rede sein eigentliches Dasein hat.* Die
Griechen existierten in der Rede. Der Rhetor ist derjenige, der
die eigentliche Macht über das Dasein hat: Ῥητορικὴ πειθοῦς
δημιουργός,[13] das Redenkönnen ist diejenige Möglichkeit, in der
ich über die Überzeugungen der Menschen, wie sie miteinander
sind, die eigentliche Herrschaft habe. In dieser Grundverfassung
der Griechen ist der Boden zu suchen für diese Definition des
Menschen. Auch wenn der Grieche liest, hört er dabei, und es ist
kein Zufall, daß alle Texte, die wir von Aristoteles haben, Vorlesungen, gesprochenes Wort sind.

Diesen Tatbestand, daß die Griechen in der Rede lebten, muß
man sich voll vergegenwärtigen und dabei zugleich beachten:
Wenn die Rede die eigentliche Möglichkeit des Daseins ist, in der
es sich abspielt, und zwar konkret und zumeist, dann ist gerade
dieses Sprechen auch die Möglichkeit, in die sich das Dasein *verfängt,* das Dasein in einer eigentümlichen Tendenz, im Zunächst,
in der Mode, im Geschwätz aufzugehen und sich von da leiten zu
lassen. Dieser Prozeß des Lebens, in der Welt, in dem, was üblich
ist, *aufzugehen, zu verfallen* an seine Welt, in der er lebt, ist für
die Griechen selbst durch die Sprache zur *Grundgefahr ihres Daseins* geworden. Der Erweis dieses Tatbestandes ist die Existenz
der *Sophistik.* In der Sophistik ist mit dieser vorwiegenden Möglichkeit des Sprechens Ernst gemacht. Protagoras' Satz: τὸν ἥττω
λόγον κρείττω ποιεῖν[14] – über Geometrie mit einem Geometer zu
diskutieren, auch wenn man nichts von Geometrie versteht; das

---

[13] Vgl. Platon, Gorgias 453 a 2.
[14] Rhet. B 24, 1402 a 23 sq.

Gespräch so zu führen, daß ich den anderen überwinde ohne Sachkenntnis. Die Sophistik ist der Erweis für den Tatbestand, daß die Griechen *der* Sprache verfallen sind, die *Nietzsche* einmal »die sprechbarste aller Sprachen« nannte.[15] Und er mußte schließlich wissen, was das Griechentum ist. Es ist zu beachten, daß die Griechen im 4. Jahrhundert gänzlich unter die Herrschaft der Sprache gelangt waren.

Es ist zu ermessen, was es bedeutet, aus dieser Veräußerlichung des griechischen Daseins, aus dem Gespräch und Gerede das Sprechen zurückzuholen, das Sprechen dahin zu bringen, daß Aristoteles sagen kann: Der λόγος ist λόγος οὐσίας, »Sprechen über die Sache, was sie ist«. Aristoteles stand in der extremsten Gegenstellung zu dem, was um ihn herum lebendig war, was ihm in der konkreten Welt entgegenstand. Man darf sich nicht vorstellen, daß den Griechen die Wissenschaft in den Schoß gefallen wäre. Die Griechen sind gänzlich im Äußeren aufgegangen. Zur Zeit Platos und Aristoteles' war das Dasein so mit Geschwätz beladen, daß es der ganzen Anstrengung beider bedurfte, um überhaupt mit der Möglichkeit der Wissenschaft Ernst zu machen. Das Entscheidende ist, daß sie nicht von irgendwoher, etwa aus Indien, also von außen her, eine neue Existenzmöglichkeit bezogen haben, sondern *aus dem griechischen Leben selbst: Sie machten Ernst mit den Möglichkeiten des Sprechens.* Das ist der *Ursprung der Logik*, der Lehre vom λόγος. Die jetzige Interpretation ist ungeeignet, ein Verständnis der Logik zu gewinnen.

Ebenso ist die Betrachtungsart der Rhetorik ein Hindernis für das Verständnis der aristotelischen *Rhetorik*. In der Berliner Akademieausgabe ist die »Rhetorik« ans Ende gestellt worden.[16]

---

[15] Vgl. F. Nietzsche, Geschichte der griechischen Beredsamkeit. In: Nietzsche's Werke. Band XVIII. Dritte Abtheilung: Philologica. Zweiter Band: Unveröffentlichtes zur Litteraturgeschichte, Rhetorik und Rhythmik. Hg. v. O. Crusius. Leipzig 1912, S. 199-236, hier S. 202: »Das Volk, das sich an solcher Sprache, der *sprech*barsten aller, ausbildete, hat unersättlich viel gesprochen ...«

[16] Aristotelis opera. Ed. Academia Regia Borussica. Volumen secundum: Aristotelis Graece ex recognitione I. Bekkeri volumen posterius. Berlin 1831. S. 1354–1420.

Man wußte nicht, wohin man mit ihr sollte, also an den Schluß damit! Es ist der Beweis vollkommener Hilflosigkeit. Die Tradition hat längst das Verständnis für die Rhetorik verloren, sofern die Rhetorik einfach eine Schuldisziplin wurde, schon im Hellenismus und Frühmittelalter. Der ursprüngliche Sinn der Rhetorik war längst verschwunden. Sofern man vergißt, nach der konkreten Funktion der aristotelischen Logik zu fragen, begibt man sich einer Grundmöglichkeit, diese so zu interpretieren, daß dabei durchsichtig wird, daß die Rhetorik nichts anderes ist als die Disziplin, in der die Selbstauslegung des Daseins ausdrücklich vollzogen ist. *Die Rhetorik ist nichts anderes als die Auslegung des konkreten Daseins, die Hermeneutik des Daseins selbst.* Das ist der von Aristoteles beabsichtigte Sinn der Rhetorik. Das Sprechen in der Weise des Sprechens-in-der-Rede: in der Volksversammlung, vor Gericht, bei feierlichen Gelegenheiten – diese Möglichkeiten des Sprechens sind bestimmte exponierte Fälle des gewöhnlichen Sprechens, wie es im Dasein selbst spricht. Bei der Interpretation der »Rhetorik« wird man das Augenmerk darauf zu richten haben, wie darin schon Grundmöglichkeiten des Sprechens des Daseins expliziert werden. Erst wenn wir uns diesen Boden des griechischen Daseins vergegenwärtigen, verstehen wir, daß die Definition des Menschen als ζῷον λόγον ἔχον keine Erfindung, keine Zufälligkeit ist, sondern die Art wiedergibt, wie der Grieche sein Dasein primär sieht. Wir müssen also kurz die Hauptbestimmungen nahe bringen, die Aristoteles vom λόγος als Reden gibt. Eine Interpretation der »Rhetorik« kann hier nicht durchgeführt werden. Es handelt sich hier darum, die Definition ζῷον λόγον ἔχον schärfer zu verstehen, um damit schärfer zu fassen, worin die Definition, der λόγος οὐσίας, der ὁρισμός, das theoretische Sprechen mit den Sachen selbst, seinen Boden hat.

Die εὐδαιμονία ist ein bestimmtes Wirklichsein des Lebens als solchen: im Hinblick auf die ἀρετή, auf das Verfügenkönnen über die Seinsmöglichkeit des betreffenden Seienden. Nun gibt es aber eine Mannigfaltigkeit solcher Möglichkeiten des Seins eines Lebenden und es entsteht die Frage, wie diese Mannigfaltigkeit gegliedert werden soll, mit Bezug worauf diese verschiedenen ἀρεταί Seinsmöglichkeiten des Menschen sind. Die Gliederung bedarf eines Bodens, der genommen wird aus dem Sein des Menschen. Auch für die Aufteilung der Grundmöglichkeiten des Seins des Menschen wird von Aristoteles auf die Grundbestimmung des Seins des Menschen als λόγον ἔχον zurückgegriffen. Und zwar muß diese Bestimmung sich in ihrer Erweiterung zeigen, so, daß wir dabei λόγον ἔχον nicht nur im eigentlichen Sinne verstehen, sondern auch: Der Mensch ist ein Seiendes, das zu anderen etwas sagt und in eins damit *sich von anderen etwas sagen läßt* – diese ganz primäre Bedeutung von Sprechen im Sinne des *Sich-etwas-sagen-Lassens-von-anderen.* Sofern der Mensch der Sprechende ist, kann er zu sich selbst etwas sagen, er hat als Sprechender die Möglichkeit des *Sich-von-sich-selbst-etwas-sagen-Lassens.* Diese Möglichkeit offenbart sich darin, daß die Menschen miteinander sind in der Weise des Aufmunterns, Zuredens, Ermahnens. Sofern der Mensch sich etwas sagen läßt, ist er in einer neuen Hinsicht λόγον ἔχον: Er läßt sich etwas sagen, sofern er *hört*; er hört nicht in dem Sinne, etwas zu lernen, sondern eine Direktive für das konkrete praktische Besorgen zu haben. Dieses Hörenkönnen ist eine Bestimmung der ὄρεξις. Λόγον ἔχον in diesem zweiten Sinne bezeichnet Aristoteles auch als ἄλογον. Die ὄρεξις ist nicht ohne weiteres Sprechen, sondern Hören. Ἄλογον wird in Anspruch genommen 1. für λόγον ἔχον in der Weise des Hörens, 2. für ein solches Wie des Seins des Lebenden, das zum Sprechen keinen Bezug hat. Dabei ist festzuhalten, daß auch die Bestimmung des θρεπτικόν und αὐξητικόν fundamentale Seinsbestimmungen sind wie die αἴσθησις. Auch das Ernähren wäre schief gesehen, wenn man es als physiologischen Vorgang fassen wollte. Fortpflanzung ist zur Welt Bringen, Ernähren sich in der Welt Halten.

Wie stark der Seinscharakter des θρεπτικόν und αὐξητικόν lebendig ist, zeigt De anima B, Kapitel 4: ὥστε πρῶτον περὶ τροφῆς καὶ γεννήσεως λεκτέον· ἡ γὰρ θρεπτικὴ ψυχὴ καὶ τοῖς ἄλλοις ὑπάρχει, καὶ πρώτη καὶ κοινοτάτη δύναμίς ἐστι ψυχῆς, καθ' ἣν

ὑπάρχει τὸ ζῆν ἅπασιν.[17] »Die Weise des Sichernährenkönnens ist
im vorhinein da, auch bei den anderen Lebenden, und sie ist die
erste und bei allen vorfindliche Art des In-der-Welt-seins. Und
im Hinblick auf sie ist allen anderen Seinsmöglichkeiten gegenüber, die in ihr fundiert sind, das Leben da.« ἧς ἐστὶν ἔργα γεννῆ-
σαι καὶ τροφῇ χρῆσθαι.[18] »Das, was diese Möglichkeit als Leistung
in sich schließt, ist Zeugen und τροφῇ χρῆσθαι.« Im χρῆσθαι
kommt zum Ausdruck der Bezug zur Welt, wie ja auch die Dinge
der Welt von den Griechen als χρήματα angesprochen werden.
φυσικώτατον γὰρ τῶν ἔργων τοῖς ζῶσιν, ὅσα τέλεια καὶ μὴ πηρώματα,
ἢ τὴν γένεσιν αὐτομάτην ἔχει, τὸ ποιῆσαι ἕτερον οἷον αὐτό, ζῷον μὲν
ζῷον, φυτὸν δὲ φυτόν, ἵνα τοῦ ἀεὶ καὶ τοῦ θείου μετέχωσιν ᾗ δύνανται.[19] »Diese Seinsmöglichkeit des zur Welt Bringens ist diejenige, die am eigentlichsten der Weise des Seins des Lebenden zugehört, herzustellen ein anderes, und zwar so, wie sie ist, in der
Weise des eigenen Lebens, wie sie selbst, ein Tier ein Tier, eine
Pflanze eine Pflanze, damit sie am Immersein und Göttlichen
teilhaben, soweit es jeweils ihre Seinsmöglichkeit zuläßt.« Das
zur Welt Bringen ist eine bestimmte Weise des Seins, und zwar
orientiert an der Grundidee des Seins im griechischen Sinne. In
der Fortpflanzung, dadurch, daß ein Lebendes ein anderes seiner
Art zur Welt bringt, hält es sich selbst in seinem Sein. Die Weise
der Fortpflanzung ist die Art des Immer-Daseins eines Lebenden,
weil Sein für den Griechen heißt Gegenwärtigsein, und zwar Immer-Gegenwärtigsein. Aus dieser Stelle geht nun hervor, daß μετέχειν τοῦ θείου nicht heißt: in irgendeinem religiösen Verhältnis
zu Gott stehen, daß θεῖον nichts mit Religion zu tun hat, sondern
eine Umschreibung des Seinsbegriffes ist, in der Weise des Immerseins. Θεῖον mit »Religiosität« zu übersetzen ist pure Erfindung.

Ich habe diese Stelle herangezogen, um deutlich zu machen,
daß das, was wir physiologische Vorgänge nennen, Weisen des

---

[17] De an. B 4, 415 a 22 sqq.
[18] De an. B 4, 415 a 25 sq.
[19] De an. B 4, 415 a 26 sqq.

Seins sind, die die Möglichkeit geben, eigentlich zu sein, immer da zu sein. Diese Seinsbestimmungen (θρεπτικόν, γεννητικόν, αἰσθητικόν, νοητικόν, ὀρεκτικόν) werden durch λόγον ἔχον – ἄλογον aufgeteilt. Die Definition des Menschen als ζῷον λόγον ἔχον zeigt sich von einer viel größeren Tragweite als es zunächst schien:
1. in der Definition selber: ζωὴ πρακτικὴ μετὰ λόγου.
2. Die Seinsmöglichkeiten des Menschen, über die er verfügen kann, werden aufgeteilt am Leitfaden dieser Bestimmung.
3. Als λόγος wird bezeichnet der ὁρισμός, das eigentliche Sprechen mit der Welt.

Wir müssen den konkreten Boden, aus dem dieser Charakter des λόγον ἔχον stammt, uns näher zu bringen suchen. Es darf nicht bei der Vermutung gelassen werden, daß das Sprechen für den Griechen fundamental gewesen ist, es muß konkret aufgezeigt werden. Auch das λόγον ἔχον ist zwiefach: 1. ἐπιστημονικόν, 2. λογιστικόν,[20] das Sprechen im Sinne des theoretischen Betrachtens und Sprechen im Sinne des λογίζεσθαι, des »Überlegens« (erörtert im 6. Buch, Kapitel 1 und 2 »Nikomachische Ethik«).

§ 14. Die Grundbestimmung der Rhetorik und der λόγος selbst als πίστις (Rhet. A 1-3)

Wie können wir aus Aristoteles selbst uns eine Vorstellung verschaffen, daß und wie das Sprechendsein für den Griechen das Grundphänomen ihres Daseins gewesen ist? Wir sind in einer glücklichen Lage, sofern wir von Aristoteles eine »Rhetorik« haben, die also die Phänomene, die im Sprechen aufgegeben sind, überschaut. Dabei ist zu beachten, daß Rhetorik als Besinnung über das Sprechen älter ist als die aristotelische »Rhetorik«. In den Werken des Aristoteles ist mitüberliefert die Rhetorik ad Alexandrum. Sie stammt nicht von Aristoteles. Am meisten Gewicht hat die Annahme, daß sie voraristotelisch ist und sie wird

[20] Eth. Nic. Z 2, 1139 a 12.

114   *Die Auslegung des Daseins des Menschen*

von *Spengel* dem *Anaximenes* zugesprochen.[1] Die eigentliche Besinnung über das Sprechen wird zurückgeleitet auf zwei sizili-
sche Redner, *Teisias* und *Korax*. Die erste Durchführung haben
wir von Aristoteles. Das ist kein Zufall, sondern gründet darin,
daß er für das λέγειν selbst und alle Phänomene, die dabei zur
Sprache kommen, den rechten sachlichen Blick und die ausgebil-
dete Begrifflichkeit zur Verfügung hat. Es steht zur Frage: *In welcher Weise ist das λέγειν die Grundbestimmung des Daseins selbst
in der konkreten Weise seines Seins in seiner Alltäglichkeit?* Wir
werden uns einige charakteristische Kapitel der »Rhetorik« vergegenwärtigen und dabei zurückfragen, was sich daraus für das
Dasein selbst, sofern es nicht ausdrücklich im Reden sich aufhält,
ergibt. Denn diese exponierten Weisen des Redens sind ja nur
bestimmte Möglichkeiten, die in der Alltäglichkeit des Daseins
schon vorgezeichnet sind.

a) Die Grundbestimmung der Rhetorik
als Möglichkeit zu sehen, was jeweils für eine Sache spricht

Was besagt *Rhetorik* überhaupt? In welchem Sinne hat die Rhetorik es mit dem λέγειν zu tun? Aristoteles bestimmt die Rhetorik
1. Buch, Kapitel 2 als eine δύναμις.[2] Diese Bestimmung ist
festzuhalten gegenüber der Tatsache, daß Aristoteles sie öfters als
τέχνη bezeichnet. Diese Bezeichnung ist uneigentlich, während
δύναμις die eigentliche Definition ist. »Ῥητορική ist die *Möglichkeit*, am jeweils Gegebenen zu sehen das, was für eine Sache, die
Thema der Rede ist, spricht, jeweilig zu sehen das, was für eine
Sache sprechen kann.«[3] Eine δύναμις: Ich sagte bereits, daß der
zuweilen gebrauchte Ausdruck τέχνη nicht als die Grundbestim-

[1] Vgl. Anaximenis Ars rhetorica: quae vulgo fertur Aristotelis ad Alexandrum.
Recensuit et illustravit L. Spengel. Turici et Vitoduri 1844; L. Spengel, Die rhetorica (des Anaximenes) ad Alexandrum kein machwerk der spätesten zeit. In:
Philologus 18 (1862), S. 604–646.
[2] Rhet. A 2, 1355 b 25.
[3] Rhet. A 2, 1355 b 25 sq.: ἔστω δὴ ῥητορικὴ δύναμις περὶ ἕκαστον τοῦ θεωρῆσαι το ἐνδεχόμενον πιθανόν.

mung in Frage kommt. Rhetorik ist δύναμις, sofern sie eine »Möglichkeit« darstellt, eine Möglichkeit, in bestimmten Weisen zu sprechen. Die Rhetorik hat als solche nicht die Aufgabe des πεῖσαι,[4] sie hat nicht eine bestimmte Überzeugung über eine Sache auszubilden, bei den anderen ins Werk zu setzen, sondern sie stellt nur eine Möglichkeit des Redens dar für den Sprechenden, sofern er entschlossen ist zu sprechen in der Absicht des πεῖσαι. Der ῥήτωρ ist ein δυνάμενος, und zwar δυνάμενος θεωρεῖν – und nicht πεῖσαι –, »zu sehen« περὶ ἕκαστον τὸ πιθανόν. Genau wie der Dieb ein solcher ist, der λάθρᾳ λαμβάνειν kann.[5] Zur Eigentlichkeit des Diebseins gehört aber das βούλεσθαι, daß er das Stehlen in sein Wählen gestellt hat. Aber die δύναμις der ῥητορική unterscheidet sich von der σοφιστική. Auch sie ist eine Art, die sich auskennt über das Reden, aber sie ist nicht ἐν τῇ δυνάμει, sondern ἐν τῇ προαιρέσει.[6] Die ῥητορική hält sich ἐν δυνάμει, sie bildet aus eine Möglichkeit für den, der einen überzeugen will – während zum Sinn der σοφιστική gehört, andere unbedingt zu überzeugen –, eine Möglichkeit, die in sich ausbildet das Sehenkönnen dessen, was für eine Sache spricht. Diese Bestimmung ist gegenüber der alten Definition: πειθοῦς δημιουργός, viel vorsichtiger, es ist nicht eingeschlossen das Erreichen des τέλος des Sprechens. »Auch die Heilkunde als solche macht ja nicht gesund«,[7] sondern sie stellt nur eine gewisse Möglichkeit her für denjenigen, der sich entscheidet zu heilen. Die Möglichkeit führt bis zu einer gewissen Grenze. Sie setzt in den Stand, die Heilung »so weit vorzutreiben, als es gemäß den Möglichkeiten der Heilkunde geht. Man kann nämlich auch solche, die hoffnungslos krank sind, gemäß den Vorschriften der Heilkunde behandeln.«[8]

---

[4] Rhet. A 1, 1355 b 10: οὐ τὸ πεῖσαι ἔργον αὐτῆς.

[5] Aristotelis Topica cum libro de sophisticis elenchis. E schedis Ioannis Strache edidit M. Wallies. Lipsiae in aedibus B.G. Teubneri 1923. Z 12, 149 b 26 sqq.: ἐστὶ ῥήτωρ μὲν ὁ δυνάμενος τὸ ἐν ἑκάστῳ πιθανὸν θεωρεῖν [...], κλέπτης δ' ὁ λάθρᾳ λαμβάνων.

[6] Rhet. A 1, 1355 b 18.

[7] Rhet. A 1, 1355 b 12: οὐδὲ γὰρ ἰατρικῆς τὸ ὑγιᾶ ποιῆσαι.

[8] Rhet. A 1, 1355 b 13 sq.: μέχρι οὗ ἐνδέχεται, μέχρι τούτου προαγαγεῖν. ἔστιν γὰρ καὶ τοὺς ἀδυνάτους μεταλαβεῖν ὑγιείας ὅμως θεραπεῦσαι καλῶς.

Dieser Vergleich der ῥητορική mit der ἰατρική gibt den Boden, um alle möglichen τέχναι zu unterscheiden von der ῥητορική. Die Medizin schließt in sich eine bestimmte Sachkenntnis und sie ist, wenn sie anderen übermittelt wird, eine διδασκαλική.[9] Sie lehrt, sie bringt bei im Umkreis eines *bestimmten Sachgebietes* über das, was ihr im vorhinein als Thema vorgegeben ist. Die Heilkunde handelt vom gesunden und kranken Menschen, die ἀριθμητική handelt über die Zahlen und jedes Sichauskennen handelt von einem bestimmten Sachgebiet.[10] Die ῥητορική hat *kein Sachgebiet*, das irgendwie abgegrenzt werden könnte. Weil sie das nicht hat, braucht sie nicht als τέχνη bezeichnet zu werden. Die ῥητορική ist nicht τέχνη, aber doch τεχνικόν.[11] Sie gibt eine Orientierung über etwas, περὶ ἕκαστον. Sie geht »über das gerade Gegebene«, das gegebenenfalls Daseiende.[12] Und zwar handelt sie von diesem nicht in der Weise der Beschreibung, daß sie die in einer gewissen Situation gegebenen Sachen beschreibt; nicht über die Sachen als solche, sondern über die *Sachlage*, sofern aus ihr etwas zu entnehmen ist, was für etwas spricht, spricht für die Überzeugung, die der Redende bei den anderen bezüglich dieser Rede ausbilden will; nicht die Sache selbst, sondern die Umstände hinsichtlich einer bestimmten Beiträglichkeit, *sofern sie für etwas sprechen können*, für das πιστεύειν. Um eine konkrete Vorstellung zu bekommen von dem, was die Rhetorik behandelt, müssen wir uns fragen, was denn überhaupt *für* eine Sache in Frage kommen kann. Aristoteles unterscheidet drei Arten von πίστεις, unter denen als eine der λόγος sich befindet.[13] Das λέγειν selbst ist recht verstanden ein πιθανόν.

Die bisherige Betrachtung hat die Grundfunktion des λόγος deutlich gemacht: 1. als Bestimmung der ζωὴ πρακτική, 2. als

[9] Rhet. A 2, 1355 b 28.
[10] Rhet. A 2, 1355 b 28 sqq.
[11] Rhet. A 2, 1355 b 33 sq.: διὸ καί φαμεν αὐτὴν οὐ περί τι γένος ἴδιον ἀφωρισμένον ἔχειν τὸ τεχνικόν.
[12] Rhet. A 2, 1355 b 32: περὶ τοῦ δοθέντος.
[13] Rhet. A 2, 1356 a 1 sqq.

Charakter der ἀρεταί, 3. der λόγος als die Art, in der das Seiende in seinem Sein zugänglich wird: λόγος οὐσίας als ὁρισμός. Die Begriffsbildung ist dadurch charakterisiert, daß das Seiende in seinem Sein bestimmt, abgehoben, erfaßbar wird. Wir wollen diese Möglichkeit verstehen lernen als eine Möglichkeit, die im Dasein selbst gründet. Was ist es, was die Begrifflichkeit selbst ausmacht? Dafür haben wir eine Leitung am λόγος selbst. Sofern das λέγειν Grundweise des Seins des Menschen in der Welt ist, ermöglicht es so etwas, daß die Welt sich faßbar hält, bestimmbar in Begriffen. Wir werden damit auf ein Grundphänomen des Daseins selbst stoßen (der Ausdruck »Phänomen« hat die ganz triviale Bedeutung: etwas, was sich zeigt in einer bestimmten Art des Sehens und des Zugangs): Der λόγος als Grundphänomen des Daseins derart, daß durch ihn selbst hindurch eine noch ursprünglichere Art des Lebens des Menschen sichtbar wird. Die Betrachtung des λόγος hat fernerhin ergeben, daß für den Griechen diese Grundbestimmung des Daseins ein ἔνδοξον ist; es liegt im Griechentum beschlossen, das Dasein primär so zu sehen. In welchem Sinne macht der λόγος das konkrete alltägliche Dasein der Griechen aus?

Daß wir die aristotelische »Rhetorik« haben, ist besser, als wenn wir eine Sprachphilosophie hätten. In der »Rhetorik« haben wir etwas vor uns, was vom Sprechen handelt als von einer Grundweise des Seins als Miteinandersein der Menschen selbst, so daß ein Verständnis dieses λέγειν auch die Seinsverfassung des Miteinanderseins in neuen Aspekten darbietet. Weil also die »Rhetorik« den Zugang zu diesen ursprünglichen Phänomenen darbietet, ist es wichtig, das zu verstehen, was Aristoteles als ῥητορική bezeichnet. Ῥητορική ist eine δύναμις τοῦ θεωρῆσαι, die »Möglichkeit zu sehen«, und zwar zu sehen περὶ ἕκαστον, jeweils in dem, was sich gerade in einer bestimmten Situation des Miteinanderseins bietet, dasjenige, was für eine Sache, die gerade zur Verhandlung steht, die im Gespräch ist, spricht.[14] Es soll durch

---

[14] Rhet. A 2, 1355 b 25 sq.

das Sprechen selbst eine bestimmte Meinung bei den anderen ausgebildet werden. Wer die Rhetorik sich aneignet, setzt sich dadurch in die Möglichkeit, jeweilig das zu sehen, was für eine Sache spricht. Durch diese Bestimmung ist angegeben, daß die Rhetorik zwar eine gewisse Auskenntnis gibt, aber doch so, daß die Rhetorik nicht über ein bestimmtes Sachgebiet handelt, etwa wie die Arithmetik. Sie hat nicht eine zugrundeliegende Sache, kein ὑποκείμενον, das sie selbst zur Kenntnis bringen soll. Sie hat das τεχνικόν,[15] die Möglichkeit, eine Auskenntnis zu geben, aber nicht über einen bestimmten abgegrenzten Bezirk von Seiendem, sondern es kommen in ihr verschiedenerlei Sachen je nachdem zur Sprache, um das πιστεύειν bei den Hörern auszubilden. Bestimmung der Rhetorik: dasjenige zu sehen, was für eine Sache spricht; im Sprechen selbst das πιστεύειν auszubilden bei denen, zu denen man spricht, und zwar jeweils über eine Angelegenheit, die zur Debatte steht; eine δόξα auszubilden. Das πιστεύειν ist eine »Ansicht«, δόξα, auf die es im Sprechen ankommt, die also vermutlich in der Alltäglichkeit des Daseins, im Miteinandersein der Menschen etwas ist, was sie leitet, beherrscht. Das Miteinandersein bewegt sich in bestimmten und wieder modifizierbaren Ansichten über die Dinge, es ist keine Einsicht, sondern »Ansicht«, δόξα; eine δόξα über die Dinge nicht etwa in dem Sinne, daß die Dinge, die zur Sprache gebracht werden, selbst thematisch untersucht werden. Dieses πιστεύειν, »in einer Ansicht sich halten« innerhalb des Miteinanderseins, ist das, worauf es in der Rede selbst ankommt.

Die Rhetorik hat nun eine bestimmte Möglichkeit herauszustellen, die in den Stand setzt, das πιθανόν zu sehen, das, was zur Ausbildung eines πιστεύειν beiträgt. Sie bezeichnet Aristoteles auch als πίστις.[16] Πίστις ist hier nicht der »Glaube«, das »Dafürhalten«, sondern dasjenige, was für eine bestimmte Sache spricht, bezüglich derer ein πιστεύειν zu gewinnen ist. Das Verhältnis von

---

[15] Rhet. A 2, 1355 b 34.
[16] Rhet. A 2, 1355 b 35.

πιστεύειν und πιθανόν ist analog dem von ἀληθεύειν und ἀληθές: das Unverdeckbar-Daseiende, das die Möglichkeit hat, beizutragen für das ἀληθεύειν. Ἀληθεύειν ist eine Weise des Seins-in-der-Welt, so, daß man sie unverdeckt da hat, so wie sie ist. Dieses ἀληθεύειν ist das Grundphänomen, auf das wir zusteuern. Wir kommen in einer anderen Betrachtung darauf zurück.[17] Es liegt auch dem λέγειν zugrunde, sofern die δόξα eine bestimmte Art ist, das Seiende, wie es sich zeigt, anzueignen. Πίστις ist das Beiträgliche zur Ausbildung eines πιστεύειν. Das πιθανόν soll man sehen können und lernen in der Rhetorik. Also ist es das Erste, eine Orientierung über die πίστις zu gewinnen.

b) Die drei πίστεις ἔντεχνοι: ἦθος, πάθος und der λόγος selbst

Aristoteles gibt eine Einteilung der πίστεις: 1. ἄτεχνοι, 2. ἔντεχνοι.[18] Wir betrachten zuerst die πίστεις ἔντεχνοι: solches, was für eine Sache spricht, *worüber wir selbst verfügen können*, was wir selbst durch uns bewerkstelligen können. Wir selbst haben die Möglichkeit, so etwas zu sein, das für eine Sache spricht. Für ein solches Sprechendsein eine πίστις zu sein, besagt: bei uns selbst πίστεις als ἔντεχνοι werden, bewerkstelligt durch uns selbst. Πίστεις ἄτεχνοι: solches, was für eine Sache spricht, *was nicht durch uns aufgebracht werden kann*, sondern was im vorhinein da ist, was wir deshalb *in Gebrauch nehmen* können: »Zeugen« (μάρτυρες), »Foltern« (βάσανοι), »Urkunden« (συγγραφαί).[19] Diese πίστεις werden im 1. Buch, Kapitel 15 erörtert. Dort sind es im ganzen fünf πίστεις ἄτεχνοι: νόμοι, μάρτυρες, βάσανοι, συνθῆκαι (»Vereinbarungen«), ὅρκος[20] − auf eine bestimmte Art des Redens bezogen, beim Sprechen über das δίκαιον, in der Gerichtsverhandlung. Diese πίστεις sind Weisen, für eine Sache zu sprechen, die zur Verhandlung steht, die uns vorliegt.

[17] Siehe S. 263 ff.
[18] Rhet. A 2, 1355 b 35.
[19] Rhet. A 1, 1355 b 37.
[20] Rhet. A 15, 1375 a 24 sq.

Demgegenüber stehen die πίστεις ἔντεχνοι. Von denjenigen Weisen des Für-etwas-Sprechens, die beigebracht werden können durch das Reden selbst, gibt es *drei Arten* gemäß einer dreifachen Möglichkeit, die λόγοι zu nehmen:

1. ἐν τῷ ἤθει τοῦ λέγοντος,[21] »in der Haltung des Sprechenden«, in dem, wie sich der Sprechende gibt und hält in seiner Rede. Darin ist etwas, was für eine Sache sprechen kann. Der Redende ist in seinem ἦθος, in seiner »Haltung«, selbst eine πίστις.

2. ἐν τῷ τὸν ἀκροατὴν διαθεῖναί πως,[22] »in dem In-eine-Befindlichkeit-Bringen«, »in der Weise, wie in eine bestimmte Befindlichkeit gebracht wird der Hörer«, der Hörer, der mit zum λέγειν gehört. Wie der Hörer sich dabei zur Sache stellt, in welcher Stellung er ist, die Art und Weise des Den-Hörer-in-eine-Befindlichkeit-Bringens, darin liegt eine πίστις, etwas, das für die Sache sprechen kann. Die διάθεσις des Hörers bestimmt seine κρίσις, seine »Ansicht«, die er schließlich ausbildet, wie er die Sache auffaßt.

3. ἐν αὐτῷ τῷ λόγῳ[23]: Das λέγειν selbst ist πίστις als Grundfunktion des Daseins selbst. Dadurch, wie gesprochen wird, wird über die Sache selbst Auskunft gegeben. διὰ τὸ δεικνύναι[24]: die Art und Weise, wie gesprochen wird, Sachlichkeit oder Unsachlichkeit des Sprechers selbst.

Diese Bestimmungen müssen wir uns genauer vergegenwärtigen.

Ad 1. sagt Aristoteles: Der λόγος muß so sein, die Rede muß so gehalten sein, »daß sie selbst den Redner zu einem glaubwürdigen macht«,[25] der also selbst den Eindruck macht, daß die Sache so ist, so stimmt. Und Aristoteles sagt ausdrücklich: Durch das Reden selbst, durch die Art und Weise, wie der Redner selbst spricht, muß das ἦθος sichtbar werden, aus dem Reden selbst

---

[21] Rhet. A 2, 1356 a 2.
[22] Rhet. A 2, 1356 a 3.
[23] Rhet. A 2, 1356 a 3 sq.
[24] Rhet. A 2, 1356 a 4.
[25] Rhet. A 2, 1356 a 5 sq.: ὥστε ἀξιόπιστον ποιῆσαι τὸν λέγοντα.

muß die πίστις erwachsen. Wenn wir feste Ansichten haben, so
»vertrauen wir doch den anständigen Menschen, die einen guten
Eindruck machen, mehr und schneller, περὶ πάντων μὲν ἁπλῶς,
überhaupt sowieso, und wo gar die Sache strittig ist, wo es ein
Hin- und Herreden geben kann, wo die Sache in der Schwebe
bleibt, da gibt erst recht die Art und Weise, wie sich der Redende
gibt, den Ausschlag.«[26] Die bisherigen Abhandlungen waren der
Ansicht, daß das ἦθος »nichts beitrage zum πιθανόν«.[27] Dies hat
man vor Aristoteles behauptet – eine Spitze gegen die Sophistik.
Die Haltung, das Sichbenehmen ist die »vorzüglichste« πίστις,[28]
die vorzüglichste Art, für eine Sache, die der Redner vertritt, zu
sprechen.

Ad 2. Wie sich der Hörer, zu dem über die Sache gesprochen
wird, befindet, wie er gestimmt ist, wie die διάθεσις des Hörers ist.
Aristoteles gibt einen Hinweis darauf, daß alle Urteile nicht in
gleicher Weise hergegeben werden, etwa »wenn wir traurig gestimmt sind oder uns freuen«.[29] Es kommt darauf an, ob wir dem
Gehörten sympathisch oder nicht gegenüberstehen, ἢ φιλοῦντες
καὶ μισοῦντες.[30] Die διάθεσις des Hörers ist entscheidend. Der Redner selbst muß im Reden es darauf absehen, den ἀκροατής in ein
bestimmtes πάθος zu versetzen, die Hörer für eine Sache zu be-
geistern. Über diese πίστις, die auf seiten des Hörers liegt, handelt

---

[26] Rhet. A 2, 1356 a 6 sqq.: τοῖς γὰρ ἐπιεικέσι πιστεύομεν μᾶλλον καὶ θᾶττον,
περὶ πάντων μὲν ἁπλῶς, ἐν οἷς δὲ τὸ ἀκριβὲς μή ἐστιν ἀλλὰ τὸ ἀμφιδοξεῖν, καὶ παν-
τελῶς.
[27] Rhet. A 2, 1356 a 12: τὴν ἐπιείκειαν τοῦ λέγοντος ὡς οὐδὲν συμβαλλομένην
πρὸς τὸ πιθανόν.
[28] Rhet. A 2, 1356 a 13: κυριωτάτην ἔχει πίστιν τὸ ἦθος.
[29] Rhet. A 2, 1356 a 15 sq.: οὐ γὰρ ὁμοίως ἀποδίδομεν τὰς κρίσεις λυπούμενοι καὶ
χαίροντες.
[30] Rhet. A 2, 1356 a 16. – Anm. d. Hg.: Die Nss. Bröcker und Schalk zitieren
hier: ἢ φιλοῦντος ἢ μεσοῦντος, und die Ns. Bröcker fügt in Klammern an: »neutral
bleiben, μεσεύω«. Diese Lesart, die in der grammatisch stimmigeren Variante ἢ
φιλοῦντες ἢ μεσοῦντες durch die vorangehende Paraphrase Heideggers mit abge-
deckt sein könnte, findet keine Stütze in Heideggers Handexemplar. Ferner behandelt Aristoteles im Rahmen seiner ausführlicheren Erörterung der πάθη, auf
die Heidegger hier am Rand seines Handexemplars selbst verweist, unter anderem das φιλεῖν zusammen mit dem μισεῖν.

Aristoteles ausführlich »Rhetorik«, 2. Buch, Kapitel 2–20. Diese Untersuchung über die πάθη ist historisch sehr wirksam geworden: Einfluß auf die Stoa, die ganze Affektenlehre, wie sie heute überliefert wird. Diese πάθη, »Affekte«, sind nicht Zustände des Seelischen, es handelt sich um eine *Befindlichkeit des Lebenden in seiner Welt*, in der Weise, wie er gestellt ist zu etwas, wie er eine Sache sich angehen läßt. Die Affekte spielen eine fundamentale Rolle bei der Bestimmung des Seins-in-der-Welt, des Seins-mit-und-zu-anderen.

Ad 3. Πίστις, »was für eine Sache sprechen kann«, ist das Sprechen über die Sache selbst. Im Sprechen soll aufgezeigt werden das ἀληθές,[31] das »Unverdeckte«, so wie die Sache liegt, frei von allen Bestimmungen. Und zwar soll dieses ἀληθές gezeigt werden »aus den Vorkommnissen und Umständen, die für die Sache sprechen«[32] – ein ἀληθές, das nicht aufgeschlossen wird durch ein θεωρεῖν, das vielmehr im Wahrscheinlichen das Wahre sichtbar macht.

Die ἄτεχνοι haben ihren Sinn als πίστεις nur, sofern sie orientiert sind auf das τέλος eines bestimmten λέγειν, der Gerichtsrede. Sie werden jeweils in Gebrauch genommen.

Wir müssen uns über die Bestimmung klar werden, die die ῥητορική als eine δύναμις charakterisiert. Es wird ersichtlich, daß die Rhetorik nicht über jede bestimmte konkrete Situation und Sachlage Aufschluß gibt, genau so wenig wie die Heilkunde über die ärztliche Behandlung des Sokrates und Kallias Aufschluß gibt.[33] Die Rhetorik kennt sich nicht aus über einen bestimmten Fall, sondern über Fälle der und der Art, des und des Aussehens. Die Rhetorik, die die Gerichtsrede analysiert, handelt über Fälle dieser Art. Die Rhetorik selbst handelt über das, was man gewöhnlicher Weise im Leben beredet, und die Art und Weise des

---

[31] Rhet. A 2, 1356 a 19.
[32] Rhet. A 2, 1356 a 20: ἐκ τῶν περὶ ἕκαστα πιθανῶν.
[33] Rhet. A 2, 1356 b 30 sqq.: οὐδεμία δὲ τέχνη σκοπεῖ τὸ καθ' ἕκαστον, οἷον ἡ ἰατρικὴ τί Σωκράτει τὸ ὑγιεινόν ἐστιν ἢ Καλλίᾳ [...] οὐδὲ ἡ ῥητορικὴ τὸ καθ' ἕκαστον ἔνδοξον θεωρήσει.

Durchsprechens. Sie hat die Orientierung auf die bestimmten Dringlichkeiten des alltäglichen Miteinanderseins, nicht über jeden Fall, sondern über das, was ein bestimmtes Ansehen hat: Gerichtsverhandlung, Volksversammlung, Verherrlichung eines Helden und dergleichen.

c) Der λόγος selbst als πίστις

α) Die drei Formen des Hörers und die aus diesen zu bestimmenden drei Arten des λόγος: beratende Rede (συμβουλευτικός), Gerichtsrede (δικανικός) und Lobrede (ἐπιδεικτικός)

Im 1. Buch, Kapitel 3 kommt Aristoteles auf die Grundbestimmung des λόγος, die wir bereits kennen. Er geht von der allgemeinen Orientierung aus, daß das Sprechen sein τέλος hat beim »Hörer«, beim ἀκροατής. Darin liegt, daß das Sprechen *Mitteilung* ist. Erst dann ist eine Rede bei ihrem Ende, wenn sie aufgenommen ist als Mitteilung. Aus der *verschiedenen Weise, wie ein Hörer sein kann*, bestimmt Aristoteles *drei verschiedene Arten des λόγος*. Die allgemeine Struktur des λόγος selbst ist so, daß die Rede aus drei Momenten besteht: 1. aus »dem Sprechenden« selbst; 2. aus dem »Worüber« des Sprechens, was der Sprechende aufzeigt; 3. dem πρὸς ὅν, dem Hörer, »zu dem« er spricht; »das τέλος ist beim Hörer«.[34] Aus den Weisen, wie im konkreten Miteinandersein der Mensch in der πόλις ein Hörer sein kann, werden die λόγοι unterschieden. Wir müssen nachsehen, wie durch die verschiedenen Arten des Redens das πιστεύειν ausgebildet wird. Was besagt das πιστεύειν für das Miteinandersein der Menschen? Wir müssen den Zusammenhang im Auge behalten. Grundbestimmung des Seins des Menschen ist das Miteinandersein, getragen durch den λόγος. Wie steht der λόγος als ὁρισμός, die wissenschaftliche Begriffsbildung im Dasein des Menschen?

---

[34] Rhet. A 3, 1358 a 37 sqq.: σύγκειται μὲν γὰρ ἐκ τριῶν ὁ λόγος, ἔκ τε τοῦ λέγοντος καὶ περὶ οὗ λέγει καὶ πρὸς ὅν, καὶ τὸ τέλος πρὸς τοῦτόν ἐστιν, λέγω δὲ τὸν ἀκροατήν.

Dafür ist die »Rhetorik« Leitfaden. Wir werden uns einige Partien vergegenwärtigen.

In der Rhetorik ist es darauf abgesehen, in die Möglichkeit zu versetzen, dasjenige zu sehen, was beim Verhandeln über etwas dafür spricht, sehen zu können die πίστις. Aristoteles unterscheidet πίστεις ἄτεχνοι und πίστεις ἔντεχνοι. Zuerst behandeln wir die ἔντεχνοι: das, was für etwas spricht, worüber wir uns eine Auskenntnis aneignen, über die wir verfügen. Diese πίστεις betreffen den λόγος, sofern das λέγειν das ist, was bei uns selbst steht. Die Richtigkeit dieses Sprechens wird bestimmt aus dem, worin sich dieses Sprechen selbst bewegt. Mit Bezug auf den λόγος sind die πίστεις ἔντεχνοι herauszulösen. Sprechen ist: 1. zu jemandem, mit einem; 2. über etwas, »aufzeigen«, δεικνύναι; 3. vollzogen von einem Sprechenden. Daß einer zu jemandem über etwas spricht, ist der phänomenale Tatbestand. Hieraus sind zu sehen die drei Charaktere bei den πίστεις ἔντεχνοι: 1. πάθος; 2. das zusammenhängende Sprechen wird bezeichnet als συλλογισμός oder hier als ἐνθύμημα (ἢ παραδείγματα λέγοντες ἢ ἐνθυμήματα);[35] 3. ἦθος. Diese drei πίστεις sind jeweils verschieden nach der Art des Sprechens und das Sprechen ist verschieden, je nachdem der Hörer ein anderer, je nachdem das πιστεύειν ein anderes ist, das bei dem Hörer erzielt werden soll.

Notwendigerweise muß es *drei Formen des Hörers* geben: Den θεωρός[36] — terminus technicus für denjenigen, der einem Festspiel beiwohnt, der »Zuschauer«, aber nicht der blöde, dasitzende Zuschauer, sondern der, der zugleich hinsichtlich dessen, was er sieht, κριτής ist, sich eine Meinung bildet: κριτὴν δὲ ἢ τῶν γεγενημένων ἢ τῶν μελλόντων,[37] dieser κριτής kann sich eine Meinung bilden »über das, was geschehen ist oder was kommen soll«. ἔστιν δ᾽ ὁ μὲν περὶ τῶν μελλόντων κρίνων οἷον ἐκκλησιαστής, ὁ δὲ περὶ τῶν γεγενημένων οἷον δικαστής.[38] »Ein solcher, der sich ein Urteil bil-

[35] Rhet. A 2, 1356 b 1 sqq.
[36] Rhet. A 3, 1358 b 2.
[37] Rhet. A 3, 1358 b 3.
[38] Rhet. A 3, 1358 b 4 sq.

det über etwas, das kommen soll, ist der ἐκκλησιαστής, der Teilnehmer an einer Volksversammlung [wo das Worüber des Beratens den Charakter des ›noch nicht‹ hat, aber zugleich den eines Seinkönnenden, nicht im Sinne einer reinen Möglichkeit, sondern im Umkreis der konkreten Möglichkeiten der Beratenden und der Umstände], über das, was geschehen ist, soll sich der Richter eine Ansicht bilden«, ὁ δὲ περὶ τῆς δυνάμεως ὁ θεωρός,[39] »über das, was jetzt ist, der θεωρός«.

Daher *drei verschiedene λόγοι*: 1. συμβουλευτικός, das »beratende Sprechen«, das Hin- und Hersprechen in der Volksversammlung; 2. δικανικός, »Gerichtsrede«, Rede des Angeklagten und des Verteidigers; 3. ἐπιδεικτικός, eine »Lobrede«, ein »Aufzeigen«, das den Menschen in seinem Leben sehen läßt, wo es nicht auf ein Urteil im Sinne des Gerichtsurteils ankommt, sondern wo das Sehen selbst die Tendenz hat aufzuzeigen.[40]

Alle drei λόγοι haben nun das Eigentümliche, daß sie *nach zwei Seiten ausschlagen*: 1. Die beratende Rede kann sein: a) προτροπή, b) ἀποτροπή,[41] »Zureden« oder »Abreden«, Für oder Gegen. ἀεὶ γὰρ οἱ ἰδίᾳ συμβουλεύοντες καὶ οἱ κοινῇ δημηγοροῦντες τούτων θάτερον ποιοῦσιν.[42] »Sowohl diejenigen, die bei sich überlegen etwas, was sie bei sich selbst angeht, als auch die, die öffentliche Angelegenheit beraten, halten sich in diesen beiden Möglichkeiten auf.« 2. Bei der Gerichtsrede: a) κατηγορία, b) ἀπολογία.[43] Κατηγορεῖν: »einem eine Sache zuschreiben«, »sagen, daß er sie auf dem Gewissen hat«, »anklagen«; oder ἀπολογεῖν: »sich weg-sprechen von«, »verteidigen«. 3. Beim aufzeigenden λόγος: a) ἔπαινος, b) ψόγος,[44] »Lob« oder »Tadel«.

Die drei verschiedenen εἴδη je mit ihren Ausschlagsmöglichkeiten werden zusammenfassend charakterisiert bezüglich des

---

[39] Rhet. A 3, 1358 b 5 sq.
[40] Rhet. A 3, 1358 b 7 sq.
[41] Rhet. A 3, 1358 b 8 sq.
[42] Rhet. A 3, 1358 b 9 sq.
[43] Rhet. A 3, 1358 b 11.
[44] Rhet. A 3, 1358 b 12 sq.

χρόνος, sie unterscheiden sich im *Zeitcharakter* dessen, worüber sie sprechen: 1. Der χρόνος für das Beraten ist ὁ μέλλων,[45] »das Demnächst«, »die herankommende Zeit«, »das, was sein wird«, worauf ja das Beraten gerichtet ist; 2. der χρόνος des δικαζόμενος ist ὁ γενόμενος,[46] »was geschehen ist«. 3. ὁ παρών,[47] »was gegenwärtig ist«.

Dementsprechend lassen sich die Bereiche, in denen gesprochen wird, kurz charakterisieren nach den Momenten, die wir bereits kennengelernt haben. Ὁ μέλλων χρόνος ist etwas, was beiträgt zum Sein des Miteinanderseins, zum Sein in der πόλις. Der Seinscharakter des Worüber des συμβουλευτικός ist das συμφέρον bzw. βλαβερόν,[48] des λόγος δικανικός das δίκαιον bzw. ἄδικον,[49] das Worüber des λόγος ἐπιδεικτικός ist das καλόν bzw. αἰσχρόν.[50]

Jeder λόγος hat in verschiedener Weise diese drei πίστεις. Aristoteles beginnt in der genaueren Explikation der πίστεις mit dem ἐνθύμημα, dem »Etwas-Aufzeigen«. Er faßt die Charaktere so zusammen: ταύτας ἐστὶν λαβεῖν τοῦ συλλογίσασθαι δυναμένου καὶ τοῦ θεωρῆσαι περὶ τὰ ἤθη καὶ περὶ τὰς ἀρετὰς καὶ τρίτον τοῦ περὶ τὰ πάθη.[51] In diesen Momenten werden die πίστεις gegenwärtig. Demnach muß ein δυνάμενος, der sich die Rhetorik zueignen will, diese drei ergreifen. Das συλλογίσασθαι betont noch ausdrücklich eine andere Möglichkeit neben dem θεωρῆσαι. Gerade das Zusammenhängend-Redenkönnen verlangt ein Sehen, ein Verstehen dessen, was für die Sache spricht.

[45] Rhet. A 3, 1358 b 14.
[46] Rhet. A 3, 1358 b 15 sq.
[47] Rhet. A 3, 1358 b 17 sq.
[48] Rhet. A 3, 1358 b 22.
[49] Rhet. A 3, 1358 b 25.
[50] Ebd.
[51] Rhet. A 2, 1356 a 20 sqq.

β) Das rhetorische Sprechen mit παϱάδειγμα und ἐνθύμημα
in seiner Parallelität zum dialektischen Sprechen mit ἐπαγωγή
und συλλογισμός

Weil die verschiedenen λόγοι orientiert sind auf das Miteinandersein,»kann man die Rhetorik betrachten als παϱαφυές der διαλεκτική und πεϱὶ τὰ ἤθη πϱαγματεία, eine Untersuchung, die man
angemessen als πολιτική bezeichnen kann«: ὥστε συμβαίνει τὴν
ῥητοϱικὴν οἷον παϱαφυές τι τῆς διαλεκτικῆς εἶναι καὶ τῆς πεϱὶ τὰ ἤθη
πϱαγματείας, ἣν δίκαιόν ἐστι πϱοσαγοϱεύειν πολιτικήν.[52] Die Rhetorik ist παϱαφυές,»was mit aufwächst, was mit da ist mit der Abhandlung über die ἤθη, die man angemessen bezeichnen kann als
πολιτική.« Die Ethik gehört in die Politik. Wir müssen andere
moderne Begriffe von Ethik und Politik hier beiseite lassen und
die Untersuchung verstehen als eine solche, die primär orientiert
ist auf das Beieinandersein, die im besonderen das Gestelltsein
des einzelnen zum anderen ins Auge faßt. Mit dieser Untersuchung »zusammen« ist, παϱαφυές, das διαλέγεσθαι, denn das Miteinandersein ist bestimmt durch das Miteinanderreden. Die Bestimmung des Miteinanderseins in der πολιτική berührt mit das,
was in der Rhetorik zur Sprache gebracht wird. Zugleich damit
Zusammenhang mit der διαλεκτική: diejenige Disziplin, die die
Möglichkeit des διαλέγεσθαι ausbildet, das Durchlaufenkönnen
der λόγοι, die Möglichkeit, sehen zu können, was in diesen Reden
eigentlich gemeint ist, wie sie aussehen bzw. sein sollen. Die
ῥητοϱική ist ἀντίστϱοφος τῇ διαλεκτικῇ,[53] sie ist »gegengewendet
gegen die Dialektik«: Die ῥητοϱική ist im Gegensatz zur διαλεκτική auf die πϱᾶξις, das »Besorgen«, bezogen, sie ist aber nicht
Auskenntnis über ein bestimmtes Sachgebiet, ebensowenig die
διαλεκτική. Weder die Rhetorik noch die Dialektik ist eine ἐπιστήμη, »Sachkenntnis«, sondern sie sind Möglichkeiten, das rech-

[52] Rhet. A 2, 1356 a 25 sqq.
[53] Rhet. A 1, 1354 a 1.

te jeweils geforderte Reden »weiterzubringen«, »zu beschaffen«.[54]

Aristoteles geht näher auf die dritte πίστις ein, auf das λέγειν, sofern es ein Aufzeigen von etwas ist. Er unterscheidet im λέγειν selbst bestimmte Möglichkeiten: Aufzeigen kann ich etwas dadurch, daß ich *ein Beispiel anführe* oder daß ich *eine bestimmte These begründe.* Das δεικνύναι durch den λόγος ist ein doppeltes: 1. παράδειγμα, 2. συλλογιμὸς ῥητορικός als ἐνθύμημα.[55] Diese Unterscheidung findet sich entsprechend in der διαλεκτική, die über diejenigen λόγοι handelt, in denen es nicht auf ein Besorgen abgesehen ist, sondern auf ein Miteinandersprechen über eine wissenschaftliche Frage. Die doppelte Art, etwas zu zeigen, ist in der διαλεκτική auch da, nämlich 1. ἐπαγωγή, 2. ἀπόδειξις (συλλογισμός).[56] Dem παράδειγμα entspricht die ἐπαγωγή, dem ἐνθύμημα die ἀπόδειξις. Was ist mit ἐνθύμημα gemeint? Ἐνθυμεῖσθαι ist: »sich etwas zu Herzen nehmen«, »bei sich etwas erwägen«, »überdenken«; ἐνθυμεῖσθαι, μή: »zusehen, daß etwas nicht geschieht«, »besorgen, daß etwas nicht passiert«. Ἐνθύμημα wird angewandt auf ein bestimmtes λέγειν, das in sich selbst die Abzweckung hat auf ein Besorgen, ein Reden mit den anderen über etwas, in dem es seiner eigenen Tendenz nach auf Besorgen ankommt. Ἀπόδειξις bedeutet: nicht lediglich Sachverhalte in dem, was sie sind, durchsprechen, sondern so sprechen, daß durch das Sprechen das πιστεύειν erwächst. Das sind die beiden Möglichkeiten, die im λόγος selbst liegen, sofern er die Aufgabe hat, sehen zu lassen. Παράδειγμα ist das Auf-etwas-zu-Führen, und das geschieht in der Rede, wie sie hier zum Thema steht, dadurch, daß ein Beispiel herangezogen wird, ein konkreter Fall. Παρά besagt das Gegenwärtige, das vor einem steht, das Vorgezeigte, direkt Angeführte, am Beispiel Demonstrierte.

Aristoteles bestimmt den Unterschied der gleichlaufenden For-

[54] Rhet. A 2, 1356 a 32 sq.: περὶ οὐδενὸς γὰρ ὡρισμένου οὐδετέρα αὐτῶν ἐστιν ἐπιστήμη, πῶς ἔχει, ἀλλὰ δυνάμεις τινὲς τοῦ πορίσαι λόγους.
[55] Rhet. A 2, 1356 b 3 sqq.
[56] Rhet. A 2, 1356 b 1 sq., 1355 a 5 sq.

men des λέγειν der Dialektik, der ἀπόδειξις und ἐπαγωγή, in der
»Topik«, einer der frühesten Schriften des Aristoteles.[57] Sie handelt von dem eigentümlichen λέγειν, das nicht ἀπόδειξις ist im
Sinne des »wissenschaftlichen Besprechens« einer Sache. Der
Unterschied zwischen dem wissenschaftlichen Besprechen, Beweisen und dem συλλογίζεσθαι, wie es die διαλεκτική studiert, und
andererseits der Zusammenhang des συλλογίζεσθαι der διαλεκτική mit dem der ῥητορική wird deutlich, wenn man sich überlegt, von woher im rhetorischen Reden ausgegangen wird, von
woher gesprochen wird. Das, von woher gesprochen wird in
einem συλλογίζεσθαι, pflegen wir als »Obersatz« zu bezeichnen.
Durch diese Bezeichnung, die alles auf den Satz orientiert, geht
der eigentliche Sinn des Sprechens verloren.

Das, von wo aus gesprochen wird, muß in einer Wissenschaft
den Charakter des ἀληθές haben, muß so freiliegen in seinem So-
sein, daß gar nicht weiter nach dem Warum gefragt werden
kann. Es muß in sich selbst einsichtig sein, nur so ist es der mögliche Boden, von dem aus ich weitergehen und etwas erweisen
kann. In der »Topik« bestimmt Aristoteles den συλλογισμός als
einen »λόγος [ein ἀποφαίνεσθαι, ein solches sprechendes »Sehen-
lassen«], in dem etwas anderes eintritt, mit dazu kommt [ein anderes kommt dazu im Sinne des Sprechens, wird gesehen, aufge-
zeigt], ein anderes als das, was von vornherein vorliegt [etwas
anderes als das, was als bekannt vorausgesetzt wird, von dem man
im Aufzeigen ausgeht].«[58] In diesem συλλογίζεσθαι tritt etwas ein,
wird sichtbar ein anderes, als wovon ausgegangen wird. Gerade
»auf dem Wege über das, wovon ausgegangen wird«, wird ein
anderes sichtbar. Beim »wissenschaftlichen Sprechen«, ἀπόδειξις,
ist ὑπόθεσις, das, wovon ausgegangen wird, im Charakter des ἀληθές und zugleich ein πρῶτον[59]: Es ist eines weiteren Darüber-

---

[57] Vgl. Top. A 1, 100 a 25 – b 23.
[58] Top. A 1, 100 a 25 sqq.: Ἔστι δὴ συλλογισμὸς λόγος ἐν ᾧ τεθέντων τινῶν
ἕτερόν τι τῶν κειμένων ἐξ ἀνάγκης συμβαίνει διὰ τῶν κειμένων.
[59] Top. A 1, 100 a 27 sq.: ἀπόδειξις μὲν οὖν ἐστιν, ὅταν ἐξ ἀληθῶν καὶ πρώτων ὁ
συλλογισμὸς ᾖ.

sprechens und Aufzeigens unbedürftig. Das, wovon ausgegangen wird, spricht in sich selbst, für sich selbst, es hat durch sich selbst die πίστις, so daß eine πίστις darüber aufzubringen keinen Sinn hat.

Vom wissenschaftlichen Sprechen unterscheidet sich das συλλογίζεσθαι der διαλεκτική dadurch, daß das, wovon ausgegangen wird, was vorliegt, den Charakter des ἔνδοξον hat,[60] »in der δόξα« ist. Das ἔνδοξον bestimmt Aristoteles so, daß es dasjenige ist, »was allen oder den meisten als so und so vorkommt, den meisten oder den Verständigen unter ihnen, die am meisten unter den Menschen bekannt sind und ein Ansehen haben«.[61] Das Charakteristische ist, daß das ἐνθύμημα von einem ἔνδοξον ausgeht, und zwar nicht nur ausgeht, sondern auch wieder dahin zurückkehrt, genau wie der wissenschaftliche Schluß von etwas ausgeht, was in sich selbst durchsichtig ist, und wieder zurückkehrt zu einem Tatbestand, der nun dieselbe Evidenz hat wie das, wovon ausgegangen wird. Das, was bei dem ἐνθύμημα herauskommt, hat denselben Charakter wie das Wovon des Ausgehens: Es ist ἔνδοξον.

Die ῥητορική hat Verwandtschaft mit dem συλλογισμός der διαλεκτική, sofern die ἔνδοξα hier ganz bestimmt sind. Die ἔνδοξα der ῥητορική betreffen das Zukünftige, das, was schon geschehen ist, das Gegenwärtige, das Beiträgliche, das Gehörige und Ungehörige, das Schöne und Häßliche. Darüber hat man bestimmte Anschauungen, gibt es bestimmte δόξαι, aus denen heraus der spricht, der in der Versammlung spricht, und er spricht so, daß er wieder eine δόξα gibt, eine bestimmte δόξα bei den anderen entsteht. Für diese Aufgabe, vom ἔνδοξον auszugehen und ein ἔνδοξον zu erreichen, sind die beiden Wege des παράδειγμα und des ἐνθύμημα.

Wir müssen mit dem *δεικνύναι* vorsichtig sein, es ist nicht Beweis, sondern eine bestimmte Art und Weise, das Sprechen zu

---

[60] Top. A 1, 100 a 29 sq.: διαλεκτικὸς δὲ συλλογισμὸς ὁ ἐξ ἐνδόξων συλλογιζόμενος.

[61] Top. A 1, 100 b 21 sqq.: ἔνδοξα δὲ τὰ δοκοῦντα πᾶσιν ἢ τοῖς πλείστοις ἢ τοῖς σοφοῖς, καὶ τούτοις ἢ πᾶσιν ἢ τοῖς πλείστοις ἢ τοῖς μάλιστα γνωρίμοις καὶ ἐνδόξοις.

vollziehen, es ist: *die Sache zu Gesicht bringen.* Für das Verständnis der Art und Weise, wie das λέγειν selbst eine πίστις ist, selbst für sich sprechen kann, ist es wichtig, die *Sachlichkeit* zu beachten, womit der λόγος als beratender, als Gerichts- und Lobrede beschäftigt ist. Es werden eigentümliche Momente des Seienden sichtbar: συμφέρον, δίκαιον, καλόν,[62] alle drei in einer eigentümlichen Gegensätzlichkeit, zu- und abträglich usw. In einem Gegensätzlichen bewegt sich das Reden selbst. Diese Momente sind Bestimmungen des Seienden, wie es alltäglich zur Sprache gebracht wird: Im alltäglichen Besorgen kommt das συμφέρον, das δίκαιον und das καλόν zur Sprache – eigentümliche Begegnischaraktere dessen, was im λόγος ῥητορικός Thema wird.

Zugleich zeigt sich in diesen Momenten an ihnen selbst ein bestimmtes Moment der Zeitlichkeit. Der Beratende über das umweltlich Begegnende besorgt den μέλλοντα χρόνον, was noch nicht da ist, und zwar noch nicht da in Bezug auf das, was in eine bestimmte Sorge gestellt ist, aber im nächsten Alltag verfügbar gemacht werden soll. Dann steht zur Rede solches, das schon geschehen ist: daß einer ein Unrecht begangen hat, wird zur Sprache gebracht. Und es steht solches zur Rede, was jetzt da ist. Die Charaktere des Daseins der Umwelt, wie sie in der Alltäglichkeit zur Sprache kommt, sind zugleich charakterisiert hinsichtlich der Zeitlichkeit. Es offenbart sich die Alltäglichkeit selbst in einer fundamentalen Grundstruktur: ihrer *Zeitlichkeit.* Das Sein in sich selbst als Besorgen und besorgendes Sprechen ist *zeitlich*, besorgt das *Noch-nicht-Vorhandene*, spricht über das *Schon-Geschehene*, betrachtet das *Jetzt-Daseiende.*

Aristoteles geht dann weiter. Diese eigentümliche Erstreckung in die Zeitlichkeit offenbart sich in dem Seienden, das die Rhetorik behandelt. Aristoteles faßt die Charaktere des Daseins der Umwelt mit den Momenten ihrer Zeitlichkeit ontologisch schärfer, in gewissem Sinne formaler. Das Soseiende, über das gespro-

---

[62] Rhet. A 3, 1358 22 sqq.

chen wird, hat den Charakter des ›mehr oder minder‹, ist charakterisiert durch ein μέγεθος,[63] eine bestimmte »Ausdehnung«, die bestimmt ist durch den Charakter der Unbestimmtheit. Dieses ›mehr oder minder‹ ist ein Grundcharakter des Seins des Seienden, es ist bald so, bald so. In eins damit geht das Moment des δυνατόν und ἀδύνατον.[64] Das sind fundamentale Bestimmungen des Seins, die in einem λόγος zur Sprache kommen: Das, was so ist, was solches Sein hat, daß es in sich selbst auch »anders sein kann«, ἐνδεχόμενον ἄλλως ἔχειν,[65] das im nächsten Moment schon anders ist, nicht mehr so, wie es schon war.

Gemäß dieser Seinsstruktur der Alltäglichkeit ist auch das λέγειν ein eigentümliches. Es kann kein »wissenschaftliches Beweisen« sein, ἀπόδειξις, sondern das Seiende, von dem wir sagen, daß es täglich passiert, steht nicht unter theoretischen Axiomen, sondern es bestehen Grundmeinungen, Ansichten, die nicht aus einer theoretischen Betrachtung entstanden sind, sondern die das Leben in der Alltäglichkeit selbst in sich gebildet hat. Aus diesem ἔνδοξον her und über das ἔνδοξον wird verhandelt. Daraus ergeben sich bestimmte Bedingungen dafür, wie der λόγος selbst hinsichtlich seines *Aufzeigungscharakters*, seiner *Sachlichkeit*, sein muß. Er muß diese Alltäglichkeit zeigen können, muß aufzeigen können *einfach*, ohne Umständlichkeit, so, daß es ausführlicher Beweisgänge nicht bedarf: 1. durch eine bestimmte Art des »Darauf-zu-Führens«, ἐπαγωγή; 2. sofern über etwas gesprochen wird und eine Überzeugung ausgesprochen werden soll, muß der συλλογισμός eine verkürzte Art des Schließens sein,[66] weil der Hörer, zu dem man in der Volksversammlung spricht, ἁπλοῦς,[67] »ein-

---

[63] Rhet. A 3, 1359 a 22 sq.: δῆλον ὅτι δέοι ἂν καὶ περὶ μεγέθους καὶ μικρότητος καὶ τοῦ μείζονος καὶ τοῦ ἐλάττονος προτάσεις ἔχειν.

[64] Rhet. A 3, 1359 a 14 sq.: ἀναγκαῖον [...] ἔχειν προτάσεις περὶ δυνατοῦ καὶ ἀδυνάτου.

[65] Rhet. A 2, 1357 a 13 sqq.: ἀναγκαῖον τό τε ἐνθύμημα εἶναι καὶ τὸ παράδειγμα περί τε τῶν ἐνδεχομένων ὡς τὰ πολλὰ ἔχειν ἄλλως.

[66] Rhet. A 2, 1357 a 15 sqq.: τὸ μὲν παράδειγμα ἐπαγωγὴν τὸ δ' ἐνθύμημα συλλογισμόν, καὶ ἐξ ὀλίγων τε καὶ πολλάκις ἐλαττόνων ἢ ἐξ ὧν ὁ πρῶτος συλλογισμός.

[67] Rhet. A 2, 1357 a 12.

fach«, ist. Er kann »nicht von weit her schließen«, hat ein kurz-
atmiges Denken, er kann einen Gedankenzusammenhang, der
von weit her kommt, nicht zusammennehmen, er kann »nicht
viel zusammennehmen«,[68] und deshalb muß auch die Art des
Aufzeigens eine andere sein: ἐνθύμημα, so, daß der Beweis ihm
mehr zu Herzen geht.

Den Unterschied zwischen der ἐπαγωγή und dem συλλογισμός
hat Aristoteles bereits in der »Topik« auseinandergesetzt und dort
auch gezeigt, worin der Vorzug der ἐπαγωγή vor dem συλλογισμός
liegt. Die ἐπαγωγή, das »Darauf-zu-Führen«, ist ein »Weg zu …«,
ἔφοδος, ἀπὸ τῶν καθ' ἕκαστον,[69] »durch das jeweilige«, was zunächst gerade da ist, »auf das ›im ganzen‹«. Im Beispiel will ich
etwas exemplifizieren, klar machen, nicht den Fall des Beispiels
selbst, sondern in der Absicht auf das ›im ganzen‹, καθόλου.
Καθόλου ist nicht allgemeine Gültigkeit, sondern einfach das ›so
im ganzen‹. Ich sage z. B.: »Wenn der Steuermann derjenige ist,
der seine Sache am besten versteht, und der Wagenlenker der, der
seine Sache gut macht, dann ist der, der jeweilig seine Sache versteht, der beste und eigentliche.«[70] Der Vorzug der ἐπαγωγή: 1. πι-
θανώτερον, eine solche Weise des Aufzeigens, die »mehr für sich
selbst spricht«; 2. σαφέστερον, es stellt keine besonderen Anforderungen in der Weise, wie die Zusammenhänge verlaufen; am
Beispiel selbst demonstriere ich; es spricht mehr für die ἐπαγωγή,
weil sie »durchsichtiger« ist im Hinblick auf das Erfassen; 3. κατὰ
τὴν αἴσθησιν γνωριμώτερον, »im Hinblick auf das direkte Vernehmen, auf das gewohnte Erfassen, vertrauter«; es ist immer etwas,
das ich mir direkt vorführen kann; 4. τοῖς πολλοῖς κοινόν, etwas,
was »den Meisten, dem Durchschnitt der Menschen gemeinsam«, d. h. zugänglicher ist.[71] Der συλλογισμός hat auch seine Vor-

---

[68] Rhet. A 2, 1357 a 3 sq.: οὐ δύνανται διὰ πολλῶν συνορᾶν οὐδὲ λογίζεσθαι
πόρρωθεν.
[69] Top. A 12, 105 a 12 sq.: ἐπαγωγὴ δὲ ἡ διὰ τῶν καθ' ἕκαστα ἐπὶ τὸ καθόλου
ἔφοδος.
[70] Top. A 12, 105 a 14 sqq.: οἶον εἰ ἔστι κυβερνήτης ὁ ἐπιστάμενος κράτιστος καὶ
ἡνίοχος, καὶ ὅλως ἐστὶν ὁ ἐπιστάμενος περὶ ἕκαστον ἄριστος.
[71] Top. A 12, 105 a 16 sqq.

züge, sofern er 1. βιαστικώτερον ist, er »hat mehr Durchschlags-
kraft« und überzeugt am Ende doch mehr als das bloße Hinweisen auf einen bestimmten Fall; das ist je verschieden nach der
Abzweckung der Rede; 2. πρὸς τοὺς ἀντιλογικοὺς ἐναργέστερον:
Gerade der συλλογισμός ist geeigneter dann, wenn es sich darum
handelt, mit denen zu sprechen und die zu fragen, »die dagegen
sprechen«, denen gegenüber zunächst kein Beispiel hilft.[72] Beide,
ἐπαγωγή und συλλογισμός, haben ihre positiven Möglichkeiten. In
den »Problemata«, Kapitel 18,3, behandelt Aristoteles ausführlicher, weshalb der συλλογισμός diese eigentümliche Durchschlags-
kraft hat.

Gemäß dem Seinscharakter des Seins der Alltäglichkeit ist
auch das Sprechen und Aufzeigen ganz eigentümlicher Art.
Demnach hat dasjenige, wovon ein συλλογισμός ausgeht und was
Aristoteles in der »Analytik« als πρότασις, »Voraussetzung«, bezeichnet, immer den Charakter eines ἔνδοξον. Es enthält etwas,
worüber man einer Meinung ist. Ein solches ἔνδοξον muß als Ansatz dienen für jeden συλλογισμός, der den Charakter des ἐνθύμημα hat.

Die Rhetorik ist also selbst keine rein formale Disziplin, sondern es zeigt sich, daß sie *Beziehung hat zum Sein des Miteinanderseins der Menschen.* Man kann die ausdrückliche Betonung
des Zusammenhangs von Politik und Rhetorik nur verstehen,
wenn man sich den zeitgeschichtlichen Hintergrund vergegenwärtigt. Die Rhetorik ist keine auf sich selbst gestellte τέχνη,
sondern steht innerhalb der πολιτική. Im Miteinandersein ist die
ausgezeichnete Weise zu sein im Miteinandersprechen. Die Möglichkeiten des Miteinanderseins herauszustellen ist ἔργον der
Rhetorik, und weil sie über das λέγειν in der Weise des ἐνθύμημα
und des παράδειγμα handelt, des συλλογισμός und der ἐπαγωγή der
Dialektik, kommt sie in die Nachbarschaft der Dialektik. Diese
Zuweisungen zeigen ihren Charakter der *Unselbständigkeit,* zugleich den eigentümlichen Seinscharakter, in dem sie sich be-

---

[72] Top. A 12, 105 a 18 sq.

wegt. Man sieht, wie stark das Sehenkönnen des eigentümlichen Tatbestandes der *Alltäglichkeit* bei den Griechen gewesen ist. Die Rhetorik ist in der Zeit des Aristoteles und vor ihm innerhalb des Miteinanderseins der Menschen in einer ganz anderen Schätzung gestanden. Sie »taucht unter, hüllt sich in die Gestalt der Politik«.[73] Die Rhetorik macht den Anspruch, selbst Politik zu sein, und das tun auch »diejenigen, die gegen die Politik sprechen«, denn sie wollen eben an die Stelle der πολιτική die ῥητορική setzen, »teils aus Unbildung, teils aus Prahlerei«.[74] Das eigentliche Geschäft der πολιτική, Gesetze zu geben, sei nicht nötig. Demgegenüber betont Aristoteles im 10. Buch der »Nikomachischen Ethik«, Kapitel 10, daß das Ganze nur durchgeführt werden kann auf dem Boden einer *konkreten Erfahrung des Daseins selbst*, daß man diesem Dasein nicht nahe kommt dadurch, daß man die formale Disziplin der Rhetorik als das Entscheidende ausgibt.[75] Es bedarf also der *Auskenntnis im alltäglichen Dasein* für diejenigen, die zu tun haben wollen im Umkreis der πόλις. Die Sophisten dagegen, die auch ausgeben, daß sie so etwas wollen wie die Möglichkeit des rechten Daseins der πόλις ermitteln, »zeigen sich weit davon entfernt, so etwas zu lehren. Denn sie wissen gar nicht, worum es sich in der Politik handelt, denn sonst würden sie nicht die Rhetorik der Politik gleichsetzen oder sie höher stellen als die Politik, und sie würden nicht auf die Meinung kommen, das Gesetzgeben lasse sich dadurch bewerkstelligen, daß man einfach zusammennimmt, was den meisten so gut scheint.«[76] Hier zeigt sich also, daß in der Tat die Bestrebung lebendig war, der Rhetorik die Grundfunktion der *eigentlichen Verständigung über das Dasein selbst* zu geben. Deshalb sind die Sophisten im Zusam-

---

[73] Rhet. A 2, 1356 a 27 sq.: ὑποδύεται ὑπὸ τὸ σχῆμα τὸ τῆς πολιτικῆς.

[74] Rhet. A 2, 1356 a 28 sqq.: καὶ οἱ ἀντιποιούμενοι ταύτης τὰ μὲν δι' ἀπαιδευσίαν τὰ δὲ δι' ἀλαζονείαν.

[75] Eth. Nic. K 10, 1180 b 35 sqq.

[76] Eth. Nic. K 10, 1181 a 13 sqq.: λίαν φαίνονται πόρρω εἶναι τοῦ διδάξαι· ὅλως γὰρ οὐδὲ ποῖόν τί ἐστιν ἢ περὶ ποῖα ἴσασιν· οὐ γὰρ ἂν τὴν αὐτὴν τῇ ῥητορικῇ οὐδὲ χείρω ἐτίθεσαν, οὐδ' ἂν ᾦοντο ῥᾴδιον εἶναι τὸ νομοθετῆσαι συναγαγόντι τοὺς εὐδοκιμοῦντας τῶν νόμων.

menhang und in der Auseinandersetzung mit den Philosophen, die Philosophen sind die rechten Sophisten – das will Plato in seinem »Sophistes« zeigen.

Die eigentümliche Stellung der Rhetorik zur Politik und Dialektik ist ein Anzeichen für das Eigentümliche, worüber sie handelt, was im Sinne einer Disziplin oder τέχνη gar nicht zu fassen ist. Es ist hier ein Sichumtun, ein Worüber-wir-beraten. Das Worüber der Rhetorik ist das Miteinander-beratender-Weise-Sprechen, wovon es keine τέχνη gibt. Das, was jedem alltäglich und gewöhnlich passiert, ist nicht aufteilbar in ein Handwerk oder einen Beruf. Jeder kommt in die Lage, mitzusprechen in der Volksversammlung, und jedem passiert es, vor Gericht gezogen zu werden, jeder hat die Gelegenheit, eine Lobrede anzuhören, etwa bei den olympischen Spielen. Dieses eigentümliche Gebiet, die *Alltäglichkeit des Daseins*, wird durch die rechte Interpretation der »Rhetorik« offenbar, und zwar offenbar als schon weitgehend begrifflich expliziert.

§ 15. Die δόξα (Eth. Nic. Z 10 und Γ 4)

Zum Verständnis des *Grundphänomens der Alltäglichkeit*, des Phänomens, das diesem Sprechen selbst noch zugrunde liegt, ist es notwendig, daß wir uns vorher noch verständigen über den Sinn des ἔνδοξον, der δόξα. Δόξα bezeichnet zunächst die »Ansicht von etwas«, besagt aber gleichzeitig zumeist »eine Ansicht haben«.

a) Abgrenzung der δόξα gegen das Suchen (ζήτησις), das Wissen (ἐπιστήμη) und das Sichvergegenwärtigen (φαντασία)

1. ist die δόξα nach Aristoteles οὐ ζήτησις, »kein Suchen«, sondern φάσις τις ἤδη[1]: Ich habe »schon eine Ansicht«, ich suche nicht erst,

---

[1] Eth. Nic. Z 10, 1142 b 14.

bin nicht erst unterwegs zur Feststellung der Beschaffenheit einer Sache, sondern ich bin so und so gestellt zu der Sache. Φάσις: ein gewisses λέγειν, ein *Ja-Sagen* zu dem, worüber ich eine Ansicht habe. Sofern die δόξα dadurch charakterisiert ist, daß sie ein gewisses Ja-Sagen ist und kein Untersuchen, Reflektieren, Erst-zu-einer-Ansicht-Kommen, steht sie im Zusammenhang mit der ἐπιστήμη: wenn ich ein Wissen über etwas habe in dem Sinne, daß ich darüber genau Bescheid weiß, daß ich etwas über die Sache sagen kann, auch wenn ich sie nicht vor Augen habe. Dieses Wissen als ἐπιστήμη hat den Charakter, daß es nicht eine ζήτησις ist, sondern man weiß, also ein Ja. Auch die δόξα ist ein gewisses Ja, ein Gestelltsein zu der Sache, sie unterscheidet sich aber von der ἐπιστήμη, sofern zur δόξα gehört

2. die ὀρθότης.[2] Wenn ich über etwas endgültig Bescheid weiß, gehört es zum Sinn des Wissens, daß das Gewußte nicht »falsch« sein kann, nicht ψευδές, denn dann wäre es keine ἐπιστήμη. Die δόξα muß ὀρθότης haben, zu ihr gehört die »Richtung« auf, das »Ausgerichtetsein« auf die ἀλήθεια.[3] Das Ansicht-Haben ist nämlich *nur* eine Ansicht, es könnte auch anders sein. In sich selbst ist die δόξα wahr und falsch: Es könnte so sein, könnte auch anders sein. Das Ausgerichtetsein auf die ἀλήθεια ist konstitutiv für die δόξα und deshalb gehört zu ihr die Möglichkeit des ψεῦδος. *Plato* (»Theaitetos«, »Sophistes«, »Philebos«) hatte noch nicht die Möglichkeit, das zu sehen. Dieses »es könnte auch anders sein« gehört mit zur Ansicht selbst. Es liegt darin, daß ich nicht absolut behaupte: »So liegt es«, sondern es könnte auch anders sein, innerhalb einer gewissen φάσις *nehmen wir an.*

3. Also unterscheidet sich die δόξα auch von der φαντασία. Φαντασία: das »Gegenwärtighaben« von etwas, ohne daß ich es direkt wahrnehme, das bloße »Sichvergegenwärtigen« – es kann wahr und falsch sein wie die δόξα.[4] Sie hat beide Möglichkeiten, aber sie hat sie gewissermaßen nur *von außen,* während die δόξα *in*

---

[2] Eth. Nic. Z 10, 1142 b 11.
[3] Ebd.
[4] De an. Γ 3, 428 a 18 sq.

sich selbst die Möglichkeit hat. Im Sinne des Meinens selbst liegt das ›kann‹ – wahr oder falsch. Δυνατόν – ἀδύνατον.

Das ἔνδοξον ist die Art des Orientiertseins, in der man über solches Seiendes, *das auch anders sein kann*, orientiert ist. Es besteht die Möglichkeit, daß die Ansicht *revidiert* wird. Bezüglich des Seienden, das immer ist, wie es ist und was es ist, bei der ἐπιστήμη, gibt es keine Revision. Zur δόξα gehört dagegen an ihr selbst, von ihr selbst zugegeben, die *Revisionsfähigkeit*. Δόξα ist die Weise, in der die Welt des Miteinanderseins da ist. Dadurch wird in das Miteinandersein die Möglichkeit gebracht, ein *Gegeneinandersein* zu sein, daß der eine die, der andere jene Ansicht hat, weil das Seiende auch anders sein kann: die Grundmöglichkeit des *Gegeneinandersprechens*. Die δόξα ist die Weise, in der wir das Leben in seiner Alltäglichkeit da haben. Das Leben weiß ja von sich selbst nicht in der Weise der Wissenschaft, theoretisch, sondern diese ist nur eine ausgezeichnete Möglichkeit. Die δόξα ist die Weise, in der das Leben von sich selbst weiß. Das Ziel der λόγοι ῥητορικοί, der Ausbildung des πιστεύειν, ist nichts anderes als die Ausbildung einer δόξα, der rechten Ansicht über eine Sache. Denn zur δόξα gehört das eigentümliche Moment des πιστεύειν, mit ihr selbst geht eine gewisse πίστις, eine φάσις. Deshalb haben die Tiere keine δόξα, weil sie keinen λόγος haben; eine φάσις ist unmöglich für sie. Das Seiende als Da ist für sie anders.

b) Vergegenwärtigung des Zusammenhangs
der Behandlung der δόξα

Für die Betrachtung ist es wichtig, den Zusammenhang des Bisherigen im Auge zu behalten, nicht in dem Sinne, daß Sie sich den Aufbau der Vorlesung merken, sondern so, daß die Blickrichtung auf die aufzuzeigenden Phänomene gelenkt und bestimmt wird. Das menschliche Dasein soll sichtbar gemacht werden aus der Grundstruktur seines Seins, um daraus die Möglichkeit der Begriffsbildung zu sehen. Das Dasein selbst bestimmten wir nach

seinem Seinscharakter als Sein-in-einer-Welt, genauer als Miteinandersein, Miteinanderhaben der Welt, in der man ist. Dieses
Miteinanderhaben ist ein Umgehen mit der Welt als Besorgen
der Welt. Dieses Umgehen hat den Charakter, daß es in diesem
In-der-Welt-sein auf das Sein selbst ankommt. Die εὐδαιμονία
wird besorgt: Im Besorgen dessen, womit das Leben umgeht, besorgt es sein eigenes Sein. Das Miteinandersein in der Weise des
Besorgens hat die Grundbestimmung des Miteinandersprechens,
der λόγος ist ein Grundphänomen der κοινωνία. Der λόγος hat die
Grundfunktion des Offenbarmachens dessen, worin das Leben als
Sein-in-einer-Welt sich hält: δηλοῦν. Das In-der-Welt-sein ist ein
solches Sein, das die Welt aufgedeckt hat; das in ihr Sein ist orientiert, das Worin ist aufgedeckt. Das In-Sein hält sich in einer bestimmten Bekanntheit, woraus es seine Orientierung schöpft. *Das
Phänomen des In-Seins wollen wir letztlich herausstellen, daraus
die Begrifflichkeit als eine Grundmöglichkeit verstehen.* Das In-
der-Welt-sein ist der Grundcharakter des Daseins hinsichtlich
seiner Entdecktheit: die Welt als das, womit das Leben besorgender und sprechender Weise umgeht in einer gewissen Bekanntheit. Diese Bekanntheit über die Welt und damit das Umgehen
und Leben in ihr ist getragen vom Sprechen als dem eigentümlichen Aufzeigen dessen, worüber man sich orientiert. Zugleich ist
diese Bekanntheit die Weise, in der Ansichten, Orientierungen
ausgebildet werden. Die Ansichten werden im Sprechen ausgebildet, erneuert, festgelegt, verhärtet. Das Miteinandersprechen
ist demnach der Leitfaden für die Aufdeckung des Grundphänomens der Entdecktheit des Daseins selbst als Sein-in-einer-Welt.
Als *konkreten Leitfaden* nehmen wir die *Rhetorik*, sofern sie
nichts anderes ist als die *Auslegung des Daseins hinsichtlich der
Grundmöglichkeit des Miteinandersprechens.*
   Die Rhetorik hat die Aufgabe, herauszustellen das, was für
eine Sache spricht, τὸ ἐνδεχόμενον πιθανόν.[5] Es gibt drei Momente als für-etwas-sprechend-seiende, drei πίστεις, analog der Struk-

5 Rhet. A 1, 1355 b 26.

tur des Sprechens selbst: 1. Sprechen über etwas, περί τινος δηλοῦν, δεικνύναι; 2. Sprechen zu einem, πρός τινα; der, zu dem gesprochen wird, ist der ἀκούων (πάϑος); 3. Sprechendsein selbst, λέγων (ἦϑος). In all dem zeigt sich das, worüber gesprochen wird, in der Grundbestimmung, daß es auch anders sein kann, es ist jeweils verschieden. Das Seiende, das in der Alltäglichkeit in Rede steht, ist nicht das ἀεὶ ὄν, sondern das ἐνδεχόμενον καὶ ἄλλως ἔχειν, bestimmt zugleich als solches, das mehr oder minder das sein kann, was es gerade ist. Das τέλος der πρᾶξις bestimmt Aristoteles als ein τέλος κατὰ τὸν καιρόν[6]: Man sieht »auf den Augenblick«, wie, wo, wann, zu wem in der Fixierung des seinsmäßigen Umgangs. Hinsichtlich des καιρός zeigt sich ein Charakter des Besorgens: Es schwankt immer, es steht nicht fest. Über dieses Seiende gilt es bestimmte Ansichten vorzutragen, bei den anderen auszubilden, das Dasein in die δόξα zu bringen, ein ἔνδοξον über die Welt beizubringen.

Damit stoßen wir auf die Grundweise, in der die so besorgte Welt gehabt wird: δόξα, übersetzt als »Ansicht haben über etwas«, »ich bin darüber der Ansicht«, »ich bin dafür, daß ...«. Dieses Grundphänomen der δόξα hat Aristoteles sehr oft behandelt und in vielfacher Weise. Es ist das Phänomen, das in den späteren platonischen Dialogen weitläufig diskutiert wird, vor allem im »Theätet«, »Philebos«, »Sophistes«. Es ist eine selbstverständliche hermeneutische Regel, diesen bei *Plato* diskutierten Phänomenen von Aristoteles aus beizukommen, wo sie weitergeführt und mehr zur Klarheit gekommen sind als bei Plato. Es eröffnet sich die Perspektive für das, was Plato nicht gesehen hat, die eine fundamentale Bedeutung für ein Grundstück der platonischen Philosophie hat.

---

[6] Eth. Nic. Γ 1, 1110 a 13 sq.

c) Wiederholung und Fortsetzung der Abgrenzung der δόξα: δόξα und Entschlossensein (προαίρεσις)

Ich charakterisiere die δόξα mehr schematisch, ohne auf eine eigentliche Interpretation der in Betracht kommenden Stelle (»Nikomachische Ethik« Z, Kapitel 10) einzugehen. Es werden drei Momente der δόξα in der Abgrenzung gegen drei verwandte Phänomene abgehoben. Δόξα wird entgegengesetzt:

1. dem βουλεύεσθαι: Dies ist ein »Suchen«, eine ζήτησις,[7] ein Aussein auf eine bestimmte Ansicht, die ich gewinnen will; durch das Überlegen will ich erst zum τέλος einer δόξα kommen, es ist kein Ja. Ich will nur mir über einen Tatbestand eine bestimmte Ansicht aneignen, während die δόξα kein Suchen mehr ist, sondern am Ende des Suchens steht, sie ist eine φάσις.[8] Aber obgleich sie ein Ja ist, ist sie doch kein Wissen.

2. Abgrenzung gegen die ἐπιστήμη: Das »Bescheidwissen« über eine Sache ist dadurch charakterisiert, daß der Wissende zur Sache so gestellt ist, daß er eine Orientierung über sie hat, auch wenn sie nicht da ist. Ich weiß Bescheid über eine Sache, das heißt: Ich bin der Sache gegenüber sicher gestellt. Deshalb habe ich ἐπιστήμη nur von Seiendem im Charakter des ἀεί. Grundvoraussetzung für die Möglichkeit des Wissens ist eine Voraussetzung hinsichtlich des Seienden, von dem es ein Wissen gibt, daß es nämlich immer so ist, wie es ist, daß es sich nicht ändern kann; etwas von dem, was nicht ἀεί ist, kann sich ändern. In der ἐπιστήμη brauche ich die Sache nicht aktuell da zu haben. Hinsichtlich des ἐνδεχόμενον gibt es keine ἐπιστήμη, sondern nur δόξα. Δόξα ist aber dadurch mit der ἐπιστήμη verwandt, daß sie ein Ja-Sagen ist, eine φάσις. Sie ist im Gegensatz zur ἐπιστήμη bestimmt durch die ὀρθότης.[9] In der δόξα habe ich das Seiende nicht selbst, sondern eine Orientierung bezüglich seiner, die ausgerichtet ist

---

[7] Eth. Nic. Z 10, 1142 a 31 sq.: τὸ γὰρ βουλεύεσθαι ζητεῖν τι ἐστίν.

[8] Eth. Nic. Z 10, 1142 b 13 sq.

[9] Eth. Nic. Z 10, 1142 b 10 sq.: ἐπιστήμης μὲν γὰρ οὐκ ἔστιν ὀρθότης [...], δόξης δ' ὀρθότης.

auf das ἀληθές. Die Ansicht hat die Tendenz, das Seiende unverdeckt an ihm selbst zu meinen. Es liegt aber in der δόξα selbst,
daß sie nur eine Auffassung ist, die als Auffassung vermutlich
falsch ist. Bei der δόξα kann die Sache auch falsch sein – keine
absolute Behauptung. Im Sein des Einer-Ansicht-Seins selbst
liegt die Zugabe: Es kann so oder so, es kann auch anders sein.
Dadurch unterscheidet sich die δόξα mit ihrer ὀρθότης von der
3. φαντασία: eine bestimmte »Vergegenwärtigung« von etwas,
die auch wahr oder falsch sein kann, aber in einem anderen Sinne als die δόξα. Den Unterschied behandelt Aristoteles im 3. Kapitel des 3. Buches De anima.[10] Die φαντασία kann auch falsch sein,
deshalb kommt sie in Verwandtschaft mit der δόξα. Aber wie kann
sie falsch sein? Dadurch, daß sich nachträglich herausstellt, daß
sie tatsächlich wahr oder falsch war, während bei der δόξα schon
in der Ansicht-Bildung das Wahr-oder-falsch-sein-Können enthalten ist. Φαντασία ist schlichtes Präsenthaben. Deshalb kommt
φαντασία auch Tieren zu, während es δόξα nur da gibt, wo der λόγος ist. In jeder Ansicht-Bildung, in jedem Eine-Ansicht-Haben
ist mitgegeben (ἀκολουθεῖν[11] und ἔπεσθαι[12]: als mit zum Phänomen gehörig), daß etwas für die Ansicht spricht. ἔστι γὰρ φαντασία καὶ ψευδής. λείπεται ἄρα ἰδεῖν εἰ δόξα· γίνεται γὰρ δόξα καὶ ἀλη-
θὴς καὶ ψευδής. ἀλλὰ δόξῃ μὲν ἔπεται πίστις (οὐκ ἐνδέχεται γὰρ
δοξάζοντα οἷς δοκεῖ μὴ πιστεύειν), τῶν δὲ θηρίων οὐθενὶ ὑπάρχει πίστις, φαντασία δ᾽ ἐν πολλοῖς.[13] Bei der δόξα ist das Orientiertsein
auf das ἀληθές: Es könnte so sein, es sieht so aus, als müßte es so
sein – das Für-etwas-Sprechen dessen, worüber die δόξα spricht.
Zum Meinen, Eine-Ansicht-Haben über etwas gehört ein »Über-
zeugtsein« von dieser Meinung, ein πεπεῖσθαι. Zum Überzeugt-
sein von etwas gehört der λόγος, ein »Aussprechen« dessen, worüber ich eine Ansicht habe. ἔτι πάσῃ μὲν δόξῃ ἀκολουθεῖ πίστις,
πίστει δὲ τὸ πεπεῖσθαι, πειθοῖ δὲ λόγος· τῶν δὲ θηρίων ἐνίοις φαντα-

---

[10] De an. Γ 3, 428 a 1 sqq.
[11] De an. Γ 3, 428 a 22: δόξῃ ἀκολουθεῖ πίστις.
[12] De an. Γ 3, 428 a 20: δόξῃ μὲν ἔπεται πίστις.
[13] De an. Γ 3, 428 a 18 sqq.

σία μὲν ὑπάρχει, λόγος δ᾽ οὔ.¹⁴ Die δόξα ist so charakterisiert, daß
mir etwas präsent ist im Charakter des als so und so, d. h. es ist besprochen. δῆλον ὅτι οὐκ ἄλλου τινός ἐστιν ἡ δόξα, ἀλλ᾽ ἐκείνου ἐστὶν
οὗ καὶ ἡ αἴσθησις.¹⁵ Hier gibt Aristoteles mit dieser Feststellung
eine Auseinandersetzung mit *Plato* (»Sophistes« und »Philebos«).
Die Art und Weise, wie die φαντασία von der δόξα sich unterscheidet, liegt darin, wie das ἀληθές und das ψευδές selbst mitgemeint
ist.

4. Der entscheidende Unterschied liegt nun darin, daß die δόξα
abgegrenzt wird gegen die προαίρεσις. Diese Unterscheidung
führt Aristoteles durch im 4. Kapitel des 3. Buches der »Nikomachischen Ethik«. Diese Zusammenstellung der δόξα und der
προαίρεσις ist auf den ersten Blick überraschend. Man sieht zunächst nicht, was das Entschlossensein zu etwas und das Eine-
Ansicht-Haben über etwas miteinander zu tun haben. Es ist zu
beachten, daß von der vorangegangenen Philosophie, von *Plato*,
die προαίρεσις als eine gewisse δόξα interpretiert wurde. Es müssen also im Phänomen der προαίρεσις gewisse Momente liegen,
die diese Interpretation zulassen. Das wird klar, wenn wir δόξα
richtig übersetzen: »Ich bin dafür, daß die Sache sich so und so
verhält«. *Dafürsein* kann nun aber auch heißen: Ich bin dafür,
daß eine Sache so und so gemacht wird. Aber ich bin dazu entschlossen, daß eine Sache so und so gemacht wird, ist προαίρεσις.
Die προαίρεσις selbst grenzt Aristoteles ab nach vier Richtungen:
a) gegen die ἐπιθυμία, das »Geneigtsein« zu etwas, »Eine-Regung-
Haben« für etwas, »In-einer-Regung-Sein« für etwas; b) gegen
den θυμός, »In-Erregung-Sein«, »Aufgeregtsein« für …, »Lei-
denschaft-Haben« zu …; c) gegen die βούλησις, »Wunsch«, »Et-
was-Wünschen«; d) gegen die δόξα.¹⁶ Die drei erstgenannten
Phänomene werden nur kurz in der Absicht charakterisiert, die

---

¹⁴ De an. Γ 3, 428 a 22 sqq.
¹⁵ De an. Γ 3, 428 a 27 sq.
¹⁶ Eth. Nic. Γ 4, 1111 b 10 sqq.: οἱ δὲ λέγοντες αὐτὴν ἐπιθυμίαν ἢ θυμὸν ἢ βούλη-
σιν ἤ τινα δόξαν οὐκ ἐοίκασιν ὀρθῶς λέγειν.

προαίρεσις zum Verständnis zu bringen,[17] weil ja die προαίρεσις eine Bestimmung der ἀρετή ist. Ἀρετή als Verfügen über eine Seinsmöglichkeit wird weiter expliziert als ἕξις, ein »Bei-sich-Haben« einer bestimmten Möglichkeit, so und so zu sein, ἕξις προαιρετική, »Möglichkeit des Entschlossenseins zu …«, sich in einem bestimmten Augenblick so und so entschließen können. ἔστιν ἄρα ἡ ἀρετὴ ἕξις προαιρετική, ἐν μεσότητι οὖσα,[18] eine ἕξις, »die sich befindet in der μεσότης, die Mitte da hat«, ὡρισμένη λόγῳ,[19] die Mitte als »durch den λόγος ausgegrenzt«, »durch das durchsprechende Überlegen bestimmt«. Das μέσον für die πρᾶξις ist der καιρός. Diese Definition wird wesentlich durchsichtiger, wenn wir die προαίρεσις schärfer sehen und im Zusammenhang damit die δόξα in dieser Hinsicht schärfer zu explizieren suchen.

Warum wird die προαίρεσις überhaupt diesen vier Phänomenen gegenübergestellt? Diese Frage ist bei jeder Interpretation einer aristotelischen Analyse zu stellen, weil sie aufklärend ist für den Grundcharakter des Phänomens. Es kommt darauf an, solche Phänomene zusammenzustellen, die in sich selbst solche sachlichen Momente haben, daß sie dadurch in eine bestimmte Verwandtschaft kommen. Die vier Phänomene müssen eine Sachhaltigkeit haben, die es nahelegt, sie mit der προαίρεσις zusammenzubringen. Die fünf Phänomene sind sämtlich zu charakterisieren als *Aussein auf etwas im Charakter des Vorweghabens*, so, daß das, worauf man aus ist, in gewisser Weise vorweg da ist – προαίρεσις. Das Wozu ist da im vorhinein. Dieses Aussein auf etwas im Charakter des Vorweg liegt in der ἐπιθυμία genauso wie im θυμός. Ganz deutlich ist es beim Wunsch. In der δόξα liegt auch ein Aussein auf etwas, in der Richtung auf das ἀληθές. In der Ansicht selbst liegt es zu meinen, die Sache ist so und so. Dieses Aussein auf etwas, was ich noch nicht eigentlich habe, das mich aber doch schon beschäftigt, ist das Phänomen, das moti-

---

[17] Vgl. Eth. Nic. Γ 4, 1111 b 12 sqq.
[18] Eth. Nic. B 6, 1106 b 36.
[19] Eth. Nic. B 6, 1107 a 1.

viert, diese verschiedenen Phänomene mit der προαίρεσις zusammenzubringen.

Die Abgrenzung der ersten drei gegenüber der προαίρεσις wollen wir ganz kurz durchführen. οὐ γὰρ κοινὸν ἡ προαίρεσις καὶ τῶν ἀλόγων, ἐπιθυμία δὲ καὶ θυμός.[20] »Eine προαίρεσις, ein Entschlossensein, gibt es nicht bei solchen Lebenden, die nicht sprechen.« Zur προαίρεσις gehört das Sprechen, das Überlegen: Nur ein durch die Überlegung hindurchgegangener Entschluß ist ein eigentlicher Entschluß. Der Entschluß wird in Buch Z, Kapitel 2 charakterisiert als ὄρεξις διανοητική,[21] »betrachtendes Aussein«, Aussein, das bestimmt ist durch das Durchbetrachten, durch das Überlegen. Ἐπιθυμία und θυμός gibt es auch beim Tier, sie sind nicht identisch mit der προαίρεσις, da diese nur bei Lebewesen, die sprechen, vorkommt. καὶ ὁ ἀκρατὴς ἐπιθυμῶν μὲν πράττει, προαιρούμενος δ᾽ οὔ· ὁ ἐγκρατὴς δ᾽ ἀνάπαλιν προαιρούμενος μέν, ἐπιθυμῶν δ᾽ οὔ. καὶ ἡ μὲν ἐπιθυμία ἡδέος καὶ ἐπιλύπου.[22] »Der Unbeherrschte handelt zwar ἐπιθυμῶν, so, daß er auf die Sache losgeht, dieses Losgehen ist aber kein entschlossenes Handeln. Der Beherrschte handelt entschlossen, er braucht aber nicht ἐπιθυμῶν zu sein. Die ἐπιθυμία und der θυμός gehen auf ein ἡδύ und λυπηρόν, was die Befindlichkeit hebt und sie herabstimmt.« Die προαίρεσις geht auf das πρακτόν, das, was für ein Besorgen im Augenblick entscheidend ist, was dafür in Frage kommt. Das ist es, was der Entschluß zusammengreift. Zur προαίρεσις gehört die Orientierung über den ganzen Augenblick – die προαίρεσις ist kein sogenannter Akt, sie ist die eigentliche Möglichkeit, im Augenblick zu sein. θυμός δ᾽ ἔτι ἧττον· ἥκιστα γὰρ τὰ διὰ θυμὸν κατὰ προαίρεσιν εἶναι δοκεῖ.[23] Vom θυμός sagt Aristoteles: »Das, was in der Aufgeregtheit, in der blinden Leidenschaft ergriffen wird, hat am wenigsten zu tun mit dem, was im klaren, durchsichtigen Entschluß in Griff kommt.« προαίρεσις μὲν γὰρ οὐκ ἔστιν τῶν ἀδυνάτων, καὶ εἴ

---

[20] Eth. Nic. Γ 4, 1111 b 12 sq.
[21] Eth. Nic. Z 2, 1139 b 5.
[22] Eth. Nic. Γ 4, 1111 b 13 sqq.
[23] Eth. Nic. Γ 4, 1111 b 18 sq.

τις φαίη προαιρεῖσϑαι, δοκοίη ἂν ἠλίϑιος εἶναι· βούλησις δ' ἐστὶν τῶν ἀδυνάτων, οἷον ἀϑανασίας.[24] Die προαίρεσις ist ferner keine βούλησις, obwohl es so aussieht. Der Unterschied liegt in dem, worauf beide sich beziehen:»Προαίρεσις geht nie auf etwas, das unmöglich ist. [Entschlossen bin ich zu etwas, von dem feststeht: Es ist möglich.] Wenn einer sagen wollte, daß er sich zu einer Unmöglichkeit entschlösse, so würden wir sagen, er ist albern. Das Wünschen dagegen kann sehr wohl auf etwas gerichtet sein, was unmöglich ist.« Die προαίρεσις ist immer auf Mögliches aus, und zwar auf bestimmtes Mögliches, das wir jetzt im Augenblick in Angriff nehmen, durchführen können. Die βούλησις dagegen geht auch auf etwas, das unmöglich ist. Sie kann auch auf Mögliches gehen, was aber nicht bei uns steht, sondern bei anderen, z. B. wünschen wir,»daß der Schauspieler oder der und der, der an den Wettkämpfen teilnimmt, den Preis erhält«.[25] Das ist möglich, steht aber nicht bei uns. Die προαίρεσις geht immer auf etwas, was bei uns steht. Die προαίρεσις führt auf das ἔσχατον, auf den Punkt, wo ich zugreife, wo ich eigentlich mit der Handlung einsetze.

Wir bringen die δόξα uns näher auf dem Wege der Abgrenzung gegen verwandte Phänomene: ἐπιστήμη, φαντασία, βουλεύεσϑαι, προαίρεσις. Es wird versucht, die Abgrenzung gegen die προαίρεσις durchzuführen, die sachlich von fundamentaler Bedeutung ist. Für eine solche Abgrenzung ist Voraussetzung, daß die beiden betreffenden Phänomene einen Charakter haben, der es motiviert, sie zusammenzubringen. Dieser Charakter ist das Aussein auf etwas; das, worauf man aus ist, ist vorweggenommen. Δόξα: Für-etwas-Sein. Im Dafürsein liegt eine gewisse Orientierung. Dieses Aussein in der δόξα hat nicht etwa den Charakter der ὄρεξις, eines»Strebens«. Die δόξα ist vielmehr ein gewisses Ja, sie ist zu einem Ende gekommen und steht. Die Unterschiede, die Aristoteles zwischen προαίρεσις und δόξα beibringt, sind sieben:

[24] Eth. Nic. Γ 4, 1111 b 20 sqq.
[25] Eth. Nic. Γ 4, 1111 b 24: οἷον ὑποκριτήν τινα νικᾶν ἢ ἀϑλητήν.

1. werden προαίρεσις und δόξα nach dem unterschieden, *worauf sie sich richten.* Προαίρεσις, das »Sichentschließen« zu etwas, richtet sich nur auf solches Seiendes, *hinsichtlich dessen ich etwas ausrichten kann.* Die ἀρχὴ πράξεως muß bei mir sein. Ein *so* Seiendes ist Thema der προαίρεσις: ein συμφέρον, etwas, was für das Besorgen als vorgenommenes als »beiträglich« in Frage kommt, so daß ich es selbst in die Hand nehmen kann. Dagegen richtet sich die δόξα nicht nur auf die συμφέροντα, auf das also, was sich ändern kann, sondern auch auf dasjenige, was ἀεί ist: Bezüglich dessen, was »immer« ist, kann ich auch einer Ansicht sein.[26] Dieser Unterschied ist wichtig. Es bleibt zu beachten, daß die δόξα sich auch auf Seiendes richtet, *das immer so ist, wie es ist.* Solche δόξαι sind der Boden, aus dem Wissenschaft überhaupt entsteht. Das, worüber ich einer Ansicht bin, und das, wozu ich mich entschlossen habe, unterscheiden sich hinsichtlich des Ausmaßes der Seinsgebiete, auf die sie sich richten können.

2. Δόξα geht auf das ἀληθές und ψευδές.[27] Bei der δόξα kommt es darauf an, das, worüber eine Ansicht besteht, *in seinem Sein zu erfassen.* Bei der προαίρεσις kommt es darauf an, *wie es gemacht werden soll,* was damit geschehen soll, was in einen Entschluß gestellt ist. Die προαίρεσις zielt immer ab auf ein πρακτὸν ἀγαθόν. Was in eine προαίρεσις gestellt ist, ist seinem Wesen nach πρακτόν.

3. Wer einer Ansicht ist, ist durch dieses Eine-bestimmte-Ansicht-Haben in seinem ἦθος nicht anders bestimmt, dieses Eine-Ansicht-Haben über eine bestimmte Sache ist keine »ethische« Bestimmung, *betrifft nicht die eigentliche seinsmäßige Haltung des Menschen zu anderen.* Dagegen ist die Art und Weise, wie ich mich entschließe, das, wozu ich mich entschließe, was in der προαίρεσις steht, *entscheidend für mein Sein,* für die Art und Weise, wie ich bin, für mein ἦθος.[28] So zeigt die δόξα eine gewisse

---

[26] Eth. Nic. Γ 4, 1111 b 31 sqq.: ἡ μὲν γὰρ δόξα δοκεῖ περὶ πάντα εἶναι, καὶ οὐδὲν ἧττον περὶ τὰ ἀίδια καὶ τὰ ἀδύνατα ἢ τὰ ἐφ᾽ ἡμῖν.

[27] Eth. Nic. Γ 4, 1111 b 33: καὶ τῷ ψευδεῖ καὶ ἀληθεῖ διαιρεῖται.

[28] Eth. Nic. Γ 4, 1112 a 1 sqq.: τῷ γὰρ προαιρεῖσθαι τἀγαθά ἢ τὰ κακὰ ποιοί τινές ἐσμεν, τῷ δὲ δοξάζειν οὔ.

Indifferenz bezüglich des Seins, Eine-Ansicht-Haben setzt eine gewisse Gleichgültigkeit voraus zu dem, worüber die Ansicht besteht. Dies ist wichtig für den Wissenschaftsbegriff der Griechen. 4. Entsprechend dem eigentümlichen Seinscharakter dessen, worauf sich die δόξα und die προαίρεσις richten, einmal das ἀληθές, dann das πρακτόν, ist auch das Ansicht-Haben selbst als Verhalten zugespitzt auf ein bestimmtes Sehen, auf die *Art und Weise, wie das Seiende da ist,* wie von ihm als Seiendem gehandelt wird. Die προαίρεσις richtet sich auf das »Zugreifen« und »Abstandnehmen« von einer Sache, die δόξα richtet sich auf das *ἀληθεύειν.*[29]

5. unterscheiden sich beide darin, was ihre *Eigentlichkeit* ausmacht. Bei der δόξα kommt es auf die ὀρθότης an, darauf, daß sie *dem ἀληθές nahe kommt,* dem Seienden, wie es ist. Dagegen bei der προαίρεσις handelt es sich nicht darum, ein Seiendes in seinem Sein herauszustellen. Für die προαίρεσις ist es entscheidend, daß *angemessen überlegt* ist.[30] Es kommt nicht darauf an, alle Seinsmomente einer konkreten Situation herauszustellen, theoretisch zu beschreiben, sondern in der προαίρεσις kommt es darauf an, richtig zu überlegen, das für das πρακτόν in Betracht Kommende ins Auge zu fassen. Das ist zwar auch ein ἀληθεύειν, aber ein wesentlich von dem der δόξα unterschiedenes. Die Richtigkeit ist orientiert am πρακτόν, während die Richtigkeit der δόξα orientiert ist am ἀληθές.

6. unterscheiden sich beide in der Art, wie sie zum *Wissen* stehen. Die δόξα bezieht sich auf solches, was man noch nicht genau weiß, auf Seiendes, das noch verdeckt ist. Zugespitzt: Δόξα richtet sich auf das, »was wir noch nicht eigentlich wissen«, προαίρεσις richtet sich auf das, »was wir am meisten wissen« im Sinne

---

[29] Eth. Nic. Γ 4, 1112 a 3 sqq.: καὶ προαιρούμεθα μὲν λαβεῖν ἢ φυγεῖν ἤ τι τῶν τοιούτων, δοξάζομεν δὲ τί ἐστιν ἢ τίνι συμφέρει ἢ πῶς· λαβεῖν δὲ ἢ φυγεῖν οὐ πάνυ δοξάζομεν.

[30] Eth. Nic. Γ 4, 1112 a 5 sqq.: καὶ ἡ μὲν προαίρεσις ἐπαινεῖται τῷ εἶναι οὗ δεῖ μᾶλλον ἢ τῷ ὀρθῶς, ἡ δὲ δόξα τῷ ὡς ἀληθῶς.

der Erkenntnis, was wir uns klar überlegt haben, was den Umständen entsprechend das ist, worauf es ankommt.[31]

7. Einer kann sehr wohl die besten Ansichten haben und doch
kann er zu einem κακόν kommen, sich entschließen. Δόξα und
προαίρεσις sind in sich selbst unterschieden. Am besten sich Ansichten bilden können über etwas und in der rechten Weise sich
entschließen können fällt nicht zusammen.[32]

Bei all diesen Unterschieden kommen nun δόξα und προαίρε
σις sich gerade dann am nächsten, wenn man die δόξα nimmt in
der engeren Bedeutung, daß sie sich richtet auf »das, was auch
anders sein kann«, das ἐνδεχόμενον ἄλλως, sofern es ein συμφέρον
ist. Ich kann über eine Sache hinsichtlich ihrer Beiträglichkeit
eine bestimmte Ansicht haben, ich kann dafür sein, daß das und
das besser ist als das andere.

d) Die Charaktere der δόξα als der Orientiertheit des durchschnittlichen Miteinanderseins-in-der-Welt

Wir wollen die ganze Analyse zusammennehmen und sie inhaltlich orientieren auf die Frage, die uns eigentlich interessiert: das
eigentümliche Phänomen des *Orientiertseins in der Welt*, wie das
menschliche Dasein *zunächst seine Welt durchschnittlich da hat*,
wie im Dahaben der Welt die Orientiertheit ist. Was erfahren wir
bezüglich dieses Phänomens der Entdecktheit aus der Analyse
der δόξα?

Die δόξα ist die *eigentliche Entdecktheit des Miteinanderseins-
in-der-Welt*. Die Welt ist für uns als Miteinanderseiende in der
Entdecktheit da, sofern wir in der δόξα leben. In einer δόξα leben
heißt: sie *mit anderen* haben. Zur Meinung gehört, daß sie *auch
andere* haben.

---

[31] Eth. Nic. Γ 4, 1112 a 7 sq.: καὶ προαιρούμεθα μὲν ἃ μάλιστα ἴσμεν ἀγαθὰ ὄντα,
δοξάζομεν δὲ ἃ οὐ πάνυ ἴσμεν.
[32] Eth. Nic. Γ 4, 1112 a 8 sqq.: δοκοῦσί τε οὐχ οἱ αὐτοὶ προαιρεῖσθαί τε ἄριστα
καὶ δοξάζειν, ἀλλ᾽ ἔνιοι δοξάζειν μὲν ἄμεινον, διὰ κακίαν δ᾽ αἱρεῖσθαι οὐχ ἃ δεῖ.

Zunächst ist zu beachten, daß der Bereich der δόξα πάντα ist. Das Orientiertsein in der Welt ist ja auch in der Alltäglichkeit nicht nur auf die πρακτά gerichtet, die Entdecktheit besteht nicht nur hinsichtlich der πρακτά, ich weiß nicht nur Bescheid über meine konkrete Aufgabe, darüber, was ich in meiner nächsten Umgebung zu tun habe, sondern habe auch eine bestimmte Ansicht von dem, wie die Welt, die Natur, in der die πρακτά sind, ist: vom Mond, von den Sternen, von dem ἀεί der Griechen. Δόξα erstreckt sich auf *die ganze Welt*. Denn das πρακτόν, womit ich umgehe, ist ja nicht ein bestimmter Bereich von Seiendem, sondern das, womit ich zu tun habe als Seiendem, ist selbst in der Welt, im Sein der Natur. Es sind also bestimmte Seinsverhältnisse zwischen dem πρακτόν und der Natur, dem ἀεὶ ὄν.

Die Art und Weise, wie diese Welt gehabt wird als bis zu einem gewissen Grad aufgedeckte, ist dieses Dafürsein, daß es so ist. In diesem Dafürsein als dem Charakter der δόξα liegt die Bestimmung des *Mitgehens mit dem, wie sich die Welt zunächst zeigt,* das Moment des *Vertrauens zum nächsten Aspekt*. Nichts anderes ist die Meinung des *Thales*, daß ὕδωρ das πρῶτον sei, daß die eigentliche ἀρχή des Seins das »Wasser« sei. Eine solche Bestimmung ist verständlich aus der Herrschaft eines durchlaufenden Vertrauens zu dem, was sich zunächst zeigt. Das sich zunächst Zeigende wird genommen als dasjenige, was die Welt zunächst ist in der Meinung von ihr.

Zur Bestimmung der δόξα gehört notwendig *derjenige, der die δόξα hat*. Bei einer ἐπιστήμη ist es gleichgültig, *wer* sie hat; bei einem gültigen Satz ist es gleichgültig, *wer ich bin*, es trägt nichts bei zur Aufhellung, zum Wahrsein des Gewußten. Dagegen ist *der die Ansicht Habende* als solcher mit entscheidend für die δόξα. Es fällt ins Gewicht, *wer* sie hat. Die Sache an sich selbst kann nicht rein für sich selbst sprechen, sie ist verdeckt, ich habe eine Ansicht von ihr. Bei der δόξα spricht nicht nur für die Sache die Sache selbst, soweit sie aufgedeckt ist, sondern es spricht mit dafür derjenige, der die Ansicht hat, diejenigen, bei denen das Ja, die φάσις der δόξα steht. Demgemäß gründet die Festigkeit einer δόξα nicht ausschließlich im Sachgehalt, den sie vermittelt, sondern in denjenigen, die die δόξα haben.

Es liegt in dieser Struktur der δόξα die Möglichkeit, daß sie zu einer *eigentümlichen Herrschaft und Hartnäckigkeit* kommen kann. Man spricht eine Meinung den anderen nach. Im Nachsprechen kommt es nicht darauf an zu untersuchen, *was* der Betreffende sagt. Entscheidend ist nicht das Gesagte, sondern daß *er* es ist, der es gesagt hat. Was hinter der Herrschaft der δόξα steht, sind die anderen, die eigentümlich unbestimmt sind, die man nicht fassen kann – *man* ist der Ansicht: eine eigentümliche Herrschaft, Hartnäckigkeit und ein Zwang, der in der δόξα selbst liegt.

Die δόξα ist die eigentliche Orientiertheit des Miteinander-seins-in-der-Welt, und zwar des *durchschnittlichen* Miteinanderseins. Durchschnittlich: Es ist nicht die Aufgabe gestellt, die Welt zu erforschen; so, wie man alltäglich in der Welt dahinlebt und mit den Dingen zu tun hat, hat man mit ihr zu tun in und aus der δόξα. Man hat gar nicht alles hinsichtlich seines Sachgehaltes zu erforschen, man hält sich daran, was die anderen sagen.

Damit ist zugleich die δόξα herausgestellt sowohl als der *Boden* wie als der *Antrieb zum Miteinanderreden, zum Miteinanderverhandeln.* Denn obzwar die δόξα eine gewisse Festigkeit hat, liegt es doch in ihr, daß man darüber, worüber man einer Ansicht ist, immer noch reden kann. Es könnte auch anders sein. Ihr Sinn ist, eine Diskussion offen zu lassen. Der λόγος, das Verhandeln darüber, ist ständig latent; in der δόξα ist das Zur-Sprache-Bringen ständig auf dem Sprung. Die δόξα ist es gerade, woraus das Miteinandersprechen erwächst, woraus es seinen Antrieb nimmt, und zugleich auch dasjenige, woraus es das nimmt, worüber verhandelt wird. So ist die δόξα Boden, Quelle und Antrieb für das Miteinanderreden, so, daß das, was im Verhandeln selbst sich ergibt, selbst wieder den Charakter einer δόξα hat und damit dieselbe Funktion der δόξα übernimmt. Die δόξα hat die Herrschaft und Führung des Miteinanderseins in der Welt.

Ich habe betont, daß das Seinsgebiet der δόξα sich nicht be-

schränkt auf das, was auch anders sein kann, sie ist *auch der Boden für die Weise des Erfassens des Seienden, die wir als* ἐπιστήμη
bezeichnen, als θεωϱεῖν. Auch das Seiende, bezüglich dessen ich
nicht verhandle im Sinne des Besorgens, sondern im Sinne des
Herausstellens der Tatbestände, so wie sie sind, ist zunächst da in
einer δόξα. Daher denn Aristoteles ganz bewußt auf die Geschichte der Philosophie zurückgreift. Er bespricht jedes fundamentale Problem zunächst in der Hinsicht, wie man darüber
dachte, aus dem positiven Verständnis davon, daß in einer solchen
δόξα doch die Sache irgendwie in den Blick gekommen sein muß.
Die δόξα ist doch das eigentümliche Vertrauen zu dem, was sich
zunächst zeigt. *Und das, was sich zunächst zeigt, ist der Boden für
die Untersuchung der Sache selbst.*

e) Die δόξα als der Boden für das theoretische Verhandeln

α) Vorgabe (πϱότασις) und Vorwurf (πϱόβλημα)
als Woher und Worüber des theoretischen Verhandelns
(Top. A 4 und A 10-11)

Gerade um zu sehen, daß die δόξα auch das theoretische λέγειν
durchherrscht, den λόγος im Sinne der »Abhandlung« von etwas,
des theoretischen Explizierens und Durchbetrachtens, nicht des
praktischen Verhandelns, etwa der Gerichtsverhandlung – »Abhandeln« im Sinne des διαλέγεσθαι, wie man über eine Sache
spricht: Die Abzweckung, damit etwas auszurichten, hat wegzu-
fallen, das λέγειν selbst ist das, was jetzt besorgt ist –, um diese
Grundbedeutung der δόξα zu sehen, verweise ich kurz auf das,
was im 1. Buch der »Topik« (handelt über das διαλέγεσθαι) auseinandergesetzt ist, wo Aristoteles ganz klar zeigt, welche Arten
von λόγοι aus der δόξα entspringen, wie es immer ein solches ist,
was den Charakter der δόξα hat, auf das ich mich berufe beim
Sprechen, Miteinandersprechen. Das ist wichtig, weil von hier
aus das Verständnis für den συλλογισμός zu gewinnen ist, auch für
die Logik. Daß es eine Logik gibt, ist nicht zufällig, sondern muß

verstanden werden aus ganz bestimmten Grundphänomenen des
Daseins selbst.

Aristoteles zeigt im 4. Kapitel des 1. Buches der »Topik«, »über
was alles seinem Ausmaß nach und seiner Wiebeschaffenheit
nach und von woher« das Reden und Miteinandersprechen im
διαλέγεσθαι erwächst.[33] ἔστι δ' ἀριθμῷ ἴσα καὶ τὰ αὐτά ἐξ ὧν τε οἱ
λόγοι καὶ περὶ ὧν οἱ συλλογισμοί. γίνονται μὲν γὰρ οἱ λόγοι ἐκ τῶν
προτάσεων· περὶ ὧν δὲ οἱ συλλογισμοί, τὰ προβλήματά ἐστι.[34] »Das,
von woher, woraus die Rede ist, und das, worüber geredet wird, ist
der Zahl nach gleich und dasselbe. Das, worüber geredet wird,
sind die προβλήματα, das, woraus das Reden ist, die πρότασις.«
Nach dem, was vorausgegangen ist, muß gezeigt werden, daß diese beiden Phänomene selbst aus der δόξα entspringen, ἔνδοξα
sind, Aussagen, die in irgendeinem Zusammenhang mit der δόξα
stehen, aus der δόξα herauskommen und sich zu ihr verhalten.
Beide unterscheiden sich durch den τρόπος, die »Art und Weise«.[35] Was damit gemeint ist, werden wir aus dem Beispiel sehen.
Πρότασις: »Vorlegen«, »Vorgabe«. Πρόβλημα, von προβάλλω, »vor-
werfen«: der »Vorwurf«, sofern es sich darum handelt, eine Meinung aufzuwerfen, in die Diskussion zu werfen, so, daß es gegen
die herrschende Meinung ist, daß die Unsicherheit, das »Proble-
matische«, das darin liegt, gezeigt wird, daß man darüber noch
nicht zu einem Resultat gekommen ist. In πρότασις ist der Charakter des διαλέγεσθαι, die Vorgabe in dem Sinne, daß das διαλέγεσθαι sich auf eine feste Meinung beruft, den Boden für sich in
Anspruch nimmt, Vorgabe von etwas, was nicht weiter diskutiert
werden soll, was als der gemeinsame Boden von den anderen er-
beten wird. Πρόβλημα das πρό, πρότασις das ἐξ. Πρόβλημα wird
übersetzt mit »Vorwurf«. Beispiele:

1. für die πρότασις: Die Frage der πρότασις ist: ›ἆρά γε τὸ ζῷον
πεζὸν δίπουν ὁρισμός ἐστιν ἀνθρώπου;‹ καὶ ›ἆρά γε τὸ ζῷον γένος τοῦ

---

[33] Top. A 4, 101 b 12: πρὸς πόσα καὶ ποῖα καὶ ἐκ τίνων οἱ λόγοι.
[34] Top. A 4, 101 b 13 sqq.
[35] Top. A 4, 101 b 29: τῷ τρόπῳ.

ἀνθρώπου;<[36] »Es ist doch wohl die Aussage: Der Mensch ist ein zweifüßiges Lebewesen, die Definition des Menschen! Es ist doch wohl Lebewesen die Gattung des Menschen!« Ἆρά γε: Du bist doch auch der Meinung, daß das und das so ist, das wollen wir zugrunde legen!

2. Für das πρόβλημα ist die Frage: ›πότερον τὸ ζῷον πεζὸν δίπουν ὁρισμός ἐστιν ἀνθρώπου ἢ οὔ;<[37] Diese Frage fängt an mit πότερον: »Ist die Bestimmung: Der Mensch ist ein zweifüßiges Lebewesen, die Definition des Menschen? [Frage:] Ist sie das oder nicht?« Πρόβλημα verlangt eine ganz bestimmte klare Bestimmung. Ein eigentümliches πρόβλημα ist die θέσις.[38]

Wir haben die Betrachtung der δόξα zu einem gewissen Abschluß gebracht: In der δόξα ist die spezifische Orientierung des Seins-in-der-Welt, in der δόξα ist die Welt präsent. Einen bestimmten Zusammenhang der δόξα, der in der Richtung läuft, daß sie eine Ansicht von etwas ist, daß in ihr ein φαινόμενον vorgegeben ist, haben wir hier übergangen. Dieses Strukturmoment der δόξα soll später bei der Betrachtung der ἀλήθεια ins Auge gefaßt werden.[39] Jetzt kommt es nur darauf an zu verstehen, *wie aus dieser δόξα die einzelnen Möglichkeiten entspringen, in denen über die Welt verhandelt wird.* Es ist im Sinne der δόξα gelegen, eine Diskussion möglich zu machen. Das, worüber die Ansicht herrscht, ist ein solches, das noch über sich reden läßt. Die Möglichkeit des Miteinanderverhandelns liegt in der δόξα beschlossen. Die κοινωνία vollzieht sich auf diese Weise. Alles Sichverständigen im Miteinandersein ist ein Sichverständigen auf einem gewissen Boden des Vertrautseins mit etwas, welcher Boden selbst für die Diskussion nicht diskutiert wird. Diese Vertrautheit ist es, aus der heraus gesprochen wird und in die hinein gesprochen wird, sofern das Resultat der Verhandlung selbst wieder den

---

[36] Top. A 4, 101 b 30 sq.
[37] Top. A 4, 101 b 32 sq.
[38] Vgl. Top. A 11, 104 b 19 sq.
[39] Anm. d. Hg.: Zur Betrachtung der ἀλήθεια kommt es in dieser Vorlesung nicht.

Charakter des ἔνδοξον hat. Das, von wo aus gesprochen wird, ist nicht ausdrücklich da. Sofern es ausdrücklich ist, ergibt sich das Phänomen der πρότασις,»Vorgabe« dessen, von wo aus man spricht, was aber in der Diskussion nicht zur Sprache kommt. Dieses ›von wo aus die Rede ist‹ bezeichnet man theoretisch fixiert als ἀρχή, sofern es sich um ein ganz zugespitztes Sprechen handelt im Sinne des theoretischen Aufzeigens und Beweisens, wo das Phänomen des Zueinandersprechens zwar nicht ausdrücklich, aber doch da ist. Auch die Abhandlung richtet sich an einen Adressaten – Zusammenhang im συλλογισμός. Hier wird πρότασις als ἀρχή bezeichnet. Die Prinzipien, die vorausgesetzt werden, von denen der Beweis ausgeht, sind ein ganz bestimmter Fall des ursprünglichen Zusammenhangs, daß aus einem Bekannten gesprochen wird.

Wir wollen nachsehen, wie sich aus dem ἔνδοξον, der δόξα, ausdrücklich das Phänomen der »Vorgabe«, der πρότασις, ergibt, wie ferner aus der δόξα sich das ergibt, worüber gesprochen wird, das eigentlich Thematische, das πρόβλημα – diese beiden Stücke zunächst im Hinblick auf das Miteinandersprechen des διαλέγεσθαι, wo es auf die Herausstellung eines bestimmten Sachzusammenhangs ankommt, philosophische Diskussion. Erst später werden wir das Miteinandersprechen im Sinne des alltäglichen Miteinanderredens, wie es die »Rhetorik« herausstellt, behandeln. Aristoteles handelt darüber in der »Topik«, Buch 1, Kapitel 10: πρότασις, Kapitel 11: πρόβλημα.

ἔστι δὲ πρότασις διαλεκτικὴ ἐρώτησις ἔνδοξος[40]: Die πρότασις διαλεκτική charakterisiert als ἐρώτησις ἔνδοξος,»ein Fragen, das sich hält im Umkreis dessen, worüber eine feste Ansicht besteht« – μὴ παράδοξος[41]: Das, was in der πρότασις ausgesprochen wird, hat den Charakter, daß es »nicht gegen die allgemeine Meinung« gesprochen wird. Ἐρώτησις ἔνδοξος:»ein Fragen, das sich hält in dem, worüber eine allgemeine Meinung besteht«. Fragen, die

---

[40] Top. A 10, 104 a 8 sq.
[41] Top. A 10, 104 a 10 sq.

156 Die Auslegung des Daseins des Menschen

eingeleitet sind mit ἆρά γε, »es ist doch wohl ...«, bitten ihrem Sinne nach um eine Zustimmung. Ἐρώτησις ist ἀποκρίσεως αἴτησις,[42] das »Erbitten einer Antwort«. Man erbittet sich in der πρότασις die Zustimmung zu dem, was gesagt ist, das Zugeständnis in dem Sinne, daß man dann für das Weitere auf gemeinsamem Boden steht. Diese αἴτησις ἀποκρίσεως als der Vorlage des Bodens, auf dem die weitere Diskussion sich bewegen soll, richtet sich auf das, was »allen, den Meisten oder den Verständigen« so zu sein scheint.[43] Gehalt einer πρότασις διαλεκτική kann auch sein, was zur δόξα gehört. Ferner: Was einer, der sich in seinem Sachgebiet auskennt, aus seiner Erfahrung heraus sagt, ein Wissenschaftler aus dem Gebiet seiner Disziplin, ohne daß es bewiesen wird, das hat den Charakter des ἔνδοξον, μὴ παράδοξον.[44]

Beim πρόβλημα handelt es sich nicht darum, etwas vorzugeben im Sinne des Bodens, sondern das πρόβλημα bezeichnet Aristoteles als θεώρημα,[45] »etwas, worüber nachzusehen ist«, was Gegenstand des Sprechens werden soll. Der Fragecharakter der πρότασις ist ein solcher, daß er die Zustimmung erbittet, während θεώρημα besagt: etwas, worüber die Nachforschung im Verhandeln anzustellen ist, etwas, das ist συντεῖνον ἢ πρὸς αἵρεσιν καὶ φυγήν, »das spannt auf Ergriffenwerden, daß ich mich dazu entschließe oder Abstand nehme«, ἢ πρὸς ἀλήθειαν καὶ γνῶσιν, »daß etwas aufgedeckt und zur Kenntnis gebracht wird«.[46] Es wird etwas aufgeworfen, die Diskussion angestoßen, und das, was in die Diskussion geworfen wird, hat in sich selbst den Anspruch, diskutiert zu werden. Das Verhältnis des πρόβλημα zum ἔνδοξον: Es wird so etwas aufgeworfen, bezüglich dessen keine Übereinstimmung besteht, περὶ οὗ ἢ οὐδετέρως δοξάζουσιν ἢ ἐναντίως οἱ πολλοὶ

---

[42] Aristotelis Organon Graece. Novis codicum auxiliis adiutus recognovit, scholiis ineditis et commentario instruxit Th. Waitz. Pars prior : Categoriae, Hermeneutica, Analytica priora. Leipzig 1844. De int. 11, 20 b 22 sq.
[43] Top. A 10, 104 a 9: ἢ πᾶσιν ἢ τοῖς πλείστοις ἢ τοῖς σοφοῖς.
[44] Vgl. Top. A 10, 104 a 33 sqq.
[45] Top. A 11, 104 b 1.
[46] Top. A 11, 104 b 1 sq.

τοῖς σοφοῖς ἢ οἱ σοφοὶ τοῖς πολλοῖς ἢ ἑκάτεροι αὐτοὶ ἑαυτοῖς,⁴⁷ »bezüglich dessen man nach keiner Seite zu einer bestimmten Ansicht gekommen ist, das seinem Charakter nach strittig, offen ist oder ein solches, bezüglich dessen die Meisten anders denken als die Verständigen oder bezüglich dessen beide unter sich uneinig sind«. Was untersucht werden soll, hat den Charakter des Strittigen. Eine besondere Form des πρόβλημα ist die θέσις. Nicht jedes πρόβλημα ist θέσις, aber jede θέσις ist πρόβλημα. θέσις δέ ἐστιν ὑπόληψις παράδοξος τῶν γνωρίμων τινὸς κατὰ φιλοσοφίαν,⁴⁸ »eine Dafürnahme [ὑπόληψις anderes Wort für δόξα], die − παράδοξος − neben, draußen steht neben der δόξα«; eine solche ὑπόληψις nicht als beliebiger Einzelfall, den sich irgendjemand ausgedacht hätte, denn zur δόξα gehört als Konstitutivum der Habende; die θέσις ist eine solche δόξα,»die ein solcher hat, der zu denjenigen gehört, die vertraut sind mit der φιλοσοφία«, im Felde dessen, wo es sich um die eigentliche Betrachtung des Seienden handelt. Κατὰ φιλοσοφίαν: Ansicht, die ein solcher aufwirft, der sich im Gebiet der Forschung sachlich bewegt − φιλοσοφία in der Gegenüberstellung gegen die Sophistik. οἷον ὅτι οὐκ ἔστιν ἀντιλέγειν, καθάπερ ἔφη Ἀντισθένης· ἢ ὅτι πάντα κινεῖται καθ᾽ Ἡράκλειτον, ἢ ὅτι ἓν τὸ ὄν, καθάπερ Μέλισσός φησιν.⁴⁹ »Eine solche θέσις ist z. B. die δόξα des Antisthenes, daß es keinen Widerspruch gibt [eine δόξα παράδοξος: sie geht gegen die durchschnittliche Meinung, aber ist nicht vorgetragen von einem Beliebigen, sondern von einem, der sich auskennt], oder wenn Heraklit sagt: Alles ist in Bewegung, oder Melissos sagt: ἓν τὸ ὄν« − nicht das ἐναντίον τοῦ τυχόντος,⁵⁰ »eines Beliebigen«, sondern eines Angesehenen, dessen, der Sachkenntnis hat. Die θέσις unterscheidet sich vom πρόβλημα dadurch, daß sie ausdrücklich gegen die herrschende Meinung spricht, während es viele προβλήματα gibt, die nicht in zugespitz-

---

⁴⁷ Top. A 11, 104 b 3 sqq.
⁴⁸ Top. A 11, 104 b 19 sq.
⁴⁹ Top. A 11, 104 b 21 sq.
⁵⁰ Top. A 11, 104 b 23 sq.

ter Form gegen die herrschende Meinung sprechen. Sie sind aber strittig, sie lassen etwas offen.

β) Das Nichtdurchkommenkönnen (ἀπορία) als das Thema des theoretischen Verhandelns (Met. B 1)

Aus der Charakteristik dessen, von wo her im διαλέγεσθαι gesprochen wird und worüber gesprochen wird, ist zu entnehmen, was nun überhaupt mögliches *Thema* eines Verhandelns werden kann. Es läßt sich der Unterschied gegen die Rede der Rhetorik schärfer herausstellen. Aristoteles charakterisiert die Rede, das Thema der Rhetorik, als τὰ ἤδη βουλεύεσθαι εἰωθότα,[51] das, was in der wissenschaftlichen Diskussion behandelt wird als τὰ λόγου δεόμενα,[52] λόγος gemeint im Sinne des διαλέγεσθαι: Im διαλέγεσθαι wird gehandelt über solches, das noch »bedarf« (δέομαι) desjenigen Sprechens, das keine weitere Abzweckung hat, das sich nicht aus der natürlichen Funktion des Sprechens in praktischer Absicht ergibt. Der λόγος ist hier abgelöst vom πρακτόν, der λόγος selbst ist die πρᾶξις geworden. Hier kommt der λόγος als Verhandeln in seine reine Funktion als Aufzeigen dessen, worüber verhandelt wird in dem, wie es ist und was es ist. Diskussion geht darüber, was noch des λόγος bedarf, was also nicht ohne weiteres klar ist, was nicht auf eine andere Weise zum Verständnis gebracht, was nicht auf eine andere Weise beigebracht werden kann. Ein λόγου δεόμενον ist ein solches, was nicht einfach Sache eines »Zurechtweisens« (κολάσεως) oder Sache eines »direkten, schlichten Vernehmens« ist.[53] »Diejenigen, die darüber Schwierigkeiten haben, ob man die Götter ehren, die Eltern lieben soll, brauchen eine Zurechtweisung«,[54] wir würden sagen: eine hinter die Ohren. Es hat hier keinen Sinn, darüber eine Abhandlung ins

---

[51] Rhet. A 2, 1356 b 37 sq.: ἡ δὲ ῥητορικὴ ἐκ τῶν ἤδη βουλεύεσθαι εἰωθότων.
[52] Rhet. A 2, 1356 b 37: ἐκείνη μὲν ἐκ τῶν λόγου δεομένων.
[53] Top. A 11, 105 a 4 sq.: μὴ κολάσεως ἢ αἰσθήσεως.
[54] Top. A 11, 105 a 5 sqq.: οἱ μὲν γὰρ ἀποροῦντες ›πότερον δεῖ τοὺς θεοὺς τιμᾶν καὶ τοὺς γονεῖς ἀγαπᾶν ἢ οὔ‹ κολάσεως δέονται.

Werk zu setzen, aber auch nicht darüber,»ob der Schnee weiß ist oder nicht«,[55] hier handelt es sich einfach darum, die Augen aufzumachen.[56] Es wird hier deutlich, daß es ein Grunderfordernis des Gesprächs ist, daß man sich über das Thema des Gesprächs geeinigt hat, ob das Thema seinem Sachsinn nach eine Diskussion zuläßt oder ob es nicht außerhalb aller Diskussionen liegt. Aber auch von dem, was einer gewissen Begründung bedarf, das nicht durch eine Zurechtweisung oder durch direktes Vernehmen erledigt ist, ist nicht jedes Beliebige ein λόγου δεόμενον. οὐδὲ δὴ ὧν σύνεγγυς ἡ ἀπόδειξις, οὐδὲ ὧν λίαν πόρρω,[57] »auch dasjenige, wofür der Beweis naheliegt, wobei das Aufzeigen leicht angebracht werden kann, und das, wozu der Beweis allzu weitläufig ist«, fällt nicht unter das mögliche Thema eines solchen Gesprächs. Auch das hat keine Aporie. Es hat mehr Schwierigkeit, als daß dafür die δύναμις des Gesprächs ausreichen könnte. Das mögliche Thema des διαλέγεσθαι ist eingegrenzt und gezeigt: Das Thema muß in sich selbst eine *Aporie* haben.

Aristoteles handelt ausführlich über die ἀπορία im 3. Buch, Kapitel 1 der»Metaphysik«. Man muß im Auge behalten, daß die ἀπορία auftritt im Zusammenhang des λέγειν, des eigenständigen λόγος, nicht in einer πρᾶξις, sondern wobei das λέγειν selbst die πρᾶξις ist. Mit Bezug auf sie kennt Aristoteles selbst eine Reihe charakteristischer Ausdrücke, er spricht von ἀπορεῖν,[58] εὐπορεῖν,[59] διαπορεῖν,[60] προαπορεῖν.[61] Πορεῖν heißt»laufen«,»gehen«im Sinne des λέγειν, in redender Weise, λέγειν in der Funktion des ἀποφαίνεσθαι. In diesem Im-Gang-Sein, im Durchlaufen, auf dem Wege dieses Aufzeigens»nicht durchkommen«: ἀπορεῖν. Das α privativum zeigt, daß man überhaupt πορεῖν muß: Zur ἀπορία gehört das πορεῖν, daß man überhaupt in Gang gekommen ist, daß

---

[55] Top. A 11, 105 a 7: »πότερον ἡ χιὼν λευκὴ ἢ οὔ«.
[56] Ebd.: [δέονται] αἰσθήσεως.
[57] Top. A 11, 105 a 7 sq.
[58] Met. B 1, 995 a 25.
[59] Met. B 1, 995 a 27.
[60] Met. B 1, 995 a 28.
[61] Met. B 1, 995 b 2.

160   *Die Auslegung des Daseins des Menschen*

man sich hält an ein Aufzeigen selbst. Das τέλος ist das εὐπορεῖν, das Gut-Hindurchkommen. Ἀπορία ist nicht selbst ein τέλος, sondern sie steht im Dienste eines bestimmten Durchlaufens, sie ist immer das Unterwegs zu ..., bei dem man zunächst nicht durchkommt. Die Funktion des ἀπορεῖν ist das δηλοῦν in der Weise, daß man die »Verknotungen« in dem πρᾶγμα aufzeigt.[62] Das ἀπορεῖν wird in der Weise vollzogen, daß man die herrschenden Meinungen über eine Sache heranzieht.[63] Die herrschenden Meinungen sollen daraufhin durchbetrachtet werden, inwieweit sich in ihnen die Sache zeigt. Die ἀπορία hat den positiven Sinn, die Sache im vorhinein nach bestimmten Charakteren zu erschließen. Erst wenn ich hindurchgegangen bin durch ein vorläufiges Nichtdurchkommenkönnen, und zwar aufzeigend, *wo* ich nicht durchgekommen bin, habe ich eigentlich das τέλος der Untersuchung, dann kann ich am Ende der Untersuchung entscheiden, ob ich das Gesuchte gefunden habe oder nicht.[64]

Die ἀπορία hat den Sinn der Ausbildung einer Fragestellung der wissenschaftlichen Forschung. Die Ausbildung der Fragestellung besagt nichts anderes als die Sache, über die gesprochen wird, nach Grundbestimmungen festzustellen, das Fragen in bestimmte Richtungen zu lenken. Das klassische Beispiel dafür ist das 1. Buch der »Physik«, Kapitel 2–9, wo Aristoteles die Aporien des Seienden hinsichtlich seines Bewegtseins durchgeht. Im Hindurchgehen wird immer mehr die Sache selbst sichtbar. »Metaphysik«, 2. Buch, Kapitel 1–6 entsprechend über die Aporien des Seins als Sein als mögliches Thema einer Wissenschaft. Grundvoraussetzung ist, daß man aus einer bestimmten fundamentalen

---

[62] Met. B 1, 995 a 29 sqq.: λύειν δ' οὐκ ἔστιν ἀγνοοῦντας τὸν δεσμόν. ἀλλ' ἡ τῆς διανοίας ἀπορία δηλοῖ τοῦτο περὶ τοῦ πράγματος.
[63] Met. B 1, 995 a 25 sq.: ταῦτα δ' ἐστὶν ὅσα τε περὶ αὐτῶν ἄλλως ὑπειλήφασί τινες.
[64] Met. B 1, 995 a 33 sqq.: διὸ δεῖ τὰς δυσχερείας τεθεωρηκέναι πάσας πρότερον, τούτων τε χάριν καὶ διὰ τὸ τοὺς ζητοῦντας ἄνευ τοῦ διαπορῆσαι πρῶτον ὁμοίους εἶναι τοῖς ποῖ δεῖ βαδίζειν ἀγνοοῦσι, καὶ πρὸς τούτοις οὐδ' εἴ ποτε τὸ ζητούμενον εὕρηκεν ἢ μὴ γιγνώσκειν· τὸ γὰρ τέλος τούτῳ μὲν οὐ δῆλον, τῷ δὲ προηπορηκότι δῆλον.

Sacherfahrung eine Orientierung gewinnt. Erst dann, wenn ich die Sache in echter Weise schon habe, kann ich mich an Aporien heranwagen. Es werden nicht beliebige Schwierigkeiten und Widersprüche aufgegriffen. Die ἀπορία ist der Weg, ein wirkliches positives Fragen auszubilden in der positiven Absicht des εὐπορεῖν.

§ 16. Das ἦθος und das πάθος als πίστεις (Rhet. B 1, Eth. Nic. B 4)

a) Theoretisches und praktisches Verhandeln

Dagegen ist Thema der alltäglichen Rede in der Versammlung, vor Gericht usw. solches,»was schon immer in der Gewohnheit steht, Gegenstand der Beratung zu sein«,[1] worüber man sich von altersher im Miteinandersein in der πόλις unterhält. Dadurch ist eine bestimmte sachliche Orientierung gegeben auf das, was Thema der Unterhaltung ist. Sofern es sich handelt um βουλεύεσθαι, um πρακτόν und sofern es sich handelt um ἔνδοξον, sofern geredet wird über allgemeine Meinungen gegen allgemeine Ansichten zum Zwecke der Ausbildung einer bestimmten Ansicht, stellt sich dieses Reden nicht in den Bereich des διαλέγεσθαι. Bei diesem Reden, wo es sich um solche Gegenstände handelt, sind der Sprechende und derjenige, zu dem gesprochen wird, in fundamentaler Weise wichtig. Bis zu einem gewissen Grade ist es dagegen beim διαλέγεσθαι gleichgültig, zu wem gesprochen wird, und gleichgültig ist es, wer ich bin, wie ich mich dabei bewege. Beim Sprechen im erstgenannten Sinn sind relevant das ἦθος des Sprechenden und das πάθος dessen, zu dem gesprochen wird. Denn diese beiden Bestimmungen begründen die Art und Weise, wie die δόξα gehabt wird, wie der, dem die Ansicht beigebracht werden soll, selbst zur Ansicht steht. Wir müssen aus dem Zusammenhang des Miteinandersprechens heraus uns kurz verstän-

---

[1] Rhet. A 2, 1356 b 37 sq.: ἡ δὲ ῥητορικὴ ἐκ τῶν ἤδη βουλεύεσθαι εἰωθότων.

digen über das ἦθος des Redners und das πάθος des Hörenden,
und zwar in der Hinsicht, wie der Redende und der Angesprochene sich verhalten zur δόξα, von der gesprochen wird, und zu den
δόξαι, aus denen heraus gesprochen wird. Wir werden dabei besonders herausgreifen das πάθος der »Furcht«, des φόβος, behandelt im Kapitel 5 des 2. Buches der »Rhetorik«.

Als eine Grundbedingung des Themas für ein Gespräch, das
sich die Erörterung eines Problems – in dem, worüber gesprochen wird, bestimmte Sachzusammenhänge aufzuzeigen – zum
Ziel setzt, wovon dann die Evidenz gegeben ist, ergab sich die
Grundbestimmung, daß es ἀπορίαν ἔχον ist. Das Moment der
Aporie ist in sich selbst bezogen auf ein πορεῖν, »Laufen«: Sprechen im Sinne des Aufzeigens, Unterwegssein im Aufzeigen. Das
πορεῖν hat zum Ziel das εὐπορεῖν, das »In-der-rechten-Weise-
Durchkommen« zu dem, wonach gefragt ist. Dementsprechend
ist das πορεῖν/ἀπορεῖν ein προαπορεῖν, das vorweggeht einem
εὐπορεῖν. Bezogen auf das λέγειν ist es δηλοῦν, »Offenbarmachen«
dessen, wonach gefragt ist. Bezogen auf das Fragen selbst ist es
eine Weise, die Frage als solche in der rechten Weise auszubilden.
Durch das Aufzeigen bestimmter Sachcharaktere der gefragten
Sache wird das Ende der Untersuchung offenbar und dadurch
wird die Möglichkeit gegeben, die Untersuchung in die rechte
Bahn zu bringen und am Ende der Untersuchung zu entscheiden,
ob das Gesuchte gefunden ist, ob das, was sich am Ende der
Untersuchung herausstellt, ein sachliches Resultat ist. Die Aporie
ist bei Aristoteles bezogen und beschränkt. Solches, was in die
wissenschaftlichen Untersuchungen fällt, muß den Charakter des
ἀπορίαν ἔχον haben, Schwierigkeiten haben. Dies ist die Grundbedingung dafür, daß etwas ein λόγου δεόμενον ist – dann πρότασις und πρόβλημα.

Die zweite Weise dessen, worüber gesprochen wird, ist solches,
über das zu beraten man gewohnt ist, was in einem bestimmten
Seinszusammenhang des Lebens zur Sprache gebracht wird, was
nicht ein für allemal durch sachliche Überlegungen erledigt werden kann, sondern was immer wieder je nach Umständen und

Lage wiederkehrt. Das Thema ist hier nicht ein identischer Sachverhalt, der innerhalb einer Wissenschaft weitergegeben würde. Es ist etwas, was sich je nach Umständen des Daseins ändert: Angelegenheiten je nach Umständen des Daseins selbst, Wechsel der Stimmung und danach der Ansicht. Es ist das, was in der Rhetorik behandelt wird: kein thematischer Sachverhalt, sondern etwas, was sich je nach den Ansichten ändert. Die jeweilige Lage der Dinge und Menschen spricht mit. Demnach ist das »Nehmen der Vorgaben«, λαμβάνειν τὰς προτάσεις,[2] hier ein anderes. Es muß bei der Vorgabe anderes in Hinsicht gestellt werden, es muß Rechnung getragen werden der Stimmung derjenigen, zu denen gesprochen wird, die jeweilige Lage der Dinge und die Art und Weise, wie man selbst zur Sache steht. Deshalb ist konkret zu betrachten: 1. das ἦθος, die »Haltung« des Sprechenden; 2. das πάθος, die »Befindlichkeit« des Hörenden.

Im 1. Kapitel des 2. Buches der »Rhetorik« wird der Inhalt des 1. zusammengefaßt und das Thema des 2. Buches gegeben. Die Behandlungsart dieses Sprechens als Rhetorik nimmt das Gespräch so, daß es in sich selbst abzielt auf Ansicht-Bildung: Eine δόξα soll ausgebildet werden. »Da aber schließlich die Rhetorik κρίσις, Ansicht-Bildung, eine bestimmte Entscheidung im Sinne der δόξα, vor Augen hat, muß notwendig nicht nur auf das Reden als solches, auf die Funktion des Redens als δεικνύναι, δηλοῦν gesehen werden, sondern der Redende muß sich selbst und diejenigen, bei denen die Entscheidung liegen soll, in eine entsprechende Verfassung bringen [und zwar in eine Verfassung bringen durch das Reden selbst]. Denn es macht einen großen Unterschied beim Beibringen dessen, was für etwas spricht, am meisten bei Beratungen, dann aber auch bei der Rechtsprechung, wie sich dabei der Redende zeigt und dementsprechend die Hörer bei sich über dessen Befindlichkeit denken, außerdem wenn auch sie selbst [die Hörer] jeweils gerade die rechte Befindlichkeit [d. h. die Stellung zur diskutierten Sache] gewinnen. Die Art und Wei-

---

[2] Vgl. Top. A 13, 105 a 22 sq.: ἓν μὲν τὸ προτάσεις λαβεῖν.

se, wie der Redende sich zeigt, trägt mehr bei zu der Beratung, die jeweilige Befindlichkeit des Hörers vor allem bei der Rechtsprechung. Die jeweilig in Rede stehende Sache zeigt sich nicht als dieselbe für die, die – φιλοῦσιν – eine Vorliebe dafür, und für die, die – μισοῦσιν – eine Abneigung dagegen haben. Daß die Sache sich in verschiedener Weise zeigt, gilt auch für den ὀργιζόμενος, den Aufgebrachten über etwas, bzw. für den πράως ἔχων, den ruhig Gestimmten zu etwas.«[3] ἀλλ᾽ ἢ τὸ παράπαν ἕτερα ἢ κατὰ μέγεθος ἕτερα [φαίνεται].[4] »Die Sache zeigt sich dabei als entweder ganz und gar anders oder zum großen Teil anders.« τῷ μὲν γὰρ φιλοῦντι, περὶ οὗ ποιεῖται τὴν κρίσιν, ἢ οὐκ ἀδικεῖν ἢ μικρὰ δοκεῖ ἀδικεῖν, τῷ δὲ μισοῦντι τοὐναντίον.[5] »Dem, der einem anderen im vorhinein gut gesinnt ist, wird dieser sich zeigen als einer, der sich überhaupt nicht verfehlt oder geringfügig verfehlt hat; dagegen wenn einer gegen jemanden etwas hat, so wird dieser sich in umgekehrter Weise zeigen.« Für den wird es nahe liegen, daß der Betreffende in der Tat sich vergangen hat. καὶ τῷ μὲν ἐπιθυμοῦντι καὶ εὐέλπιδι ὄντι, ἐὰν ᾖ τὸ ἐσόμενον ἡδύ, καὶ ἔσεσθαι καὶ ἀγθὸν ἔσεσθαι φαίνεται, τῷ δ᾽ ἀπαθεῖ καὶ δυσχεραίνοντι τοὐναντίον.[6] »Und derjenige, der auf eine zur Verhandlung stehende Sache im vorhinein aus ist, der mit ihr sympathisiert, wird das, was kommen soll, aufnehmen als etwas, das in der Tat kommen wird und das zugleich beiträglich ist [der Optimist, wie wir sagen]. Dem Gleichgültigen dagegen und dem mißgelaunten Schwarzseher zeigen

[3] Rhet. B 1, 1377 b 21 sqq.: ἐπεὶ δὲ ἕνεκα κρίσεώς ἐστιν ἡ ῥητορική [...], ἀνάγκη μὴ μόνον πρὸς τὸν λόγον ὁρᾶν, ὅπως ἀποδεικτικὸς ἔσται καὶ πιστός, ἀλλὰ καὶ αὐτὸν ποιόν τινα καὶ τὸν κριτὴν κατασκευάζειν· πολὺ γὰρ διαφέρει πρὸς πίστιν, μάλιστα μὲν ἐν ταῖς συμβουλαῖς, εἶτα καὶ ἐν ταῖς δίκαις, τό τε ποιόν τινα φαίνεσθαι τὸν λέγοντα καὶ τὸ πρὸς αὐτοὺς ὑπολαμβάνειν πως διακεῖσθαι αὐτόν, πρὸς δὲ τούτοις ἐὰν καὶ αὐτοὶ διακείμενοί πως τυγάνωσιν. τὸ μὲν οὖν ποιόν τινα φαίνεσθαι τὸν λέγοντα χρησιμώτερον εἰς τὰς συμβουλάς ἐστιν, τὸ δὲ διακεῖσθαί πως τὸν ἀκροατὴν εἰς τὰς δίκας· οὐ γὰρ ταὐτὰ φαίνεται φιλοῦσι καὶ μισοῦσιν, οὐδ᾽ ὀργιζομένοις καὶ πράως ἔχουσιν.
[4] Rhet. B 1, 1378 a 1.
[5] Rhet. B 1, 1378 a 1 sqq.
[6] Rhet. B 1, 1378 a 3 sqq.

sich die Dinge im vorhinein in einem anderen Licht«, und dementsprechend wird er sich auch anders bei und zu der Beratung stellen.

b) Das ἦθος als πίστις

Das ἦθος und die πάθη sind konstitutiv für das λέγειν selbst. Zunächst betrachten wir das *ἦθος,* die »Haltung« des Redners: in welcher Weise der Redner im Reden sich seinen Hörern gibt, wie dieses Sichgeben beiträgt zur Ausbildung des πιθανόν, wie dieses ἦθος die Möglichkeit bekommt, mitzusprechen, mit ins Gewicht zu fallen. Woran liegt es beim Sprechen, daß wir als Hörer den Redenden als solchen nehmen, der *selbst* für die Sache, die er vertritt, Zeugnis ablegt? Worin liegt es in ihm selbst, daß er *mit seiner Person* für die Sache spricht, abgesehen davon, was er sagt, von den sachlichen Argumenten, die er für etwas beizubringen hat?

Für die *Ausbildung* des ἦθος kommen *drei Momente* in Frage: 1. die φρόνησις, »Umsicht« – der Redende muß sich im Reden selbst zeigen als ein Umsichtiger; 2. ἀρετή, »Ernst«, umschrieben früher mit σπουδαίως; 3. εὔνοια, »gute Gesinnung«, »Wohlwollen«.[7]

Aristoteles zeigt die konkrete Bedeutung dieser drei Momente des ἦθος dadurch auf, daß er den *entgegengesetzten Weg* einschlägt, aus dem Gegenteil, indem er fragt: Woran liegt es in der Art und Weise des Sichgebens des Redners, daß wir von ihm die Meinung bekommen, er *täuscht,* er *führt irre?* Aristoteles fragt nach den Bedingungen der Möglichkeit des Sichzeigens als einer, der täuscht. Was fehlt ihm in der Art und Weise, wie er sich gibt, daß wir ihn nicht als einen solchen nehmen, der in der Tat das richtige ἦθος hat?

1. In seinem Reden kann sich der Redende zeigen als ein οὐκ ὀρθῶς δοξάζων,[8] »der sich nicht in der rechten Weise seine An-

---

[7] Rhet. B 1, 1378 a 9.
[8] Rhet. B 1, 1378 a 11 sq.: οὐκ ὀρθῶς δοξάζουσιν.

sicht bildet«. Im Verlauf der Rede zeigt sich der Redende als ein solcher, der *nicht den rechten Horizont für die Sache hat,* über die er spricht, der Betreffende *übersieht die Sache nicht ganz.* Die Ansicht, die er vorträgt, ist nicht orientiert an dem, was die Sache eigentlich ist, es fehlt die ὀϱϑότης. Sobald der Hörer den Mangel merkt, verliert der Redner an πίστις, kommt er nicht mehr in Frage für die Sache, für die er spricht.

2. Zwar kann dem Redner das erste Moment eignen, zwar kann er die rechte φϱόνησις haben, der Redner kann sich als umsichtig zeigen, aber dabei als solcher, der das, was ihm so und so vorkommt, worüber er die und die Ansicht hat, *nicht sagen will.*[9] Der Hörer kann im Verlauf der Rede merken: Der Redner kennt sich zwar aus, aber er sagt nicht alles, er verschleiert seine eigene Stellung und Ansicht zu der Sache, es *ist ihm nicht recht Ernst* damit, was er seinen Hörern sagt, er weiß noch mehr. Sobald der Hörer das merkt, entzieht er dem Redner das Vertrauen, nimmt ihn nicht für voll, denn der Redner tritt nicht ernst für das, was er sagt, ein.

3. Der Redner kann sich geben als ein Umsichtiger und als einer, dem es mit dem, was er sagt, Ernst ist, und trotzdem kann der Hörer merken: *Es fehlt ihm am nötigen Wohlwollen.* Er kann zu etwas raten«, etwas als συμφέϱον nahelegen, von dem er auch glaubt, daß es συμφέϱον ist, aber trotz der Erfüllung dieser beiden Momente kann der Hörer im Verlauf der Rede merken: Der Redner rafft sich nicht dazu auf, das Beste zu sagen, er hält mit dem besten Rat aus Mangel an Wohlwollen zurück, weil ihn die Leute nicht interessieren. Er kann mit der entscheidendsten positiven Möglichkeit, über die er aus seiner φϱόνησις heraus verfügt, bei seinem ratenden Reden zurückhalten. Es genügt ihm, der Versammlung einen ernstlichen Vorschlag zu machen, aber nicht den besten.[10] Auch dann verliert der Hörer das rechte Vertrauen.

---

[9] Rhet. B 1, 1378 a 12 sq.: ἢ δοξάζοντες ὀϱϑῶς διὰ μοχϑηϱίαν οὐ τὰ δοκοῦντα λέγουσιν.

[10] Rhet. B 1, 1378 a 13 sq.: ἢ φϱόνιμοι μὲν καὶ ἐπιεικεῖς εἰσὶν ἀλλ᾽ οὐκ εὖνοι, διόπεϱ ἐνδέχεται μὴ τὰ βέλτιστα συμβουλεύειν γιγνώσκοντας.

Umgekehrt wird also ein Redner, der sich als solcher zeigt, der *umsichtig, ernsthaft* und *aus Wohlwollen* für die Sache herausspricht, das rechte Vertrauen haben, d. h. er wird selbst in seinem λόγος eine πίστις sein.[11] Die beiden Momente der φρόνησις und ἀρετή hat Aristoteles in der »Rhetorik« schon im 9. Kapitel des 1. Buches behandelt.[12] Das dritte Moment, die εὔνοια, betrachtet er im Zusammenhang der Analyse der πάθη.

c) Das πάθος als πίστις

Das *πάθος*, das zweite Moment, das für die πίστις in Frage kommt, wird von Aristoteles ausführlich in den nachfolgenden Kapiteln des 2. Buches behandelt. Der Ausdruck πάθος ist ein sehr vielfältiger Ausdruck, der zugleich innerhalb der aristotelischen Philosophie fundamentale Bedeutung hat. Wir können von *drei Grundbedeutungen* dieses Ausdrucks und demnach von drei Sachzusammenhängen, die er bezeichnet, reden: 1. die *durchschnittliche, nächste* Bedeutung besagt »veränderliche Beschaffenheit«; 2. eine *spezifisch ontologische* Bedeutung, die wichtig ist beim Verständnis der κίνησις: πάθος im Zusammenhang mit πάσχειν, was man meistens mit »Leiden« übersetzt; 3. eine *zugespitzte* Bedeutung: veränderliche Beschaffenheit in Beziehung auf einen bestimmten Sachzusammenhang, veränderliche Beschaffenheit in einem bestimmten Seinsgebiet des Lebens: »Leidenschaft«. In dieser letzten Bedeutung ist πάθος Thema der »Rhetorik« und »Poetik«.

Wir vergegenwärtigen uns zunächst die letzte Bedeutung und zugleich den rechten Zusammenhang, in dem das mit πάθος bezeichnete Phänomen diskutiert wird. Der Zusammenhang wird sichtbar im 4. Kapitel des 2. Buches der »Nikomachischen Ethik«. Mit diesem Kapitel beginnt Aristoteles die Untersuchung

---

[11] Rhet. B 1, 1378 a 15 sq.: ἀνάγκη ἄρα τὸν ἅπαντα δοκοῦντα ταῦτ᾽ ἔχειν εἶναι τοῖς ἀκροωμένοις πιστόν.
[12] Vgl. Rhet. A 9, 1366 a 23 sqq.

nach dem, was eigentlich die ἀρετή ist. Das Ziel der Untersuchung nach dem Seinscharakter der ἀρετή hat als nächste Aufgabe, herauszustellen, als was überhaupt die ἀρετή zu verstehen ist, aus welchen Seinszusammenhängen sie herkommt: γένεσις der ἀρετή. Diese Untersuchung leitet Aristoteles mit einer Erörterung ein, die für uns wichtig ist: ἐπεὶ οὖν τὰ ἐν τῇ ψυχῇ γινόμενα τρία ἐστίν, πάθη δυνάμεις ἕξεις, τούτων ἄν τι εἴη ἡ ἀρετή.[13] Πάθος gehört also zu dem,»was in der Seele wird«. Ψυχή ist die οὐσία eines ζῷον, sie macht das Sein desjenigen Seienden aus, das charakterisiert ist als In-seiner-Welt-Sein. Es hat also *Sein drei verschiedene Weisen seines Werdens:* πάθη, δυνάμεις, ἕξεις.

λέγω δὲ πάθη μὲν ἐπιθυμίαν ὀργὴν φόβον θάρσος usw.,»im ganzen solches, bei dem mitgegeben ist ἡδονή und λύπη«,[14] ein bestimmtes Sichbefinden:»Gehobensein«,»Herabgedrücktsein«. Die ἕξις dagegen ist zunächst etwas, was die Art und Weise charakterisiert, wie wir in einem solchen πάθος sind.[15] Die ἕξις ist dasjenige, in bezug worauf wir gelobt oder getadelt werden. Im Hinblick auf die Leidenschaften, also z. B. daß wir im Zorn sind, im Hinblick darauf»werden wir weder gelobt noch getadelt«.[16] Die Art und Weise, wie ich im Zorn bin, in welcher Lage, bei welcher Gelegenheit, gegen wen, das unterliegt dem Lob oder Tadel, das πῶς. Die ἕξις betrifft das πῶς ἔχομεν πρὸς τὰ πάθη,»wie wir uns halten«,»in welcher Fassung wir sind« bei einem solchen πάθος. Πάθος: das ist ein bestimmtes Aus-der-Fassung-Kommen. Die δυνάμεις betreffen diejenigen Seinsbestimmungen des Lebenden, die Aristoteles auch charakterisiert als φύσει ὄν: Wir haben in der Möglichkeit unseres faktischen Daseins mitgegeben die Möglichkeiten, zornig zu sein, traurig zu sein, uns zu freuen, zu hassen usw.[17] Auch diese δυνάμεις sind γινόμενα ἐν τῇ ψυχῇ.

---

[13] Eth. Nic. B 4, 1105 b 19 sqq.
[14] Eth. Nic. B 4, 1105 b 21 sqq.: ὅλως οἷς ἔπεται ἡδονὴ ἢ λύπη.
[15] Eth. Nic. B 4, 1105 b 25 sq.: ἕξεις δὲ καθ᾽ ἃς πρὸς τὰ πάθη ἔχομεν εὖ ἢ κακῶς.
[16] Eth. Nic. B 4, 1105 b 31 sqq.: κατὰ μὲν τὰ πάθη οὔτε ἐπαινούμεθα οὔτε ψεγόμεθα [...], κατὰ δὲ τὰς ἀρετὰς καὶ τὰς κακίας ἐπαινούμεθα ἢ ψεγόμεθα.
[17] Eth. Nic. B 4, 1105 b 23 sqq.: δυνάμεις δὲ καθ᾽ ἃς παθητικοὶ τούτων λεγόμεθα, οἷον καθ᾽ ἃς δυνατοὶ ὀργισθῆναι ἢ λυπηθῆναι ἢ ἐλεῆσαι.

Wichtig ist das Mitgegebensein der πάθη als γινόμενα, *Weisen des Seins selbst*, sofern wir leben, *Weisen des Werdens*, betreffend das Sein-in-einer-Welt, und daß die πάθη die mögliche Beziehung haben zur ἕξις. Wir werden aus dem genaueren Verständnis dessen, was mit ἕξις gemeint ist, die Analyse der πάθη verstehen, sehen, *wie das mit πάθος Bezeichnete das Sein-in-der-Welt in einem fundamentalen Sinne bestimmt* und wie es als solche Grundbestimmung des Seins-in-der-Welt in Frage kommt bei der Ausbildung der κρίσις, des »Stellungnehmens«, des »Entscheidens« einer entscheidenden Frage. Mit dem Aufweis dieser fundamentalen Rolle der πάθη im κρίνειν selbst bekommen wir zugleich die Möglichkeit, den Boden des λόγος selbst konkreter zu sehen.

Das ἦθος des Redenden muß ein ganz bestimmtes sein, damit dieser für den Hörer als ein solcher dasteht, der in der Tat als Person für die Sache, die er vertritt, spricht. Das ἦθος muß den Bestimmungen der ἀρετή, der φρόνησις und der εὔνοια genügen. Das ἦθος ist nichts anderes als die Art und Weise, in der sich offenbart, was der Redende will, das Wollen im Sinne der προαίρεσις zu etwas. So bestimmt Aristoteles auch die Rolle des ἦθος in der »Poetik«: Das ἦθος »macht offenbar das jeweilige Entschlossensein des Sprechenden«.[18] In solchen Reden, in denen es ihrem Sinn nach nicht darauf ankommt, zu etwas entschlossen zu sein oder die anderen zu einem bestimmten Entschluß zu bringen, gibt es kein ἦθος. Vielmehr kommt es hier auf die διάνοια an: das, was nötig ist, um etwas hinsichtlich seines Sachcharakters aufzeigen zu können. Diese Fixierung der jeweiligen Bedingungen des Redens ist insofern bis heute nicht ausgeschöpft, als man fragen kann, inwieweit im wissenschaftlichen und philosophischen Vortrag der λόγος als bloßes δεικνύναι zu nehmen ist und inwieweit darin ein προαιρεῖσθαι steht. Diese Zusammenhänge genau auszuführen ist hier nicht die Gelegenheit. Ich weise nur darauf hin, daß es vielleicht angebracht wäre, wenn die Philosophen sich ent-

---

[18] Aristoteles, Über die Dichtkunst. Griechisch und Deutsch. Mit sacherklärenden Anmerkungen hg. v. F. Susemihl. Zweite Auflage. Leipzig 1874. 1450 b 8 sq.: ἔστιν δὲ ἦθος μὲν τὸ τοιοῦτον ὃ δηλοῖ τὴν προαίρεσιν, ὁποία τις.

schließen würden zu überlegen, was es überhaupt heißt, zu anderen zu sprechen. Die zweite Bedingung ist die jeweilige »Befindlichkeit« des Hörers selbst, was Aristoteles als πάϑος fixiert. In der Aufgabe der Rhetorik wird es demnach stehen, die möglichen Lagen herauszustellen, in denen der Hörer sich stimmungsmäßig befinden kann, seine Verfassungen – diese Bestimmungen hinsichtlich ihrer verschiedenen Momente, um dem Sprechenden eine Direktive zu geben, was er in Betracht zu ziehen hat, wenn er die προαίρεσις wählt. Unter dieser Absicht steht die Analyse der πάϑη in der »Rhetorik«: die verschiedenen Möglichkeiten des Sichbefindens beim Hörer zu analysieren, um damit Leitfäden für das zu geben, was beim Hörer selbst ausgebildet werden muß.

Die erste Bestimmung: ἔστι δὲ τὰ πάϑη δι' ὅσα μεταβάλλοντες διαφέρουσι πρὸς τὰς κρίσεις.[19] 1. Μεταβάλλοντες: etwas auf dem Wege, worüber »sich bei uns selbst ein Umschlag einstellt«, wodurch »wir umschlagen« aus einer Befindlichkeit in eine andere. 2. In eins mit diesem Umschlag διαφέρουσι πρὸς τὰς κρίσεις: Wir »unterscheiden uns« von uns selbst vor dem Umschlag in dem, was Aufgabe des Hörers ist: »Stellung zu nehmen«, »sich eine Ansicht zu bilden«. Die Ansicht-Bildung hängt an der Art und Weise, wie wir umschlagen. 3. οἷς ἕπεται λύπη καὶ ἡδονή[20]: nicht »folgen«, sondern »mitgegeben« in eins mit den πάϑη ist ein »Höher- oder Niedergestimmtsein« des betreffenden Daseins. Das sind die konstitutiven Momente, wie sie Aristoteles hinsichtlich der πάϑη in der besonderen Abzweckung der Analyse in der »Rhetorik« fixiert.

Die Art und Weise, wie die Verfassung ist, in der wir stehen, macht auch aus, wie wir zu den Sachen stehen, wie wir sie sehen, wie weit und in welchen Hinsichten. Das Aus-einer-bestimmten-Verfassung-in-eine-andere-Kommen betrifft primär die Weise der Stellungnahme zur Welt, des Seins-in-der-Welt. Hierin liegt die Möglichkeit und Gefahr der Verschiebung der Verhältnisse.

---

[19] Rhet. B 1, 1378 a 20 sq.
[20] Rhet. B 1, 1378 a 21 sq.

Die rechte Verfassung ist nichts anderes als das rechte In-der-Welt-sein als Verfügen über sie. Die Welt ist zunächst und zumeist in der πρᾶξις da, im Charakter des ἐνδεχόμενον ἄλλως und zugleich in den Bestimmungen des ›mehr oder minder‹. Die Welt ist da als ἀγαϑόν oder συμφέρον, und das im ›mehr oder minder‹. So ist auch unser Verhalten dazu mehr oder minder, wir verhalten uns bei diesen Ausschlägen mehr oder minder in durchschnittlicher Art, uns in der Welt zu bewegen. Die Art und Weise der Durchsichtigkeit der Welt ist mehr oder minder. Von daher versteht man, daß »in die eigentliche Verfassung kommen« heißt: *in die Mitte kommen,* aus den Ausschlägen in die Mitte kommen. Die Mitte ist nichts anderes als der καιρός, die Gesamtheit der Umstände, das Wie, Wann, Wozu und Worüber.

Die Frage ist nun also, wie nach seiner Struktur das πάϑος genauer zu verstehen ist. Wir haben nachzusehen nach den Seinsbestimmungen des πάϑος selbst, nach dem, wie Aristoteles πάϑος selbst definiert. Πάϑος charakterisiert ganz allgemein als γινόμενον τῆς ψυχῆς,[21] »Seele« genommen als οὐσία. Μεταβολή und γένεσις sind in der gleichen Bedeutung gebraucht: Πάϑος ist ein »Umschlagen« und demnach ein bestimmtes »Werden zu ...« aus einer früheren Lage, aber nicht ein Umschlagen, das für sich einen eigenen Verlauf hätte, sondern eine Weise des Sichbefindens in der Welt, die zugleich in einem möglichen Bezug steht zur ἕξις. Dieses Umschlagen in eine andere Verfassung und das Sein in der neuen von der alten her hat in sich selbst die Möglichkeit des Ergriffenwerdens, Überfallenwerdens. Die Art und Weise des Aus-der-Fassung-Kommens, Aus-der-Fassung-gebracht-Werdens ist dem Sinn nach so, daß sie wieder gefaßt werden kann: Ich kann mich wieder fassen, ich bin einen bestimmten Moment, in einer Gefahr, im Moment des Schreckens, in Fassung. Ich kann die durch den Schrecken gekennzeichnete Befindlichkeit beziehen auf ein mögliches Gefaßtsein dafür. *So hat also πάϑος in sich selbst schon den Bezug auf ἕξις.* Diese beiden Begrif-

---

[21] Vgl. Eth. Nic. **B** 4, 1105 b 20.

fe lassen sich anhand von Aristoteles als *fundamentale Begriffe des Seins* charakterisieren. Schon dadurch ist πάθος als ein Seinsbegriff angezeigt, weil das πάσχειν in der Gegenüberstellung zum ποιεῖν ein Grundmoment darstellt für die Analyse der κίνησις, des Seins im Sinne des Bewegtseins. Ἕξις geht zurück auf ἔχειν, »haben«. Ἔχειν ist von Aristoteles als eine Weise des Seins erkannt und es ist nicht so rätselhaft, daß unter den zehn Kategorien des Aristoteles auch das ἔχειν vorkommt. Es ist die Seinsstruktur in den beiden gekennzeichneten Phänomenen πάθος und ἕξις herauszustellen.

§ 17. Die ἕξις (Met. Δ 23 und 20, Eth. Nic. B 1-5)

a) Das ἔχειν und die ἕξις

Wir beginnen mit ἕξις und ἔχειν. Aristoteles handelt darüber im 5. Buch der »Metaphysik«, Kapitel 23. Einleitungsweise wird gesagt: τὸ ἔχειν λέγεται πολλαχῶς,[1] d. h. verschiedenes Seiendes wird durch den betreffenden Ausdruck angesprochen und in verschiedenem Sinne gemeint, so, daß es kein willkürliches Durcheinander ist, sondern Bezug hat auf eine Grundbedeutung, die durch den Aufweis der einzelnen Bedeutungen zum Sehen gebracht wird. Wir müssen sehen, worin die Mannigfaltigkeit der Bedeutungen des ἔχειν übereinkommt, inwiefern das ἔχειν Sein ausdrückt.

1. τὸ ἄγειν κατὰ τὴν αὑτοῦ φύσιν ἢ κατὰ τὴν αὑτοῦ ὁρμήν, διὸ λέγεται πυρετός τε ἔχειν τὸν ἄνθρωπον καὶ οἱ τύραννοι τὰς πόλεις καὶ τὴν ἐσθῆτα οἱ ἀμπεχόμενοι.[2] Ἔχειν im Sinne des ἄγειν, als »Vorgehen gemäß der eigenen vollbestimmten Möglichkeit des Daseins – φύσις – oder gemäß dem Anstoß, der in dem betreffenden Seienden als solchen gelegen ist. So sagt man: Das Fieber hat den Menschen [die Krankheit hat den Menschen, sie ist auf ihn

---

[1] Met. Δ 23, 1023 a 8.
[2] Met. Δ 23, 1023 a 8 sqq.

losgegangen,»den hat's« oder »den hat's gepackt«], die Tyrannen
haben die Städte [beherrschen sie], ferner: die Angezogenen haben die Kleider (an).« – Ἔχειν im Sinne des ἄγειν.

2. ἐν ᾧ ἄν τι ὑπάρχῃ ὡς δεκτικῷ, οἷον ὁ χαλκὸς ἔχει τὸ εἶδος τοῦ
ἀνδριάντος καὶ τὴν νόσον τὸ σῶμα.[3]»Das Erz hat das Aussehen eines Standbildes [hat das Aussehen, *ist* ein Standbild], der Leib hat
die Krankheit [er *ist* krank]«. Die genauere Bestimmung dieses
Habens ist: ein Seiendes sein in der Weise, daß »in ihm selbst etwas vorhanden ist, zu welchem Vorhandensein das betreffende
Seiende selbst die Bereitschaft hat (δεκτικόν)«. Durch das δεκτικόν ist das Erz als Erz bestimmt. Das Erz ist in seinem Sein so
bestimmt, daß es eine Bildsäule werden kann. Das Erz ist bestimmt als ὕλη. Ὕλη besagt in diesem Zusammenhang nicht eine
unbestimmte »Materie«, sondern ist ein positiver Charakter einer
Weise des Daseins. In Bereitschaft sein zu … ist eine positive Bestimmung eines Seienden. Haben besagt nichts anderes als: aus
Bereitschaft das Worin eines Vorhandenseins von etwas sein.

3. ὡς τὸ περιέχον τὰ περιεχόμενα· ἐν ᾧ γάρ ἐστι περιεχόμενόν τι,
ἔχεσθαι ὑπὸ τούτου λέγεται, οἷον τὸ ἀγγεῖον ἔχειν τὸ ὑγρόν φαμεν
καὶ τὴν πόλιν ἀνθρώπους καὶ τὴν ναῦν ναύτας· οὕτω δὲ καὶ τὸ ὅλον
ἔχειν τὰ μέρη.[4] »Das Umfassende hat das, was umfaßt ist [in der
Weise des Enthaltens, des Darum-herum-Seins]; worin etwas ist
als darin enthalten, von dem sagen wir, daß es vom ersten gehabt
wird, wie das Gefäß das Wasser hat, enthält, die Stadt den Menschen, das Schiff den Schiffer; so hat auch das Ganze die Teile.«
Teil-Sein ist immer Teil-von-etwas-Sein, Teil eines Ganzen,
Zugehörigsein zu etwas. Das Ganze ist das Wohin der bestimmten Gehörigkeit des Teils.

4. ἔτι τὸ κωλῦον κατὰ τὴν αὐτοῦ ὁρμήν τι κινεῖσθαι ἢ πράττειν
ἔχειν λέγεται τοῦτο αὐτό, οἷον καὶ οἱ κίονες τὰ ἐπικείμενα βάρη, καὶ
ὡς οἱ ποιηταὶ τὸν Ἄτλαντα ποιοῦσι τὸν οὐρανὸν ἔχειν ὡς συμπεσόντ'
ἂν ἐπὶ τὴν γῆν, ὥσπερ καὶ τῶν φυσιολόγων τινές φασιν.[5] »Die Pfeiler

---

[3] Met. Δ 23, 1023 a 11 sqq.
[4] Met. Δ 23, 1023 a 13 sqq.
[5] Met. Δ 23, 1023 a 17 sqq.

halten, haben die darauf liegenden Lasten und, wie die Dichter
sagen, Atlas hält das Himmelsgewölbe«: Haben im Sinne des
Haltens, und zwar als κωλύειν,»abhalten« ein anderes Seiendes,
»verhindern«, so zu sein, wie es seinem eigenen Sein nach möchte,»seiner eigentlichen ὁρμή nach«; Halten im Sinne, ein anderes
Seiendes nicht so sein zu lassen, wie es sein möchte. Die ὁρμή der
Last ist, nach unten zu fallen; das Himmelsgewölbe»hat die Tendenz, auf die Erde herabzufallen«. Haben in diesem Sinn des
Haltens als des Abhaltens eines anderen von seiner bestimmten
Seinsmöglichkeit, die in seiner ὁρμή liegt, ist das συνέχον,»Zu-
sammenhalten«. τοῦτον δὲ τὸν τρόπον καὶ τὸ συνέχον λέγεται ἃ συ-
νέχει ἔχειν, ὡς διαχωρισθέντα ἂν κατὰ τὴν αὐτοῦ ὁρμὴν ἕκαστον.[6]
Dieser Begriff als konstitutiv für das Verständnis des Begriffs
der Bewegung muß von diesem ἔχειν aus verstanden werden.
Συνεχές,»Kontinuum«,»Stetigkeit« ist Grundmoment des Seins
des Bewegten (5. Buch der»Physik«[7]).

Diese vier Arten von ἔχειν kennzeichnen das Seiende immer
im Seinscharakter des *Ausseins auf eine bestimmte Seinsmöglichkeit* oder seiner Negation, was aber im Sinne der Negation dasselbe ist: des *Abhaltens davon, eigentlich zu sein, wie etwas sein möchte*. Es ist kein Zufall, daß Aristoteles am Schluß sagt: καὶ τὸ ἔν τινι
δὲ εἶναι ὁμοτρόπως λέγεται καὶ ἑπομένως τῷ ἔχειν.[8]»Das Haben
wird in derselben Weise gesagt wie das In-etwas-Sein«. Ἑπομένως: Es ist diese Bedeutung des In-etwas-Seins beim Haben schon
mitgegeben: der Charakter des Habens und Gehabtwerdens wie
der des In-etwas-Seins.

So ist es also gerechtfertigt, wenn das ἔχειν neben dem κεῖσθαι
unter den Kategorien erscheint. Auf dieses ἔχειν, genommen als
eine Weise des Daseins, ist die ἕξις ihrerseits bezogen (Kapitel
20): ἕξις δὲ λέγεται ἕνα μὲν τρόπον οἷον ἐνέργειά τις τοῦ ἔχοντος καὶ
ἐχομένου, ὥσπερ πρᾶξίς τις ἢ κίνησις.[9] Ἕξις ist die ἐνέργεια,»das

---

[6] Met. Δ 23, 1023 a 21 sqq.
[7] Vgl. Phys. E 3, 226 b 18 sqq.
[8] Met. Δ 23, 1023 a 23 sqq.
[9] Met. Δ 20, 1022 b 4 sq.

eigentliche Da, das Gegenwärtigsein des Habenden und des Gehabten«. Das Da ist bezogen auf das Haben, Haben als Haben des
Habenden und des Gehabten. Ἕξις bedeutet innerhalb dieses
Seinszusammenhanges das eigentliche Gegenwärtigsein des Habens als solchen.

ὅταν γὰρ τὸ μὲν ποιῇ τὸ δὲ ποιῆται, ἔστι ποίησις μεταξύ· οὕτω καὶ
τοῦ ἔχοντος ἐσθῆτα καὶ τῆς ἐχομένης ἐσθῆτος ἔστι μεταξὺ ἕξις.
ταύτην μὲν οὖν φανερὸν ὅτι οὐκ ἐνδέχεται ἔχειν τὴν ἕξιν· εἰς ἄπειρον
γὰρ βαδιεῖται, εἰ τοῦ ἐχομένου ἔσται ἔχειν τὴν ἕξιν.[10] »Wenn das eine
etwas tut, das andere getan wird, so ist das Tun als solches das
μεταξύ, das Zwischen. So gibt es auch beim Anhaben eines Kleides ein Zwischen, das Anhaben auf der einen, das angezogene
Kleid auf der anderen Seite.« Das Anhaben als solches ist die ἕξις.
Dieses Haben ist ein Letztes, es kann seinerseits nicht mehr gehabt werden. Das Haben dieses Habens ist keine neue Seinsbestimmung, sondern einfach das Da, das Gegenwärtigsein. Im
Anhaben des Kleides als angezogen ist es eigentlich als angezogen
da. Ebenso ist es mit dem Dasein des Kleides. Ein Kleid ist nicht
da, wenn es im Schrank hängt, sondern wenn es angezogen ist, ist
es bei seinem τέλος. Im Angehabtwerden *ist* das Kleid, was also
das eigentliche Da sowohl des angezogenen wie des getragenen
Kleides ausmacht: die ἕξις.

Diese ἕξις charakterisiert Aristoteles ferner als διάθεσις καθ᾽ ἣν
ἢ εὖ ἢ κακῶς διάκειται τὸ διακείμενον, καὶ ἢ καθ᾽ αὑτὸ ἢ πρὸς ἄλλο,
οἷον ἡ ὑγίεια ἕξις τις· διάθεσις γάρ ἐστι τοιαύτη.[11] Bezug auf die
Seinszusammenhänge, von denen wir handeln: Auf das διακεῖσθαι ist das μεταβάλλειν bezogen, das durch die πάθη vor sich
geht. Διακεῖσθαι im Kapitel 19: Haben ist eine τάξις,[12] Verteilung
der Teile in verschiedenen Hinsichten, eine Verteilung, die den
Charakter der θέσις hat,[13] also eine gesetzte Verteilung, die nicht
ein bloßes zufälliges Zusammengeratensein ist, sondern ein Ge-

[10] Met. Δ 20, 1022 b 5 sqq.
[11] Met. Δ 20, 1022 b 10 sqq.
[12] Met. Δ 19, 1022 b 1.
[13] Met. Δ 19, 1022 b 2.

setztsein. Die ἕξις als διάθεσις, als τάξις entspringt aus der προαίρεσις: das rechte Sichbefinden im Verteiltsein des Augenblicks.
Ἕξις ist die *Bestimmung der Eigentlichkeit des Daseins in einem
Moment des Gefaßtseins für etwas*: die verschiedenen ἕξεις als die
verschiedenen Weisen des Gefaßtseinkönnens. Ἕξις ist ganz
fundamental die Seinsbestimmung des eigentlichen Seins, hier
bezogen auf den Menschen: Die πρᾶξις ist charakterisiert durch
die ἀρετή, die ἀρετή ist charakterisiert als ἕξις προαιρετική. Πρᾶξις
als Wie des Seins-in-der-Welt zeigt sich hier als der Seinszusammenhang, den wir auch in einem anderen Sinne als *Existenz* bezeichnen können. Das Gefaßtsein ist nicht ein beliebiges und unbestimmtes, in der ἕξις liegt die primäre Orientierung auf den
καιρός: »Ich bin da, es mag kommen, was will!« Dieses Da-sein,
Auf-dem-Posten-Sein in seiner Lage, seiner Sache gegenüber, das
charakterisiert die ἕξις. Die ἕξις also als eine Seinsmöglichkeit,
die *in sich selbst auf eine andere Möglichkeit bezogen* ist, auf die
Möglichkeit meines Seins, *daß innerhalb meines Seins etwas über
mich kommt, das mich aus der Fassung bringt.*

b) Vergegenwärtigung des Zusammenhangs der
Behandlung der ἕξις

Wir haben in der letzten Stunde einen der ontologischen
Grundbegriffe des Aristoteles klar gemacht, die ἕξις, die innerhalb der aristotelischen Analyse des Seins des Menschen eine fundamentale Rolle spielt, die aber auch für eine andere Grundbestimmung wichtig wird, weil in der Gegenbetrachtung gegen die
ἕξις von Aristoteles die στέρησις diskutiert wird, ausführlich bei
der κίνησις. Jetzt wissen wir schon so viel, daß auch der Begriff
der στέρησις eine Grundbeziehung zum Sein hat. Wir müssen den
Zusammenhang, in dem wir auf die ἕξις gekommen sind, im
Auge behalten. Die Aufgabe ist, die πάθη zu verstehen als diejenigen Bestimmungen, die den Hörer charakterisieren. Der Hörer
ist dem Sprechenden gegenüber in einer bestimmten Lage, so
daß die Lage mitbestimmend wird für die Art, wie der Hörer ver-

steht. Der Hörer eignet sich im Mit- und Nachsprechen das an, was der Redner in seinem Sprechen aufzeigen will. Die πάθη sind Thema, sofern sie mitentscheidend sind für die Art und Weise des λέγειν, wie der λόγος in den πάθη selbst seinen Boden hat. Wir wählen für die rechte Erfassung dessen, was mit πάθη gemeint ist, den Umweg über die ἕξις, an der Hand eines allgemeinen hermeneutischen Leitfadens, sofern sich zeigt, daß das, was seiner Struktur nach durchsichtiger ist, das Undurchsichtige erhellt. Die πάθη können *gehabt* werden, im *Haben* liegt eine Beziehung auf das Sein. Mit der Orientierung der πάθη auf die ἕξις werden die πάθη selbst orientiert auf das Dasein als Sein. Diese Grundorientierung, die mit der Bezogenheit auf die ἕξις angezeigt ist, ist wichtig für das Verständnis gegenüber der traditionellen Auffassung der Affekte, die man als »seelische Zustände« zu nehmen pflegt, eventuell im Zusammenhang mit »körperlichen Begleiterscheinungen«. Man hat das Phänomen in seelische und körperliche Zustände aufgeteilt, die in einem Zusammenhang stehen. Demgegenüber muß beachtet werden, daß Aristoteles gemäß seiner Orientierung in der Behandlung des Seelischen als der Weise des Seins des Lebenden betont, daß die πάθη das *Sein des Menschen* ausdrücken, so daß hier von vornherein ein ganz anderer Boden besteht. Die ursprüngliche Einheit des Phänomens der πάθη liegt im Sein des Menschen als solchen.

Die aristotelische Lehre von den πάθη, sowohl nach der grundsätzlichen Orientierung und Fundamentierung als hinsichtlich der Auswahl der Phänomene, hat auf die nachfolgenden Philosophen und Theologen sehr gewirkt (*Thomas'* Affektenlehre). Überhaupt sind die πάθη eine Grundfrage der Theologie. Da gerade die Lehre von den Affekten innerhalb der Grundfragen der mittelalterlichen Theologie und Philosophie auch für *Luther* relevant ist, erwähne ich das. Es ist vor allem die *Furcht*, die im Mittelalter eine besondere Rolle spielt, weil das Phänomen der Furcht im besonderen Zusammenhang steht mit der Sünde und Sünde der Gegenbegriff des Glaubens ist. Auch Luther hat sich mit der Furcht auseinandergesetzt, in den früheren Schriften, besonders im Sermo de poenitentia. Die Diskussion des φόβος, des timor, steht im Zusammenhang mit dem timor servilis und timor castus, dann mit der Reue, wo unterschieden werden attritio und intritio. Der timor castus ist die »reine Furcht« aus der Gegenwart Gottes, der timor servilis die Furcht vor der Strafe, vor der Hölle, ebenso bei der Reue attritio und intritio. Diese Unterscheidungen gehen zurück auf *Augustinus,* sie werden von ihm ausführlich behandelt in De diversis quaestionibus octoginta tribus, quaestio 33, De civitate Dei, Buch 14, Kapitel 5 ff., und in den Pelagianischen Schriften. Auch sonst werden diese Phänomene überall ausführlich behandelt. Die mittelalterliche Behandlung der πάθη geht noch zurück auf *Johannes Damascenus,* De fide orthodoxa, Buch 2. Ferner eine Quelle *Gregor von Nyssa.* Genauer gesprochen: Das Mittelalter zitiert von ihm eine Schrift Περὶ φύσεως ἀνθρώπου, das ist aber eine Schrift des *Nemesius* (Gregor hatte eine mit ähnlichem Titel geschrieben: Περὶ κατασκευῆς ἀνθρώπου). Dieser hat die Lehre von den πάθη aus der *Stoa,* er ist eine der Hauptquellen für das Mittelalter. Ferner kommt in Frage *Dionysius Areopagita,* De divinis nominibus. Die ganze Entwicklung der Affektenlehre bis heute ist noch nicht philosophisch analysiert. Nur *Dilthey* hat in seiner »Weltanschauung und Analyse des Menschen seit Renaissance und Reformation« die πάθη ausgiebig in Betracht gezogen und ihre Bedeutung über die psychologischen Zustände hinaus charakterisiert.[14]

Die πάθη charakterisieren ganz allgemein eine Befindlichkeit des Menschen, ein Wie des Seins-in-der-Welt. Dementsprechend ist auch von Aristoteles der Leitfaden vorgegeben für die Analyse, die er im 2. Buch der »Rhetorik« durchführt. Er betrachtet die affectus nach drei Hinsichten:

[14] W. Dilthey, Weltanschauung und Analyse des Menschen seit Renaissance und Reformation. In: Wilhelm Diltheys Gesammelte Schriften, hg. v. G. Misch, Bd. 2, Leipzig, Berlin 1914. Vgl. bes. S. 416 ff. (Die Funktion der Anthropologie in der Kultur des 16. und 17. Jahrhunderts).

1. Bezüglich jedes πάϑος erhebt sich die Frage, πῶς διακείμενοι εἰσί[15]: Wie befinden wir uns eigentlich, welches ist unser Sein-in-der-Welt, wenn wir in Zorn sind, wenn wir in Furcht geraten sind, wenn wir Mitleid empfinden? 2. ποῖα[16]: Was ist es, worüber wir aufgebracht sind, aus der Fassung geraten? 3. ἐπὶ ποίοις[17]: Wem gegenüber, welchen wie uns begegnenden Menschen, die mit uns da sind? – Schon in der Grundstruktur der πάϑη wieder die Orientierung auf das Miteinandersein des Daseins als In-der-Welt-sein.

Vermutlich ist es gerade die Mannigfaltigkeit dieser Beziehungen, die durch die πάϑη ausgedrückt sind, die dann durch die ἕξις ergriffen werden, denen gegenüber die ἕξις ein Gefaßtsein ausdrückt. Um den Zusammenhang der πάϑη als Möglichkeiten des Sichbefindens und Möglichkeiten des Ergriffenwerdens zu sehen, müssen wir die ἕξις selbst uns näher bringen, sofern sie eine Grundbestimmung des Daseins des Menschen ist.

c) Die ἕξις und die ἀρετή

Wir betrachten die ἕξις, sofern sie bezogen ist auf die ζωὴ ἀνϑρώπου, auf die πρᾶξις μετὰ λόγου – ἕξις als das γένος der ἀρετή[18]: Die πρᾶξις hat ihr eigentliches Wie im σπουδαίως, das Ernsthafte ist ausgedrückt durch die ἀρετή. Aus dem Zusammenhang zwischen ἕξις und ἀρετή werden wir die Orientierung der ἕξις auf das Dasein des Menschen in seinen konkreten Möglichkeiten sehen. 2. Buch der »Nikomachischen Ethik«, Kapitel 1-5: Nur das Wichtigste, um Ihnen die ἕξις zu demonstrieren und Ihnen zugleich einen Grundbegriff der »Nikomachischen Ethik« klar zu machen, die μεσότης. Μεσότης ist nicht etwa »Mittelmäßigkeit«, keine Bestimmung des menschlichen Handelns, bei dem es

---

[15] Rhet. B 1, 1378 a 24 sq.: πῶς τε διακείμενοι ὀργίλοι εἰσί.
[16] Rhet. B 1, 1378 a 25: τίσιν εἰώϑασιν ὀργίζεσϑαι.
[17] Ebd.
[18] Eth. Nic. B 5, 1105 b 19 sqq.

auf die Mittelmäßigkeit herauskäme, keine sogenannte »bürgerliche Moral«, kein Prinzip von »Wertrangordnungen«, sondern Grundbeziehung auf die ἕξις, damit auf das Dasein des Menschen, die πρᾶξις, damit auf den καιρός. Die »Nikomachische Ethik« ist alles andere als die Ethik einer mittelmäßigen Durchschnittlichkeit und der Konvention.

Aus der Einsicht in den Zusammenhang der ἕξις und ἀρετή ergeben sich *vier Grundmomente des Daseins*:

1. daß das »Handeln«, die πρᾶξις, das Besorgen in sich selbst Besorgen des Daseins ist, das besorgt. Im Sichumtun in der Welt, im Umgehen, Sichabgeben mit den anderen Menschen besorgt das so umgehende Dasein sich selbst, sein Sein. *Dasein als Besorgen ist Sorge um sich selbst*, zumeist unausdrücklich. Dieses Grundphänomen ist im Begriff der ἕξις versteckt – ἕξις als Haben von etwas, im Haben Weise des Seins, des Gestelltseins zum Gehabten.

2. In der ἕξις wird sich das Dasein schärfer zeigen in seiner *Jeweiligkeit*. Sein des Menschen, menschliches Leben als Dasein ist *jeweilig, im Augenblick*: ἕξις ist ein Gefaßtsein des Daseins, orientiert auf den Augenblick.

3. ist dieses Gefaßtsein, dieses Orientiertsein auf den Augenblick eine solche Möglichkeit, die das Dasein selbst *aus seiner jeweiligen Lage* ergriffen hat. Das Dasein hält sich durchschnittlich und zumeist auf in Ausschlägen, im ›mehr oder minder‹, im Zuviel und Zuwenig.

4. Aus dieser dritten Grundstruktur ist zugleich auch ersichtlich, daß die ἕξις eine Grundbestimmung des Daseins selbst ist, daß die γένεσις dieser ἕξις, die Art und Weise, wie das Dasein zu einem Gefaßtsein kommt sich selbst gegenüber, die Gelegenheit und die Art ihrer Ausbildung nur wieder *im Dasein selbst* haben kann. Das Dasein muß die Gelegenheit *bei sich selbst* nehmen, um für sich dieses Gefaßtsein als eine Möglichkeit auszubilden.

α) Die γένεσις der ἀρετή

Zusammenhang der ἕξις mit der ἀρετή: Wir beginnen mit der γένεσις der ἀρετή. Die ἕξις behandeln wir nur, um die πάθη selbst schärfer zu sehen. Die ἀρετή als ἕξις ist keine Eigenschaft, kein von außen an das Dasein herangebrachter Besitz, sondern eine *Weise des Daseins selbst.* Wir begegnen immer wieder der eigentümlichen Kategorie des *Wie.* Ἀρετή ist ein Wie des Daseins, nicht als feste Eigenschaft, sondern als Wie des Daseins *bestimmt durch dessen Sein,* charakterisiert durch die *Zeitlichkeit,* durch die Erstreckung in die Zeit. Daher ist die ἀρετή und wird sie δι᾿ ἔθους,[19] »durch die Gewohnheit«. Die Möglichkeiten des Gefaßtseins zu den verschiedenen Befindlichkeiten, die dadurch charakterisiert sind, daß ich aus der Fassung bin oder gerate, sind nur ergreifbar dadurch, daß verschiedene Lagen, gefährliche Situationen *durchgemacht* werden. Erst dadurch, daß das Leben sich nicht vor seinen eigenen Möglichkeiten und Gefahren zurückzieht, ist die Gelegenheit geboten, dieses Wie des Daseins selbst auszubilden. In der Art und Weise, daß wir entsprechend unserem Sein gegenwärtig sind in der vollen Gegenwart der betreffenden Situation, ergreifen wir die ἕξις. Dadurch, daß wir von den Möglichkeiten des Handelns, des Besorgens in der Art und Weise des Befindens Gebrauch machen, eignen wir uns die ἕξις allererst an, nicht umgekehrt haben wir sie als Besitz, um sie dann zu gebrauchen, sondern χρησάμενοι ἔσχομεν.[20] Dieses Durchmachen, Gelegenheit-Nehmen oder -Aufsuchen ist ein Umgang. Dadurch, daß wir miteinander im Umgang mit Menschen sind, werden wir gesetzt und besonnen. Dadurch, daß wir uns in gefährliche Lagen bringen, haben wir die Möglichkeit, den Mut zu lernen, die Feigheit zu verlieren, nicht in einer phantastischen Reflexion über das Dasein, sondern in dem *Sichhinauswagen in das Dasein* je nach den Möglichkeiten der betreffenden

[19] Eth. Nic. **B** 1, 1103 a 25 sq.: διὰ τοῦ ἔθους.
[20] Eth. Nic. **B** 1, 1103 a 30 sq.

182   Die Auslegung des Daseins des Menschen

Existenz. Denn diese Bestimmung darf nicht so aufgefaßt werden, als gäbe es für dieses Gelegenheit-Nehmen und Sichhinauswagen in die δεινά des Lebens eine τέχνη. οὔτε γὰρ ὑπὸ τέχνην οὔθ᾽ ὑπὸ παραγγελίαν οὐδεμίαν πίπτει, δεῖ δ᾽ αὐτοὺς ἀεὶ τοὺς πράττοντας τὰ πρὸς τὸν καιρὸν σκοπεῖν.[21] Es gibt dafür auch keine παραγγελία, so etwas wie einen allgemeinen Armeebefehl, eine apriorische Ethik, nach der eo ipso die Menschheit besser wird. Jeder muß je für sich selbst den Blick gerichtet haben auf das, was im Augenblick ist und ihn angeht.

Daraus ist also das Wie des Gefaßtseins dem Dasein gegenüber auszubilden, dadurch ist die ἕξις orientiert. Es ergibt sich aber bei dieser Fassung der γένεσις der ἕξις eine Schwierigkeit, sofern die Frage entsteht: Was soll das überhaupt heißen, durch das Gerecht-Handeln gerecht werden? Ich muß ja schon gerecht sein, um gerecht zu handeln.[22] Aristoteles diskutiert diese Schwierigkeit im 3. Kapitel des 2. Buches der »Nikomachischen Ethik«. Er löst diese Schwierigkeit durch den Hinweis auf die andersartigen Verhältnisse in der τέχνη.[23] Bei der τέχνη kommt es darauf an, daß die γιγνόμενα in der rechten Weise sich verhalten. Bei der Schusterei kommt es darauf an, daß der Schuh, das τέλος, das ἔργον, in der rechten Weise sich verhält, ein guter, passender Schuh ist. Weiter kommt dafür nichts in Frage. Dagegen wissen wir, daß das Sein des Menschen in seinem ἔργον bestimmt ist als πρᾶξις. Das hat das τέλος in sich selbst, ist bei sich selbst zu Ende. Deshalb sind für das ἔργον des Menschen ganz andere Grundbedingungen maßgebend als bei einer τέχνη. Es kommt bei dieser πρᾶξις darauf an, wie der Handelnde sich selbst verhält als solcher, es kommt an auf die ἕξις, das Gefaßtsein, und dieses πῶς ἔχων des πράττων,[24] das »Wie« des »Handelnden«, ist bestimmt nach drei Momenten:

[21] Eth. Nic. B 2, 1104 a 7 sqq.
[22] Eth. Nic. B 3, 1105 a 17 sqq.: ἀπορήσειε δ᾽ ἄν τις πῶς λέγομεν ὅτι δεῖ τὰ μὲν δίκαια πράττοντας δικαίους γίνεσθαι [...]. εἰ γὰρ πράττουσιν τὰ δίκαια [...], ἤδη εἰσὶν δίκαιοι.
[23] Vgl. Eth. Nic. B 3, 1105 a 26 sqq.
[24] Eth. Nic. B 3, 1105 a 30 sq.

1. εἰδώς²⁵ – φρόνησις: Er muß »wissend« sein, muß in der rechten »Umsichtigkeit« handeln, die hinsichtlich des Sachgebietes orientiert ist auf den καιρός.

2 προαιρούμενος,²⁶ »aus einem wirklichen Entschlossensein zu ...«, er muß von sich selbst her handeln.

3. So, daß er damit ist βεβαίως καὶ ἀμετακινήτως ἔχων,²⁷ »fest und nicht aus der Fassung zu bringen«. – Das erinnert an die Bestimmung des πάθος als δι' ὅσα μεταβάλλοντες,²⁸ wir geraten aus einer Fassung in die andere. Charakteristisch ist nicht das Resultat, das In-eine-andere-Fassung-Gekommensein, sondern das Aus-der-Fassung-Sein, das Unterwegssein von einem Zustand zum anderen, die eigentümliche Unruhe, die mit dem πάθος selbst gegeben ist, bezüglich des φόβος als ταραχή charakterisiert,²⁹ »Verwirrung«, »Durcheinandergeraten«.

Diese Bestimmungen, besonders die letzte, daß die προαίρεσις βεβαίως ist, werden »nicht zugerechnet« bei einer τέχνη.³⁰ Bei der τέχνη kommt nur die rechte Sachkenntnis in Frage. Was ich selbst für ein Kerl bin, spielt für die Schusterei keine Rolle. Gegenüber einer gewissen Gemeinsamkeit der τέχνη und der πρᾶξις durch die Bestimmung des εἰδέναι³¹ betont Aristoteles die vorzügliche Bedeutung der προαίρεσις und des βεβαίως. »Als gehörige und gefaßte πράγματα [wir haben die Kategorie dafür nicht: die neue Sachlage, die ich geschaffen habe durch meine πρᾶξις – Phänomen der *Sachlage* – das neue Gestelltsein zu etwas, das bezeichnet Aristoteles als πράγματα] werden angesprochen die πράγματα, die ein σώφρων oder δίκαιος hätte tun können. Gehörig aber und σώφρων ist nicht der, der [aus irgendeinem Zufall] das, was gehörig und gerecht ist, tut, sondern der, der die Sachlage besorgt

²⁵ Eth. Nic. B 3, 1105 a 31.
²⁶ Eth. Nic. B 3, 1105 a 31 sq.
²⁷ Eth. Nic. B 3, 1105 a 33.
²⁸ Rhet. B 1, 1378 a 20 sq.
²⁹ Rhet. B 4, 1382 a 21.
³⁰ Eth. Nic. B 3, 1105 b 1: οὐ συναριθμεῖται.
³¹ Eth. Nic. B 3, 1105 b 1 sq.

im selben Wie des Gerechten und Gefaßten.«[32] Das ist ein Hieb
gegen die Sophisten und die Mehrzahl der Menschen, die glauben, daß man durch das Unterhalten über ethische Konflikte,
durch das Moralisieren etwas für das sittliche Handeln heraus-
bringt. ἀλλ᾽ οἱ πολλοὶ ταῦτα μὲν οὐ πράττουσιν, ἐπὶ δὲ τὸν λόγον κα-
ταφεύγοντες οἴονται φιλοσοφεῖν καὶ οὕτως ἔσεσθαι σπουδαῖοι, ὅμοιόν
τι ποιοῦντες τοῖς κάμνουσιν, οἳ τῶν ἰατρῶν ἀκούουσι μὲν ἐπιμελῶς,
ποιοῦσι δ᾽ οὐδὲν τῶν προσταττομένων. ὥσπερ οὖν οὐδὲ ἐκεῖνοι εὖ
ἕξουσιν τὸ σῶμα οὕτω θεραπευόμενοι, οὐδ᾽ οὗτοι τὴν ψυχὴν οὕτω
φιλοσοφοῦντες.[33] »Die Meisten besorgen das nicht [das Προαιρού-
μενος-βεβαίως-Sein], sondern sie nehmen ihre Zuflucht zum Geschwätz und glauben damit zu philosophieren und in der rechten
Weise ernst zu sein. Sie gleichen denjenigen, die zwar sorgfältig
auf den Arzt hören [und darüber diskutieren], aber nichts anwenden. Wie nun jene dadurch, daß sie sich in dieser Weise besorgen,
nicht gesund werden, so werden auch diese, die nur moralisieren,
nicht die eigentliche Existenz bei sich selbst haben [sondern nur
als in Gesprächen angeeignet].« Charakteristisch ist die scharfe
Gegenüberstellung des λέγειν über ethische Probleme und des
rechten Philosophierens – ein Vorgehen gegen den Mißbrauch
der sokratischen Methode im Anspruch, daß er den Sokrates richtig verstanden habe, und das wird man ihm wohl nicht bestreiten
können.

β) Die ἀρετή als μεσότης

Die Beziehung der ἕξις zur ἀρετή ist näher zu bringen, um von da
zu verstehen, wie die ἕξις selbst das Wie unseres Verhaltens zu
den πάθη selbst sein kann. Wie kann die ἕξις sein das πῶς ἔχομεν?
Ἕξις ist nichts anderes als ein Wie des πάθος, Aus-der-Fassung-

---

[32] Eth. Nic. B 3, 1105 b 5 sqq.: τὰ μὲν οὖν πράγματα δίκαια καὶ σώφρονα λέγεται,
ὅταν ᾖ τοιαῦτα οἷα ἂν ὁ δίκαιος ἢ ὁ σώφρων πράξειεν· δίκαιος δὲ καὶ σώφρων ἐστὶν
οὐχ ὁ ταῦτα πράττων, ἀλλὰ καὶ ὁ οὕτως πράττων ὡς οἱ δίκαιοι καὶ σώφρονες πράττουσιν.
[33] Eth. Nic. B 3, 1105 b 12 sqq.

Seins bzw. Gefaßtseins zu … Sofern wir die ἕξις bestimmen können nach ihrer Grundstruktur, werden wir in eins damit die mögliche Struktur der πάθη durchsichtig machen. Die ἕξις selbst ist
nun eine Grundbestimmung der ἀρετή. Aristoteles sagt im 5. Kapitel des 2. Buches der »Nikomachischen Ethik«: »der seinsmäßigen Herkunft nach« ist die ἀρετή eine ἕξις, ein Gefaßtsein für
…[34] Die ἕξις ist zu verstehen *im Bezug auf das konkrete Sein des
Menschen.* Ἕξις hat nämlich auch die weitere Bedeutung, identisch mit δύναμις eines beliebigen Seienden. Hier hat ἕξις die bestimmte Orientierung auf das Sein des Menschen. An sich selbst
ist die ἕξις bezogen auf die ζωὴ πρακτικὴ μετὰ λόγου, ein solches
In-der-Welt-sein, in dem die Welt begegnet im Charakter des
συμφέρον, βλαβερόν, ἡδύ und λυπηρόν. Unser In-der-Welt-sein ist
immer charakterisiert durch diese Befindlichkeit des Gehoben-
und Gedrücktseins, und zwar so, daß wir uns in den Ausschlägen
befinden, von einer Mißstimmung oder gehobenen Stimmung
mitgenommen. Innerhalb dieses so charakterisierten Seins ist die
ἕξις das bestimmte Gefaßtsein. Damit ist die ἀρετή in ihrem
Seinscharakter bestimmt.

Aristoteles sucht die Seinsbestimmung der ἀρετή noch schärfer
zu nehmen dadurch, daß er sie als *μεσότης* nimmt, die οὐσία der
ἀρετή als μεσότης. Der Ausdruck μεσότης, μέσον stammt aus der
Medizin, die es darauf absah, den gesunden Zustand des Menschen als ein μέσον zu fassen und darauf hin die medizinische
Begriffsbildung zu orientieren. Aristoteles hat diesen Grundbegriff von der Medizin auf die Ethik übertragen, mit dem konkreten Blick auf die Andersartigkeit des Grundsinnes von Sein, um
den es sich da handelt. In früheren ethischen Fragen taucht der
Begriff der μεσότης nicht auf.

Aristoteles versucht das Phänomen der μεσότης, des Die-Mit-
te-Haltens, näher zu bringen dadurch, daß er ausgeht von der
Bestimmung des μέσον bei irgendeinem πρᾶγμα: ἐν παντὶ δὴ
συνεχεῖ καὶ διαιρετῷ ἔστιν λαβεῖν τὸ μὲν πλεῖον τὸ δ᾽ ἔλαττον τὸ δ᾽

---

[34] Eth. Nic. B 5, 1106 a 13: τῷ γένει.

ἴσον.[35]»In allem, was in sich zusammenhängt, stetig ist, läßt sich unterscheiden das Mehr oder Minder und dementsprechend das Gleiche.« Und diese Unterschiede: 1. κατ᾽ αὐτὸ τὸ πρᾶγμα, 2. πρὸς ἡμᾶς,[36]»hinsichtlich der Sache selbst« und πρὸς ἡμᾶς. τὸ δὲ ἴσον μέσον τι ὑπερβολῆς καὶ ἐλλείψεως.[37] Μέσον ist dasjenige Gleiche, das wir fassen als das Gleich-weit-weg-Sein von den Enden.»Als μέσον der Sache selbst wird das gleich weit von jedem der beiden Enden Entfernte angesprochen.«[38] So kann man die Mitte bestimmen bei einem Ding, geometrisch. Sofern aber das μέσον verwandt werden soll zur Interpretation des Seins des Menschen, betrifft es nicht ein πρᾶγμα an ihm selbst, sondern sofern es ist πρὸς ἡμᾶς, sofern wir dazu stehen, sofern es uns angeht in der Weise, daß die Sache uns »nicht zu viel und nicht zu wenig tut«.[39] Bei der μεσότης kommt zwar auch die Welt in Frage, aber nicht allein, sondern durch die μεσότης wird bestimmt die Weise des In-der-Welt-seins als solchen. Dementsprechend muß beachtet werden, daß es gemäß diesem Sein kein μέσον gibt, das ἕν und ταὐτὸν πᾶσιν wäre,[40] während bei einem πρᾶγμα καθ᾽ αὑτό, einer Linie z. B. oder zwei Zahlen, ein und dasselbe das μέσον bleibt, wie 4 immer das Doppelte von 2 und von 2 und 6 gleich weit entfernt ist. In diesem Sinne gibt es für das Sein des Menschen kein μέσον, weil jedes Menschliche μέσον πρὸς ἡμᾶς ist. *Für unser Sein, charakterisiert durch die Jeweiligkeit, läßt sich keine einmalige und absolute Norm geben.* Es kommt darauf an, das Sein des Menschen so auszubilden, daß es in die *Eignung* versetzt wird, *die Mitte zu halten.* Das besagt aber nichts anderes als *den Augenblick zu ergreifen.* Es kommt darauf an, ὅτε [δεῖ] καὶ ἐφ᾽ οἷς καὶ πρὸς οὓς καὶ οὗ ἕνεκα καὶ ὡς δεῖ.[41] Dieser Mannigfaltigkeit der Seinsbestim-

[35] Eth. Nic. B 5, 1106 a 26 sq.
[36] Eth. Nic. B 5, 1106 a 28.
[37] Eth. Nic. B 5, 1106 a 28 sq.
[38] Eth. Nic. B 5, 1106 a 29 sq.: λέγω δὲ τοῦ μὲν πράγματος μέσον τὸ ἴσον ἀπέχον ἀφ᾽ ἑκατέρου τῶν ἄκρων.
[39] Eth. Nic. B 5, 1106 a 31 sq.: πρὸς ἡμᾶς δὲ ὃ μήτε πλεονάζει μήτε ἐλλείπει.
[40] Eth. Nic. B 5, 1106 a 32.
[41] Eth. Nic. B 5, 1106 b 21 sq.

mungen gegenüber gilt es die Mitte zu halten, keine arithmetische oder geometrische Mitte, Mitte jetzt genommen im Sinne der ἕξις als τάξις: das »Verteiltsein« dessen, was für eine Entscheidung in Frage kommt. Die Verteilung ist eine Sache, die aus dem Entschluß selbst entspringt, d. h. die Mitte ist hier nicht eine festliegende Eigenschaft, sondern ist eine Weise des Sichverhaltens in der Welt. Die ἀρετή bezeichnet Aristoteles als τοῦ μέσου στοχαστική,[42] sie »zielt ab« als die Mitte haltende, als Orientiertsein auf die rechte Verteilung, rechte Ergreifung des Augenblicks. Μεσότης: ἕξις βλέπουσα,[43] das »Gefaßtsein, das sieht« und offen ist für die Situation. In diesem Sinn muß die Mitte verstanden werden aus dem Seinscharakter dessen, wofür sie als Mitte in Frage kommt, in diesem Sinn, bezogen auf das Sein des Menschen als Orientiertsein auf etwas.

Im 2. Buch, Kapitel 11 De anima charakterisiert Aristoteles bei Gelegenheit der Interpretation der αἴσθησις diese selbst als eine μεσότης, und zwar ist das Vernehmen ein μέσον vom Charakter des κριτικόν, des »Abhebenkönnens« gegeneinander.[44] Diese Fassung entspringt daraus, daß Aristoteles sieht: Sehen von Farben ist immer Abheben einer bestimmten Farbe gegen eine andere. Das Sehenkönnen muß eine solche Möglichkeit sein, die nicht auf *ein* Objekt des Umkreises bezogen ist, sondern eine solche, die nach beiden Enden, dunkel-hell, und damit nach der ganzen Erstreckung der Farbenmannigfaltigkeit sehen kann – ein Gestelltsein zu den möglichen Objekten, das eine δύναμις ist im Sinne der κριτική. Das Vernehmen ist gegenüber den Gegenständen in der eigentümlichen Lage des Freiseins für sie. In diesem Freisein ist ein bestimmtes Orientiertsein von den beiden Enden her. Aus dieser Verwendung des μέσον wird deutlich, daß es sich nicht um eine abgezirkelte Eigenschaft handelt, sondern primär bezogen auf das Orientiertsein in der Welt.

---

[42] Eth. Nic. B 5, 1106 b 28: στοχαστική γε οὖσα τοῦ μέσου.
[43] Eth. Nic. B 5, 1106 b 9.
[44] De an. B 11, 424 a 4 sqq.

188   *Die Auslegung des Daseins des Menschen*

γ) Die Orientierung der ἀρετή auf den Augenblick (καιρός)

ἔστιν ἄρα ἡ ἀρετὴ ἕξις προαιρετική, ἐν μεσότητι οὖσα τῇ πρὸς ἡμᾶς, ὡρισμένη λόγῳ.[45] In diesem Sinne ist die ἀρετή als μεσότης eine solche, die »ausgegrenzt« ist, die sich selbst ausgrenzt »durch das Sprechen« mit der Welt, in der Weise des Vorüberlegens des Augenblicks, durch das Wie des Durchsprechens der Umstände – jetzt in diesem Augenblick kommt diesem bestimmten Menschen gegenüber dieses in Frage –, so daß in dieser Ausgrenzung die rechte Verteiltheit des Augenblicks sich ergibt. Aus der so verstandenen μεσότης und ἀρετή kann nun deutlich gemacht werden, daß es verfehlt ist, wenn man die ἀρετή als Fertigkeit fassen würde – das widerspricht dem Sinn der ἀρετή.

Was heißt es eigentlich: in eine bestimmte ἕξις kommen? Ἕξεις sind ja nicht Eigenschaften, die wir von Natur mitbringen, sondern sie haben eine bestimmte γένεσις: δι' ἔθους. Die »Gewöhnung« ist der Weg, auf dem wir zur ἕξις kommen, zur ἀρετή. Gleich zu Anfang des 2. Buches macht Aristoteles die wesentliche Unterscheidung der Mannigfaltigkeit der ἀρεταί: ἡ μὲν διανοητικὴ [ἀρετὴ] τὸ πλεῖον ἐκ διδασκαλίας ἔχει [...], διόπερ ἐμπειρίας δεῖται καὶ χρόνου.[46] »Diejenigen Möglichkeiten des Verhaltens, die auch das διανοεῖν ausbilden, haben ihr Mehr aus der Mitteilung, deshalb bedürfen sie der Erfahrung und der Zeit.« ἡ δὲ ἠθικὴ ἐξ ἔθους περιγίνεται.[47] »Dagegen das Gefaßtsein in einer bestimmten Leidenschaft wird uns zueigen aus der Gewöhnung.« Es ist wichtig, sich den Charakter der γένεσις der ἀρετή aus der Gewöhnung klar zu machen. Ἐθίζειν: das *Sich-in-eine-bestimmte-Möglichkeit-Bringen durch das Öfter-Durchmachen.* Die Möglichkeit ist dabei jeweils eine bestimmte Möglichkeit, z. B. für eine ποίησις: die Aneignung der Möglichkeit einer Verfertigung, Technik; Möglichkeit zur πρᾶξις, πρᾶξις nicht genommen in der weiteren Bedeutung »Handlung« als solche, sondern als Bestimmung des

---

[45] Eth. Nic. B 6, 1106 b 36 sq.
[46] Eth. Nic. B 1, 1103 a 15 sqq.
[47] Eth. Nic. B 1, 1103 a 17.

Seins des Menschen. Ποίησις und πρᾶξις zwei Möglichkeiten, die
vielleicht nur zwei verschiedene Weisen der Aneignung bezeichnen.

Aristoteles spricht vom γραμματικός.[48] Er sagt: Man kann richtig schreiben, zunächst zufällig oder mit fremder Hilfe. Aber wer
zufällig schreibt, der kann doch nicht einfach schreiben. Er muß
schreiben, wie es die τέχνη verlangt. Er muß nicht zufällig, sondern nach Vorschrift, und nicht mit fremder Hilfe, sondern von
sich selbst her schreiben können. Bei der *Übung*, beim Öfter-
Durchmachen kommt es darauf an, gerade das Orientiertsein an
der Vorschrift mehr und mehr auszuschalten. Die Einübung hat
gerade den Sinn, die Überlegung zum Ausfall zu bringen, sofern
es gerade durch die Einübung der Fertigkeit darauf ankommt,
ein *Resultat* zu erreichen. Bei der τέχνη ist entscheidend das ἔργον. Das Besorgen dieses ἔργον stellt es darauf ab, daß dieses recht
wird, daß die Herstellung glatt vonstatten geht.

Bei einer *Handlung* – im engeren Sinne gegenüber der ποίησις
– kommt es ihrem Sinne nach nicht darauf an, daß sie einfach
abläuft, daß sich ein Resultat ergibt, sondern entscheidend ist die
προαίρεσις, die Art und Weise des »Sichentschließens«. Zur
Handlung gehört, daß sie jeweils aus einem *Entschluß* entspringt.
Die Handlung selbst hat ihr τέλος im καιρός. Zur Handlung gehört also, daß sie gerade *durch die Überlegung hindurchgeht und
als solche vollzogen wird*. In der ὀρθότης, der »Richtigkeit« der
Überlegung vollzieht sich die Handlung. Bei der Einübung ist die
Möglichkeit des Handelns ausgeschaltet, das Überlegen und Entschließen, das Wie des Handelns – gerade das, worauf es ankommt. Sich in die Möglichkeit des rechten Handelns bringen
kann also nicht heißen: eine Fertigkeit sich aneignen. Die Art
und Weise der Gewöhnung bei der Handlung ist nicht Übung,
sondern *Wiederholung*. Wiederholung besagt nicht: Ins-Spiel-
Bringen einer festsitzenden Fertigkeit, sondern *in jedem Augenblick neu aus dem entsprechenden Entschluß heraus Handeln*.

---

[48] Vgl. Eth. Nic. B 3, 1105 a 22 sqq.

Bei der Ausbildung der ἕξις kommt es nie auf einen Betrieb, auf eine Routine an. Im Betrieb wird der Augenblick zerstört. Jede Fertigkeit als festsitzende Routine versagt gegenüber dem Augenblick. Aneignung und Ausbildung der ἕξις durch Gewöhnung besagt nichts anderes als rechte Wiederholung. Deshalb unterscheidet auch Aristoteles im 3. Kapitel die ἀρετή und das Handeln scharf von jeder τέχνη, obgleich er beide zunächst zusammenstellt in der Abgrenzung beider gegen die ἐπιστήμη. Zur Aneignung ἐκ διδασκαλίας gehört ἐμπειρία und χρόνος.[49] »Wissenschaft«, ἐπιστήμη, ist für Aristoteles eine bestimmte ἕξις, ein bestimmtes Gestelltsein zu den daseienden Sachen als solchen, in der Weise, daß ich über sie Bescheid weiß. Diese ἕξις trägt in sich ein Ausmaß von konkretem Wissen. Dieses konkrete Wissen kann nach seinem Inhalt nur nach und nach beigebracht werden. Das ist abhängig von dem Ausmaß des Wissens. Es bedarf in sich einer ganz bestimmten Dauer. Dagegen kommt es bei dem πράττειν, »Handeln«, und auch schon beim »Verfertigen«, ποιεῖν, einer Sache darauf an, sie als solche auszubilden in der πρᾶξις und der τέχνη; nicht bestimmtes Material aufzunehmen, sondern *das Wie des Umgehens selbst auszubilden.* Der Unterschied liegt darin, daß es bei der πρᾶξις auf das *Wie* ankommt. Das Wie wird nur so angeeignet, daß der Mensch sich in den Stand setzt, *für jeden Augenblick gefaßt zu sein*; nicht Routine, sondern Sichfreihalten, δύναμις in der μεσότης. Alles menschliche Leben kann nicht ständig da sein. Die Möglichkeiten, über die eine menschliche Existenz verfügt, sind in der Erstreckung des Daseins nicht ständig da, es verliert sich. Die Möglichkeit verfällt und es bedarf der immer neuen und ständig wiederholten Aneignung. Die Eigentümlichkeit dessen, worauf es bei der Wiederholung als einer bestimmten Übung ankommt, läßt sich auch dahin charakterisieren, daß alle Handlung, alles Nicht-Handeln auf die μεσότης orientiert ist. Aristoteles betont immer wieder, daß das μέσον schwer zu finden und sehr leicht zu verfehlen ist, die Ausschläge

---

[49] Eth. Nic. B 1, 1103 a 15 sqq.

sind leicht. In Zorn geraten ist leicht, im rechten Augenblick zornig sein ist schwierig. Es bedarf der Möglichkeit, den Augenblick als Ganzes ergreifen zu können. Deshalb ist das Handeln aus der und in der μεσότης selten.[50] Die ganze Frage des Sichgewöhnens muß von da aus gesehen werden, wie die Möglichkeit aussieht, auf deren Aneignung es ankommt. Es kommt an auf das jeweilige Entschlossensein und Aneignen des Augenblicks. So ist nun auch zu verstehen, daß Aristoteles sagt: »aus dem Öfter-Handeln«.[51] Dieses Öfter-Handeln besagt hier nicht das Oft im Sinne einer Dauer, so daß man nach einer bestimmten Zeit endgültig die Routine erreicht hätte, sondern es ist bezogen auf die πρᾶξις als προαίρεσις: Immer-Wiederholen der προαίρεσις. Das Öfter ist gerade dasjenige, was die Zeitlichkeit des Daseins charakterisiert. Aristoteles kann nicht sagen ἀεί, sofern das menschliche Dasein sich nicht ständig und immer so verhält. Es kann gerade ständig anders sein. Das *Immer* eines solchen Seienden wie des Daseins ist das *Öfter der Wiederholung*. Es sind im Dasein des Menschen, als bestimmt durch die *Geschichtlichkeit*, ganz andere Zeitzusammenhänge zu sehen, denen gegenüber die übrigen Zeitbestimmungen versagen.

*§ 18. Das πάθος. Seine allgemeinen Bedeutungen und seine Rolle
im menschlichen Dasein (Met. Δ 21, De an. A 1)*

a) Die ἕξις als Leitfaden für die Fassung der
Seinsstruktur des πάθος

Für das Verständnis der ἕξις selbst und das Verständnis ihrer γένεσις entnehmen wir, daß sie nicht als eine Fertigkeit im Sinne der Routine verstanden werden kann. Von da aus sehen wir schon

---

[50] Eth. Nic. B 9, 1109 a 26 sqq.: οὕτως δὲ καὶ τὸ μὲν ὀργισθῆναι παντὸς καὶ ῥᾴδιον [...]· τὸ δ' ᾧ καὶ ὅσον καὶ ὅτε καὶ οὖ ἕνεκα καὶ ὥς, οὐκέτι παντὸς οὐδὲ ῥᾴδιον· διόπερ τὸ εὖ καὶ σπάνιον καὶ ἐπαινετὸν καὶ καλόν.
[51] Eth. Nic. B 3, 1105 b 4: ἐκ τοῦ πολλάκις πράττειν.

etwas schärfer, was bei den πάϑη selbst nun in Frage kommt. Auch die πάϑη sind Charaktere, die das In-der-Welt-sein, Im-Augenblick-Sein näher in ihrer Weise bestimmen. Es handelt sich nicht um »seelische Zustände« mit »körperlichen Begleiterscheinungen«, sondern die πάϑη charakterisieren den ganzen Menschen in seiner *Befindlichkeit in der Welt.* Der ganze Mensch ist primär das Objekt, um das es sich in der aristotelischen Psychologie in De anima, 1. Buch handelt. Das Ganze des Menschen muß hinsichtlich seines Seins als ζωή, als In-einer-Welt-Sein verstanden werden – so gefaßt eigentlich Thema nicht der Psychologie, sondern *Erörterung des Seins dieses Seienden.* Πάϑη: Wir werden die Analyse der *Furcht* als Beispiel nehmen. Furcht als Angst ist bei den Griechen mit konstitutiv für die Art und Weise der Erfassung dessen, was ist und was nicht ist. Dabei sieht Aristoteles das Phänomen der Furcht so weit, daß er auch aufmerksam geworden ist darauf, daß es eine Furcht auch dann gibt, wenn nichts da ist, was unmittelbar Anlaß einer Furcht wäre – *Furcht vor dem Nichts.* Von hier aus wird verständlich, wie der Grieche das Sein eigentlich in der *Gegenwart* sieht, Sein besorgt als *Gegenwärtigkeit.*

Aus der Orientierung der Bestimmung des Begriffs der ἀρετή an dem Fundamentalbegriff des Seins bestimmt Aristoteles am Anfang des Kapitels 6, Buch 2 der »Nikomachischen Ethik« die ἀρετή als ἕξις προαιρετική, ἐν μεσότητι οὖσα τῇ πρὸς ἡμᾶς, ὡρισμένη λόγῳ καὶ ὡς ἂν ὁ φρόνιμος ὁρίσειε.[1] Ἀρετή ist ein »Gefaßtsein im Sichentschließenkönnen«. Ἕξις in der Bestimmung auf die προαίρεσις, auf den Augenblick, ist näher ausgedeutet als μεσότης. »Mitte« als Bestimmung der ἕξις, μεσότης als πρὸς ἡμᾶς: wie die Welt selbst zu uns steht bzw. wie wir in ihr sind, d. h. die Mitte halten können im Sichentschließen, Gegenwärtig-Dahaben des entscheidenden Augenblicks. Im Durchsprechen grenzt sich diese Lage selbst noch in verschiedenen Hinsichten aus. Auch in der ἀρετή selbst als dem Gefaßtsein taucht die Bestimmung des λέ-

---

[1] Eth. Nic. B 6, 1106 b 36 sqq.

γειν auf. Dieses ὁρίζεσϑαι λόγῳ wird näher bestimmt, um eine Verwechslung zu verhüten mit einem theoretischen Bestimmen einer Sache. Es ist ein solches ὁρίζεσϑαι, wie es ein φρόνιμος tun würde, λέγειν als λέγειν des φρόνιμος, Sehen nicht nur als Hinsehen, welches Hinsehen Sachverhalte zur Abhebung bringt, sondern Sehen der Welt als Umsicht, Sichumsehen in ihr, primär als die Umsicht im Sichentschließen. Das In-der-Sorge-Sein um das Dasein hat die Weise ihrer Sicht in der φρόνησις. Deshalb ist das λέγειν ein solches, das der φρόνησις entspricht, mit Bezug auf sie μετά ist. Wenn man die ἀρετή so betrachtet, dann charakterisiert man sie als οὐσία, sofern ihr Sein das Dasein des Menschen ausmacht. In bezug auf die Möglichkeit des Handelns, des Sichverhaltens, die in der ἀρετή ausgedrückt ist, ist die ἀρετή nicht eine μεσότης, sondern eine Spitze, das Höchste, ἀκρότης. Rein ontologisch genommen, in der οὐσία, ist die ἀρετή μεσότης, hinsichtlich der Möglichkeit selbst, die sie in sich trägt, hinsichtlich des εὖ, ist sie ἀκρότης.[2]

Die ἀρετή, die auf das ἦϑος geht, die ἀρετὴ ἠϑική, hat entsprechend ihrem Seinscharakter eine ganz spezifische γένεσις, die Aristoteles am Anfang des 2. Buches der »Nikomachischen Ethik« charakterisiert in Abhebung gegen die ἀρετὴ διανοητική, das Gefaßtseinkönnen in der Welt als aufgeklärter bezüglich des Sichumsehens in der Welt. Die ἀρετή ist auf die πρᾶξις bezogen, die ἀρετὴ ἠϑική auf das ἔϑος: Ihre γένεσις ist das »Sichgewöhnen« im Sinne des öfteren Durchmachens.[3] Sofern man die andere ἀρετή, die ἀρετὴ διανοητική, auf ihre γένεσις betrachtet, etwa Wissenschaft als Besitzen eines bestimmten Sachgebietes, ist zu sagen, daß die ἀρετή »bedarf der Erfahrung und der Zeit«.[4] Damit ist nicht gesagt, daß die Ausbildung der ἀρετὴ ἠϑική nicht der Zeit bedürfte, aber χρόνος ist hier genommen als *Dauer*: Die Dauer als solche, in der ich mir Sachkenntnisse aneigne, ist mit

---

[2] Eth. Nic. B 6, 1107 a 6 sqq.: κατὰ μὲν τὴν οὐσίαν καὶ τὸν λόγον τὸν τὸ τί ἦν εἶναι λέγοντα μεσότης ἐστὶν ἡ ἀρετή, κατὰ δὲ τὸ ἄριστον καὶ τὸ εὖ ἀκρότης.

[3] Eth. Nic. B 1, 1103 a 17: ἐξ ἔϑους περιγίγνεται.

[4] Eth. Nic. B 1, 1103 a 16 sq.: ἐμπειρίας δεῖται καὶ χρόνου.

konstitutiv für die Ausbildung des Gefaßtseins als Bescheidwissen von etwas. Der Zeitcharakter der ἠθική liegt im πολλάκις. Aristoteles bringt die ἀρετὴ ἠθική etymologisch zusammen mit ἔθος.[5] Ἔθος drückt also hier zugleich aus die γένεσις. Daß gerade nicht die Zeit als Dauer konstitutiv ist für die ἀρετή als ἠθική zeigt sich darin, daß Aristoteles betont: Das eigentliche Gefaßtsein innerhalb des Daseins gewinnt der Mensch als Mann, also nicht in der Jugend und nicht im Alter, wo doch gerade die längste Zeit verflossen ist. Über die Lebensalter handelt Aristoteles ausführlich »Rhetorik«, 2. Buch, Kapitel 12-15. Zu beachten ist, daß nicht etwa die Ältesten aufgrund dieser zeitlichen Erstreckung die Möglichkeit hätten, eigentlich in der ἕξις zu sein, während bei der ἐπιστήμη dieses schon möglich ist. Die ἕξις, bezogen auf die πάθη, soll uns Leitfaden sein für die nähere Fassung der Seinsstruktur der πάθη selbst.

b) Die vier allgemeinen Bedeutungen von πάθος

Für die Bestimmung des πάθος sehen wir uns um im Definitionsbuch »Metaphysik« Δ, Kapitel 21:

1. πάθος λέγεται ἕνα μὲν τρόπον ποιότης καθ᾽ ἣν ἀλλοιοῦσθαι ἐνδέχεται, οἷον τὸ λευκὸν καὶ τὸ μέλαν, καὶ γλυκὺ καὶ πικρόν, καὶ βαρύτης καὶ κουφότης, καὶ ὅσα ἄλλα τοιαῦτα.[6] Die erste und nächste Bestimmung des πάθος ist das »Beschaffensein, ποιότης, hinsichtlich dessen etwas der Veränderung unterliegt [also nicht irgendeine Ausstattung als solche, sondern eine so charakterisierte Ausstattung, Beschaffenheit, die in sich selbst für das so Beschaffene die Möglichkeit bietet, umzuschlagen], weiß-schwarz, süßbitter …«. Diese Bestimmung charakterisiert das Seiende als etwas, das gewissermaßen *betroffen werden* kann von etwas. Es kann mit dem so Seienden etwas *passieren.* »Passieren« trifft im eigentlichen Sinne das, was mit πάσχειν und πάθος gemeint ist.

---

[5] Vgl. Eth. Nic. **B** 1, 1103 a 17 sq.
[6] Met. Δ 21, 1022 b 15 sqq.

Aristoteles sieht beim πάθος mit den Tatbestand der *Bewegung*, weniger das Passive, sondern daß etwas *mit mir geschieht*. Hier ist πάθος in der weitesten und flachsten Bedeutung genommen: Möglichkeit der ἀλλοίωσις, des »Anderswerdens«; πάθος eine Bestimmung des Seienden mit dem Charakter der Veränderlichkeit.

2. ἕνα δὲ αἱ τούτων ἐνέργειαι καὶ ἀλλοιώσεις ἤδη[7]: so charakterisiertes Seiendes, das die Möglichkeit in sich trägt, daß mit ihm etwas geschieht im Umkreis der Beschaffenheit, bezüglich einer Farbe etwa; jetzt genommen, sofern das Geschehen selbst in seinem Dasein selbst als πάθος genommen wird. Die ἐνέργεια: das »Dasein« eines solchen umschlagenden Mit-einem-Geschehens.

3. ἔτι τούτων μᾶλλον αἱ βλαβεραὶ ἀλλοιώσεις καὶ κινήσεις, καὶ μάλιστα αἱ λυπηραὶ βλάβαι.[8] Die Bestimmung des πάθος verengt sich mehr und mehr: πάθος das Mit-einem-Geschehen so, daß es den Charakter hat des Unangenehmen, des βλαβερόν. Das, was mir passiert, ist in seinem Passieren mir abträglich, wie wir ja auch »passieren« gebrauchen. Πάθος wird aber noch genauer bestimmt: am meisten Abträglichkeit, die Bezug hat auf die λύπη, so daß also *meine Stimmung von diesem Geschehen mit mir betroffen wird*; ein Angegangenwerden von etwas, das abzielt auf meine Stimmung, ein Anderswerden im Sinne des Herabgedrücktwerdens.

4. ἔτι τὰ μεγέθη τῶν συμφορῶν καὶ λυπηρῶν πάθη λέγεται.[9] In einem zugespitzten Sinne wird dann mit πάθος bezeichnet die »Größe«, das »Ausmaß« dessen, was mir passiert, was mir zuleide geschieht. Wir haben dafür einen entsprechenden Ausdruck: »Das und das ist ein Schlag für mich«.

Aus den vier Bedeutungen wird sichtbar die *eigentliche Bezogenheit* des πάθος: bezogen auf das *Sein des Lebenden*, das charakterisiert ist durch ein *Je-und-je-sich-so-Befinden*. Das Geschehen mit einem betrifft und schlägt einen in diese Befindlich-

[7] Met. Δ 21, 1022 b 18.
[8] Met. Δ 21, 1022 b 18 sqq.
[9] Met. Δ 21, 1022 b 20 sq.

keit. Dieses Geschehen hat in sich selbst den Charakter des *Abträglichen.* Das Geschehen selbst nun braucht nicht ohne weiteres als Passieren den Charakter der Abträglichkeit zu haben, den der φθορά, sondern Aristoteles kennt eine μεταβολή, κίνησις, ἀλλοίωσις, wo das πάσχειν den Charakter der σωτηρία hat.[10] Es geschieht etwas mit mir so, daß dieses Erfahren oder Erleiden den Charakter des σῴζειν hat. Dadurch, daß mir etwas begegnet, geschieht, werde ich nicht vernichtet, sondern komme ich selbst erst in den eigentlichen Zustand, d. h. die Möglichkeit, die in mir war, wird nun eigentlich wirklich. *Hegel* hat das Phänomen des σῴζειν unter dem Ausdruck »Aufhebung« von Aristoteles genommen. Ich betone diese Dinge jetzt schon, damit der Zusammenhang mit dem Phänomen der Bewegung klar wird. Aristoteles berührt den Unterschied in charakteristischem Zusammenhang: Wenn einer, der über eine bestimmte Sache Bescheid weiß, der im Besitz eines Wissens ist, aus diesem Wissen, aus dem Gefaßtsein zu dem Sehenkönnen heraus das betreffende Sachgebiet sich wirklich vergegenwärtigt, es leibhaft sieht, dann ist eine gewisse κίνησις, μεταβολή festzustellen, ein »Umschlagen«, das wir aber nicht gut als »Anderswerden« bezeichnen können, oder, wenn man es überhaupt als »Anderswerden« bezeichnen wollte, müßte man ein neues γένος der ἀλλοίωσις einführen; so wenig, wie man sagen könnte, daß ein Baumeister, wenn er ein Haus baut, durch das Bauen ein anderer wird – er wird gerade das, was er ist.[11] Gegenüber dieser μεταβολή, in der die ἕξις gerettet wird, gerade zu dem gebracht wird, was sie sein soll, gibt es ein solches πάσχειν, das den Charakter des στερητικόν hat: Es passiert etwas mit mir, wobei ich der ἕξις verlustig gehe, z. B. Altwerden. Πάθος ist also, was mich einer Sache verlustig macht, und ein Aufheben, Retten

---

[10] De an. B 5, 417 b 2 sqq.: οὐκ ἔστι δ' ἁπλοῦν οὐδὲ τὸ πάσχειν, ἀλλὰ τὸ μὲν φθορά τις ὑπὸ τοῦ ἐναντίου, τὸ δὲ σωτηρία μᾶλλον τοῦ δυνάμει ὄντος ὑπὸ τοῦ ἐντελεχείᾳ ὄντος.

[11] De an. B 5, 417 b 5 sqq.: θεωροῦν γὰρ γίγνεται τὸ ἔχον τὴν ἐπιστήμην, ὅπερ ἢ οὐκ ἔστιν ἀλλοιοῦσθαι [...] ἢ ἕτερον γένος ἀλλοιώσεως. διὸ οὐ καλῶς ἔχει λέγειν τὸ φρονοῦν, ὅταν φρονῇ, ἀλλοιοῦσθαι, ὥσπερ οὐδὲ τὸν οἰκοδόμον ὅταν οἰκοδομῇ.

– Aufheben im Sinne des Aufbewahrens, Hinaufhebens zum höheren eigentlichen Sein der ἐνέργεια.[12]

c) Das πάθος als Mitgenommenwerden des menschlichen
    Daseins in seinem vollen leiblichen In-der-Welt-sein

Πάθος bezogen auf die ζωὴ πρακτικὴ μετὰ λόγου ist also ein *Mitgenommenwerden* des Daseins. Es wird mitgenommen von solchem, was mit ihm selbst in der Welt da ist – *von außen,* aber von außen *als der Welt als Worin meines Seins.* Aus dem Dasein selbst ergeben sich die Möglichkeiten und Weisen seines Mitgenommenwerdens. Dieses Mitgenommenwerden des Daseins als In-seiner-Welt-Seins betrifft also nicht so etwas, was wir als das »Seelische« bezeichnen dürften, wozu auffordert die Auffassung des πάθος als Affekt, sondern ein Mitgenommenwerden des Seienden als Lebenden als solchen. Ich kann, genau gesprochen, nicht sagen: die Seele hofft, hat Furcht, Mitleid; sondern ich kann immer nur sagen: der Mensch hofft, ist mutig. τὸ δὴ λέγειν ὀργίζεσθαι τὴν ψυχὴν ὅμοιον κἂν εἴ τις λέγοι τὴν ψυχὴν ὑφαίνειν ἢ οἰκοδομεῖν· βέλτιον γὰρ ἴσως μὴ λέγειν τὴν ψυχὴν ἐλεεῖν ἢ μανθάνειν ἢ διανοεῖσθαι, ἀλλὰ τὸν ἄνθρωπον τῇ ψυχῇ.[13] »Zu sagen, die Seele gerät in Zorn, ist gleich dem, wenn einer sagen wollte: die Seele baut ein Haus. Besser wäre es zu sagen, nicht die Seele habe Mitleid oder lerne oder vermeine etwas, sondern der Mensch τῇ ψυχῇ« – Seele hier gefaßt als οὐσία, sofern in den πάθη ausgedrückt ist das Mitgenommenwerden des Seienden als Lebenden. Thema dessen, was Aristoteles mit Περὶ ψυχῆς, Ontologie des Seienden, bezeichnet, ist gerade der Mensch. Daher sind die πάθη nicht »seelische Erlebnisse«, nicht »im Bewußtsein«, sondern ein Mitgenommenwerden des Menschen in seinem vollen In-der-Welt-sein. Das drückt sich darin aus, daß zu den πάθη gehört das Ganze, der volle Geschehenszusammenhang, der vorfindlich ist

---

[12] De an. B 5, 417 b 14 sqq.: δύο τρόπους εἶναι ἀλλοιώσεως, τήν τε ἐπὶ τὰς στερητικὰς διαθέσεις μεταβολὴν καὶ τὴν ἐπὶ τὰς ἕξεις καὶ τὴν φύσιν.
[13] De an. A 4, 408 b 11 sqq.

in diesem Passieren, Mitgenommenwerden. Die sogenannten
»Leibzustände« bei der Angst, Freude und dergleichen sind keine
Begleiterscheinungen, sondern gehören mit zum charakteristi-
schen Sein des Seienden, des Menschen.

Aristoteles diskutiert im 1. Kapitel des 1. Buches De anima,
was eigentlich Gegenstand einer solchen Untersuchung Περὶ ψυχῆς ist, in welcher Rolle die πάθη stehen.

Er diskutiert so zugleich
die πάθη, die Weisen, in denen ein Lebendes mitgenommen wird:
ἀπορίαν δ᾽ ἔχει καὶ τὰ πάθη τῆς ψυχῆς, πότερόν ἐστι πάντα κοινὰ καὶ
τοῦ ἔχοντος ἢ ἐστί τι καὶ τῆς ψυχῆς ἴδιον αὐτῆς· τοῦτο γὰρ λαβεῖν μὲν
ἀναγκαῖον, οὐ ῥᾴδιον δέ. φαίνεται δὲ τῶν μὲν πλείστων οὐδὲν ἄνευ τοῦ
σώματος πάσχειν οὐδὲ ποιεῖν, οἷον ὀργίζεσθαι, θαρρεῖν, ἐπιθυμεῖν,
ὅλως αἰσθάνεσθαι. μάλιστα δ᾽ ἔοικεν ἴδιον τὸ νοεῖν· εἰ δ᾽ ἐστὶ καὶ
τοῦτο φαντασία τις ἢ μὴ ἄνευ φαντασίας, οὐκ ἐνδέχοιτ᾽ ἂν οὐδὲ τοῦτ᾽
ἄνευ σώματος εἶναι.[14] Bezüglich der πάθη stellt er die Frage, »ob sie
alle gemeinsam sind für denjenigen, der sie hat [für den ἄνθρωπος: κοινά meint hier den ganzen Menschen], oder ob es hinsichtlich der πάθη solche gibt, die eigens auf die Seele zugeschnitten
sind. Darüber muß notwendigerweise ins klare gekommen werden [merkwürdiger Gebrauch von λαβεῖν], aber das ist nicht
leicht. Die meisten [Berufung auf die durchschnittliche Erfahrung des Menschen vom Dasein selbst] sind der Meinung, daß
bei allem Mut-Haben usw., überhaupt bei allem Vernehmen in
irgendeiner Weise der Leib mitbeteiligt ist. [Der Ausdruck αἰσθάνεσθαι – das Mut-Haben zu ..., Geneigtsein usw. – ist nicht im
engen Sinne der Wahrnehmung, sondern αἰσθάνεσθαι als Vernehmen im Sinne des Dahabens der Welt gebraucht; kein theoretisches Betrachten, sondern Aufgeschlossensein für etwas, was um
mich ist.] Am meisten scheint noch das νοεῖν ein ἴδιον der Seele
zu sein. [Am meisten scheint das reine Betrachten so etwas zu
sein – das rein mathematische z. B. –, wobei der Leib als solcher
nicht beteiligt ist.] Wenn aber auch das νοεῖν [das Durchüberlegen einer Sache, wenn ich sie wahrnehmungsmäßig nicht präsent

---

[14] De an. A 1, 403 a 3 sqq.

habe] so etwas ist wie eine φαντασία oder nicht ohne φαντασία sein kann, dann könnte auch das Denken nicht sein, ohne im Zusammenhang zu stehen mit dem ganzen Leben des Menschen.« *Denken*: Es wird nicht rekurriert auf einen Gehirnvorgang, sondern auf die φαντασία, das »Sichvergegenwärtigen« der Welt, bei welcher das Vergegenwärtigte nicht aktuell da ist, sondern z. B. in der Erinnerung oder im bloßen blassen Vergegenwärtigen. Auch im Denken über etwas sind die Sachen da in der Vergegenwärtigung. Die φαντασία ist der Boden für das νοεῖν. Sofern νόησις die höchste Möglichkeit für das Sein des Menschen ist, ist das ganze Sein des Menschen so bestimmt, daß es gefaßt werden muß als das *leibmäßige In-der-Welt-sein* des Menschen.

Das, was hier von Aristoteles gegeben worden ist, ist bis heute noch nicht ausgenützt worden. Erst in der *Phänomenologie* ist damit begonnen worden. Keine Trennung von »psychischen« und »leiblichen Akten«! Das ist praktisch zu sehen, z. B. wie ich meine Hand bewege, wie ich mit ihr eine Bewegung mache. *Man muß darauf sehen, daß die primäre Daseinsfunktion der Leiblichkeit sich den Boden für das volle Sein des Menschen sichert.* Bei Aristoteles finden sich auch schon die Ansätze für die Fehlorientierung ins Biologische in der gesamten Tradition (*Descartes*: res cogitans – res extensa).

Aristoteles geht von vier allgemeinen Bedeutungen des πάϑος aus: 1. veränderliche Beschaffenheit, 2. von da auf eine spezifische Bedeutung, 3. als das Leben herabstimmend, 4. πάϑος besonders als abträglich: Unglücksfall, Schlag. Es muß gezeigt werden, inwiefern die Phänomene wie Furcht, Zorn usw. dem, was wir über das πάϑος an allgemeinen Bestimmungen herausgestellt haben, genügen, in welchem Sinne damit auch die πάϑη als γινόμενα τῆς ψυχῆς zu betrachten sind.

Aristoteles beginnt De anima mit der Frage, wie das mit ψυχή Gemeinte zu verstehen und zu bestimmen ist, um die rechten προτάσεις zu gewinnen, von denen her das Weitere über die Seinszusammenhänge des Lebenden auszumachen ist. Mit ψυχή ist gemeint all das, was das Sein eines Lebenden ausmacht, was als das, was Sein ausmacht, selbst etwas ist. Die Mannigfaltigkeit von Seinszusammenhängen untersteht also einer bestimmten Mannigfaltigkeit bestimmter Gegenstandskategorien. Die Frage, unter der Aristoteles die πάθη diskutiert, ist die: Wie kann mit einem Lebenden hinsichtlich seines Seins etwas geschehen? Und ist all das, was mit dem Lebenden geschehen kann, als zugehörig zu diesem Sein als solchen zu nehmen oder gibt es auch Bestimmungen des Geschehenkönnens mit dem Lebenden, die im besonderen Sinne einem Sein des Lebenden selbst – der ψυχή und nicht dem ἄνθρωπος – zukommen?

Im Hintergrund dieser ganz allgemeinen Frage steht das Phänomen, das Aristoteles bezeichnet mit νοῦς. Die konkrete Frage ist die (Aristoteles bringt sie im 4. und 5. Kapitel des 3. Buches De anima zur Ansetzung, aber nicht zur Entscheidung), wodurch im eigentlichen Sinne das Sein des Menschen als In-der-Welt-sein bestimmt ist; ob das Sein des Menschen als Die-Welt-aufgeschlossen-Dahaben, Entdecktheit, Aufgeschlossenheit des Seins-in-der-Welt, ob und wie diese durch den νοῦς bestimmt werden; ob dieses Bestimmtsein der Aufgeschlossenheit durch den νοῦς so zu fassen ist, daß der νοῦς als solcher mit zum Sein des Menschen gehört, derart, daß er *im Sein des Menschen aufgeht*; oder ob dieses Sein des Menschen, die Aufgeschlossenheit, durch den νοῦς bestimmt ist, aber so, daß der νοῦς *von außen her in den Menschen hineinkommt*, so daß das Sein des Menschen nur eine bestimmte Möglichkeit der Aufgeschlossenheit ist, die der νοῦς als solcher gewährleistet. Die Frage ist also, ob es solche πάθη gibt, die über das konkrete Sein des Menschen hinaus noch in sich selbst ein charakteristisches Sein haben. Diese Zusammenhänge werden verständlich, wenn ich einige Grundbestimmungen des νοῦς hervorhebe.

Aristoteles vergleicht νοῦς mit φῶς.[15] Wie durch das Licht eine Farbe erst zu ihrem Da-sein kommt, in ihrem Da ist, sofern sie in der Helle steht – Da-sein als die charakteristische Erhellung –, so

---

[15] De an. Γ 5, 430 a 14 sqq.

bedarf jedes Da-seiende als Seiendes einer grundsätzlichen Erhellung, um da zu sein. Das Seiende selbst als Da-seiendes muß die Möglichkeit des Aufgeschlossenseins haben. Diese Möglichkeit ist nichts anderes als der νοῦς. Die Grundbestimmung des νοῦς, des »Vermeinens« von etwas, ist das δυνατόν,[16] die »Möglichkeit« schlechthin des Aufgeschlossenseins, des Da von etwas – in ihm bewegt und hält sich jedes konkrete Erfassen. Als solcher ist der νοῦς ἀπαθές,[17] »dem nichts begegnen kann«, sondern das die *Bedingung der Möglichkeit* ist, *daß dem Lebenden überhaupt etwas begegnet*, für das Leben etwas da ist. So ist der νοῦς bezüglich des Aufgeschlossenseins des In-Seins mehr, als der Mensch sein kann, denn die Weise, wie der Mensch diese Möglichkeit, den νοῦς, ergreift, ist das διανοεῖσθαι.[18] Sofern der νοῦς das Aufgeschlossensein des Menschen ausmacht, ist er ein διά, sofern Leben durch λύπη und ἡδονή bestimmt ist. Der νοῦς ist die *Grundbedingung der Möglichkeit des In-der-Welt-seins*, die als solche über das jeweilige konkrete Sein des einzelnen Menschen hinausragt.

Es ist zu beachten, daß Aristoteles bei dieser Explikation im 3. bis 5. Kapitel ganz im Umkreis der Beschreibung sich hält, daß diese Lehre vom νοῦς nicht irgendwelche Theorie ist, sondern aus konkreter Erfahrung erwächst. Aristoteles hat diese Lehre nur so weit geführt, als er in der Tat die Sache sah. Er ließ die Untersuchung des νοῦς stehen, weil er sachlich nicht weiter kam.

Als dieses δυνατόν ist der νοῦς näher bestimmt als δεκτικὸν τοῦ εἴδους,[19] als »Aufnehmenkönnen« des jeweiligen εἶδος, »Aussehens« eines Seienden. Der νοῦς ist demnach das Licht, in dem das Aussehen von etwas gesehen wird. Was von der Helle in bezug auf die Farbe gesagt wird (αἴσθησις), wird vom νοῦς grundsätzlich gesagt hinsichtlich der Seinsbestimmungen jedes Seienden als solchen.

---

[16] De an. Γ 4, 429 a 22.
[17] De an. Γ 4, 429 a 15.
[18] De an. Γ 4, 429 a 23: νοῦν ᾧ διανοεῖται […] ἡ ψυχή.
[19] De an. Γ 4, 429 a 15 sq.

Diese konkrete Frage ist es, die Aristoteles einleitend stellt: Wie weit der νοῦς zum konkreten Sein des Menschen gehört oder nicht; ob es ein ἴδιον πάθος τῆς ψυχῆς gibt; ob der νοῦς das Sein des Lebenden ausmacht, so, daß diese Bestimmung das Sein des Lebenden zu einem eigenen Seienden charakterisiert; ob der νοῦς als μέρος ψυχῆς χωριστόν ist.[20] Aristoteles entscheidet diese Frage aus dem Augenschein. Der Augenschein sagt, daß ein Lebendes als in der Welt seiendes, sofern es von der Welt betroffen wird, *auch betroffen wird hinsichtlich seiner Leiblichkeit,* daß alles auf das Lebende *in seinem vollen Dasein* abzielt. Er zeigt das bezüglich des Seins des Menschen, das durch den νοῦς bestimmt ist. Das νοεῖν des Menschen ist kein reines. Das Vermeinen von etwas, was ich nicht aktuell da habe, gründet auf der φαντασία, ist nur möglich aus der Vergegenwärtigung, und die Vergegenwärtigung ist als solche nichts anderes als die Wiederholung dessen, was einmal gegenwärtig war, Wiederholung einer vergangenen Gegenwart. Φαντασία ist nicht notwendig Erinnerung − das ist eine besondere Vergegenwärtigung. Erinnerung ist eine solche Vergegenwärtigung, daß darin liegt das Wissen um das Damals-Erfahrenhaben des Wiederholten. So ist also der νοῦς des Menschen auf die φαντασία bezogen und damit auf die αἴσθησις und auf das πάσχειν des σῶμα.

Uns geht die Frage an, wie Aristoteles die eigentümliche Verflechtung des Seins des Menschen in seinem vollen Dasein mit dem σῶμα kennzeichnet. Diese Frage bestimmt die Behandlungsart, der die πάθη als solche unterworfen werden. Die Art der Analyse der πάθη, wie sie in der »Rhetorik« durchgeführt wird, ist eine solche, die das εἶδος der πάθη sichtbar macht, ohne auf ihre Eigentümlichkeit einzugehen, daß sie als so aussehende κινήσεις τοῦ σώματος sind, ein solches Geschehen bei einem Lebenden, bei dem auch die Leiblichkeit mit in Anspruch genommen ist.

Die Frage, ob es ein ἴδιον πάθος der Seele als solcher gibt, läßt Aristoteles zunächst offen. Vielmehr geht er dazu über zu zeigen,

---

[20] De an. A 1, 403 a 8 sqq.

daß alle πάθη μετὰ σώματος sind.[21] Er zeigt das doppelt: In allem
Zornigsein auf …, Mildesein gegen …, Fürchten vor … usw. ist in
gewisser Weise mit angegangen auch der Leib.[22] Es zeigt sich die
Eigentümlichkeit, daß wir von παθήματα, von Geschehnissen,
Umständen aus der Welt angegangen werden, sie sehr stark sind,
und daß wir trotzdem dabei nicht in Furcht geraten; zuweilen
zeigt sich umgekehrt, daß es ganz dürftige Anlässe sind, die uns
in Erregung bringen.[23] Es liegt also nicht ausschließlich an dem,
was uns zustößt, wenn wir in das und das πάθος geraten, sondern
die γένεσις der πάθη ist auch durch die Leiblichkeit gegeben.
Noch deutlicher zeigt sich die γένεσις der πάθη darin, daß wir
zuweilen in Furcht geraten, ohne daß etwas Furchtbares uns
zustößt,[24] so daß gewissermaßen das Fürchten in uns selbst auf-
steigt, in unserem Sein die Möglichkeit der Furcht und der Angst
mitgegeben ist. Das zeigt aber, daß in der Tat die Leiblichkeit bei
der γένεσις der πάθη mitspricht.»Wenn das so ist, ist es klar, daß
die πάθη λόγοι ἔνυλοι sind.«[25]

d) Die doppelte Betrachtungsart der πάθη nach εἶδος und ὕλη und die Frage nach der Aufgabe des φυσικός

Das Ansprechen dieses Phänomens, soll es die πάθη in dem, was
sie sind, treffen, muß gehen auf das, woraus sie sind, worin sie
sich befinden. Ihre ὕλη ist nichts anderes als das σῶμα, die Leiblichkeit des Menschen. Weil also die Untersuchungsart der πάθη
derart ist, müssen entsprechend ausfallen die ὅροι,[26] die das jewei-

---

[21] De an. A 1, 403 a 16 sq.: ἔοικε δὲ καὶ τὰ τῆς ψυχῆς πάθη πάντα εἶναι μετὰ σώματος.
[22] De an. A 1, 403 a 18 sq.: ἅμα γὰρ τούτοις πάσχει τὸ σῶμα.
[23] De an. A 1, 403 a 19 sqq.: σημεῖον δὲ τὸ ποτὲ μὲν ἰσχυρῶν καὶ ἐναργῶν
παθημάτων συμβαινόντων μηδὲν παροξύνεσθαι ἢ φοβεῖσθαι, ἐνίοτε δ' ὑπὸ μικρῶν
καὶ ἀμαυρῶν κινεῖσθαι.
[24] De an. A 1, 403 a 22 sqq.: ἔτι δὲ τοῦτο μᾶλλον φανερόν· μηθενὸς γὰρ φοβεροῦ
συμβαίνοντος ἐν τοῖς πάθεσι γίγνονται τοῖς τοῦ φοβουμένου.
[25] De an. A 1, 403 a 24 sq.: εἰ δ' οὕτως ἔχει, δῆλον ὅτι τὰ πάθη λόγοι ἔνυλοί εἰσιν.
[26] De an. A 1, 403 a 25.

lige Phänomen in sich selbst begrenzen. So ist der ὅρος der ὀργή: »Das Zornigsein ist so etwas wie ein In-Bewegung-Sein des so und so beschaffenen Leibes, einer Leiblichkeit, die sich in ganz bestimmter Weise befindet, oder eines Leibteils, also eine ganz bestimmte Bewegung unter dem Druck von dem und dem, von bestimmten Umständen wegen der und der Angelegenheit.«[27] Einmal ist gesehen die ὕλη, sie liegt in τοιουδὶ σώματος; zugleich das εἶδος, das Sosein des Angegangenseins: ὑπὸ τοῦδε ἕνεκα τοῦδε.[28] Damit ist zugleich der λόγος angesprochen. Daraus ergibt sich für Aristoteles eine *fundamentale wissenschaftstheoretische Bestimmung*: »Deshalb ist es bereits Sache des φυσικός, das, was im Umkreis des Themas des Seins eines Lebenden liegt, in den Blick zu nehmen.«[29] Φυσικός: der die Natur im weitesten Sinne erforscht. Im Phänomen des πάθος ist mitkonstitutiv das σῶμα, nämlich als etwas, das die Möglichkeit des Seins-in-einer-Welt in sich trägt; σῶμα eine ganz bestimmte ὕλη, dahin charakterisiert, Leben zu ermöglichen. So ergibt sich für Aristoteles, daß der φυσικός die πάθη in einer anderen Weise betrachtet als der διαλεκτικός: Sie »umgrenzen je in verschiedener Weise die πάθη, z. B. Zorn; der eine [διαλεκτικός, der die Rhetorik behandelt] betrachtet Zorn als ὄρεξις ἀντιλυπήσεως, Aussein auf Wiedervergeltung [eine gewisse Unversöhnlichkeit als eine Weise des Seins-zu-anderen], der φυσικός bestimmt den Zorn als eine bestimmte Aufwallung des Blutes im Herzen und der Wärme.«[30] Der erste λόγος gibt das eigentliche εἶδος her,[31] das, was er eigentlich ist. Er ist aber als Bestimmung des Seins des Menschen in der Welt notwendig mitbestimmt dadurch, daß er eine ζέσις, eine »Aufwallung«, des Blutes ist.

---

[27] De an. A 1, 403 a 26 sq.: τὸ ὀργίζεσθαι κίνησίς τις τοῦ τοιουδὶ σώματος ἢ μέρους ἢ δυνάμεως ὑπὸ τοῦδε ἕνεκα τοῦδε.
[28] Ebd.
[29] De an. A 1, 403 a 27 sq.: διὰ ταῦτα ἤδη φυσικοῦ τὸ θεωρῆσαι περὶ ψυχῆς.
[30] De an. A 1, 403 a 29 sqq.: διαφερόντως δ' ἂν ὁρίσαιντο φυσικός τε καὶ διαλεκτικὸς ἕκαστον αὐτῶν, οἷον ὀργὴ τί ἐστιν· ὁ μὲν γὰρ ὄρεξιν ἀντιλυπήσεως ἤ τι τοιοῦτον, ὁ δὲ ζέσιν τοῦ περὶ καρδίαν αἵματος καὶ θερμοῦ.
[31] De an. A 1, 403 b 2.

Es gibt also eine *doppelte Betrachtungsart* und es ist die Frage, was nun eigentlich die Aufgabe des φυσικός im Hinblick auf die ψυχή ist. Beispiel: der λόγος οἰκίας[32] – wie sieht ein »Haus« aus? »Wir können es ansprechen als Obdach, Bedeckung, die abhält das abträgliche Betroffenwerden, Beschädigung durch Wind, Regen und Hitze [ein Unterstand, in dem wir Schutz suchen und haben]. Ein anderer wird sagen: Steine, Ziegel, Holz. Ein dritter wird sagen: das Aussehen, εἶδος, dieses Hauses in Holz, Steinen, Ziegeln und dieses wegen der Schaffung des benötigten Schutzes, des Obdachs [ein Gebautsein, das geführt wird im Hinblick darauf, daß da sein soll das σκέπασμα]. Wer ist nun der φυσικός? Ist es der, der einfach spricht über das Material [der sagt, was hier steht, ist Stein und Holz] und keine Kenntnis nimmt von dem, wie das betreffende Material eigentlich sich ausnimmt? Oder der, der nur über das εἶδος spricht? Oder der, der spricht ἐξ ἀμφοῖν?«[33] Derjenige ist der rechte φυσικός, der das Haus so anspricht, daß er es anspricht auf das Aussehen, das in sich selbst Bezug hat auf das, woraus das Haus besteht; derjenige, der es primär darauf absieht, was das Haus nun ist, wie beschaffen es in sich selbst ist. Diese Entscheidung gibt Aristoteles eine grundsätzliche Überlegenheit über alle vorherige Naturbetrachtung. Das *Sein der Natur* ist in seinem Aussehen bestimmt nicht einfach durch die ὕλη, sondern *primär durch das Bewegtsein*. Erst das so bestimmte Seiende ist das eigentliche und sichere Thema des φυσικός. Er befragt die σώματα hinsichtlich ihrer ἔργα und πάθη[34] – πάθη in ganz weitem Sinne, im ersten Sinne des Kapitels 21 in der »Metaphysik« Δ. Der φυσικός nimmt die σώματα als so und so beschaffene. Er betrachtet z. B. das Holz, sofern es in Frage kommt als Seinsbestimmung des Baumes, mitbestimmend das Sein der Pflanze. Der

---

[32] De an. A 1, 403 b 3 sq.
[33] De an. A 1, 403 b 4 sq.: ὁ μὲν λόγος τοιοῦτος, ὅτι σκέπασμα κωλυτικὸν φθορᾶς ὑπ᾽ ἀνέμων καὶ ὄμβρων καὶ καυμάτων· ὁ δὲ φήσει λίθους καὶ πλίνθους καὶ ξύλα, ἕτερος δ᾽ ἐν τούτοις τὸ εἶδος ἕνεκα τωνδί. τίς οὖν ὁ φυσικὸς τούτων; πότερον ὁ περὶ τὴν ὕλην, τὸν δὲ λόγον ἀγνοῶν, ἢ ὁ περὶ τὸν λόγον μόνον; ἢ μᾶλλον ὁ ἐξ ἀμφοῖν.
[34] De an. A 1, 403 b 11 sq.: ὁ φυσικὸς περὶ ἅπανθ᾽ ὅσα τοῦ τοιουδὶ σώματος καὶ τοιαύτης ὕλης ἔργα καὶ πάθη.

τεχνίτης[35] dagegen betrachtet das Holz, etwa ein Ruder, nicht als mitbestimmend für den Baum, sondern inwieweit es die Härte hat, in der bestimmten Hinsicht auf die Eignung, ein Steuerruder abzugeben. Der Arzt betrachtet die σώματα anders als der φυσικός, nämlich entsprechend dem, was er in seiner τέχνη, in seiner Art und Weise des Umgangs mit dem Leib mit ihm vorhat. Eine weitere Betrachtungsart der σώματα: Holz, nicht sofern es so und so beschaffen ist, nicht als Stamm des Baumes, als Bestandstück der Pflanze, nicht als Material, sondern lediglich, sofern es ausgedehnt ist. Wenn es so betrachtet wird, ist es möglicher Gegenstand des μαθηματικός.[36] Über diese Betrachtungsarten des Seienden hinaus gibt es noch eine Betrachtungsart, die jedes Seiende nimmt hinsichtlich seiner Seinsbestimmungen, nicht hinsichtlich des Ausgedehntseins etwa allein, sondern die alles mögliche Seiende zusammennimmt in der grundsätzlichen Frage nach dem Sein als solchen. Dies ist der Gegenstand des πρῶτος φιλόσοφος.[37]

Für die Seinsbestimmung der πάθη ist es wichtig, daß sie in sich selbst nur verstanden werden, wenn sie als πάθη des σῶμα genommen werden; ihr εἶδος ist primär bestimmt als *Bestimmung des Lebenden bezüglich des In-Seins in der Welt*. Θυμός und φόβος sind solches, was einem ganz bestimmt beschaffenen Leib zukommt, sie sind »nicht abtrennbar«.[38] Es gibt nicht so etwas wie eine reine Furcht als abgezogenes Sichverhalten zu etwas. Es ist in sich ein Verhalten des vollen Menschen mit seiner Leiblichkeit. Aber dieses Nicht-abgezogen-werden-Können ist ein anderes als das der mathematischen Gegenständlichkeiten. Die πάθη können nicht identifiziert werden mit der Linie und Fläche des Körpers in mathematischem Sinn.[39] Der Grieche sieht eine Linie

---

[35] De an. A 1, 403 b 13.
[36] De an. A 1, 403 b 15.
[37] De an. A 1, 403 b 16.
[38] De an. A 1, 403 b 17 sq.: τὰ πάθη τῆς ψυχῆς οὔ πως χωριστὰ τῆς φυσικῆς ὕλης τῶν ζῴων, ᾗ δὴ τοιαῦθ᾿ ὑπάρχει, θυμὸς καὶ φόβος.
[39] De an. A 1, 403 b 19: οὐχ ὥσπερ γραμμὴ καὶ ἐπίπεδον.

nicht primär an sich, sondern γϱαμμή ist immer die Grenze einer
Fläche, Fläche die Grenze des Körpers, die Fläche hat kein Sein
ohne den Körper – also auch hier ein Nicht-abgetrennt-werden-
Können. So hat auch das εἶδος des Fürchtens die primäre Bezogenheit auf ein Sichbefinden des Leibes. Der Unterschied liegt
darin, daß die bestimmte Beschaffenheit der σώματα bei der mathematischen Nicht-Abtrennbarkeit keine Rolle spielt, etwa das
Braun- oder Zerkratztsein des Körpers, während für die πάθη das
so und so beschaffene Sein wesentlich ist. Beide sind λόγοι ἔνυλοι,
aber in einem ganz verschiedenen Sinne.

Dies ist der Boden für die Betrachtungsart der πάθη in der
»Rhetorik« hinsichtlich des εἶδος. Wichtig ist, daß Aristoteles die
Grundbestimmung eines Lebenden nicht gewinnt aus physiologischen Betrachtungen. Das εἶδος der πάθη ist ein Sichverhalten zu
anderen Menschen, ein In-der-Welt-sein. Von daher ist die ὕλη
der πάθη erst eigentlich erforschbar.

Im Kapitel 1 des 1. Buches von De anima handelt es sich um
die Untersuchung, wie weit der νοῦς als Grundbestimmung des
Seins des Menschen eine Grundeigentümlichkeit dieses Seins ist
und wie weit der Mensch nur eine bestimmte Möglichkeit des
Seins des νοῦς ausmacht. Der Boden liegt darin, daß Aristoteles
sieht, daß der νοῦς, das »Vermeinen«, im Gegensatz zu allen anderen Erfassungsarten eine Erfassungsmöglichkeit ist, die nicht
auf ein bestimmtes Seinsgebiet begrenzt ist wie Hören, Sehen
etc., sondern daß der νοῦς geht auf τὰ πάντα, eine Erfassungsmöglichkeit ist, die alles mögliche Seiende erfaßt, so, daß das betreffende Seiende nicht einmal notwendig präsent sein muß. Diese
Universalität der Erfassungsmöglichkeit ist etwas, das mit dem
konkreten Sein des Menschen, das immer jeweilig ist, nicht in
eins zu bringen ist. Worin gründet nun diese Möglichkeit, alles zu
erfassen, die über den Menschen und sein konkretes Sein hi-
nauswächst? Im Zusammenhang dieser Frage bespricht Aristoteles die πάθη als diejenigen Phänomene, an denen sich zeigen läßt,
daß das konkrete Sein des Menschen nur verstanden werden
kann, wenn man es als volles Sein nimmt, und zwar dies aus ver-

schiedenen Überlegungen. Vor allem ist entscheidend, daß wir aus der Fassung geraten in der Weise des Fürchtens, ohne daß in der Umwelt uns etwas begegnet, das direkter Anlaß der Furcht sein könnte. In diesem Angegangenwerden von den πάθη wird die Leiblichkeit in irgendeiner Weise mitbetroffen. Wenn das der Fall ist, so ist die Frage, in welches Untersuchungsfeld dann das Seiende vom Charakter des Lebenden fällt. Muß denn nicht der φυσικός zum Thema mit haben die ψυχή? In der Tat ist das der Fall, sofern grundsätzlich für den φυσικός jedes σῶμα ein τοιοῦτον ist, so und so bestimmt ist, woraus sich ergibt, daß der φυσικός daran gehalten ist, dieses τοιοῦτον im vorhinein zu bestimmen, die ὕλη in ihrem positiven Sinn zu bestimmen. Und gerade diese Aufgabe dieser Grundbestimmung des Seienden haben die früheren φυσιολόγοι immer außer acht gelassen. Diesen Sachverhalt müssen wir uns von der entgegengesetzten Seite nahebringen und zeigen, *inwiefern der φυσικός die ψυχή in gewissen Grenzen in Betracht ziehen muß*. Ein Grund für diese Abschweifung ist der Zusammenhang mit der Analyse der Bewegung im 1. bis 3. Kapitel des 3. Buches der »Physik«.

§ *19. Der φυσικός und seine Art der Behandlung der ψυχή*
(De part. an. A 1)

Wie überhaupt ψυχή in den Blick kommt, ist ersichtlich aus dem Kapitel 1 des 1. Buches der Untersuchung Περὶ ζῴων μορίων – zugleich ein konkretes Beispiel für die Art und Weise, wie Aristoteles den theoretischen λόγος eigentlich vollzieht. Die Abhandlung heißt »Über die Teile der Tiere«. So genommen ist nicht viel daraus zu entnehmen. Es ist aber zu beachten, das ζῷον hier im weitesten Sinne als »Lebewesen« genommen wird. Μόριον und μέρος haben einen viel weiteren Sinn als nur »Teil« im Sinne des quantitativen Stücks: μόριον auch als »Funktion«, »Leistung«, »Strukturmoment«. Die μέρη sind all das, was die Fügung, das Gefügtsein eines bestimmten Seienden ausmacht. Περὶ ζῴων μορίων heißt:»Über den Fügungs- und Leistungszusammenhang des Lebenden als eines bestimmten Seienden«.

a) Die beiden Arten der ἕξις θεωρίας: Sachkenntnis (ἐπιστήμη) und Sicherheit der Behandlungsart (παιδεία)

Aristoteles beginnt die Untersuchung mit einer grundsätzlichen Überlegung über die Bedingungen wissenschaftlicher Forschung. Wir werden hier das Entsprechende kennenlernen, was wir bei der Diskussion der ἀρετή kennenlernten. Damals hatten wir die Bestimmung der ἀρετή als ἕξις προαιρετικὴ μετὰ λόγου, und zwar so, wie sie der φρόνιμος vollzieht. Hier weist Aristoteles hin auf die ἕξις θεωρίας,»das Verfügenkönnen über das wissenschaftliche Forschen«. Er bestimmt diese ἕξις nach zwei Seiten: 1. ἐπιστήμη, 2. παιδεία τις.

Ad 1. Das Erste ist *Sachkenntnis*, zur rechten Möglichkeit eines Forschers gehört die Sachkenntnis über sein Gebiet.

Ad 2. Viel entscheidender und wesentlicher ist für Aristoteles die παιδεία, die *Sicherheit der Behandlungsart*.

Περὶ πᾶσαν θεωρίαν τε καὶ μέθοδον, ὁμοίως ταπεινοτέραν τε καὶ τιμιοτέραν, δύο φαίνονται τρόποι τῆς ἕξεως εἶναι, ὧν τὴν μὲν ἐπιστήμην τοῦ πράγματος καλῶς ἔχει προσαγορεύειν, τὴν δ' οἷον παιδείαν τινά. πεπαιδευμένου γάρ ἐστι κατὰ τρόπον τὸ δύνασθαι κρῖναι εὐστόχως τί καλῶς ἢ μὴ καλῶς ἀποδίδωσιν ὁ λέγων.[1] Hier ist λέγων gebraucht im Sinne des Vortragenden in der Vorlesung. Diesem gegenüber hat derjenige, der die ἕξις der παιδεία hat,»zu entscheiden« und kann»beurteilen«, und zwar»sicher«, was er von der Sache, über die er spricht,»in der rechten Weise hergibt und was nicht«. Er kann beurteilen, *wie* der Redende über die Sache, die Thema ist, handelt. Über das *Wie der Behandlungsart* verfügt der πεπαιδευμένος, ob gesprochen wird *aus dem rechten Grundverhältnis zur Sache*. Die Entscheidung liegt in der παιδεία, ob der Zu-

---

[1] Aristotelis opera. Ed. Academia Regia Borussica. Volumen primum: Aristoteles Graece ex recognitione I. Bekkeri volumen prius. Berlin 1831. De part. an. A 1, 639 a 1 sqq.

gang ein *ursprünglicher* ist oder ob der Sprechende es nur vom Hörensagen hat oder angelernt hat. Und entsprechend ist der theoretische Umgang, der über die παιδεία verfügt, imstande, in allen Möglichkeiten oder bestimmten Möglichkeiten der Forschung mit dem *rechten methodischen Instinkt* vorzugehen. Damit ist nicht gemeint das Eingefahrensein in eine bestimmte schon vorgegebene Methode als Technik, sondern die ἕξις, das *Freisein*, das eigentümlich überlegene *Offensein für einen bestimmten Sachgehalt* und ein bestimmtes gegenständliches Gebiet. Derjenige, der den rechten Instinkt hat, die rechte παιδεία, wird gleich entscheiden können, ob es einen Sinn hat, wenn einer die Logik mathematisch behandelt oder die Geschichte des Christentums mit Kategorien der Kunstgeschichte und dabei die Typen der Frömmigkeit aufstellt. Er wird vielmehr sehen, daß der Betreffende noch nichts vom Christentum verstanden hat. Diese ἕξις ist heute ganz vernachlässigt, sie ist auch schwierig anzuzeigen und noch schwieriger ist es, sie zu vermitteln. Gerade diese Bestimmung der ἕξις der παιδεία zeigt die absolute Sicherheit, mit der Aristoteles seine Forschungen vorlegt, und wie er gegen die Tradition vorgeht.

b) Die entscheidende παιδεία bei der Erforschung der φύσει γινόμενα. Das οὗ ἕνεκα als λόγος die primäre Hinsicht

Welches ist die *entscheidende παιδεία bei der Erforschung der φύσις*? τοιοῦτον γὰρ δή τινα καὶ τὸν ὅλως πεπαιδευμένον οἰόμεθ᾽ εἶναι, καὶ τὸ πεπαιδεῦσθαι τὸ δύνασθαι ποιεῖν τὸ εἰρημένον.[2] Beim πεπαιδευμένος sind zu unterscheiden: einer, der ὅλως πεπαιδευμένος ist, der »schlechthin« Instinkt hat, der so weit ist in der παιδεία, daß er auch ohne die betreffende Sachkenntnis merkt, ob der Betreffende etwas hersagt oder ob er zur Sache steht; neben dem ὅλως ein solcher, der beschränkt ist auf ein Gebiet, der in seinem Fach die entsprechende Sicherheit hat.[3] Aristoteles diskutiert nun zu-

---

[2] De part. an. A 1, 639 a 6 sqq.
[3] Vgl. De part. an. 639 a 8 sqq.

nächst die Bestimmung der παιδεία, sofern sie bezogen ist auf die ἱστορία περὶ φύσιν.⁴ Ἱστορία besagt: Sichorientieren, das primäre Umsehen, wie die φύσις eigentlich aussieht. Bei dieser ἕξις, sofern sie zugeschnitten ist auf die Naturvorgänge, ergibt sich eine Mannigfaltigkeit von Fragen. Wir besprechen nur die Hauptfragen.

Es ist die Frage, ob man bei der Erforschung eines Gebietes zuerst gewissermaßen registrieren muß, ob man sich zuerst abgibt mit den φαινόμενα, wie die Dinge, über die man spricht, aussehen, als was sie sich primär geben, und dann die Frage stellen soll, inwiefern sie gerade so und so sind, so und so sich benehmen, oder ob die Ordnung der Fragen anders sein soll.⁵ Wie die Alten, die über die ἀρχαί der Welt spekulierten, ohne zu wissen, was sie mit der Welt meinen, d. h. ob man mit der Theorie, mit dem, was man sich so obenhin über eine Sache ausgedacht hat, anfangen soll, oder erst nach der Sache selbst sehen soll. Es ist dann die weitere Frage zu entscheiden: Sofern zu jeder Untersuchung die Herausstellung des διὰ τί gehört, ist zu beachten, daß es bezüglich des Seienden, das man als »Natur« bezeichnet, zwei Möglichkeiten des διὰ τί gibt: 1. das οὗ ἕνεκα und 2. ὅθεν ἡ ἀρχὴ τῆς κινήσεως,⁶ »das, weshalb, und das, woher die Bewegung ist« – diese beiden Ursachen Hinsichten, in denen ein Seiendes, das zuerst in seinem Dasein aufgeklärt ist, genommen werden kann. Also zwei Fragen: 1. ob zuerst überhaupt das Phänomen studiert werden soll und dann das Inwiefern, 2. welche von den Ursachen im Inwiefern die primäre ist.

Aus dem Blick auf die Sache selbst kann ich entscheiden, in welcher Weise und welcher Fragestellung ich an die Sache herangehen kann. Aus der Sache selbst muß sich auch die zweite Frage entscheiden, welches die erste Hinsicht ist ihrem Sinn innerhalb des Seienden nach, von dem hier gesprochen wird, dem φύσει ὄν. Aristoteles gibt die Entscheidung mit Bezug auf die φύ-

⁴ De part. an. A 1, 639 a 12: τῆς περὶ φύσιν ἱστορίας.
⁵ Vgl. De part. an. A 1, 639 b 14 sqq.
⁶ De part. an. A 1, 639 b 10 sqq.

σει ὄντα als ζῷα. Es zeigt sich von der Sache selbst her, daß das
Weswegen das erste διὰ τί ist, daß ich also auf dem Boden der Herausstellung des Aussehens des Seins des Lebenden die erste Frage
richten muß nach dem οὗ ἕνεκα. Die Begründung dafür lautet:
Das οὗ ἕνεκα ist ein λόγος, λόγος γὰρ οὗτος, ἀρχὴ δ᾽ ὁ λόγος ὁμοίως
ἔν τε τοῖς κατὰ τέχνην καὶ ἐν τοῖς φύσει συνεστηκόσιν.[7] »Denn der
λόγος ist im Felde des Seienden, das besteht, das da ist, in gleicher
Weise im Umkreis des Seienden der Herstellung als auch im
Umkreis des Daseienden als φύσει ὄν, die ἀρχή.«

Die Frage, woraus das Seiende sich bestimmt, die Frage, in
welcher Hinsicht das Seiende zuerst zu nehmen ist, wird entschieden durch den Rückgang auf den λόγος. Λόγος besagt
»Sprechen« sowohl wie »das Ausgesprochene« – Grundbestimmung des ἀποφαίνεσθαι: Das Ausgesprochene ist das, was vom Angesprochenen her aufgezeigt ist, d. h. im λόγος ist das Angesprochene, dieses Seiende, aufgedeckt da, aufgezeigt. Der Ausdruck
λόγος ist aus bestimmten Gründen in dieser Doppeldeutigkeit
genommen: 1. λόγος, λέγειν im Sinne des Auf-etwas-Zugehens
und Aufzeigens, λόγος im Zugangssinne; 2. λόγος besagt auch das
Ausgesprochene als solches, es liegt darin das Seiende, das angesprochen wird. Und wir nehmen in diesem zweiten Sinne λόγος
in der Übersetzung »Anspruch«. Auch im Deutschen wird der
Ausdruck »Ansprechen« in einer bestimmten Bedeutung gebraucht, wir sagen von einem Apparat: »er spricht an«, »er antwortet«, »gibt zurück« im Sinne des Zurückgebens von etwas auf
Anruf. Λόγος im Zugangssinn: eine Sache so und so aufzeigen, so
und so anrufen. Im Ansprechen spricht die so angerufene Sache
an, im Aufzeigen zeigt sie sich, wie sie ist. Es kommt darauf an,
wie eine Sache angerufen wird, damit sie in der rechten Weise
von sich her anspricht. Λόγος, in dieser zweiten Bedeutung genommen, ist der Anspruch, der Sachgehalt, den eine Sache auf
Anruf hergibt. So wird λόγος sehr oft identisch mit εἶδος: Λόγος
besagt Anspruch, das, was die Sache hergibt, und sie gibt her im
rechten Ansprechen das, wie sie aussieht, was sie ist.

---

[7] De part. an. A 1, 639 b 14 sqq.

Das Weswegen ist der λόγος, und weil dies ist und weil der λόγος die ἀρχή ist, ist das Weswegen das erste Inwiefern. Wenn gesagt wird, das Weswegen sei der λόγος einer Sache, so ist das aus einer bestimmten Begegnisart gemeint: das τέλος. Τέλος ist der eigentliche λόγος. Τέλος ist nicht »Zweck«, sondern »Fertigsein«, »Ende«. Das συνεστηκός, das »Dastehende« als Fertiges, ist der eigentliche Sinn des Daseins eines Seienden. Wenn etwas in seinem Fertigsein angesprochen wird, gibt es den rechten Anspruch. Das τέλος als Fertigsein ist dasjenige, wobei die Herstellung ihr Ende hat. Das Fertigsein als solches ist das, bei dem die Herstellung, das Fertigmachen zu Ende kommt. Τέλος als Fertig der Herstellung ist das, weswegen die Herstellung nun so und so ist. Gesehen auf den Weg des In-sein-Sein-Kommens eines Seienden, ist das τέλος das οὗ ἕνεκα.

Diese Zusammenhänge führt Aristoteles ganz konkret durch. Wir wollen ihm dabei folgen und zugleich uns die Grundlage dafür beschaffen, wie bei dieser Seinsbetrachtung verständlich gemacht wird, wie τέλος der λόγος eines Seienden ist, wie die Forschungsart der alten Physiologen fehlging. Von daher dirigiert sich die ganze Behandlungsart der φύσει ὄντα. Zugleich sehen wir, wie gerade das τέλος als der eigentliche λόγος der φύσει ὄντα, und zwar der ζῷα, nichts anderes ist als ψυχή, so daß der Physiker πρῶτον das τέλος behandeln muß. Τέλος ist nicht »Zielstrebigkeit«, τέλος ist ein φαινόμενον: kein Apparat, sondern das »Fertigdasein«, so wie das Tier sich bewegt. Bezüglich des τέλος ist primär erfahren, daß es zu seinem Sein kommt im Dasein selbst.

Der Zweck der Betrachtung des 1. Kapitels des 1. Buches von Περὶ ζῴων μορίων ist ein mehrfacher: 1. Erörterung der φύσις. 2. Inwiefern fällt die ψυχή in das Untersuchungsfeld des φυσικός? 3. Eine Orientierung über den konkreten Vollzug des λόγος θεωρητικός – ἀλήθεια. 4. Einen Einblick zu gewinnen in das, worauf die ganze Vorlesung hinzielt: Was besagt οὐσία und ὄν?

Οὐσία – wir sind damals von der geläufigen Bedeutung ausgegangen: οὐσία als das »Gegenwärtig-Daseiende«, »Verfügbare«, »Hab und Gut« – so wie sie den fundamentalen Erörterungen zugrundeliegt. Bedeutung von Sein als *Gegenwärtigsein*; Sein: *Da-sein in der Gegenwart*. Im Zusammenhang mit der fundamentalen Erörterung erfährt die Bedeutung von Sein als Gegenwärtigsein eine schärfere Beleuchtung, sofern es uns gelingt zu zeigen, was das *Da* für die Griechen besagt: *In-das-Da-Gekommensein*, und zwar *durch die Her-stellung*; Her: Da, Her ist ein bestimmtes Da; her-stellen: in das Da bringen, in die Gegenwart. Das ist der eigentliche Sinn der ποίησις. Da-sein ist im eigentlichen Sinne *Her-gestelltsein*, d.h. *Fertig-Dasein, Zu-Ende-Gekommensein*. Τέλος = πέρας. – Dieses sind *Leitfäden für den Grundsinn der griechischen Ontologie*, wie er dann später in der Nachfolge der Griechen wirksam war, so, daß der ursprüngliche Sinn von Sein sich verdeckt und zu einem bloßen Wortsinn wird. Der primäre Sinn von οὐσία, Sein, von dem wir ausgegangen sind, ist »Hab und Gut«: Das, was hergestellt wird aus Holz, Stein und gestellt auf den Boden (der auch φύσει ὄν ist), ist τέχνη ὄν: 1. also πράγματα und χρήματα: womit ich es zu tun habe, was mir zur Verfügung steht, was im Gebrauch steht im praktischen Leben; 2. die φύσει ὄντα als γινόμενα; 3. die φύσει ὄντα als ἀεί. Die Seinscharaktere sind nur verständlich zu machen aus dem Sinn von Dasein als Hergestelltsein. Die πράγματα sind da, sofern sie hergestellt sind in der τέχνη. Die φύσει ὄντα sind solches, was da ist im Sich-selbst-Herstellen, was nicht der Herstellung von anderen bedarf. Sie sind genau so da wie die πράγματα. Aber ihre γένεσις hat ihrerseits wieder den Charakter des Da: Eine Pflanze wächst auf und bringt andere hervor. Und schließlich gibt es Daseiendes, das φύσει ὄν ist als ἀεί, was der Herstellung nicht bedarf, was so da ist, daß es nicht hergestellt zu werden braucht. Es ist im eigentlichen Sinne da, aber erst von der Herstellung her verständlich. Der Boden des Seienden ist das Herstellen. Es ist zu sehen, wie der λόγος die Möglichkeit ist, den Zugang zu gewinnen zum Sein in diesem Sinne des Fertig-Daseins, Zu-Ende-Gekommenseins.

Die Betrachtung, die Aristoteles hier durchführt, beginnt mit einer Unterscheidung der ἕξις: 1. Sachkenntnis, 2. Sicherheit der methodischen Behandlung eines bestimmten Seienden durch die

Forschung: παιδεία. Es sind Überlegungen anzustellen, die nicht die Sachkenntnis betreffen, die für sich stehen, die getrennt sind von der Frage, πῶς ἔχει τ᾽ ἀληθές,»wie das Seiende sich verhält in seinem Aufgedecktsein«. Von dieser Frage abgesehen soll diskutiert werden, welches die rechte Zugangsweise ist zu einem Seienden, womit die Forschung eigentlich beginnen soll und welches die Ordnung ihrer einzelnen Schritte ist. Diese Überlegung fixiert Aristoteles zunächst schematisch in zwei Fragen: 1. ob in den Blick genommen werden sollen vor allem die φαινόμενα und dann das διὰ τί; 2. wenn das διὰ τί, dann welches Inwiefern: In welche Hinsicht muß ich das so vergegenwärtigte Seiende primär stellen? Wir kennen zwei: das οὗ ἕνεκα und die ἀρχὴ κινήσεως. Die Frage, welche von den beiden Hinsichten ursprünglicher ist, ist aus dem Seienden selbst heraus zu entscheiden. Ich kann die Frage mir nicht systematisch ausdenken, ich kann sie nur entscheiden aus der Sache selbst heraus. Die Diskussion und der Nachweis, daß das οὗ ἕνεκα die primäre Hinsicht ist, den Vorrang der Hinsicht hat, ist nur so zu vollziehen, daß ich auf das Sein selbst, auf die φαινόμενα zurückgehe. Die Rechtmäßigkeit der Hinsicht ist nur aus der Sache selbst zu schöpfen. Sofern aber dieses Seiende die φύσει ὄντα sind, so Seiendes, das charakterisiert ist durch das Ins-Da-Kommen, durch die γένεσις, ist die Frage, ob das οὗ ἕνεκα das Erste ist oder das ὅθεν ἡ ἀρχὴ τῆς κινήσεως, die Frage, ob man das diskutierte Sachgebiet in seinem Was betrachten soll, ob man das Seiende besorgen soll hinsichtlich dessen, *was es ist,* was es als Daseiendes ist, oder *wie es wird* hinsichtlich der γένεσις.

Weil nun schon entschieden ist, daß die Frage nach dem τί die primäre ist, so werden wir daraus die οὐσία und von daher die γένεσις verstehen. Vermutlich wird also auf das τί die Antwort geben das οὗ ἕνεκα. Inwiefern das οὗ ἕνεκα das Primäre ist, soll verständlich gemacht werden. Das ist der Boden für die Hinsicht, das Seiende in seinem eigentlichen Sein zu bestimmen. Die Absicht geht also darauf, für das zu Behandelnde die Grundhinsicht zu fixieren, das Sein der ζῷα herauszustellen, d. h. es soll herausgestellt werden die Grundbestimmung des Seienden, das lebt, d. h. die ψυχή. Es gilt im Zusammenhang der Betrachtung zu sehen, wie Aristoteles phänomenal, aus dem, wie das Seiende sich zeigt, den Charakter des ἔμψυχον herausstellt. Wir gewinnen zugleich den Boden für unsere Behauptung, daß ζωή bzw. ψυχή heißt: ein Seiendes als Sein-in-der-Welt. Es wird gezeigt, daß die Stelle im Text selbst steht und nicht von mir erfunden ist.

Die Antwort auf die Frage, die die παιδεία dieser Disziplin stellt, gibt Aristoteles so: Die primäre Hinsicht, die das Seiende fordert, ist das οὗ ἕνεκα. Im »Weswegen« bzw. in dem, was in dieser Hinsicht befragt wird, muß sich entlang dieser Hinsicht selbst das Seiende zeigen, wie es selbst ist. Es handelt sich hier um die φύσει ὄντα, und zwar um die γινόμενα, nicht um die ἀεὶ ὄντα, den οὐρανός, der ja ebenfalls φύσει ὄν ist. Und zwar handelt es sich um die γινόμενα, die ἔμψυχα sind. Die Frage ist weiter, wie nun dieser Seinssinn – in dem am Anfang gegebenen Sinn – entscheidend wird für die Auslegung, sofern es sich um das Sein des Menschen als πρᾶξις handelt. Die Richtung der Seinsinterpretation läuft auf die Kategorie der ἕξις, Sein als bestimmtes »Haben«, »Verfügen über etwas«, hinaus.

Aristoteles gibt zunächst die Begründung dafür, daß das οὗ ἕνεκα die primäre Hinsicht ist, dadurch, daß er sagt, das οὗ ἕνεκα ist der λόγος. Warum ist es deshalb die primäre Hinsicht? Was heißt überhaupt λόγος in diesem Zusammenhang? 1. Λόγος im *Zugangssinn*, ἀποφαίνεσθαι des Seienden als φαινόμενον. 2. Λόγος im *Antwortsinn*, als Anspruch, wie das Seiende anspricht auf einen Anruf; er gibt das Seiende in seinem Aussehen wieder. – Im ersten Sinn wird das Seiende im Ansprechen in eine Hinsicht gestellt als etwas, dieses da als das und das, als Stuhl. Der λόγος vollzieht diese Abhebung τὶ κατά τινος, etwas als etwas. In diesem Moment des λόγος entspringt die weitere Möglichkeit des λόγος als Abhebung, Artikulieren, λόγος als τὶ κατά τινος. Von da aus die Möglichkeit: λόγος qua Beziehung, z. B. ἀνάλογον. Der λόγος ist die Möglichkeit für das Aufdecken einer Beziehung, er selbst ist keine Beziehung. Zu dieser Doppelbedeutung von λόγος kommt noch eine dritte, die eigentlich durchschnittliche Bedeutung, 3. wo λόγος *beides* besagt, Aufzeigen und das Ausgesprochene, das so Ausgesprochene, daß ich dabei das Aussprechen *nicht eigentlich* vollziehe, so dahinrede. Das Hingesagte hat aber in sich selbst latent die Möglichkeit der *ursprünglichen Aneignung,* ich kann mit einem bloß so Hingesagten Ernst machen. Dieser λόγος ist das durchschnittliche Reden über die Sachen, über die man eine gewisse Auskenntnis hat, ohne sie sich zu vergegenwärtigen. Aus ihm heraus erwächst die Möglichkeit des reinen Vollzugs und in ihm selbst die Möglichkeit des rechten Aufzeigens.

c) Die Bestimmung des auf die φύσει γινόμενα bezogenen
eigenständigen λόγος

Der λόγος ist gerade das: die Weise des Aufzeigens des Seienden, die Möglichkeit, bei der sich entscheidet, was der primäre Zugang ist und was sich primär zeigen soll. Deshalb bewegt sich die ganze Diskussion in der Frage: πῶς λεκτέον?[8] Das λεκτέον nimmt die eingangs hingesetzte Behauptung auf, daß das οὗ ἕνεκα das πρῶτον ist, weil es der λόγος ist. Es geht hier um einen eigentlichen λόγος, den λόγος der θεωρία. Wir wissen schon aus dem Früheren,[9] daß der λόγος eine fundamentale Bedeutung im Sein des Menschen hat: ζωὴ πρακτικὴ μετὰ λόγου. Der λόγος vollzieht sich im Ansprechen der Welt und im Besprechen ihrer. Im λέγειν kommt das Daseiende der Welt und das Dasein selbst als Leben zur Auslegung, je nach dem Ausmaß, in dem das Seiende in der Welt sich bewegt. Das Sprechen ist konstitutive Vollzugsweise des besorgenden Umgehens. Für das Dasein des Menschen besteht die Möglichkeit, daß dieses bestimmte λέγειν in diesem besorgenden Umgehen absieht vom Besorgen im Sinne der ποίησις, des ausrichtenden Zutunhabens. Die πρᾶξις kann den Charakter der ποίησις verlieren, sie braucht auch nicht den Charakter des Handelns zu haben, sie kann den Charakter annehmen des bloßen

---

[8] Vgl. De part. an. A 1, 640 a 33, 641 a 15, 641 a 29.
[9] Siehe S. 45 ff.

Behandelns von etwas im Sinne des Abhandelns. Der λόγος wird eigenständig, er selbst wird die πρᾶξις. Diese Weise des Umgangs ist die θεωρία, nicht mehr Umsehen in der Absicht auf …, sondern Hinsehen, die Dinge in ihrem Sein und Dasein erfassen. So erwächst das Theoretische, die Wissenschaft als eine Möglichkeit aus dem Dasein selbst. Dieser Grundtatbestand muß im Auge behalten werden.

Die Frage ist, wie der λόγος, sofern er eigenständig wird, d. h. im Sinne des Abhandelns (λόγοι im Sinne der »Abhandlung« gebraucht), in dieser besonderen Zuspitzung auf das Seinsgebiet der φύσει ὄντα als γινόμενα aussieht. Aristoteles geht vorsichtig vor und findet nicht die Art des λέγειν, sondern er findet das Nächstbekannte. Hieraus versucht er sich den eigentümlichen λόγος der θεωρία klar zu machen. Es wird ein Zusammenhang aufzuweisen sein, der eine bestimmte Verwandtschaft hat mit dem λόγος der θεωρία. Diese vertraute Art des Umgangs mit den Dingen, die mit der θεωρία verwandt ist, ist die τέχνη, eine ποίησις, »Herstellung« von etwas als geführt und geleitet von einer Auskenntnis. Der Bau eines Hauses wird geleitet durch die Bauführung. Und warum gerade dieses Seiende bzw. dieser Umgang? Daß die ποίησις das Nächste ist, ist ohne weiteres klar. Man muß sich aber klar machen, daß das Seiende der ποίησις eine eigentümliche Verwandtschaft hat mit den φύσει ὄντα als γινόμενα. Die φύσει ὄντα sind nur so etwas, was nicht *wir* herstellen, sondern was *für uns* schon da ist, schon in der Welt da, aber so, daß es mit dem Herstellen in der Weise zu tun hat, daß es ein Sich-selbst-Herstellen ist, also da im Sich-selbst-Herstellen. Das ist ein ganz primärer Befund. Aristoteles stellt nun die Frage: Wie sieht der λόγος in der τέχνη aus und wie wird demnach der λόγος als bloßes Betrachten aussehen? Es ist zu sehen:

1. wie Aristoteles die τέχνη bzw. die ἔργα τέχνης, das Spezifisch-Daseiende für die τέχνη, und den λόγος τέχνης charakterisiert.

2. Als was zeigen sich primär als φαινόμενα die φύσει ὄντα als γινόμενα?

3. Wie haben die Alten die φύσει ὄντα gesehen bzw. was haben

sie an ihnen nicht gesehen, was haben sie als Herauszustellendes versäumt? Aus dem, was Aristoteles als Versäumnis herausstellt, wird sichtbar, worauf es ihm ankommt.

α) Die ἔργα τέχνης und der λόγος der τέχνη

Wie sieht die *τέχνη* aus, die *ἔργα τέχνης* und der *λόγος der τέχνη?*[10] ἢ γὰρ τῇ διανοίᾳ ἢ τῇ αἰσθήσει ὁρισάμενος ὁ μὲν ἰατρὸς τὴν ὑγίειαν, ὁ δ᾽ οἰκοδόμος τὴν οἰκίαν, ἀποδιδόασι τοὺς λόγους καὶ τὰς αἰτίας οὗ ποιοῦσιν ἑκάστου, καὶ διότι ποιητέον οὕτως.[11] »Mag der Arzt oder der Bauführer durch das Überlegen [durch das überlegende Sichvergegenwärtigen des Seienden, mit dem er zu tun hat] oder durch die αἴσθησις [konkrete Exemplifizierung dadurch, daß er schon ein Haus gesehen hat] je in ihrer Art dabei sein, in beiden Fällen geben sie her den λόγος [das, wie die Sache anspricht, wie sie aussieht], den λόγος eines jeglichen, was sie gerade machen, was sie zu tun haben, und [sofern sie den Anspruch hergeben] damit geben sie her, daß das Betreffende so und so zu bewerkstelligen ist.« Das Haus, das ich mir bauen will: wenn es so aussieht, muß ich es so bauen, muß das Material nehmen. Es ist aus dem λόγος herausgestellt, das Deshalb, d. h. der λόγος, ist das Weswegen: Weil er so und so ist, muß es so und so bewerkstelligt werden, d. h. die γένεσις ist nur aus dem τέλος zu verstehen.

Es wird darauf ankommen, die φύσει ὄντα aus ihrem λόγος zu verstehen. In diesem Zusammenhang entspringt die ψυχή, wie sie das Thema des φυσικός ist. Diese beiden Bestimmungen: *Gegenwärtigsein* und *Hergestelltsein*, sind es, die den Seinsbegriff der Griechen verständlich machen. Diese beiden Momente müssen genauer verfolgt werden innerhalb des griechischen Daseins selbst. Es muß verständlich gemacht werden, wie das Dasein der Griechen so ist, daß Welt und Leben in dieser *Fertigkeit* erfahren werden, und warum gerade diese Erfahrung des Seins mit diesen begrifflichen Mitteln expliziert wird. Diese letzte Frage hinsicht-

---

[10] Vgl. De part. an. A 1, 639 b 26 sqq., 640 a 16 sqq., a 31 sqq.
[11] De part. an. A 1, 639 b 16 sqq.

lich der griechischen Ontologie stellen wir hier nicht. Wir streben dahin, einige Grundbestimmungen dieses Seienden als des *Seins-in-Bewegung*, damit Hergestelltseins, Gewordenseins verständlich zu machen. Der Zusammenhang ist, konkreter gesprochen, der, daß Aristoteles versucht, die *Daseinscharaktere*, die Art der Gegenwart und die Art des Hergestelltseins, herauszulösen: Herausstellung der *charakteristischen Seinsmomente des Seins als Lebenden in der Natur*. Es muß für eine solche Herausstellung der phänomenale Tatbestand sichtbar werden, den die Griechen mit ψυχή bezeichnen, wenn Seele zum Seienden gehört, d. i. in der Welt seiend: φαινόμενον ψυχῆς. Der Aufbau dieser Betrachtung ist orientiert an der Frage: Was gehört zur *rechten methodischen Behandlungsart* der φύσει ὄντα? Wir gliedern die Untersuchung dreifach:

1. betrachten wir den Boden, von dem aus Aristoteles diese Untersuchung der Gegenwarts- und Seinscharaktere der φύσει ὄντα führt, das Feld des Bekannten, von dem aus das Unbekannte sich verständlich macht. Dieses Feld sind die ἔργα τέχνης, was da ist, verfügbar, im Gebrauch, zuhanden ist, für die bestimmte Handlung und Behandlung eines anderen hergestellt ist.

2. Wie zeigen sich die φύσει γινόμενα, die lebende Natur?

3. Wie haben die alten Physiologen das Sein der φύσει γινόμενα gesehen? Die kritische Betrachtung der Vorläufer hat zum Ziel, die charakteristischen Verfehlungen, das mißleitete Suchen herauszustellen.

Ad 1. Wir haben mit dem ersten Punkt begonnen, nämlich die ἔργα τέχνης uns zu vergegenwärtigen. Die τέχνη gibt in ihrem primären Überlegen dasjenige Aussehen, das das Herzustellende haben soll, das ποιητέον, die Gangart der Herstellung. In der zweiten zitierten Stelle[12] macht Aristoteles diesen Zusammenhang zwischen dem angesprochenen Aussehen der Herstellung und der Herstellung selbst ausdrücklich. Der Zusammenhang wird konstituiert durch eine bestimmte Art des Sprechens, der

---

[12] De part. an. A 1, 639 b 26 sqq.

λόγος ist charakterisiert durch das ›wenn-so‹: *Wenn* das und das
fertig sein soll, *dann* muß das und das geschehen. In diesem
›wenn-so‹ liegt mitbeschlossen, daß aus dem Aussehen des Herzustellenden gefordert ist ein bestimmtes Woraus des Herstellens,
eine bestimmte ὕλη. Für die Herstellung eines Schuhes brauche
ich das und das Leder – das Woraus eines Entstehens, Bestehens.
Es ist notwendig, daß eine so und so beschaffene ὕλη, ein solches
Woraus im vorhinein vorhanden, zur Verfügung ist. Das Woraus
des Herstellens ist selbst da in dieser bestimmten Verfügbarkeit.
Diese Verfügbarkeit ist vorgezeichnet aus dem, was als Fertiges
da sein soll. ἀνάγκη δὲ τοιάνδε τὴν ὕλην ὑπάρξαι, εἰ ἔσται οἰκία ἢ
ἄλλο τι τέλος· καὶ γενέσθαι τε καὶ κινηθῆναι δεῖ τόδε πρῶτον, εἶτα
τόδε, καὶ τοῦτον δὴ τὸν τρόπον ἐφεξῆς μέχρι τοῦ τέλους καὶ οὗ ἕνεκα
γίνεται ἕκαστον καὶ ἔστιν.[13]»Es ist notwendig, daß eine so und so
beschaffene ὕλη vorhanden ist, wenn sein soll ein Haus oder ein
anderes Seiendes in seinem Fertigsein. Und das Werden und das
Bewegtwerden [d. h. die Gangart des Herstellens] muß nun in erster Linie die sein, der erste Schritt der Bearbeitung muß der und
der sein, dann der, und auf diese Weise bis zum Ende, μέχρι τοῦ
τέλους.« Aus dem Wie des Aussehens des fertigen Seienden in seinem Vorweggenommensein ist vorgezeichnet Gangart, Gangfol-
ge und Gangrichtung der Herstellung. Damit ist zugleich gesagt,
daß die γένεσις in sich selbst fundiert ist im τέλος. Sie hat in sich
selbst, so wie sie jeweils ist, ihre Seinsmöglichkeit im Fertigsein,
so daß das Wie der τέχνη durch den λόγος in eigentümlicher Weise vorweggenommen ist. ἐπεὶ τοιόνδ' ἐστὶ τὸ εἶδος τῆς οἰκίας, ἢ
τοιόνδ' ἐστὶν ἡ οἰκία, ὅτι γίνεται οὕτως. ἡ γὰρ γένεσις ἕνεκα τῆς
οὐσίας ἐστίν, ἀλλ' οὐχ ἡ οὐσία ἕνεκα τῆς γενέσεως.[14]»Weil das Aussehen des Hauses [das da und so und so stehen soll, in der vorweg-
nehmenden Überlegung des Baumeisters] ein solches ist, muß die
Herstellung eine solche sein. Denn das Werden ist wegen des Vorhandenseins [wegen der Gegenwart als des Fertigseins des Herzu-

---

[13] Ebd.
[14] De part. an. A 1, 640 a 16 sqq.

stellenden] und nicht umgekehrt ist die Gegenwart wegen der Herstellung.«

Kurze Zusammenfassung, in der deutlich wird, wie der λόγος der τέχνη aussieht: ἡ δὲ τέχνη λόγος τοῦ ἔργου ὃ ἄνευ τῆς ὕλης ἐστίν.[15] »Die τέχνη [nicht das Herstellen selbst, sondern eine Art der ἐπιστήμη als Sichauskennen hinsichtlich des Herzustellenden] ist ein λόγος dessen, was gemacht werden soll, des ἔργον, ein Ansprechen, das ohne die ὕλη ist, ohne den Stoff«,[16] z. B. beim Haus ein Ansprechen, das ist ohne Steine, Ziegel, Holz. Wir hörten vorhin, daß gerade das εἶδος das ist, was auf das Ansprechen antwortet, daß das εἶδος von sich selbst her vorzeichnet, daß ein bestimmt beschaffenes Material in Frage kommt. Demnach kann λόγος ἄνευ τῆς ὕλης nicht besagen, daß die ὕλη überhaupt nicht angesprochen ist. Zum λόγος gehört gerade das Mitansprechen der ὕλη als einer ganz bestimmten. Mit Bezug worauf die τέχνη ἄνευ τῆς ὕλης ist, ist das Herstellen selbst. Ἄνευ τῆς ὕλης besagt hier: Es ist ein Überlegen, das in sich selbst nicht denjenigen Umgang hat, der der ὕλη entspricht. Das primäre Verhalten zum Woraus des Herstellens ist das zugreifende Herstellen selbst. Im λόγος liegt dieses Herstellen nicht. Das besagt: Er springt dem Herstellen gewissermaßen vorweg, und nur sofern er das tut, ist er die Vorzeichnung der Gangart und Gangrichtung selbst, bringt er die Herstellung in ihre rechte Möglichkeit.

Gerade weil Da-sein Fertigsein heißt, Hergestelltsein heißt, muß jede Herstellung vom εἶδος fundiert sein. Dieses »Sichausnehmen«, das in der τέχνη vorausgenommen ist, ist dasjenige, was das Fertig-Daseiende in seinem Dasein bestimmt, in seinem Als-Haus-Dasein charakterisiert. D. h. das Dasein eines Seienden ist in sich selbst mitbestimmt durch das, *was* es ist. Die Griechen bestimmen das Sein im Sinne des Daseins fundamental mit durch das *Wassein*, nicht als ein Sein für sich, sondern wie Aristo-

---

[15] De part. an. A 1, 640 a 31 sq.
[16] Anm. d. Hg.: Heidegger bezieht in seiner Übersetzung das Neutrum ὃ versehentlich auf λόγος. Zur Selbstkorrektur in der folgenden Vorlesungsstunde siehe S. 226 ff.

teles das Wassein als konstitutiv für das Daseiende selbst nimmt.
Sofern man das Haus sieht, so wie es sich ausnimmt, sieht man es
nicht isoliert, nicht in den und den Momenten, zu der Tageszeit,
bei der Beleuchtung, bewohnt von dem und dem, sondern dieses
Daseiende, so wie man es sieht in der Durchschnittlichkeit als
Haus, so wie man alltäglich darin lebt und es sieht als dieses Was
in der Durchschnittlichkeit der Gegenwart dieses Seienden im
Umgang. Was durchschnittlich begegnet in seinem Aussehen,
macht das Dasein aus. Es ist sinnlos, danach zu fragen, in welchem Sinne die Griechen das »individuelle« Sein als konkrete
Daseinsbestimmung aufgefaßt hätten. Der Grieche kommt gar
nicht darauf, in diesem hic et nunc das eigentliche Da zu sehen.

β) Die Seinscharaktere der φύσει γινόμενα

Wie bestimmt und sieht Aristoteles am Leitfaden der ἔργα τέχνης
die *φύσει ὄντα als Lebendes?*[17] Die erste Frage ist: Wie zeigt sich
das φύσει ὄν? Welches ist der primäre Aspekt, in dem sich diese
Seienden zeigen? πανταχοῦ δὲ λέγομεν τόδε τοῦδε ἕνεκα, ὅπου ἂν
φαίνηται τέλος τι πρὸς ὃ ἡ κίνησις περαίνει μηδενὸς ἐμποδίζοντος.
ὥστε εἶναι φανερὸν ὅτι ἔστι τι τοιοῦτον, ὃ δὴ καὶ καλοῦμεν φύσιν.[18]
»Überall sprechen wir ein Begegnendes an als τόδε τοῦδε ἕνεκα,
dieses da wegen diesem.« Ein Tatbestand ist als begegnender, so
und so aussehend angesprochen in der Hinsicht des ἕνεκα τοῦδε.
Wo vollzieht sich diese Art des Ansprechens und wie muß etwas
begegnen, um so angesprochen zu werden? Welches ist der primäre Befund am phänomenalen Tatbestande, am Begegnenden
selbst, daß wir es so ansprechen können? Überall da, »wo immer
sich zeigt so etwas wie ein Fertigsein, so etwas wie ein Zu-Ende,
bis zu welchem als dem Ende die Bewegung kommt, so zwar, daß
ihr nichts zwischen die Beine kommt, daß sie dabei ungehindert
ist.« Primäre Erfahrung ist das Sehen eines *fertigseienden Sichbe-*

---

[17] Vgl. De part. an. A 1, 641 b 23 sqq., 639 b 19 sqq., 641 b 12, 639 b 30 sqq.
[18] De part. an. A 1, 641 b 23 sqq.

wegenden. Das konstitutive Moment ist: *Etwas ist in Bewegung, so zwar, daß es zu einem Ende kommt.* »Demnach ist klar, daß das so etwas ist, was wir als φύσις ansprechen.« Überall da, wo wir so etwas sehen, gebrauchen wir die Art des Ansprechens: τόδε τοῦδε ἕνεκα. Sofern uns so etwas begegnet, was so etwas ist, ist es das, was wir offenbar als φύσις ansprechen. Der Grundtatbestand, der den Sinn von φύσις als eine Weise des Daseins charakterisiert, ist *ein Fertigseiendes, in welchem Fertigsein, Gewordensein es aufgehoben ist in seinem Herkommen aus… als Sichherstellendes.* Das ist der Tatbestand, der diesen Anspruch des ἕνεκα fundiert.

μᾶλλον δ᾽ ἐστὶ τὸ οὗ ἕνεκα καὶ τὸ καλὸν ἐν τοῖς τῆς φύσεως ἔργοις ἢ ἐν τοῖς τῆς τέχνης. τὸ δ᾽ ἐξ ἀνάγκης οὐ πᾶσιν ὑπάρχει τοῖς κατὰ φύσιν ὁμοίως, εἰς ὃ πειρῶνται πάντες σχεδὸν τοὺς λόγους ἀνάγειν οὐ διελόμενοι ποσαχῶς λέγεται τὸ ἀναγκαῖον. ὑπάρχει δὲ τὸ μὲν ἁπλῶς τοῖς ἀϊδίοις, τὸ δ᾽ ἐξ ὑποθέσεως καὶ τοῖς ἐν γενέσει πᾶσιν.[19] »Dieser Tatbestand findet sich nun gerade mehr im Felde des Seienden, das wir als Natur bezeichnen, als im Umkreis der Gegenstände, die da sind im Felde des Hergestelltseins, das den spezifischen Charakter des Machens im Sinne einer τέχνη hat: das οὗ ἕνεκα und das καλόν.« Der Sinn von καλόν ist bezogen auf das μηδενὸς ἐμποδίζοντος – καλόν: das »Schöne«, das, was gelungen ist und in diesem Gelungensein so da ist, daß dabei kein Mißlingen vorfindlich ist. Während gerade die τέχνη im Sinne des handwerklichen Machens dadurch charakterisiert ist, daß etwas probiert werden muß, das Material kann ungeeignet sein, sie bedarf zum Gelingen der und der Umstände und Zufälle. Dagegen geht das Seiende vom Charakter der φύσει ὄντα glatt vonstatten und ist in diesem Glatt-vonstatten-Gegangensein da, καλόν. Diese Erfahrung des καλόν war es, die die Alten dazu führte, dieses φύσει ὄν, das immer »klappt«, als ἀναγκαῖον anzusprechen, das so ist, daß ihm grundsätzlich nichts dazwischen kommen kann.

Bezüglich der Notwendigkeit gibt es jedoch einen Unterschied, es gibt ein doppeltes ἀναγκαῖον: 1. ἀναγκαῖον ἁπλῶς, 2. ἀναγκαῖον ἐξ

[19] De part. an. A 1, 639 b 19 sqq.

ὑποθέσεως.[20] 1. »Schlechthin notwendig« ist das, »was immer ist«, es schließt in sich selbst aus, daß es je geworden ist. Das Immerseiende schließt das Gewordensein aus. Es ist ein Dasein, das des Gewordenseins unbedürftig, mit ihm unverträglich ist. Und dieses Immer-so-Daseiende ist das schlechthin Notwendige. 2. Daneben gibt es eine Notwendigkeit im Seienden, das gerade ist durch das Gewordensein. Dieser Notwendigkeitszusammenhang spielt sich ab in der Struktur des ›wenn-so‹, ἐξ ὑποθέσεως: *Wenn* das und das werden soll, *dann* muß unter dieser Voraussetzung notwendig das und das geschehen.

Aristoteles faßt diesen Gedanken kurz zusammen: ἡ φύσις ἕνεκά του ποιεῖ πάντα.[21] »Das Daseiende, das charakterisiert ist als Natur, macht alles, was es selbst ist, wegen etwas« – immer in der Dimension der Betrachtungsart, wie sie vorhin aufgezeigt wurde. Etwas ist fertig auf dem Wege über eine Bewegung, heißt nicht irgendeine finstere »Teleologie«! So kann Aristoteles das φύσει ὄν als ein ἐσόμενον bestimmen, ein Seiendes, das sein Sein hat im So-sein-Werden, dadurch, daß es gewissermaßen sich selbst vorausläuft.

γ) Kritik der Betrachtungsart der alten Physiologen

Diese Grundbestimmungen des φύσει ὄν, wie sie aus der Besprechung der genannten Stellen heraustreten, sind es, die *die Alten bei ihrer Betrachtung der Natur zunächst verfehlt haben*. Entsprechend diesen Verfehlungen waren die Alten auch nicht imstande, das besondere Sein der Natur als Lebendes in der rechten Weise zu sehen. Die primäre Ansicht, das, was sie primär sahen, war: Das Daseiende bewegt sich. Aber der Tatbestand, daß ich ein *Bewegtes* sehe und als Bewegtes anspreche, besagt noch nicht, daß ich die *Bewegung* sehe; es ist damit noch nicht die Möglichkeit gegeben, die Bewegung dieses Bewegten als *Seinsbestimmung* herauszuheben.

---

[20] De part. an. A 1, 639 b 24.
[21] De part. an. A 1, 641 b 12.

οἱ μὲν οὖν ἀρχαῖοι καὶ πρῶτοι φιλοσοφήσαντες περὶ φύσεως περὶ τῆς ὑλικῆς ἀρχῆς καὶ τῆς τοιαύτης αἰτίας ἐσκόπουν.²²»Die Alten haben so über die Natur philosophiert, gefragt nach den Grundbestimmungen ihres Seins, daß sie ansprachen die ὑλικὴ ἀρχή, das Von-Woraus, angesprochen als ein ὑλικόν, bestimmt durch die ὕλη.« Wenn wir uns das klar machen auf dem Felde der τέχνη, so ist ein Tisch, so wie er vorhanden da ist, von den Alten angesprochen, sofern nach seinem Dasein gefragt ist, als Holz: Dieses Daseiende, der Tisch da, ist Holzsein. Das heißt: Sie haben das Daseiende primär gesehen im Hinblick darauf, woraus es besteht, und haben entsprechend dem, woraufhin sie das Dasein angesprochen haben, die Art und Weise des weiteren Befragens ausgebildet. Bestimmung des Charakters der αἰτία: Wenn sie gefragt haben nach demjenigen, von dem die Bewegung ausgeht, haben sie gefragt: Was setzt in Bewegung? Antwort: dieses Holzsein. Sie glaubten eine Antwort auf die Frage zu geben: Was ist das Dasein? So werden sie nie eine Antwort auf die Frage nach dem Dasein und den Seinscharakteren des Tisches bekommen. Analog ist es bei der Natur. Sie haben noch gar nicht gefragt nach dem *Sein* des Tisches, denn Holzsein bestimmt z. B. auch den Stuhl oder Schrank.

Aristoteles spricht die Betrachtungsart der Alten so durch, daß er sich mehr und mehr der rechten Hinsicht annähert, in der das φύσει ὄν zu besprechen ist. Innerhalb der eigentlichen Hinsicht und dessen, was sie hergibt, treffen wir die ψυχή an. Von da aus wird sichtbar, daß der φυσικός als rechter φυσικός, wenn er Lebendes als Lebendes sehen will, mitbetrachtet die ψυχή. Wenn zum Lebenden mitgehört das Sein in einem σῶμα, dann gehört auch zur rechten Erfassung des Grundphänomens der πάθη das σῶμα, und der φυσικός ist mitbeteiligt an dieser Herausstellung.

Von der letzten Stunde her habe ich auf ein Versehen aufmerksam zu machen. Ich ging bei der Bestimmung der τέχνη als des λόγος τοῦ ἔργου davon aus zu zeigen, daß dieser λόγος als τέχνη

---

²² De part. an. A 1, 640 b 4 sqq.

ein ganz bestimmter ist dadurch, daß ihm die Bezogenheit auf
die ὕλη fehlt, auf das, woraus das ἔργον als solches hergestellt ist.
Der genuine Bezug zur ὕλη ist das Herstellen. Das ἄνευ ὕλης ist
also klar gemacht aus dem λόγος. Ich vergaß aber zu sagen, daß
im Text steht: ὃ ἄνευ ὕλης,[23] ἄνευ ὕλης geht also eigentlich im Text
auf das ἔργον. Das ἔργον ist im Vorweg gesehen; sofern es im Vorweg gesehen ist, ist es noch nicht hergestellt. Dabei ist zu beachten, daß der λόγος λόγος ἔργου ist, d. h. das Werk in der Vorwegnahme als fertiges ist besprochen. Darin liegt: Es ist der ganze
Zusammenhang des Herstellens besprochen. Damit ist in diesem
λόγος die ὕλη gerade in bestimmter Weise mitbesprochen. Das
ἄνευ ὕλης darf nicht verleiten, daß das εἶδος als etwas Unsinnli-
ches angesehen wird. Im ἔργον ist die ὕλη, aber nicht im genui-
nen Bezug. Im εἶδος, das die Vorwegnahme des ἔργον ist, ist vorweggenommen das, was man, roh genommen, als den Zweck
eines Herzustellenden oder eines Fertigen bezeichnet. Das Haus
als σκέπασμα ist zum Darinwohnen, das Darinwohnen ist im εἶδος
des Hauses vorweggenommen. Im So-und-so-sich-Ausnehmen
des Hauses ist das Wozu des Hauses beschlossen. Deshalb ist das
εἶδος dasjenige, was das eigentliche Dasein eines Seienden in seinem Fertigsein ausmacht, so daß die Hergestelltheit als eine vom
εἶδος fundierte Weise des Daseins mit zur vollen Bestimmtheit
des Daseins als des Vorhandenseins gehört.

Aus diesem Zusammenhang des ἔργον mit der ὕλη bzw. dem
λόγος und der ποίησις ist die bestimmte Art und Weise zu ersehen, wie die ὕλη selbst bestimmt wird. Die ὕλη ist keineswegs
bloßes Nichtsein, μὴ ὄν, unbestimmter Stoff oder Grenze für die
Form, so daß die ὕλη das Unbestimmte wäre. Die ὕλη ist gerade
das *Bestimmte*: Dieses Holz hat gerade die und die Eignung, aufgrund deren es überhaupt als ὕλη zur Verwendung da und dazu in
Betracht kommt. Ὕλη ist δύναμις, die positive »Möglichkeit« für
das und das, die vom εἶδος her erst sichtbar wird. Daher sagt Aristoteles: λεκτέον γὰρ τὸ εἶδος καὶ ᾗ εἶδος ἔχει ἕκαστον, τὸ δ' ὑλικὸν

---

[23] De part. an. A 1, 640 a 31 sq. – Siehe S. 222.

οὐδέποτε καθ᾽ αὑτὸ λεκτέον.²⁴ »Es ist also anzusprechen primär das Aussehen eines jeweils Daseienden und das, sofern es ein Aussehen, sein Aussehen hat. Das Stoffliche, das, woraus das betreffende Daseiende besteht, ist niemals an ihm selbst anzusprechen.« Hinsichtlich des λόγος ist also die ὕλη unselbständig, sie muß erst vom εἶδος her aufgeschlossen werden. Dieses λεκτέον ist auch maßgebend für die vorliegende Betrachtung. Es kommt darauf an zu zeigen, daß, wenn über die Natur geforscht wird, sie primär nach ihrem Aussehen befragt werden muß. Erst wenn das εἶδος sichtbar gemacht ist, ist die Möglichkeit gegeben, das Woraus des Bestehens bzw. das Woher des Entstehens, also die γένεσις, zu erforschen. So ist das εἶδος, die οὐσία Fundierung für die γένεσις.

Am Leitfaden dieser grundsätzlichen Betrachtung, daß das εἶδος das Primäre ist, diskutiert Aristoteles die Alten in der genaueren Hinsicht, wie weit sie selbst die φύσει ὄντα, das Sein der Natur als lebender, das Seiende, das sie und wir im Auge haben, in den Blick genommen haben, und zwar kritisch unter der Frage: Wie ist eigentlich das Seiende anzusprechen? Wie kommen die Tendenzen, um die sich schon früher die Alten bemühten, zu ihrer rechten Erfüllung? Dabei ist konkret im Auge zu behalten, daß die Alten die Natur auch sahen in Bewegung. Wenn *Parmenides* sagt, daß alles Seiende ἕν sei, ohne Bewegung, muß er also die Bewegung kennen.

Es kommt darauf an, die Natur in ihrem Dasein freizulegen, daß nicht der Weg zu uns verlegt wird durch Vormeinungen und Theorien. Die Alten sahen die daseiende Natur auch in ihrer Veränderung, im Auftauchen und Verschwinden, daher ihre Frage nach dem Woher. In der »Metaphysik«, Buch 1, Kapitel 1 und 2 diskutiert Aristoteles die Wurzel des διότι.²⁵ Im praktischen täglichen Leben und Besorgen bewegt sich der Mensch im Warum und Darum nur unausdrücklich. Dieses wird expliziert im λόγος, der die Grundweise des Seins-in-der-Welt ist. Daseiendes war die

---

²⁴ Met. Z 10, 1035 a 7 sqq.
²⁵ Vgl. Met. A 1, 981 a 28 sqq.

leitende Hinsicht bei den Alten, gefaßt als *bestehend aus* ... Das ist die nächstliegende Art, die Frage nach dem Was des Daseins eines Stuhles oder Tisches zu beantworten, indem man sagt, das ist Holz. Das ist eine Antwort, aber keine Antwort auf das eigentliche Dasein des Seienden qua Tisch. Sofern das *Sichausnehmen* als Tisch nicht mit als Boden genommen ist für die Besprechung, muß die Frage nach dem Woher des Seienden versagen. Durch die Erforschung dieser Frage und die Betrachtung der Natur hinsichtlich dieser Frage erfährt man die Antwort auf die Frage nach dem Sein des Daseienden als Tisch.

Demnach, da die φύσει ὄντα erforscht werden sollen so, daß das εἶδος mit in Betracht kommt, so ist es nicht genügend, die φύσει ὄντα zu befragen nach dem, woraus sie bestehen, τὸ ἐκ τίνων,[26] Feuer, Wasser, Erde, Luft. Es ist nicht hinreichend das Ergreifen eines Stoffes, sondern wir müssen dabei auch das εἶδος befragen, ebenso wie in der τέχνη: Wenn wir etwas herstellen, genügt nicht einfach das Ergreifen des Materials, sondern es bedarf der Vorzeichnung des Materials vom εἶδος her. Es sieht so und so aus und ist aus dem und dem Material. κλίνη γὰρ τόδε ἐν τῷδε, ἢ τόδε τοιόνδε, ὥστε κἂν περὶ τοῦ σχήματος εἴη λεκτέον, καὶ ποῖον τὴν ἰδέαν.[27] »Denn eine Sache wie ein Bettgestell ist ein so Aussehendes ἐν τῷδε, in einem solchen.« Σχῆμα ist der »Umriß«, »Figur«. Und zwar ist zu sagen, ποῖον τὴν ἰδέαν: »Das σχῆμα ist zu bestimmen, als was für eines es ist im Aussehen.« Ἰδέα: Der einzige Gebrauch des Wortes, der bei Aristoteles vorkommt, ist ἰδέα und εἶδος. Ἰδέα besagt nichts anderes als »Aussehen« (Front gegen *Plato*): »Der Umriß eines Seienden, wie beschaffen er hinsichtlich seines Aussehens ist« – Umriß eines Daseienden, nicht nur eine Masse von Holz und Stein; nicht wie er übersinnlich irgendwo existiert, sondern der Umriß, so wie er sich zeigt. »Denn die φύσις, das Dasein der Naturdinge, genommen hinsichtlich der μορφή [dasselbe wie σχῆμα] ist überlegen dem Seienden der Na-

---

[26] De part. an. A 1, 640 b 22.
[27] De part. an. A 1, 640 b 26 sqq.

turdinge, genommen hinsichtlich des Woraus ihres Bestehens, τῆς ὑλικῆς φύσεως.«²⁸ Mit der μορφή, dem σχῆμα gewinne ich das Sein der Naturdinge eigentlich.

Aristoteles weist darauf hin, daß in der Tat *Demokrit* von den Alten diese Frage gestellt hat, daß er zum ersten Male dem σχῆμα, der »Figur« der Dinge, nachgegangen ist. Demokrit betont, daß σχῆμα und χρῶμα (optische Bestimmung des Seins) dasjenige sind, was ein Seiendes als φύσει ὄν in seinem Sein bestimmt. »Es dürfte also Demokrit richtig sagen, wenn er die Figur und die Farbe des lebenden Seins aufzeigt. Er sagt nämlich: Es ist jedem offenbar, daß, was der Mensch ist, er hinsichtlich seines Aussehens ist, da ja der Mensch uns bekannt und vertraut ist nach seiner Farbe und Figur.«²⁹ Aristoteles sagt aber nun, »daß auch der Gestorbene doch dasselbe Aussehen und die Figur hat und gleichwohl gerade nicht Mensch ist«.³⁰ Damit zeigt sich, daß diese Aussehensbestimmung am Ende noch nicht genügt, daß das Aussehen als σχῆμα und χρῶμα noch nicht voll ergriffen ist. »Ferner kann unmöglich eine Hand sein, was sie ist, wenn sie aus Beliebigem entsteht, z. B. aus Erz oder Holz.«³¹ Eine Hand aus Holz ist keine Hand. Sie sieht zwar genauso aus und müßte nach der Seinsbestimmung Demokrits Hand sein. Sie kann aber nicht ihre spezifische Leistung vollziehen. Wie auch eine Flöte aus Stein keine Flöte ist, man kann auf ihr nicht spielen.³² Eine Hand aus Holz lebt nicht, ist nicht da als Hand. Zum εἶδος gehört also auch die δύναμις und das ἔργον. Ein Seiendes, das so aussieht, das sich zeigt als so und so – das Konstitutivum für den Da-Charakter des

²⁸ De part. an. A 1, 640 b 28: ἡ γὰρ κατὰ τὴν μορφὴν φύσις κυριωτέρα τῆς ὑλικῆς φύσεως.
²⁹ De part. an. A 1, 640 b 29 sqq.: εἰ μὲν οὖν τῷ σχήματι καὶ τῷ χρώματι ἕκαστόν ἐστι τῶν τε ζῴων καὶ τῶν μορίων, ὀρθῶς ἂν Δημόκριτος λέγοι [...]. φησὶ γοῦν παντὶ δῆλον εἶναι οἷόν τι τὴν μορφήν ἐστιν ὁ ἄνθρωπος, ὡς ὄντος αὐτοῦ τῷ τε σχήματι καὶ τῷ χρώματι γνωρίμου.
³⁰ De part. an. A 1, 640 b 34 sq.: καὶ ὁ τεθνεὼς ἔχει τὴν αὐτὴν τοῦ σχήματι μορφήν, ἀλλ᾽ ὅμως οὐκ ἔστιν ἄνθρωπος.
³¹ De part. an. A 1, 640 b 35 sq.: ἔτι δ᾽ ἀδύνατον εἶναι χεῖρα ὁπωσοῦν διακειμένην, οἷον χαλκῆν ἢ ξυλίνην.
³² Vgl. De part. an. A 1, 641 a 2 sq.

Lebenden ist die Leistung, das ἔργον, von welcher Leistung das
Woraus des Bestehens bestimmt ist. Eine Hand kann nicht aus
Holz bestehen, sie bedarf eines σῶμα τοιοῦτον. Die ὕλη hat der
charakteristischen Leistung der Hand als μόριον des ζῷον zu genügen. So sagt denn Aristoteles: λίαν οὖν ἁπλῶς εἴρηται.[33] »Das ist zu
einfach gesprochen«, so wie Demokrit und die Alten das taten. So
haben die Alten, die über die Natur gesprochen haben, das Sein
lediglich orientiert am σχῆμα (Demokrit), und er glaubte damit
die rechte Bestimmung des Seins gegeben zu haben. Tatsächlich
hat er das Da-sein des Lebenden gar nicht in den Griff bekommen. Das ist gerade so,»wie wenn ein τέκτων, ein Zimmermeister, über eine hölzerne Hand sprechen würde«, handeln würde
zwar von etwas, das wie Hand aussieht, aber keine ist. λίαν οὖν
ἁπλῶς εἴρηται, καὶ τὸν αὐτὸν τρόπον ὥσπερ ἂν εἰ τέκτων λέγοι περὶ
χειρὸς ξυλίνης. οὕτως γὰρ καὶ οἱ φυσιολόγοι τὰς γενέσεις καὶ τὰς
αἰτίας τοῦ σχήματος λέγουσιν· ὑπὸ τίνων γὰρ ἐδημιουργήθησαν δυνάμεων. ἀλλ᾽ ἴσως ὁ μὲν τέκτων ἐρεῖ πέλεκυν ἢ τρύπανον, ὁ δ᾽ ἀέρα καὶ
γῆν, πλὴν βέλτιον ὁ τέκτων. οὐ γὰρ ἱκανὸν ἔσται αὐτῷ τὸ τοσοῦτον
εἰπεῖν, ὅτι ἐμπεσόντος τοῦ ὀργάνου τὸ μὲν κοῖλον ἐγένετο τὸ δὲ ἐπίπεδον, ἀλλὰ διότι τὴν πληγὴν ἐποιήσατο τοιαύτην, καὶ τίνος ἕνεκα,
ἐρεῖ τὴν αἰτίαν, ὅπως τοιόνδε ἢ τοιόνδε ποτὲ τὴν μορφὴν γένηται.[34]
Wenn ein Zimmermeister gefragt wird nach der γένεσις dessen,
was er hergestellt hat,»von welchen Möglichkeiten her« und mit
welchen Mitteln das so und so Seiende hergestellt wurde,»so
wird es nicht genügend sein zu antworten: Dadurch, daß ein
Handwerkszeug [ein Hammer] darauf gefallen ist«, ist es so und
so aussehend geworden. So nämlich sprechen die Alten von der
Natur: Dadurch, daß so aussehende Dinge zusammengeraten
sind, ist es so geworden. Der τέκτων versteht sein Seiendes viel
besser, er wird vielmehr sagen,»warum er den Schlag so führte
und weswegen [in Absicht worauf er den Hammer so führte], er
wird von der Ursache sprechen, worin die μορφή eine so und so

---

[33] De part. an. A 1, 641 a 5.
[34] De part. an. A 1, 641 a 5 sqq.

bestimmte geworden ist.« Die τέχνη wird seine ποίησις bestimmen, und die τέχνη hat ihren Boden in der Vorwegnahme des εἶδος.

Auch beim Lebenden muß in der rechten Weise gefragt werden nach dem τέλος. Hierfür muß gefragt werden nach der δύναμις und dem ἔργον. Es ist also wahr, daß die Alten nicht in der rechten Weise das Lebende ansprachen.»Wenn nun das [was das Aussehen eines Lebenden eigentlich bestimmt, was das Aussehen so bestimmt, daß Hand als Hand ist], wenn das am Ende das ist, was wir als Seele bezeichnen, dann muß der φυσικός [wenn er Lebendes als Daseiendes behandeln will], notwendig von der Seele handeln.«[35] Die Frage ist nur noch, ob von der ganzen Seele oder nur von bestimmten Teilen der Seele gehandelt werden muß.

Wir führen das zu Ende und gehen dann zurück auf die πάθη. Wenn die πάθη Gegenstand einer Untersuchung werden sollen, so zeigt sich, daß bei den πάθη als Befindlichkeit des Lebenden, in der zugleich die Leiblichkeit mitangegangen wird, zunächst das εἶδος ins Auge gefaßt werden muß. Das eigentliche Dasein muß herausgestellt sein, um möglicherweise auch das »Physiologische«, die »Leibzustände« zu studieren. So ist die Orientierung in der Betrachtung des Somatischen gegeben durch das εἶδος des menschlichen Lebens, charakterisiert als ζωὴ πρακτικὴ μετὰ λόγου.

d) Der doppelte Beweis für den beschränkten Bereich des φυσικός

Wir haben gesehen, wie Aristoteles in der Kritik der vorausgegangenen Naturphilosophie die Grundbestimmungen herausarbeitet, die für das Naturseiende im Charakter des Lebens entscheidend sind. Und zwar sagt er, daß es nicht genügt, über die ὕλη hinaus zur Erfassung des σχῆμα zu kommen, was in gewissem

---

[35] De part. an. A 1, 641 a 17 sqq.: εἰ δὴ τοῦτό ἐστι ψυχὴ [...], τοῦ φυσικοῦ περὶ ψυχῆς ἂν εἴη λέγειν.

Sinne schon die ἰδέα ist, sondern daß man, sofern man hier stehen bleibt, sich eigentlich verfehlt. In der ἰδέα ist das Leben charakterisiert als *δύναμις*, daß es etwas *kann*, und dadurch erhält die ὕλη als mitbestimmend für das Sein die entsprechende Charakterisierung und Determination. Die Hand ist erst Hand als lebende, sofern sie greifen und fühlen kann, und eine so seiende Hand verlangt, daß ihre ὕλη eine *bestimmte* ist, daß sie *organisiert* ist, *charakterisiert durch das bestimmte Sein des Könnens.* Die ὕλη ist das »Fleisch«, σάρξ. Was hier also bisher von den Alten nicht beachtet ist, zeigt sich als das *Können,* das das Sein der ὕλη bestimmt, was wir als Seele bezeichnen.

Es ergibt sich nun die Frage: Hat der φυσικός das Sein des Lebens *in allen seinen Möglichkeiten und seiner ganzen Erstreckung* zu erforschen oder ist für den Physiker nur ein *bestimmter Ausschnitt* des Lebenden hinsichtlich seines Seins Thema?[36] Aristoteles entscheidet diese Frage auf zwei Weisen: 1. indirekt, 2. aus dem Befund, wie sich das Naturseiende als lebendes zeigt. Beide Male rekurriert er auf denselben Befund des Sichzeigens des betreffenden Seienden.

α) Indirekter Beweis

Den *indirekten Beweis* des *beschränkten Bereiches* führt er in folgender Weise: Wenn der φυσικός alles Lebende, das überhaupt begegnet, hinsichtlich seines Lebendseins erforschen sollte, »dann gäbe es neben der φυσική, neben dieser Wissenschaft, keine Philosophie«.[37] Das ist zunächst unverständlich. Dieser Gedankengang gründet auf einer bestimmten Voraussetzung. »Denn das Vermeinen und Verstehen [roh gesprochen: das Denken] geht auf das Denkbare«,[38] auf das, was möglicher Gegenstand des Denkens und Vermeinens ist. Dieses Denkbare, das Gesamtfeld

---

[36] Vgl. De part. an. A 1, 641 a 32 sqq.
[37] De part. an. A 1, 641 a 34 sqq.: εἰ γὰρ περὶ πάσης, οὐδεμία λείπεται παρὰ τὴν φυσικὴν ἐπιστήμην φιλοσοφία.
[38] De part. an. A 1, 641 a 36: ὁ γὰρ νοῦς τῶν νοητῶν.

möglichen Vernehmens, ist πάντα. Alles, was in irgendeinem Sinne *ist*, ist νοητόν. »Gegenstand der φυσικὴ ἐπιστήμη wäre demnach alles Seiende überhaupt.«[39] Wir fragen: Unter welcher Voraussetzung ist dieser Gedankengang schlüssig? Nur dann, wenn für Aristoteles zur Betrachtung eines Seienden vom Charakter des Lebenden mitgehört notwendig die Betrachtung *des* Seienden in seinem Sein, bei dem das betreffende Lebende aufgrund seiner Seinsmöglichkeit steht, worauf es als umgangsmäßiges Womit bezogen ist. Nur wenn Leben ursprünglich besagt: Sein-in-einer-Welt, Sein in der Weise des Bei-etwas-Seins, des Dabeiseins, und das Dabei die Welt ist, in der das Dabeiseiende als lebendes ist, nur dann ist diese Betrachtung schlüssig. Wenn der νοῦς mit in die Betrachtung fiele, wenn der νοῦς Gegenstand wäre, müßten auch alle νοητά Gegenstand der φυσικὴ ἐπιστήμη sein. »Es ist die Angelegenheit derselben Wissenschaft, über das Sein zu handeln im Sinne des Vernehmens, Denkens, Bedenkens usw. und über das Sein im Sinne des Denkbaren, wenn anders Denken und Denkbares zueinander sind, πρὸς ἄλληλα.«[40] (Πρός mit dem Akkusativ: »zu« etwas, ihm »gegenüber«). Das Denken ist nichts anderes als dieses πρός, das Denken verlangt seinem Sein nach: *offen sein zum anderen*, sein Sein kann nicht verstanden werden, primär gesehen werden, wenn nicht das *Wozu* da ist, worauf es als Vernehmen, Fürchten usw. an sich selbst aus ist. Die Grundbestimmung des Seienden als Lebenden wird hier sichtbar als πρὸς ἄλληλα, »voreinander« sein, »füreinander« offen sein. »Es ist immer eine und dieselbe Forschung bei allem, wo es sich darum handelt, den Charakter des πρὸς ἄλληλα zu bestimmen.«[41] *Das Lebende in seinem Sein kann nur bestimmt werden, wenn das Seiende, womit es ist, in seinem Sein verstanden wird.* Leben ist Dabeisein. Nur unter dieser Voraussetzung ist der Gedankengang schlüssig.

---

[39] De part. an. A 1, 641 a 36 sq.: ὥστε περὶ πάντων ἡ φυσικὴ γνῶσις ἂν εἴη.

[40] De part. an. A 1, 641 b 1 sq.: τῆς γὰρ αὐτῆς περὶ νοῦ καὶ τοῦ νοητοῦ θεωρῆσαι, εἴπερ πρὸς ἄλληλα.

[41] De part. an. A 1, 641 b 2 sq.: ἡ αὐτὴ θεωρία τῶν πρὸς ἄλληλα πάντων.

Aristoteles selbst verfolgt die Konsequenz des indirekten Aufweises nicht näher. Er müßte sich so weiterbewegen: Der φυσικός handelt nur vom Seienden, φύσει ὄν, das κινούμενον ist; aber In-Bewegung-Seiendes gibt es auch solches, das nicht in der Weise des Lebens, sofern der νοῦς die entscheidende Möglichkeit ist, ist.

Sofern durch den indirekten Beweis ausgeschlossen ist der νοῦς, die νοητά, kann es sich bei diesen φύσει ὄντα in der Weise des Lebens nur um das Lebende handeln, das ἀνόητον ist, das nicht ist in der Weise, daß es darüber denkt, so daß sein Sein durch das Denken und Bedenken geführt ist. Es ergibt sich, daß nur das Lebende in Betracht kommt, das den Charakter des ἀνόητον hat. Die ἀνόητα setzt Aristoteles demjenigen Seienden gegenüber, das die φρόνησις hat, φρόνησις als διανοεῖσθαι: ἀνόητα – φρόνιμα, ἄλογα – ἔλλογα.[42] Ἔλλογα: in dem der λόγος ist in der Weise des λόγον ἔχον im primären Sinne. Aristoteles gebraucht diese Ausdrücke promiscue, er sagt bei Gelegenheit der Entwicklung der Wissenschaft, daß die Tiere auch in gewisser Weise eine φρόνησις haben: φρόνησις hier als Sichorientieren, αἴσθησις; φρόνησις hier nicht bestimmt durch den νοῦς, nicht im eigentlichen Sinne.

Lebendes ist hinsichtlich seines Seins ausgezeichnet durch das *Dabeisein*. Aristoteles hat diese Grundbestimmung so scharf im Blick, daß er auf dem Boden dieses Seinssinnes, dieser Fundamentalbestimmung die Gangart und den Aufbau der einzelnen Schritte aller Lebensforschung vorzeichnen kann[43] – von methodischer Bedeutung, wichtig, um zu sehen, wie Erforschung des sogenannten Psychischen einzusetzen hat: Es ist die Frage, ob ein Lebendes, sofern es lebt, verschiedene Seinsmöglichkeiten hat[44]: daß es etwas wahrnehmen kann (αἴσθησις), daß es auf etwas aus ist (ὄρεξις), daß es sich darauf zu bewegen kann und dergleichen, oder daß es die Welt hat so, daß es sie bedenkt. »Es ist die Schwierigkeit, wie man diese einzelnen Seinsmöglichkeiten eines Lebenden heraushebt, wie sie in ihrem Miteinander sind;

[42] Eth. Nic. K 2, 1172 b 10, 1173 a 2 sq.
[43] De an. A 1, 402 b 9 sqq. und entsprechend B 4, 415 a 16 sqq.
[44] De an. A 1, 402 b 9: εἰ […] μόρια.

was zuerst bei den Seinsmöglichkeiten zu erforschen ist: Es ist die
Frage, ob die Seinsmöglichkeiten des Lebens in sich selbst zu erforschen sind oder sie selbst im Vollzug, ob ich das Vernehmen-
Können so primär studieren kann. Und wenn es dazu kommt, daß
man in der Tat die ἔργα zuerst studieren muß, ob dann zuerst zu
studieren sind die ἀντικείμενα, was jeweils für eine bestimmte
Seinsmöglichkeit dieses Lebenden dabei, gegenüber ist, gegenüber der αἴσθησις etwa, dem Vernehmen als solchen [für die ὄψις
die Welt im Charakter des Farbigseins].«[45] In der Tat muß von
den ἀντικείμενα ausgegangen werden, nur in eins mit ihnen ist
das ἔργον zu erfassen. »Zuerst ist zu sagen, was das Denken selbst
ist in seinem Vollzug.«[46] πρότεραι γάρ εἰσι τῶν δυνάμεων αἱ ἐνέργειαι καὶ αἱ πράξεις κατὰ τὸν λόγον.[47] »Denn früher hinsichtlich des
Ansprechens sind das wirklich Daseiende, das Gegenwärtige vor
den Möglichkeiten.« Eine Möglichkeit bekomme ich nur zu fassen, bringe ich mir nur zu Gesicht dadurch, daß ich sie gleichsam
in ihrem Da, als ἐνέργεια, zu Gesicht bringe. »Wenn das so ist,
sind noch früher die ἀντικείμενα zu betrachten.«[48] Und so ist es
auch bei der primärsten Möglichkeit des Seins eines Lebenden,
bei der αὔξησις, womit Aristoteles die γέννησις zusammenstellt,
das »Wachstum« und das »zur Welt Bringen«. Da ist zuerst zu
studieren das Bei-der-Nahrung-Sein und im Zusammenhang damit das zur Welt Bringen eines anderen, eines solchen wie das
Lebende selbst. Γέννησις: Dieses Werden heißt nichts anderes als
zur Welt Kommen; nicht einfach, daß etwas vorliegt, eine Totge-
burt, sondern daß das Seiende so da ist, daß es in seiner Welt ist.
Daraus sehen Sie, daß die Grundbestimmung, von der ich in den
ersten Stunden ausgegangen bin, daß Leben besagt In-der-Welt-

---

[45] De an. A 1, 402 b 10 sqq.: χαλεπὸν δὲ καὶ τούτων διορίσαι ποῖα πέφυκεν ἕτερα
ἀλλήλων, καὶ πότερον τὰ μόρια χρὴ ζητεῖν πρότερον ἢ τὰ ἔργα αὐτῶν, οἷον […] τὸ
αἰσθητικόν· […] εἰ δὲ τὰ ἔργα πρότερον, πάλιν ἄν τις ἀπορήσειεν εἰ τὰ ἀντικείμενα
πρότερα τούτων ζητητέον, οἷον τὸ αἰσθητὸν […] καὶ τὸ νοητόν.
[46] De an. B 4, 415 a 18: πρότερον ἔτι λεκτέον τί τὸ νοεῖν.
[47] De an. B 4, 415 a 19 sqq.
[48] De an. B 4, 415 a 20 sq.: εἰ δ' οὕτως, τούτων δ' ἔτι πρότερα τὰ ἀντικείμενα δεῖ
τεθεωρηκέναι.

sein und je nach einer bestimmten Möglichkeit, ihren Boden hat.

β) Beweis aus dem Charakter des Bewegtseins selbst

Der zweite Nachweis ist direkt *aus der Erforschung des Werdens, des Charakters des Bewegtseins selbst.* Wir haben aus dem zu Ende gebrachten indirekten Aufweis gesehen, daß nur die ἀνόητα in Betracht kommen. Es wird für den φυσικός dieses Bewegtseiende hinsichtlich der Grundbestimmung seines Seins als In-der-Welt-sein das primäre Thema sein. Drei Weisen des Sichbewegens in der Welt: 1. αὔξησις, 2. ἀλλοίωσις, 3. φορά.[49] Diese drei Möglichkeiten des In-der-Welt-seins, charakterisiert durch die Bewegung, sind zu erforschen hinsichtlich der ἀρχή, nach dem »Woher« dieses Seins, nach dem Seinscharakter der eigentlichen Möglichkeit des Seins-in-der-Welt.

Und zwar ist die αὔξησις im besonderen Sinne zugeschnitten auf die Pflanze, und das Sein der Pflanze ist nur dadurch charakterisiert.[50] Die Pflanzen haben keine αἴσθησις, sie sind so in der Welt, daß sie die Welt, in der sie sind, nicht vernehmen, daß sie von ihr Nahrung aufnehmen und im Nahrungaufnehmen in eigentümlicher Weise sich bewegen. Wie Aristoteles das eigentliche Bewegtsein der Pflanze ganz primär sieht, man möchte fast sagen phänomenologisch, zeigt De anima 413 a 26 sqq. Die Pflanzen, von denen hier die Rede ist, haben diese eigentümliche Seinsmöglichkeit des In-der-Welt-seins, daß sie »nach entgegengesetzten Orten, Richtungen hin« wachsen: φαίνεται γὰρ ἐν αὐτοῖς ἔχοντα δύναμιν καὶ ἀρχὴν τοιαύτην, δι᾽ ἧς αὔξησίν τε καὶ φθίσιν λαμβάνουσι κατὰ τοὺς ἐναντίους τόπους.[51] Die Pflanzen bewegen sich in ihrem Wachstum nach allen Seiten hin und ernähren sich von allen Seiten und leben so. Die αὔξησις ist die primäre und einzige Bestimmung für das Leben der Pflanze.

---

[49] Vgl. De part. an. A 1, 641 b 5 sqq.
[50] De part. an. A 1, 641 b 5 sq.: αὐξήσεως μὲν ὅπερ καὶ ἐν τοῖς φυτοῖς.
[51] De an. B 2, 413 a 26 sqq.

Αἴσθησις wird von Aristoteles charakteristischer Weise gefaßt als ἀλλοίωσις.[52] Dadurch, daß für ein Seiendes, das in der Welt ist in der Weise des Die-Welt-Vernehmens, aus der Welt her jeweils etwas anderes da ist, begegnet, das Leben miteinander ist, wird es selbst ein anderes. Das kann nur einen Sinn haben, wenn es selbst in seinem Sein so bestimmt ist, daß dieses Sein besagt: In-der-Welt-sein.

Bei den meisten Tieren kommt hinzu die weitere Möglichkeit der φορά, »von einem Ort zu einem anderen Sichbewegenkönnen«.[53] Das ist nicht abstrakt ausgedacht, sondern konkret in den Blick genommen. Gerade in der Schrift De partibus animalium handelt Aristoteles von den verschiedenen Möglichkeiten des »Sichbewegenkönnens«, der   φορά: πτῆσις, »Fliegen«, νεῦσις, »Schwimmen«, ἕρψις, »Kriechen«, βάδισις, »Gehen«.

Jetzt wird der Satz verständlich, den Aristoteles scheinbar dogmatisch hingesetzt hat, daß der λόγος des οὗ ἕνεκα der primäre ist. Im οὗ ἕνεκα kommt der eigentliche Seinscharakter des Seins des Lebenden zum Vorschein. Das Leben ist immer bezogen auf das »Weswegen«, τέλος, »Fertig-Dasein« im Sinne des In-der-Welt-seins. Alle Seinsbestimmungen des Lebenden sind primär zu orientieren auf dieses Sein als Dabeisein, von ihm aus bekommt jedes Seiende erst seinen bestimmten Charakter in seinem Aussehen.

Damit können wir auch die ὕλη in ihrem charakteristischen Sein erfassen. Das σῶμα, die ὕλη eines Lebenden ist nicht einfach Stoff, der verschieden in seinem Umriß aussieht, sondern das σῶμα des Lebenden ist ὄργανον. Der Stoff des Lebenden hat den primären Charakter des Seins zu ..., des Dabeiseins, des In-Seins. Ὄργανον will besagen: ein Seiendes, das den Charakter der Leistung hat, das in sich selbst orientiert ist auf Zu-Ende-Sein. Weil jedes Moment des Voll-Seienden des Lebenden hinsichtlich der ὕλη diesen vollen Charakter hat, muß die Interpretation dieses Seienden ausgehen von dem primären Charakter des In-Seins:

---

[52] De part. an. A 1, 641 b 6: ἀλλοιώσεως δὲ τὸ αἰσθητικόν.
[53] De part. an. A 1, 641 b 7 sq.: ὑπάρχει γὰρ ἡ φορὰ καὶ ἐν ἑτέροις τῶν ζῴων.

bei der Pflanze von der αὔξησις, beim Tier von der αἴσθησις und φορά, beim Menschen vom νοῦς. Nur vom νοῦς her sind die anderen Seinsmöglichkeiten in ihrem Sein zu verstehen. Aristoteles weist wieder auf die Analogie der τέχνη hin, wo dieser Zusammenhang vorliegt: Wenn die Notwendigkeit besteht, etwas zu spalten, das Spaltende aber hart sein muß, wenn es hart sein muß, dann aus Eisen sein muß, so zeichnet diese Notwendigkeit, diese Leistung den Seinscharakter der ὕλη vor. Alle ὕλη beim Lebenden ist ὄργανον, bestimmt durch die Möglichkeit des Lebenden, vorgezeichnet durch die Leistung. Die Seinsmöglichkeit der φύσει ὄντα hat ihre Grenze bei der αἴσθησις und φορά. Diese beiden Ursachen, das οὗ ἕνεκα und in ihm fundiert die zweite Frage: ὅθεν ἡ ἀρχὴ τῆς κινήσεως, zeigen, in welchem Seinszusammenhang die πάθη stehen. Sie sind mitbestimmt durch das σῶμα. Die πάθη sind Bestimmungen der Seinsmöglichkeit des Menschen.

Über die Bewegung handelt Aristoteles in De motu animalium. Die Schrift galt lange Zeit als nicht-aristotelisch, erst *W. Jaeger* kam aus dem Studium der Handschriften in Rom zu dem Nachweis, daß diese Schrift in der Tat aristotelisch ist. Er hat sie dann entsprechend neu ediert.[54] Die Schrift ist für die grundsätzliche Frage nach der Bewegung des Lebenden von fundamentaler Bedeutung. Ein wesentliches Moment ist, daß sie zeigt, wie Bewegung als solche nur möglich ist, wenn etwas ruht.

e) Die Bestimmtheit der Geschichte der Erforschung der Natur durch die Wahrheit selbst

Die kritische Betrachtung der bisherigen Erforschung der Natur gibt einen eigentümlichen Einblick in die Geschichte, die eine solche Forschung nehmen kann. Es zeigt sich, daß eine Wissenschaft schon lange in Betrieb sein kann, daß Material zusammengebracht ist und gewisse Sätze und Theorien zu Tage gefördert sind und daß dabei diese Wissenschaft doch noch gar nicht bei

---

[54] Aristotelis de animalium motione et de animalium incessu, Ps.-Aristotelis de spiritu libellus. Ed. V.G. Jaeger. Lipsiae in aedibus B.G. Teubneri 1913.

ihrem Gegenstand zu sein braucht und daß die Förderung einer Wissenschaft gar nicht abhängt von dem Ausmaß an Scharfsinn oder Beweistechnik, die daran hängen. Wissenschaft ist eine Angelegenheit des *rechten Verhältnisses zu den Sachen.* Das kann nicht erzwungen werden, sondern ist etwas, das höchstens hinsichtlich der Vorbereitungen von uns selbst abhängt, im Grunde aber eine Sache des Schicksals ist, inwieweit diejenigen kommen und da sind, die dieses Grundverhältnis lebendig machen. Trotz dieser Theorien wurden allmählich die Forscher *durch die Wahrheit selbst gezwungen, das Seiende zu sehen.*

Aristoteles braucht in demselben Zusammenhang zwei charakteristische Ausdrücke, die wichtig sind für das, was er unter Wahrheit versteht. Von *Empedokles* sagt er: ἐνιαχοῦ δέ που αὐτῇ καὶ Ἐμπεδοκλῆς περιπίπτει, ἀγόμενος ὑπ' αὐτῆς τῆς ἀληθείας.[55] Er wurde »geführt von der Wahrheit selbst«, die in gewissem Sinne seine Theorie zusammenbrechen ließ. Und von *Demokrit*: ἀλλ' ἥψατο μὲν Δημόκριτος πρῶτος, ὡς οὐκ ἀναγκαίου δὲ τῇ φυσικῇ θεωρίᾳ, ἀλλ' ἐκφερόμενος ὑπ' αὐτοῦ τοῦ πράγματος.[56] Er wurde »von der Sache selbst getragen« und geführt zu dieser Entdeckung, daß das Seiende nicht bloß hinsichtlich der ὕλη, sondern auch seines σχῆμα gefaßt werden müßte. Ἀλήθεια und πρᾶγμα sind hier im selben Sinne gebraucht, d. h. ἀλήθεια ist nicht »Gültigkeit«, die am Satz haftet, oder so etwas (wie eine verirrte Logik meint), sondern nichts anderes als *das Seiende in seinem Aufgedecktsein*, ist πρᾶγμα, sofern das Seiende, womit ich es zu tun habe, in einer gewissen Entdecktheit da ist. Der Zugang zu den Sachen war gehindert, weil man die Frage nach dem τὸ τί ἦν εἶναι verneinte, sofern bei aller Forschung im engeren Sinne nach dem Was und Wie zu fragen sei: ἐπὶ Σωκράτους δὲ τοῦτο μὲν ηὐξήθη, τὸ δὲ ζητεῖν τὰ περὶ φύσεως ἔληξε, πρὸς δὲ τὴν χρήσιμον ἀρετὴν καὶ τὴν πολιτικὴν ἀπέκλιναν οἱ φιλοσοφοῦντες.[57] Sokrates hat die Aufgabe, mit den Sachen selbst sich zu beschäftigen, gefördert, allerdings

---

[55] De part. an. A 1, 642 a 18 sq.
[56] De part. an. A 1, 642 a 26 sqq.
[57] De part. an. A 1, 642 a 28 sqq.

ließ in dieser Zeit das ζητεῖν περὶ φύσεως nach, man wandte sich ab auf die πολιτική, die φύσει ὄντα kamen in den Hintergrund. Das ist nicht ein beliebiges Versäumnis, etwa so, daß sie mehr Geistes- als Naturwissenschaften getrieben hätten, sondern es ist ein fundamentales Versehen: Auch die Begriffe vom Sein-in-der-πόλις haben ihre Grundlagen in den Naturbegriffen. Aristoteles sah das und verlegte das Hauptgewicht seiner Arbeit zuerst auf die Erforschung der φύσις als Sein. Von daher hat er den Boden gewonnen für die Seinsforschung als solche.

§ 20. Das πάθος als ἡδονή und λύπη (Eth. Nic. K 1-5)

Aus dieser Betrachtung des Seinscharakters des Lebenden haben wir gesehen: Leben besagt *In-einer-Welt-Sein.* Diese Bestimmung wird jetzt *doppeldeutig:*

1. Das Sein dieser lebenden Natur ist in seinem εἶδος bestimmt als diese δύναμις des In-der-Welt-seins – also einmal als εἶδος, als *Seinsbestimmung selbst des Seienden.*

2. Als *Begegnung aus der Welt her*: Das Lebende ist noch in einem zweiten Sinne in der Welt, im Sinne der *Weltzugehörigkeit.* Mein Sein ist In-der-Welt-sein, zugleich im zweiten Sinne in der Welt als zu ihr gehörig, so zwar, daß ich in der Welt für einen anderen begegnen kann, wie ein Stuhl.

Für die Griechen ist beides εἶδος, der Grieche kennt nicht den Unterschied zwischen äußerer und innerer Betrachtung. Dadurch ergeben sich fundamentale Zusammenhänge des Seins des Lebens im weiteren Sinne. Ich weise darauf hin, daß das *Miteinandersein* jetzt eine *schärfere Bestimmung* erfahren hat:

1. Im Miteinandersein sind solche Seienden miteinander, die jedes für sich In-der-Welt-sein sind. *Das Einanderbegegnen ist Füreinanderdasein, so, daß jedes Seiende, das für das andere ist, in der Welt ist.* Das Begegnende ist in der Welt des Begegneten, ist da für ein anderes Sein.

2. Im Miteinandersein haben wir miteinander dieselbe Welt.

Miteinandersein ist zugleich: *miteinander dieselbe Welt haben.* Wenn man ein Buch über Erkenntnistheorie schreibt, ist das Voraussetzung. Ob dann die Fragen noch in der üblichen Weise gestellt werden können, kann man den Erkenntnistheoretikern selbst zu entscheiden überlassen. Dann herrscht heute, wie wir hören, ein großer Streit unter den Philosophen, ob die Philosophie »Lebensphilosophie« sein soll. Von der einen Seite wird behauptet, die Philosophie kann nicht Lebensphilosophie sein, von der anderen, sie muß es ja doch sein. »Lebensphilosophie« ist wie »Botanik der Pflanzen«! Die emphatische Behauptung, die Botanik habe es mit Pflanzen zu tun, ist genauso komisch und unsinnig wie das Gegenteil.

Wir fassen die Ergebnisse der Gesamtbetrachtung der πάθη zusammen: Die πάθη sind so etwas, was *in der Seele* geschieht, *im Lebendsein* ist, und besagen genauer das *Mitgenommenwerden, Aus-der-Fassung-Geraten,* κινεῖσθαι, das abzielt auf das eigentliche Sein des Lebenden, das In-einer-Welt-Sein. Πάθη sind *Weisen des Mitgenommenwerdens hinsichtlich des In-der-Welt-seins,* durch die πάθη werden die Möglichkeiten des Sichorientierens in der Welt wesentlich bestimmt. Das Aus-der-Fassung-Sein ist *in sich selbst bezogen auf das Gefaßtsein,* die ἕξις. Durchschnittlich und alltäglich sind wir mitgenommen, bewegen wir uns in Ausschlägen. Bezüglich dessen gibt es ein Gefaßtsein. Weil so die πάθη sich charakterisieren als eine Weise des Seins des Lebenden, das seine Grundstruktur hat als In-der-Welt-sein, in ihr Umgehen, mit anderen Umgehen, so ergibt sich die Vorzeichnung für die Analyse der einzelnen πάθη selbst, sofern diese zu betrachten sind: 1. hinsichtlich der Welt, in der der Betreffende sich befindet, der *Umwelt* des Lebenden; 2. hinsichtlich der Weise der Befindlichkeit, des Sichverhaltens zur *Mitwelt*; 3. wie man *selbst,* in welcher Verfassung man *selbst* sein muß, um von den und den πάθη betroffen zu werden.

Eine charakteristische Bestimmung der πάθη, die wir bisher noch nicht diskutiert haben, ist, daß jedem πάθος, jedem Mitgenommenwerden eine bestimmte Befindlichkeit »folgt«, ἕπεται, nicht in zeitlichem Sinne: *in eins mit dem jeweiligen πάθος ist da eine ἡδονή oder λύπη.* Diese Bestimmung des Mitgegebenseins dieser jeweiligen Befindlichkeit ist so fundamental, daß Aristoteles sagt, daß πάθος selbst eine ἡδονή oder λύπη sei. Wir müssen diese Bestimmung etwas näher ergänzen.

Aristoteles handelt über die ἡδονή in der »Nikomachischen Ethik«, Buch 7 (H), Kapitel 12-15, Buch 10 (K), Kapitel 1-5. Dazu noch »Rhetorik«, Buch 1 (A), Kapitel 11. Ich halte mich bei der Interpretation an das Stück im 10. Buch. Ich gebe hier nur die Leitsätze dieser Analyse der ἡδονή.

Die Grundbestimmung der ἡδονή wird sichtbar in Buch 10, Kapitel 2 der »Nikomachischen Ethik«: ἴσως δὲ καὶ ἐν τοῖς φαύλοις ἔστιν τι φυσικὸν ἀγαθὸν κρεῖττον ἢ καθ' αὑτά, ὃ ἐφίεται τοῦ οἰκείου ἀγαθοῦ.[1] »Vielleicht ist auch in dem schlechten Seienden, im Minderwertigen, τι φυσικόν, eine Seinsmöglichkeit, die zu ihrem Sein gehört, die besser ist, als sie an sich selbst sind [nämlich die φαῦλοι], worauf diese Seienden aus sind als οἰκεῖον ἀγαθόν, das Seiende, wobei sie eigentlich ihr Ende finden.« Das will nichts anderes sagen, als daß in allem Seienden, das lebt, die Bestimmung liegt, daß es *aus ist auf die eigentliche Daseinsfertigkeit.* Jedes Lebende ist gewissermaßen *tendenziös,* es hat die *Tendenz zu sein als Fertigsein.*

ἀλλ' ἐπεὶ οὐχ ἡ αὐτὴ οὔτε φύσις οὔθ' ἕξις ἡ ἀρίστη οὔτ' ἔστιν οὔτε δοκεῖ, οὐδ' ἡδονὴν διώκουσιν τὴν αὐτὴν πάντες, ἡδονὴν μέντοι πάντες. ἴσως δὲ καὶ διώκουσιν οὐχ ἣν οἴονται οὐδ' ἣν ἂν φαῖεν, ἀλλὰ τὴν αὐτήν· πάντα γὰρ φύσει ἔχει τι θεῖον.[2] »Alle verfolgen, sind aus auf eine ἡδονή«, eine Befindlichkeit, und zumeist »nicht auf diejenige, von der sie glauben, daß sie sie erstreben, nicht das, von dem die Menschen sagen, es komme ihnen darauf an, sondern alle auf dieselbe.« Es kommt ihnen darauf an zu leben. Das Seiende als lebendes ist ein solches Sein, dem es in seinem Sein auf Da-sein ankommt. Θεῖον bei Aristoteles ist nichts Religiöses: θεῖον als das *eigentliche Sein des Immerseins.* Damit ist schon sichtbar, daß die

[1] Eth. Nic. K 2, 1173 a 4 sq.
[2] Eth. Nic. H 14, 1153 b 29 sqq.

ἡδονή eine Bestimmung des Lebenden ist, die *mit dem Lebend-sein als solchem gegeben* ist. Genauer: Die ἡδονή ist nichts anderes als eine *fundamentale Bestimmung des In-der-Welt-seins*, sofern das In-der-Welt-sein ein solches Sein ist, das ich zugleich *habe* – ›haben‹ ist ein blasser Ausdruck für ›wissen darum‹. Die ἡδονή, das Sichbefinden, ist es, in der ich *Aufschluß habe* über mein In-der-Welt-sein: Ich *habe* mein In-der-Welt-sein. Ich *habe* zugleich eine *Bestimmung meines Seins*, eine *Weise meines Seins*. Dieses Phänomen ist nichts anderes als das, was wir meinen, wenn wir sagen, einen fragen: »Wie geht's?« Ἡδονή ist keine sogenannte »Lust«, sondern eine *Bestimmung des Seins in sich selbst als Le-ben*. Hier nach diesem Ausmaß kann es gelingen, die ἡδονή als Grundbestimmung durchzuführen.

Aristoteles führt die Aufklärung der ἡδονή im 3. Kapitel des 10. Buches durch auf dem Wege des Vergleichs mit der αἴσθησις: δο-κεῖ γὰρ ἡ μὲν ὅρασις καθ' ὁντινοῦν χρόνον τελεία εἶναι (οὐ γάρ ἐστιν ἐνδεὴς οὐδενὸς ὃ εἰς ὕστερον γενόμενον τελειώσει αὐτῆς τὸ εἶδος).[3] Das »Sehen«, das »Im-Blick-Haben«, das »aktive Hinsehen« ist in sich selbst »fertig«, τέλειον, das will besagen: Es gibt nichts, »was noch dazukommen könnte, um das Sehen in dem, was es ist, vollendeter zu machen«, sondern immer, wenn ich sehe, ist das Sehen in sich selbst mit einem Schlage da. Das hängt damit zusammen, daß das Sehen ja nichts anderes ist als eine jetzt aktu-ierte Weise des Gegenwärtig-in-der-Welt-Seins in der Weise des Sie-Habens.

τοιούτῳ δ' ἔοικεν καὶ ἡ ἡδονή. ὅλον γάρ τι ἐστίν, καὶ κατ' οὐδένα χρόνον λάβοι τις ἂν ἡδονὴν ἧς ἐπὶ πλείω χρόνον γινομένης τελειωθή-σεται τὸ εἶδος. διόπερ οὐδὲ κίνησις ἐστίν. ἐν χρόνῳ γὰρ πᾶσα κίνησις καὶ τέλους τινός, οἷον ἡ οἰκοδομική. τελεία ὅταν ποιήσῃ οὗ ἐφίεται.[4] Es ist in sich selbst fertig, hat keine Bewegung, sein Sein ist nicht so, daß es erst fertig würde im Verlauf einer bestimmten Zeit. Ein Haus ist fertig dadurch, daß es in seinem Hergestelltwerden und -sein seine bestimmte Zeit hat, dadurch, daß es hindurchgeht

---

[3] Eth. Nic. K 3, 1174 a 13 sqq.
[4] Eth. Nic. K 3, 1174 a 16 sqq.

durch eine Bewegung, es war noch nicht am Ende – ἀτελής.[5] Die ἡδονή dagegen ist genau so wie die αἴσθησις ἐν τῷ νῦν,[6]»im Augenblick«, was sie ist, μὴ ἐν χρόνῳ,[7]»nicht in der Zeit« im Sinne einer bestimmten Erstreckung, sie kommt nicht erst innerhalb der Zeit zum Fertigsein. Dieser Charakter, daß sie keine κίνησις ist, charakterisiert sie als eine *Bestimmung der Gegenwärtigkeit des Daseins als solchen.* Im 11. Kapitel der »Rhetorik« (A) sagt zwar Aristoteles, daß die ἡδονή eine κίνησις ist, κίνησίς τις[8] (ähnlich wie φρόνησις oben bei den Tieren[9]), sofern sie auch die Bestimmung des πάθος hat, Bestimmung des Jeweilig-Mitgenommenwerdens. Darin liegt die Bestimmung des Umschlages von ... zu ... Mit Beziehung darauf ist die ἡδονή auch in gewissem Sinne eine κίνησις, μεταβολή. Die ἡδονή selbst aber ist nun nicht eine Seinsweise, die sich gelegentlich einstellt, die mit auftreten könnte bei einer anderen Verhaltungsweise, ἡδονή ist in sich selbst *mit dem Sein als lebenden schon da.* Sie liegt nicht etwa als Möglichkeit im jeweiligen Umgang selbst, keine ἕξις der αἴσθησις, so daß dadurch, daß ich in der rechten Weise sehe und den geeigneten Gegenstand sehe, durch die Vollendung des Sehens die ἡδονή eintritt, nicht als ein Resultat dieser Umstände, sondern umgekehrt: *Diese Möglichkeit des Sich-so-und-so-Befindens gründet in meinem Sein als In-der-Welt-sein.* Nicht ein Resultat bestimmter Umstände, so daß Aristoteles bei seiner Bestimmung der ἡδονή sie direkt identifizieren kann mit ζωή,»Leben«. Der Satz: πάντες ἐφίενται ἡδονῆς besagt nichts anderes als πάντες ἐφίενται τοῦ ζῆν,[10] so daß es im Sein auf das Dasein ankommt. So daß schließlich die Frage entsteht,»ob wir wegen des Uns-Befindens das Leben ergreifen oder ob wir wegen des Lebens das Uns-Befinden, die

---

[5] Eth. Nic. K 3, 1174 a 26.
[6] Eth. Nic. K 3, 1174 b 9.
[7] Eth. Nic. K 3, 1174 b 8.
[8] Rhet. A 11, 1369 b 33: εἶναι τὴν ἡδονὴν κίνησίν τινα.
[9] Siehe S. 235.
[10] Eth. Nic. K 4, 1175 a 10 sqq.: ὀρέγεσθαι δὲ τῆς ἡδονῆς οἰηθείη τις ἂν ἅπαντας, ὅτι καὶ τοῦ ζῆν ἅπαντες ἐφίενται [...]. εὐλόγως οὖν καὶ τῆς ἡδονῆς ἐφίενται.

ἡδονή ergreifen; diese Frage ist im Moment beiseite gelassen«.[11]
Aristoteles entscheidet sie in den nachfolgenden Kapiteln des 10.
Buches.

Das eigentliche Sein des Menschen, die höchste Seinsmöglichkeit, liegt im θεωρεῖν – die Möglichkeit, im radikalsten Sinne da
zu sein.[12] Ἡδονή ist, kurz gesagt, nichts anderes als die Bestimmung der Gegenwärtigkeit des In-der-Welt-seins, die im Sichbefinden als solchem da ist. Im Anschluß an diese Bestimmung der
ἡδονή werde ich kurz erörtern, wie das, was vom θεωρεῖν gesagt
wurde, zu verstehen ist. Man muß sich also der Bestimmung der
traditionellen Psychologie, λύπη und ἡδονή als Annex der psychischen Vorgänge zu fassen, entschlagen. Mit ἡδονή ist immer abge-
zielt auf Leben als In-der-Welt-sein. Nur so ist es verständlich,
wie Aristoteles die verschiedenen πάθη charakterisiert. Mit welchem Recht ist φόβος als λύπη gefaßt, als eine bestimmte Befindlichkeit, die durch das Herabgestimmtsein bestimmt ist? Wir haben eine eigentümliche Grundstruktur: Das Dasein, sofern es
Leben ist, ist immer *jeweiliges* Dasein, es gibt nicht Dasein *überhaupt.* Dasein ist immer: *ich bin,* kein Seiendes, *das ist,* sondern
das *ich bin,* das aber zugleich die Möglichkeit hat, ein solches Seiendes zu sein, das *man ist.* Entsprechend der Jeweiligkeit des Daseins ist jede Befindlichkeit immer eine *bestimmte,* es gibt kein
Sichbefinden *überhaupt,* jedes Sichbefinden ist so und so. Jede
ἡδονή ist eine bestimmte, ebenso jede λύπη.

Ἡδονή im Zusammenhang, wie er bei der Definition der πάθη
namhaft gemacht wird: Es wird gesagt, sie »ist mit da«, ἕπεται.[13]
Die nähere Betrachtung zeigt, daß das *Mitdasein der ἡδονή* nichts
anderes meint als das *Mitdasein des Daseins selbst,* das von einem
bestimmten πάθος betroffen ist. Die ἡδονή als Befindlichkeit ist
die *Weise des Sichhabens eines Daseins.* Schon damit ist das Leben
charakterisiert als In-der-Welt-sein, Leben als In-Sein. Die Mög-

---

[11] Eth. Nic. K 4, 1175 a 18 sq.: πότερον δὲ διὰ τὴν ἡδονὴν τὸ ζῆν αἱρούμεθα ἢ
διὰ τὸ ζῆν τὴν ἡδονήν, ἀφείσθω ἐν τῷ παρόντι.
[12] Vgl. Eth. Nic. K 7, 1177 a 12 sqq.
[13] Rhet. B 1, 1378 a 20 sqq.

lichkeit ist gegeben, daß das so Seiende als orientiertes sich in gewisser Weise selbst mithat. Wir müssen Abstand nehmen von der
Orientierung des Sich-selbst-Habens an der Reflexion. Die Reflexion ist nur eine gewissermaßen outrierte Form, in der das Dasein sich seiner selbst bewußt ist. Von da aus kann man nie zum
Verständnis der primitiven Weise der Befindlichkeit kommen.
Das Affektive als solches hat schon den Charakter des Sich-selbst-
Habens. Die ἡδονή reicht so ursprünglich in das Sein des Daseins
hinein, daß sie mit dem ζῆν identifiziert werden kann. Die ἡδονή
gehört zum Dasein selbst.

Diese Befindlichkeit, ausgedrückt durch die ἡδονή, hat nun
eine doppelte Möglichkeit: 1. sofern dieses Sichbefinden den Charakter der αἵρεσις hat, 2. sofern es φυγή ist.[14] Die Befindlichkeit ist
einmal charakterisiert als »Zugehen«, »Zugreifen«, Zugehen auf
das Dasein selbst; oder ein solcher Charakter, daß die Befindlichkeit vor dem Dasein »zurückweicht«, gewissermaßen »flieht«.
Dies ist in der ἡδονή bzw. λύπη gegeben. Αἵρεσις und φυγή sind die
Charaktere, die die Grundmöglichkeit des Lebens als eines Seins
bei sich selbst charakterisieren. Αἵρεσις und φυγή sind die *Grundbewegtheiten des Daseins*. Es ist kein Zufall, daß αἵρεσις und φυγή
da auftreten, wo es sich um die letzte ontologische Interpretation
des Daseins handelt.[15] Weil die ἡδονή bzw. λύπη ursprünglich mit
dem Dasein des Lebenden verhaftet ist und die Grundbefindlich-
keit ausmacht, die Weise, in der das Dasein sich gewissermaßen
selbst mitnimmt, kann die ἡδονή als πάθος charakterisiert werden, ein solches πάθος, von dem Aristoteles sagt, daß es ἐγκεχρωσ-
μένον,[16] »mit Farben ganz durchtränkt« ist, ein solches πάθος, das
den βίος, das »Dasein«, ganz durchfärbt, durchtränkt − βίος, nicht
ζωή: βίος als »Existenz«, »Leben« in dem betonten Sinne des
Menschen, das in der προαίρεσις sich selbst ergreift. Eine andere

---

[14] Eth. Nic. B 2, 1104 b 30 sq.: τριῶν γὰρ ὄντων τῶν εἰς τὰς αἱρέσεις καὶ τριῶν
τῶν εἰς τὰς φυγάς. Κ 2, 1172 b 19 sqq.: τὴν γὰρ λύπην καθ᾽ αὑτὸ πᾶσιν φευκτὸν εἶναι, ὁμοίως δὴ τὸ ἐναντίον αἱρετόν. […] τοιοῦτο δ᾽ ὁμολογουμένως εἶναι τὴν ἡδονήν.
[15] De an. Γ 7, 431 a 9 sqq.
[16] Eth. Nic. B 2, 1105 a 3.

nähere Ausformung ist es, wenn Aristoteles ständig sagt: Bei jedem Besorgen sind sowohl ἡδονή wie λύπη mitgegeben, bei jedem πάθος, aber ebensosehr bei jedem Vernehmen, jedem Denken, Bedenken, bei der θεωρία, soweit sie Grundweisen des Lebens sind, ist als untrennlicher Begleiter die ἡδονή.[17]
Ich fasse kurz die Bestimmungen des πάθος zusammen. Die Abschweifung, die wir durchgeführt haben (bei der Betrachtung von De partibus animalium), hat gezeigt, daß πάθος, sofern man es nach seinem εἶδος charakterisiert, bestimmt ist als In-der-Welt-sein: Bestimmung des πρὸς ἄλληλα. Sofern mit jedem πάθος mitgegeben ist ἡδονή, ist das In-Sein selbst gehabt, gehabt in den beiden Möglichkeiten der αἵρεσις und φυγή. Das Sein des Lebenden als πάθος ist ein Sein, das den Charakter des Mitgenommenwerdens und des Mitgenommenseins hat. Es liegt darin das Moment der μεταβολή, des Außer-Fassung-Geratens und Außer-Fassung-Seins – Umschlag von ... zu ... Ferner zur Bestimmung des πάθος im 1. Kapitel des 2. Buches der »Rhetorik« das Moment des Umschlagens des κρίνειν: In diesem Außer-Fassung-Geraten ist mitbetroffen das κρίνειν,[18] »Unterscheiden«, »Stellungnehmen«; die Art und Weise des Orientiertseins über die Welt bzw. in der Welt ist mit in Anspruch genommen bei diesem Betroffenwerden von einem πάθος. Damit ist der innere Zusammenhang zwischen πάθος und λόγος herausgestellt – λόγος als Vollzugsweise des κρίνειν.

§ 21. Der φόβος (Rhet. B 5)

Wir gehen über zur Charakteristik der *Furcht*. Aristoteles handelt davon »Rhetorik«, 2. Buch, Kapitel 5, und zwar nach zwei Richtungen:

[17] Vgl. Eth. Nic. K 4, 1174 b 20 sqq.
[18] Rhet. B 1, 1378 a 20 sq.: ἔστι δὲ τὰ πάθη δι᾽ ὅσα μεταβάλλοντες διαφέρουσι πρὸς τὰς κρίσεις.

1. φόβος als *πάθος*: wie das »Sichfürchten« eine ganz bestimmte Konkretion des »Außer-Fassung-Seins« darstellt;

2. φόβος als *πίστις* – eigentlicher Leitfaden für die Interpretation der »Rhetorik«: wie weit das »Sichfürchten« als eine
Grundbestimmung des Daseins des anderen, des Hörers, mitspricht im Beraten, Schlüssigwerden über eine zu erledigende
Angelegenheit.

a) Schematischer Aufriß der Charakterisierung der Furcht

Ich gebe einen ganz schematischen Aufriß, wie die Furcht in diesem Kapitel charakterisiert wird:
1382 a 20 – 27 gibt Aristoteles 1. Thema, 2. Definition, 3.
Grundbestimmungen in ihrer ersten Ausführung.

1382 a 27 – b 2 charakterisiert Aristoteles das φοβερόν, genauer: die φοβερά,[1] das »Fürchterliche«, »Furchtbare« in dem Sinne,
daß es dasjenige bezeichnet, bei dessen Entgegenkommen ich in
Furcht gerate. In die Betrachtung der φοβερά ist miteingeschlos-
sen die Betrachtung der σημεῖα,[2] derjeniger Begegnischaraktere
des Fürchterlichen, die das Fürchterliche anmelden. Φοβερά sind
Gegenstände, Umstände und dergleichen.

1382 b 2 – 22 handelt Aristoteles von den φοβεροί,[3] φοβερά im
Charakter des Lebenden, andere Menschen: inwieweit andere
Menschen, mit denen ich zusammenlebe, für mich im Charakter
des φοβερόν sind.

1382 b 22 – 27 gibt Aristoteles die durchgängige Bestimmung
des φοβερόν: betrifft beides, φοβερά und φοβεροί – das Moment,
das die Eigentlichkeit des Fürchterlichen ausmacht.

1382 b 28 – 1383 a 8: die Befindlichkeit im Fürchten, die Art
und Weise, wie ich mich befinden muß, um in Furcht zu sein
bzw. geraten zu können. Erst bei diesem Moment kommt die ei-

[1] Rhet. B 5, 1382 a 28.
[2] Rhet. B 5, 1382 a 30 sq.
[3] Rhet. B 5, 1382 b 7.

gentliche Interpretation zu ihrem Ende. Erst hier wird das Phänomen der Furcht eigentlich sichtbar.

1383 a 8 – 12 charakterisiert Aristoteles aus dem so bestimmten Phänomen der Furcht den Leitfaden für die Ausbildung der
πίστις. Φόβος und andere πάθη sind bestimmte Befindlichkeiten,
in denen der Hörer sich befindet bzw. befinden soll. Der Redner
muß darauf sehen, daß er die anderen durch sein Reden womög-
lich in Furcht versetzt. Er muß über das Phänomen orientiert
sein, damit er die anderen richtig anpacken kann, um die anderen in Furcht setzen zu können.

b) Das Thema, die erste Definition und die
ersten Bestimmungen

Aristoteles gibt zunächst das *Thema* und die *ersten Bestimmungen*: ποῖα δὲ φοβοῦνται καὶ τίνας καὶ πῶς ἔχοντες,[4]»wie Geartetes«
gefürchtet wird, welche Menschen und das Wie des Sichhabens«,
die Befindlichkeit beim Fürchten. Sie sehen die Grundorientierung auf den Sinn des πάθος als In-der-Welt-sein, Zu-anderen-
Stehen und sich dabei Befinden. Das sind die Hinsichten, unter
denen jedes πάθος steht.

Von da aus sucht Aristoteles die *erste Definition* zu geben. Die
Furcht wird aber erst eigentlich verständlich, wo er das πῶς ἔχοντες gibt. In der ersten Definition wird nur eine *formale Struktur*
der Furcht gegeben, es ist nicht deutlich herausgestellt, daß ein
solches Sichbefinden ein Fürchten ist. Aristoteles charakterisiert
φόβος als λύπη τις ἢ ταραχὴ ἐκ φαντασίας μέλλοντος κακοῦ φθαρτι-
κοῦ ἢ λυπηροῦ.[5] Nicht einmal ἔπεται, sondern direkt φόβος λύπη
τις:»Fürchten ist so etwas wie ein Herabgestimmtsein«, eine
Befindlichkeit, die charakterisiert ist als φυγή, gleichsam vor meinem Dasein »Fliehen«, keine αἵρεσις, kein gehobenes Dasein,
sondern es weicht vor ihm zurück. ... ἢ ταραχή, »Verwirrung«:

---

4 Rhet. B 5, 1382 a 20.
5 Rhet. B 5, 1382 a 21 sq.

λύπη genauer charakterisiert als Durcheinandergeraten, Durcheinandersein. Dieses Durcheinandersein ist insofern näher bestimmt, als ich selbst zu mir in der Weise stehe, daß ich vor mir selbst bzw. vor meinem Dasein zurückweiche. ... ἐκ φαντασίας, »von etwas her, was sich zeigt«; φαντασία (ganz ursprünglicher Sinn):»das, was sich zeigt«,»das Sichzeigen«; ἐκ φαντασίας = ἐκ τοῦ φαίνεσθαι. Damit ist ausgedrückt: Das, was sich zeigt, ist noch nicht eigentlich da, es ist nicht da in der αἴσθησις, es ist so da, daß es in gewisser Weise noch nicht da ist. Ein Durcheinandergeraten aus dem Vor-sich-Sehen eines noch nicht da Seienden, so noch nicht da, daß es den Charakter dessen hat, das noch kommen will oder soll. ... μέλλοντος,»noch nicht da« im Sinne des Bevorstehendseins, Auf-mich-Zukommens. Solches μέλλον als κακόν, φθαρτικόν: das auf mich zukommt »in der Weise der Abträglichkeit«, auf mich zukommt im Sinne dessen, was meinem Dasein »abträglich« sein könnte,»ihm Abbruch tun« könnte, ein mir »Abträgliches«. – Kurz gefaßt: eine *Befindlichkeit, die gestellt ist vor eine mich betreffende, auf mich zukommende und als solche sich anmeldende, und zwar gerade durch die Anmeldung näher kommende Möglichkeit.*

Es ist im vorhinein zu beachten, daß das, wovor ich mich fürchte, das, womit ich in meinem In-Furcht-Sein charakterisiert bin, so bestimmt ist, daß es mich so und so angeht, ein λυπηρόν, das mich *aus der Fassung bringen* kann. Nicht jedes κακόν ist Gegenstand der Furcht,[6] das κακόν muß ein solches sein, das es auf mein Dasein abgesehen hat, so daß ich *durcheinandergerate.* Im vorangehenden Kapitel sagt Aristoteles: Die λυπηρά, was mich in die eigentümliche Befindlichkeit bringt, daß ich vor mir selbst zurückweiche, sind αἰσθητά, ich spüre dieses Angegangenwerden, so daß ich dann durcheinandergerate, wogegen ich beim Bevorstehen eines Unrechts, das mich trifft, oder vor der Möglichkeit, daß ich verblöde, nicht eigentlich Furcht habe, sondern ich hasse

---

[6] Rhet. B 5, 1382 a 22 sq.: οὐ γὰρ πάντα τὰ κακὰ φοβοῦνται.

es höchstens.[7] Ich gerate dabei nicht durcheinander, solches Bevorstehendes läßt mich kalt, kalt in der Kälte des Hasses. Zur Furcht gehört diese eigentümliche Begegnisart, daß sie denjenigen, der in Furcht gerät, aufregt. Ferner muß das Begegnende bestimmt sein als σύνεγγυς,[8] das nicht ganz weit weg ist, es muß »in der Nähe« sein. »Das, was in der Ferne ist, davor haben wir nämlich keine Furcht. Alle wissen zwar, daß sie sterben werden, daß der Tod uns bevorsteht, aber weil er nicht nahe ist, sind sie nicht bei ihm mit ihrer φρόνησις, sie kehren sich nicht daran, sie sehen sich nicht nach ihm um.«[9] Das, wovor ich in Furcht gerate, muß den Charakter der *Nähe* haben: Bevorstehendes, das sich als solches *in die Nähe drängt*. Konstitutiv für diese Möglichkeit des Sichfürchtens ist diese bestimmte Begegnisart der Umwelt. Das, was in der Umwelt begegnet, muß den Charakter der *Bedrohung* haben, das So-in-der-Welt-Sein ist ein *Bedrohtsein*. Dabei ist zu beachten, daß das Bedrohtsein nicht schon das Sichfürchten ist. In jedem Fürchten liegt mit ein Bedrohtsein, nicht aber umgekehrt. Furcht ist gerade ein bestimmtes Sichbefinden, ein Benehmen zu sich selbst im Bedrohtsein.

c) Das Bedrohliche (φοβερά) und die es anmeldenden Begegnischaraktere (σημεῖα)

Von da geht Aristoteles über zur Charakteristik der *φοβερά* und *σημεῖα*. Wir fassen das »Bedrohliche« nach drei Momenten ganz kurz zusammen unter dem Titel der *Bedrohlichkeit*:

---

[7] Rhet. B 4, 1382 a 9 sqq.: ἔστι δὲ τὰ μὲν λυπηρὰ αἰσθητὰ πάντα, τὰ δὲ μάλιστα κακὰ ἥκιστα αἰσθητά, ἀδικία καὶ ἀφροσύνη· οὐδὲν γὰρ λυπεῖ ἡ παρουσία τῆς κακίας. καὶ τὸ μὲν μετὰ λύπης, τὸ δ᾽ οὐ μετὰ λύπης· ὁ μὲν γὰρ ὀργιζόμενος λυπεῖται, ὁ δὲ μισῶν οὔ.

[8] Rhet. B 5, 1382 a 25.

[9] Rhet. B 5, 1382 a 25 sqq.: τὰ γὰρ πόρρω σφόδρα οὐ φοβοῦνται· ἴσασι γὰρ πάντες ὅτι ἀποθανοῦνται, ἀλλ᾽ ὅτι ἐγγύς, οὐδὲν φροντίζουσιν.

1. φαίνεται,[10] es muß »sich zeigen« als so und so, aber doch nicht als eigentlich da. Für das Fürchterliche ist charakteristisch die *Möglichkeit*, das *Möglichsein*, aber im Sinne des *Unbestimmten*. Das Moment der Unbestimmtheit steigert gerade die Möglichkeit, daß es *kann* im Hinblick auf die mögliche Befindlichkeit des Sichfürchtens. Das Unbestimmte steigert auch die Bedrohlichkeit.

2. Die Bestimmung des δύναμιν ἔχειν μεγάλην[11]: Es kann mir etwas anhaben, demgegenüber ich mich in einer bestimmten Ohnmacht befinde, das auf mich zukommt im Charakter der »Mächtigkeit«. Sie ist konstitutiv für die Bedrohung. Etwas, dem ich von vornherein überlegen bin, das mir nichts anhaben kann, vermag mich nicht zu bedrohen, wenn es auch unbestimmt ist, ob es mich trifft oder nicht.

3. Dieses so Mächtige in der Möglichkeit des Kommenkönnens, »in die Nähe gebracht«, der πλησιασμός, macht die Bedrohung zur »Gefahr«.[12] Etwas Bedrohliches in weiter Ferne ist nicht Gefahr. *Gefahr* wird die Bedrohung, wenn sie sich als solche *auf mich zusammenzieht*. Von da her wird das eigentümliche Moment der Furcht verständlich, das wir aus dem Somatischen kennen, aus der *Beengung*. Das Bedrohende ist die unbestimmte Möglichkeit von etwas, das mich betreffen kann, das mir überlegen ist, sich auf mich konzentriert, nicht faktisch, sondern in dem eigentümlichen Charakter des Sich-in-meine-Nähe-Drängens, so, daß das φοβερόν *angemeldet* wird, so, daß dann dieses φοβερόν gleichsam vertreten wird durch die σημεῖα.[13] Die σημεῖα übernehmen die Ausbildung des eigentümlichen Da-Charakters des φοβερόν: Übernahme der Funktion des Da, ein Nicht-Dasein-im-Sichnähern zu sein. Drei σημεῖα: 1. ἔχθρα, ὀργή,[14] »feindselige Ge-

---

[10] Rhet. B 5, 1382 a 29.
[11] Ebd.
[12] Rhet. B 5, 1382 a 32: τοῦτο γάρ ἐστι κίνδυνος, φοβεροῦ πλησιασμός.
[13] Rhet. B 5, 1382 a 30 sq.
[14] Rhet. B 5, 1382 a 33.

sinnung«, »Wut«; 2. ἀδικία,[15] »ungerechte Gesinnung«; 3. ἀρετὴ ὑβριζομένη,[16] »Ernst, der verhöhnt, gereizt ist«. – Wir werden zu betrachten haben, wie diese σημεῖα gerade dadurch σημεῖα sind, daß sie die Möglichkeit in ihrer Unbestimmtheit selbst ausbilden. Es ist instruktiv für das Verständnis der Explikation der Furcht, wie man in der Tat aus dem, was Furcht erregen kann, das In-Furcht-Geraten noch nicht voll bestimmen kann, daß also im Fürchterlichen noch nicht alle Momente beschlossen sind – *kein Parallelismus* des *Fürchterlichen* mit dem *Sichfürchten*. In der Phänomenologie wird es behauptet, entspricht aber nicht den Tatsachen.

Das charakteristische Moment dessen, wovor der Sichfürchtende steht, muß begriffen werden als das *Mögliche*. Darin ist vorgezeichnet die Weise, in der das Fürchterliche selbst eigentlich wird, was es sein kann, die Steigerung dieses Möglichen als eines solchen, das *kommen wird*, kommen *auf mich* im Charakter des *Abträglichen*. Dieses Mögliche wird in seiner Möglichkeit gesteigert dadurch, daß es *da und nicht da* ist, daß es sich also in seinem Dasein in gewisser Weise *anmeldet*. In der Anmeldung liegt aber, daß es noch nicht selbst da ist. Die Weise, in der das Fürchterliche als solches präsent wird, ist die φαντασία, nicht die αἴσθησις. Das Moment, das die Nähe ausmacht, ist der πλησιασμός. Das Sichbefinden im Angesicht eines Bedrohenden wird durch den πλησιασμός zur Situation der *Gefahr*. Die Funktion der Annäherung, der Anmeldung, die charakteristische Steigerung der Möglichkeit, die im Fürchterlichen liegt, übernehmen die σημεῖα: 1. ἔχθρα, ὀργή; 2. ἀδικία, »ungerechte Gesinnung«, und zwar eines δύναμιν ἔχοντος,[17] »eines solchen, der die Macht hat«, nämlich zu dem, wozu er sich möglicherweise entschließt; 3. ἀρετὴ ὑβριζομένη.

---

[15] Rhet. B 5, 1382 a 34.
[16] Rhet. B 5, 1382 a 35 sq.
[17] Rhet. B 5, 1382 a 34 sq.: ἀδικία δύναμιν ἔχουσα.

Ad 1. Es ist die Frage, inwiefern durch ἔχϑρα, ὀργή,»feindselige Gesinnung« und»Wut«, das Bedrohliche in die Nähe gebracht
wird, und zwar Gefahr ausgebildet wird. Die feindselige Gesinnung und Wut ist eine solche, die charakterisiert ist durch die
προαίρεσις. Wut und feindselige Gesinnung begegnen als Weisen
des Daseins eines solchen, der losbrechen kann im nächsten Augenblick. Ob er das tut, ist unsicher, aber er kann es. Die Wut
bringt gerade dieses ›kann‹ auf die Spitze.

Ad 2. Ἀδικία: ein solcher, der die Neigung hat, die anderen zu
schädigen und dazu die Macht. Auch hier ist wieder die Bestimmung der προαίρεσις, die das Können in die Gefährlichkeit
bringt. Wir haben es mit einem doppelten ›kann‹ zu tun: a) sofern
er die Macht hat, das auszuführen, was er im Schilde führt – er
kann; b) sofern dieses Machthaben in der προαίρεσις ist, ist es in
ein zweites ›kann‹ geschoben, so daß hinter diesem ›kann‹ (im
ersten Sinne) das zweite ›kann‹ der προαίρεσις, des»Sichent-
schließenkönnens«, steht. – Durch den Sinn der ἀδικία wird die
δύναμις in die rechte Möglichkeit gesetzt. Das Bedrohliche wird
zum Gefährlichen. Mit der Ineinanderschiebung der ›kann‹ ist
die Unsicherheit dessen, was mir bevorsteht, gesteigert.

Ad 3. Ἀρετὴ ὑβριζομένη, der»gereizte Ernst«: Der Gereizte ist
ständig auf dem Sprung, er kann für mich unversehens zur Gefahr werden, mich schädigen. Sofern er unversehens mich schädigen kann, ist er gefährlich.

Alle diese Momente als σημεῖα *übernehmen selbst den Charakter dessen, was sie anzeigen.* Sie sind das *Anmeldende* dieses
Bedrohlichen, und während sie anmelden, werden *sie selbst*
fürchterlich. Das Worauf des Verweisens teilt sich in seinem
Seinscharakter als Bedrohendes dem Verweisenden selbst mit.
Das, was durch die σημεῖα angemeldet wird, schiebt seinerseits
die Charaktere in den Charakter des Bedrohlichen. Das Bedrohliche wird durch die Anmeldung zum Gefährlichen. Die σημεῖα
bilden die Gefährlichkeit des Bedrohenden aus und werden dadurch selbst gefährlich.

d) Die Menschen selbst, sofern sie fürchterlich sind (φοβεροί)

Nach dieser Betrachtung der φοβερά und ihres eigentümlichen Anmeldecharakters, durch den sie in meine Nähe kommen, bespricht Aristoteles die *φοβεροί*, d. h. *die Menschen selbst, sofern sie fürchterlich sind.* Er leitet diese Betrachtung ein mit einer allgemeinen Feststellung. Die Möglichkeit, daß die Menschen einander fürchterlich sind, liegt 1. darin, daß die Menschen »von schlechter Gesinnung« sind, daß sie auf Schlechtes aus sind; 2. daß sie »auf eigenen Vorteil, auf Gewinn aus« sind; 3. sind sie meist »feig«, sie setzen sich für nichts ein, es ist kein Verlaß auf sie.[18]

So bestimmte Menschen sind aber als durch die ζωὴ πρακτική charakterisiert vorfindlich, durch die προαίρεσις charakterisiert. Alle diese Momente sind eben da in der προαίρεσις, in der Möglichkeit, daß mit ihnen und aus ihnen der Mensch sich zu dem und dem entschließt.

Aristoteles zählt *neun verschiedene Charaktere* auf, die verschiedene Lagen charakterisieren, in denen ein Mensch dem anderen als fürchterlich begegnen kann. Fürchterlich ist:

1. derjenige, dem ich ausgeliefert bin; z. B. »einer, der etwas verbrochen hat, für den sind seine Mitwisser fürchterlich«; weil sie meist gewinnsüchtig sind und aus auf Schädigung, steht bei ihnen die Gefahr, daß sie ihn verraten.[19] Das Ausgeliefertsein an bestimmte Menschen ist eine bestimmte Möglichkeit, es mit Fürchterlichem zu tun zu haben.

2. sind fürchterlich »die Mächtigen« für diejenigen, die ihnen unterlegen sind.[20] Bei den Mächtigen besteht diese doppelte Möglichkeit des ›kann‹, die wir bereits charakterisiert haben.

[18] Rhet. B 5, 1382 b 4 sq.: ἐπεὶ δ' οἱ πολλοὶ χείρους καὶ ἥττους τοῦ κερδαίνειν καὶ δειλοὶ ἐν τοῖς κινδύνοις.
[19] Rhet. B 5, 1382 b 6 sq.: οἱ συνειδότες πεποιηκότι δεινὸν φοβεροὶ ἢ κατειπεῖν ἢ ἐγκαταλιπεῖν.
[20] Rhet. B 5, 1382 b 8: οἱ δυνάμενοι ἀδικεῖν τοῖς δυναμένοις ἀδικεῖσθαι.

3. »Solche, die geschädigt sind oder glauben, geschädigt zu sein«, beleidigt worden zu sein, sofern sie darauf aus sind, die Schädigung oder Beleidigung zurückzuzahlen. Man hat von ihnen etwas zu erwarten.[21]

4. »Solche, die selbst einen anderen geschädigt haben und ihrerseits jetzt die Heimzahlung fürchten.«[22] Sie richten sich darauf ein, daß sie nicht von dem anderen, den sie geschädigt haben, wieder geschädigt werden.

5. sind füreinander fürchterlich »die Konkurrenten in ein und derselben Sache«,[23] sofern der andere, um ja den Vorteil zu erreichen, zu allem fähig ist. Dieses Zu-allem-fähig-Sein trägt bei sich die Möglichkeit der Bedrohung.

6. »Solche, die für solche eine Bedrohung sind, die selbst mehr ausrichten können als wir; wenn schon diese, die mächtiger sind als wir, betroffen werden, dann erst recht wir selbst.«[24] Hier zeigt sich wieder die Möglichkeit des In-Gefahr-Kommens durch den eigentümlichen Umweg über andere – eine charakteristische Steigerung der Möglichkeit durch den *Umweg*.

7. »Solche, die uns Überlegene schon zu Fall gebracht haben«.[25]

8. »Solche, die Schwächere, als wir selbst sind, zu Fall bringen«; denn von ihnen kann erwartet werden, daß sie sich eines Tages auf uns stürzen.[26]

9. »Unter den Feinden und Gegnern sind nicht so sehr diejenigen fürchterlich, die gleich losschlagen, die das Herz auf der Zunge tragen und gleich alles heraussagen, was sie vorhaben, viel fürchterlicher sind die πρᾶοι, die Zurückhaltenden, die εἴρωνες, die Ironischen [die so tun, als sei die Angelegenheit, um die es

[21] Rhet. B 5, 1382 b 10 sq.: οἱ ἠδικημένοι ἢ νομίζοντες ἀδικεῖσθαι· ἀεὶ γὰρ τηροῦσι καιρόν.
[22] Rhet. B 5, 1382 b 11 sq.: οἱ ἠδικηκότες [...] δεδιότες τὸ ἀντιπαθεῖν.
[23] Rhet. B 5, 1382 b 13: οἱ τῶν αὐτῶν ἀνταγωνισταί.
[24] Rhet. B 5, 1382 b 15: οἱ τοῖς κρείτοσιν αὐτῶν φοβεροί· μᾶλλον γὰρ ἂν δύναιντο βλάπτειν αὐτούς, εἰ καὶ τοὺς κρείττους.
[25] Rhet. B 5, 1382 b 17 sq.: οἱ τοὺς κρείττους αὐτῶν ἀνῃρηκότες.
[26] Rhet. B 5, 1382 b 18 sq.: οἱ τοῖς ἥττοσιν αὐτῶν ἐπιτιθέμενοι· ἢ γὰρ ἤδη φοβεροὶ ἢ αὐξηθέντες.

sich handelt, nicht so wichtig, als sie genommen wird] die πανοῦργοι, die Glatten. [Man weiß nicht, woran man ist mit ihnen – eigentümliche Unsicherheit: Man weiß nicht, ob bei ihnen wirklich alles in Ordnung ist oder ob sie nur so tun, als wäre es so.] Bei ihnen ist nicht offenbar, ob die Bedrohung nahe ist [ob sie etwas vorhaben], so daß nie klar ist, daß in der Tat keine Gefahr vorliegt«[27] – Steigerung der Unsicherheit durch die *Unbestimmtheit der Nähe.*

Sie haben aus den Beispielen gesehen, an denen Aristoteles die φοβεροί charakterisiert, daß es sich hier gemäß dem ganzen Zusammenhang um Verhältnisse einer πόλις zur anderen und in der πόλις unter den einzelnen handelt – die φοβεροί gesehen nach dieser Richtung des *Miteinanderseins.*

e) Die Eigentlichkeit des Fürchterlichen (φοβερόν)

Im Anschluß daran gibt Aristoteles eine *eigentliche Charakterisierung* des φοβερόν. Solches, was man verfehlt hat und was man nicht mehr zurechtstellen kann, was hätte vermieden werden können und jetzt unabwendbar ist, das ist fürchterlich im höchsten Grade; es ist unabwendbar, aber nicht schlechthin, sondern für mich; die Abwendbarkeit steht noch beim Gegner.[28] Eine solche Lage präsentiert *das Fürchterliche im höchsten Sinne*: das *Unabwendbare*, aber nicht schlechthin, sondern *nur für mich*. Die Möglichkeit der Abwendbarkeit steht *beim anderen*, der mir feindlich ist. Sofern die Unabwendbarkeit keine absolute ist, sondern beim anderen steht, und der andere die προαίρεσις hat, ist sie charakterisiert als Bedrohung. Dieses Bedrohtsein ist bestimmt durch die ἐλπίς des Bedrohten. Auch das im höchsten Maße Be-

[27] Rhet. B 5, 1382 b 19 sqq.: τῶν [...] ἐχθρῶν ἢ ἀντιπάλων οὐχ οἱ ὀξύθυμοι καὶ παρρησιαστικοί, ἀλλὰ οἱ πρᾶοι καὶ εἴρωνες καὶ πανοῦργοι· ἄδηλοι γὰρ εἰ ἐγγύς, ὥστε οὐδέποτε φανεροὶ ὅτι πόρρω.
[28] Rhet. B 5, 1382 b 22 sqq.: πάντα δὲ τὰ φοβερὰ φοβερώτατα ὅσα ἁμαρτάνουσιν ἐπανορθώσασθαι μὴ ἐνδέχεται, ἀλλ᾽ ἢ ὅλως ἀδύνατα, ἢ μὴ ἐπ᾽ αὐτοῖς ἀλλ᾽ ἐπὶ τοῖς ἐναντίοις.

drohliche muß noch in gewisser Weise die *Aussicht* bieten *auf ein Ausbleiben.* Das Fürchterliche wird eigentlicher, je mehr der Charakter der Aussicht auf Hilfe schwindet, wo keine Hilfe ist und trotzdem noch von dem Bedrohten erwartet wird: Es muß noch die Aussicht auf Ausbleiben bestehen.

f) Die Befindlichkeit im Sichfürchten

Das *Sichfürchten* muß charakterisiert sein als ein οἴεσθαι: Derjenige, der in Furcht geraten soll, muß einmal»glauben«, daß das Bestimmte, was bedroht, *ihn* bedroht; ferner, daß das Bedrohliche *von diesem bestimmten Menschen* ausgeht und daß er ihn *jetzt* bedroht.[29] Das Bedrohliche muß nicht nur da sein in der Weise, daß ich weiß, es könnte mir einmal geschehen − nicht das Orientiertsein über die Möglichkeit des Bedrohens, sondern das *Dafürsein, Glauben,* daß ich das und das zu erwarten habe, daß mir von diesem Menschen jetzt etwas passiert. Charakteristisch für die Art und Weise, wie die φοβερά für mich da sind, ist das οἴεσθαι. Wo dieses eigentümliche οἴεσθαι ausbleibt, kann man wohl um ein Bedrohliches wissen, aber es kann nicht gefürchtet werden. Dieses Dafürsein bleibt aus bei solchen, denen es glänzend geht, die sich gegen jede Bedrohung für sicher halten, solche, die über Reichtum, Körperkräfte, Anhang, Einfluß verfügen. Diese geraten nie in Furcht, bei ihnen bildet sich eine eigentümliche Geringschätzung aus, Übermut, Frechheit.[30] Ferner bleibt die Furcht aus bei denen, die ein anderes οἴεσθαι haben, bei solchen, die glauben, daß ihnen nichts mehr passieren kann, weil sie schon alles durchgemacht haben. Die »Abgebrühten« stehen außerhalb der Möglichkeit der Furcht.[31] Diese Art des Aneignens

---

[29] Rhet. B 5, 1382 b 34 sq.: ἀνάγκη τοίνυν φοβεῖσθαι τοὺς οἰομένους τι παθεῖν ἄν, καὶ τοὺς ὑπὸ τούτων καὶ ταῦτα καὶ τότε.

[30] Rhet. B 5, 1382 a 35 sqq.: οὐκ οἴονται δὲ παθεῖν ἂν οὔτε οἱ ἐν εὐτυχίαις μεγάλαις ὄντες καὶ δοκοῦντες, διὸ ὑβρισταὶ καὶ ὀλίγωροι καὶ θρασεῖς (ποιεῖ δὲ τοιούτους πλοῦτος ἰσχὺς πολυφιλία δύναμις).

[31] Rhet. B 5, 1383 a 3 sq.: οὔτε οἱ ἤδη πεπονθέναι πάντα νομίζοντες τὰ δεινὰ καὶ ἀπεψυγμένοι πρὸς τὸ μέλλον.

des eigenen Daseins im Meinen darüber muß sich verschieben, es muß zu einem bestimmten οἴεσθαι kommen, damit überhaupt das Fürchterliche für mich in die Nähe kommen kann. Dies Glauben, in Gefahr zu sein, ist zugleich ein solches, daß sich in einer ἐλπίς bewegt: das Bedrohliche sich aneignen als einen angehend und doch *zugleich hoffen, daß man davonkommt*. Die ἐλπὶς σωτηρίας ist für das Sichfürchten ebenso konstitutiv wie das Glauben an ein Bedrohtsein.[32] In dieser »Hoffnung auf das Gerettetwerden« offenbart sich die eigentümliche Befindlichkeit, daß ich um das, was ich befürchte, besorgt bin: *Es muß mich angehen*, es kann nichts Gleichgültiges sein.

Demnach ist jetzt erst die eigentümliche ταραχή, »Unruhe«, verständlich. Die *Unruhe* ist nichts anderes als das *Gegeneinander des οἴεσθαι und der ἐλπίς*: glauben, verloren zu sein, und trotzdem hoffen. Die Möglichkeit der Rettung muß festgehalten werden und im erwartenden Festhalten der Möglichkeit des Nichtvernichtetwerdenkönnens bewegt sich das eigentümliche »Zurückweichen« vor dem, was mich bedroht – λύπη als φυγή. Die Möglichkeit, gerettet zu sein, kurz: zu *sein*, ist da, trotzdem *weiche ich vor dem Sein zurück*. Das ist der Grundsinn der ταραχή. Das Dasein geht nicht von sich weg, sondern hält in der Hoffnung die Möglichkeit der Rettung fest. So zeigen sich in der ταραχή die beiden Momente der *δίωξις* und der *φυγή*: beides *Grundbestimmungen der eigentlichen Bewegtheit des Daseins*.

g) Die Furcht als πίστις. Der Mut als Möglichkeit des Gefaßtseins zu ihr. Die πάθη als Boden für den λόγος

Aristoteles sagt: Sofern der Mensch in diese Unruhe kommt, die bestimmt ist durch das οἴεσθαι und die ἐλπίς, wird er bereit zum *Beraten*.[33] Menschen, die in Furcht geraten, laufen zu anderen, um zu beratschlagen, um sich Rat zu holen. Wenn ich die Leute in Furcht versetze, geraten lasse, wenn ich die politischen Ereig-

---

[32] Rhet. B 5, 1383 a 5 sq.: ἀλλὰ δεῖ τινὰ ἐλπίδα ὑπεῖναι σωτηρίας.
[33] Rhet. B 5, 1383 a 6 sq.: ὁ γὰρ φόβος βουλευτικοὺς ποιεῖ.

nisse als gefährlich hinstelle, mache ich die Leute dadurch bereit
und geneigt zu beratschlagen. Ich mache sie selbst zu denen, die
beitragen zum Zustandekommen eines intendierten Entschlusses,
ich mache sie dazu, daß sie selbst πίστις werden.

Mit Rücksicht auf das Miteinandersprechen in der Alltäglichkeit zeigt sich die Furcht als diejenige Befindlichkeit, die *zum
Sprechen bringt.* Was hier im Umkreis der Alltäglichkeit sich
zeigt, ist ein Phänomen, das ein viel ursprünglicheres Fundament
hat, sofern es sich im Dasein des Menschen noch um Furcht in
einem anderen Sinne handeln kann, was wir als *Angst* oder *Grau-
en* bezeichnen: wo es uns *unheimlich* ist, wo wir nicht wissen, wovor wir uns fürchten. Wenn uns unheimlich ist, fangen wir an zu
reden. Das ist ein Hinweis für die *daseinsmäßige* γένεσις *des Sprechens*: wie das Sprechen zusammenhängt mit der Grundbestimmung des Daseins selbst, die durch die *Unheimlichkeit* charakterisiert ist.

Die Furcht, die Aristoteles hier charakterisiert, hat nun selbst
die Möglichkeit, in entschlossener Weise vom Menschen ergriffen zu werden. Die Furcht hat als bestimmtes πάθος die Möglichkeit einer ἕξις. Eine solche Möglichkeit ist der *Mut.* Es ist aber
sichtbar, daß ich im rechten Sinne mutig nur dann sein kann,
wenn ich mich fürchte. *Die Furcht ist die Bedingung der Möglichkeit des Mutes.* Wer sich nicht fürchtet bzw. sich einredet, sich
nicht zu fürchten (was meistens der Fall ist), kommt nicht dazu,
im rechten Sinne sich zu entschließen und mutig zu sein. Es
kommt darauf an, den Mut *zu ergreifen.* Es kommt darauf an, *in
der rechten Weise sich zu fürchten* und dadurch in die Entschlos-
senheit zu kommen. Damit hängt zusammen der Satz von *Augustinus*: initium sapientiae timor Domini,[34] der die fundamentale
Relevanz der Furcht für das Dasein sichtbar macht. – Möglichkeiten des Gefaßtseins zur Furcht: »Rhetorik« B 5, ausführlicher »Nikomachische Ethik« Γ, Kapitel 9-10.[35]

---

[34] Aurelius Augustinus, De diversis quaestionibus octoginta tribus, qu. 36.
[35] Vgl. Rhet. B 5, 1383 a 13 sqq.; Eth. Nic. Γ 9-10, 1115 a 6 sqq.

Die ἐλπὶς σωτηρίας gibt zugleich den Hinweis, daß das Fürchten im Zusammenhang mit der σωτηρία in einem eigentümlichen Zusammenhang steht mit dem Dasein selbst. Aristoteles sagt einmal von der ἕξις, genauer: vom Verfügenkönnen über den Augenblick in der rechten Weise, daß sie σῴζει μεσότητα,[36] daß sie »die Mitte rettet«, sie bringt mich in das eigentliche Sein, das den Umständen entspricht. Ferner wird σῴζειν in dem metaphorischen Sinn gebraucht: ὁ θεὸς σῴζει τὸν οὐρανόν, »der Gott rettet den Himmel« – »retten« im Sinne des Nicht-umkommen-Lassens, Im-Dasein-Erhaltens. Σῴζειν, σωτηρία: Gegenbegriffe zur φθορά, zum »Aus-dem-Dasein-Verschwinden«.

Wir werden uns im folgenden noch kurz zu verständigen haben, wie die Furcht und die πάθη im Zusammenhang stehen mit dem λόγος, sofern der λόγος genommen wird als Miteinandersprechen, das die Funktion hat, die Auslegung des Daseins in seiner Alltäglichkeit zu bewerkstelligen. Sofern die πάθη nicht nur ein Annex der psychischen Vorgänge sind, sondern *der Boden, aus dem das Sprechen erwächst und in den hinein das Ausgesprochene wieder wächst,* sind die πάθη ihrerseits *die Grundmöglichkeiten, in denen das Dasein sich über sich selbst primär orientiert,* sich befindet. Das primäre Orientiertsein, die Aufhellung seines Seins-in-der-Welt ist kein *Wissen,* sondern ein *Sichbefinden,* das je nach der Daseinsweise eines Seienden verschieden bestimmt sein kann. Erst innerhalb des so charakterisierten Sichbefindens und In-der-Welt-seins ist die Möglichkeit gegeben, über die Dinge zu sprechen, sofern sie entkleidet sind des Aussehens, das sie im nächsten Umgang haben. Es entsteht jetzt die Möglichkeit, zu einer bestimmten *Sachlichkeit* zu kommen, die in gewisser Weise die Art, die Welt zu sehen, wie sie durch die πάθη vorgezeichnet wird, zurückstellt. Erst wenn man das Dasein so sieht, kann man die πάθη zurückstellen. Man kann nur von hier aus verstehen, was es für die Griechen, die gewissermaßen in den λόγος verliebt

---

[36] Anm. d. Hg.: Vgl. Eth. Nic. 1104 a 25 sqq. oder 1106 b 11 sq., wo allerdings die μεσότης rettet, nämlich die σωφροσύνη und ἀνδρεία bzw. das εὖ.

waren, für eine Anstrengung war, sich aus dem Gespräch und dem Gerede herauszuarbeiten zu einer Sachlichkeit, und daß es falsch ist, wenn man allgemein Griechenland für ein Schlaraffenland hält, wo jeden Tag eine neue Entdeckung gemacht wurde, als ob die Dinge diesen berühmten Männern in den Schoß gefallen wären.

§ 22. Ergänzungen zur Explikation des Daseins als In-der-Welt-sein

a) Die ἕξις des ἀληθεύειν (Eth. Nic. Δ 12-13)

Wir haben die Betrachtung der Furcht zu einem gewissen Abschluß gebracht. Es gilt daran zu erinnern, daß die πάθη in der »Rhetorik« gefaßt sind als πίστεις, sofern sie für eine Meinung sprechen, die das Miteinanderleben der Menschen in der πόλις führt. Diese πίστεις sind das, ἐξ ὧν ἡ πρότασις, »das, woher und woraus die jeweilige Vorgabe dessen genommen wird, was bekannt ist«. Jede Argumentation spricht aus einem Selbstverständlichen. Die πάθη sind bestimmt durch die ἡδονή, sie kennzeichnen das jeweilige Befinden des Daseins in seiner Welt. Bei der Betrachtung von φόβος und den πάθη überhaupt sind diese betrachtet, sofern sie Bestimmungen des Hörers sind. Jeder aber ist mit anderen Seienden im Dasein ebenso Hörer wie Sprecher. Die δόξα also, an deren Ausbildung die πάθη mitbeteiligt sind, charakterisiert die Ausgelegtheit des Daseins in der Alltäglichkeit. Die κοινωνία, das »Miteinandersein«, ist im Dahaben-miteinander-die-Welt ein Miteinanderhaben bestimmter δόξαι, das seine Orientierung hat aus dem, wie das Dasein selbst jeweils über sich spricht.

Diese κοινωνία hat noch die besondere Möglichkeit des Miteinanderseins der Menschen gegenseitig: der ὁμιλία oder des συζῆν.[1]

---

[1] Eth. Nic. Δ 12, 1126 b 11: ἐν δὲ ταῖς ὁμιλίαις καὶ τῷ συζῆν. Δ 13, 1127 a 18 sq.: ἐν δὴ τῷ συζῆν οἱ μὲν πρὸς ἡδονὴν καὶ λύπην ὁμιλοῦντες εἴρηνται.

Dieses »Miteinanderleben« ist aber durchschnittlich und alltäglich charakterisiert durch die δόξα. Das Dasein in der Alltäglichkeit hält sich im ›mehr oder minder‹, es bewegt sich in Ausschlägen, es nimmt es nicht so genau mit sich selbst, es ist *unsachlich* in gewissem Grade. Unsachlich ist der Mensch sich selbst gegenüber. Sofern er das ist und zugleich die Möglichkeit hat, sich zu etwas Eigentlichem zu entscheiden, in der Möglichkeit der προαίρεσις ist, hat er auch hinsichtlich der Aufgedecktheit seines Seins eine ἕξις. Es gibt auch mit Bezug auf die ὁμιλία, das συζῆν eine ἕξις: Sie ist ein *Verfügen über die Echtheit des Verhaltens zu anderen und zu sich selbst.* Wer durch diese ἕξις bestimmt ist, den bezeichnet Aristoteles als den ἀληθευτικός,[2] das besagt: über das Dasein hinsichtlich der Entdecktheit verfügen, sich so geben, daß das Sichgeben und Sein mit den anderen nicht ist ein Sichverbergen, Sichverstellen, *sich so geben, wie man ist und wie man denkt.*

Das συζῆν ist charakterisiert durch die ζωὴ πρακτικὴ μετὰ λόγου. Diese ἕξις spielt sich ab ἐν λόγοις καὶ πράξεσιν καὶ τῷ προσποιήματι.[3] Προσποίημα: das Aussagen über sich selbst im Sinne des Sichzusprechens dessen, was man von sich selbst aussagt, das, was man von sich selbst behauptet in der Weise, daß man es sich selbst zuspricht, das Aussagen von sich selbst. Dieses προσποίημα, προσποίησις ist zumeist in Ausschlägen. Gewöhnlich und zumeist sind die Menschen, versteckt oder deutlich, in der ὁμιλία 1. vom Charakter des ἀλαζών, oder 2. des εἴρων. Ἀλαζών ist derjenige, der aus sich etwas macht, der groß von sich redet: δοκεῖ δὴ ὁ μὲν ἀλαζὼν προσποιητικὸς τῶν ἐνδόξων εἶναι καὶ μὴ ὑπαρχόντων καὶ μειζόνων ἢ ὑπάρχει,[4] »der das von sich redet, was im allgemeinen Ansehen steht«. Das ist eine ἕξις: Zumeist und zunächst hält sich der Mensch als ἀλαζών, er hält sich daran, solches zu sprechen, was im allgemeinen Ansehen steht, bzw. solches von sich auszusagen, »über das man gar nicht verfügt«, oder »Größeres oder Bedeutenderes als das, was man selbst ist« – aus sich selbst etwas

---

[2] Eth. Nic. Δ 13, 1127 a 24.
[3] Eth. Nic. Δ 13, 1127 a 20.
[4] Eth. Nic. Δ 13, 1127 a 21 sq..

machen, so daß man sein eigentliches Sein verbirgt, nicht ein solcher, der sein eigentliches Sein unverstellt gibt. Die andere Möglichkeit charakterisiert durch den εἴρων: ἀρνεῖσθαι [δοκεῖ] τὰ ὑπάρχοντα ἢ ἐλάττω ποιεῖν,[5] »der das versagt, was er ist, der nicht zugibt sein Sein, so wie es sich unmittelbar zeigt, der sein Sein geringer macht« – Sokrates, der sich ausgab, als ob er nichts wüßte, und doch mehr wußte als die anderen. Der εἴρων hat gute und schlechte Möglichkeiten. Die Mitte ist der ἀληθευτικός: »wahrhaftig« sein, »unverstellt« sein – jeder spricht so und handelt so, wie er ist.[6]

Sie sehen die Leistung des λόγος in dem Sein-in-der-Welt und damit die innere Verhaftung des λόγος mit dem Sein-in-der-Welt und zugleich, daß die Unverdecktheit, das entdeckte Orientiertsein im Sein-zu-sich-selbst und im Sein-zu-anderen charakterisiert ist durch die ἀλήθεια, genauer: durch das ἀληθεύειν als eine ἕξις, dieses ἀληθεύειν in der Weise des Unverborgen-da-sein-Könnens. Aristoteles behandelt die verschiedenen Möglichkeiten des ἀληθεύειν thematisch im 6. Buch der »Nikomachischen Ethik«: Mannigfaltigkeit solcher ἕξεις. Zwei sind die höchsten: 1. σοφία, 2. φρόνησις – »Umsicht« im Augenblick und das θεωρεῖν, dasjenige Aufschließen der Welt, Erschließen des Seins, bei dem keine praktische Nebenabsicht in Frage kommen kann, welches ἀληθεύειν als βίος θεωρητικός die eigentliche und höchste Möglichkeit der griechischen Existenz darstellt.

b) Die Welt als Naturwelt

Wir haben bisher das Dasein des Menschen charakterisiert als In-der-Welt-sein und die Welt zunächst bestimmt durch die Begegnismomente des ἀγαθόν. Der Seinscharakter der Welt, mit der wir zu tun haben, ist bestimmt als ἐνδεχόμενον ἄλλως, er ist mehr oder minder so als dem Wechsel unterstellt. In dieser *Um-*

---

[5] Eth. Nic. Δ 13, 1127 a 23.
[6] Eth. Nic. Δ 13, 1127 a 23 sq.: ὁ δὲ μέσος αὐθέκαστός τις ὢν ἀληθευτικὸς καὶ τῷ βίῳ καὶ τῷ λόγῳ.

welt, der Welt, in der wir in unserem Besorgen zu tun haben, zeigt
sich mit in einem die Welt als *Natur*. Die Natur ist kein Seinsbe-
reich, der neben dieser Welt stände, sondern ist die Welt selbst, so
wie sie sich in der Umwelt in bestimmter Weise zeigt, dadurch
charakterisiert, daß die Welt als Natur dasjenige Sein ist, wie es
für unser In-der-Welt-sein im täglichen Umgang sich zeigt als
Immer-schon-Dasein: Seefahrt auf dem Meere, Fische werden
gefangen im Fluß. Die Alltäglichkeit des Herstellens ist immer
Herstellen aus etwas, das bezogen wird, z. B. aus dem Bergwerk,
aus dem Wald usw. All das, was die Alltäglichkeit braucht, hat sie
und ist da in der Natur. Es ist wichtig zu sehen, daß die Natur primär nicht so etwas ist wie ein Objekt wissenschaftlicher Betrachtung. Natur ist das *Schon-immer-Dasein der Welt*. Welt ist primär
gesehen ein Aspekt der Umwelt selbst. Der Wechsel von Tag und
Nacht kommt immer wieder, ebenso die Sonne in ihrem Lauf
und die Sterne. In der Umwelt, die ich habe, ist der Boden, auf
dem ich stehe, Luft, deren Gegenwart gewissermaßen auf mich
wartet. So muß die Welt verstanden werden, wenn man das In-
der-Welt-sein als mit ihr Umgehen bestimmt. Die Welt wird in
dieser Daseinserfahrung gesehen als das, was immer ist, und das,
was auch anders sein kann.

Das Eigentlich-immer-Seiende, was nicht erst lange für die
natürliche Orientierung in der Welt gesucht zu werden braucht,
ist der Himmel. Der griechische Himmel und die Welt müssen
verstanden werden als ein Gewölbe, an dem die Sonne auf- und
untergeht. Das praktische Besorgen des Menschen spielt sich ab
in der Mitte, im μέσον. Die Erde ist das Orientierungszentrum für
die Orientierung in der Welt, welche Orientierung noch gar nicht
theoretisch zu sein braucht, nicht naturwissenschaftlich. Dieses
Orientierungssystem ist ein absolutes. Es gibt nichts, von woher
mein Dasein relativ wäre. Es gibt nur ein Dasein, das Dasein auf
der Erde als absolutem Orientierungszentrum. Für Aristoteles
gibt es drei Grundbewegungen: 1. von der Mitte weg, ἄνω; 2. auf
die Mitte zu, κάτω; 3. um die Mitte herum, κύκλος – drei Bewegungen, in denen das Dasein als In-der-Welt-sein steht. Alles,

was in der Welt selbst ist, ist der κόσμος. Das Seiende als κόσμος ist charakterisiert durch die Gegenwärtigkeit dessen, was immer schon da ist, παρουσία. Jedes Seiende in seinem Sein ist bestimmt dadurch, daß es πέρας ist, das Fertiggewordene, das seine Grenzen hat – »Grenze« nicht etwa bestimmt durch die Beziehung eines Seienden auf ein anderes, sondern die Grenze ist selbst ein *Seinsmoment am Seienden,* πέρας ist sein *Ort,* sein *Platz,* sein *Hergestelltsein, An-seinem-Platze-Sein.* So hat das Seiende, das sich im κόσμος bewegt, je seine bestimmte Grenze seiner Bewegung, d. h. seinen Ort. *Ort ist eine positive Bestimmung des Seins.* Der Ort gehört zum Seienden als solchen. Die heutige Physik kommt darauf zurück im Begriff des ›Feldes‹.

Soviel über den Charakter der Welt, sofern sie als die *Naturwelt* zu betrachten ist. Diese Natur ist nicht etwa daneben, nicht zuerst Natur und dann allerhand dazu, sondern wenn man die *Naturdinge* hinsichtlich ihres Daseins sehen will, muß man sie sehen *durch die Umwelt hindurch,* bzw. wie sie als Umwelt da ist. Nur dann hat man einen rechten Boden, die Weise des Daseins des Seienden der Natur primär zu erfassen.

ZWEITER TEIL

WIEDERHOLENDE INTERPRETATION
ARISTOTELISCHER GRUNDBEGRIFFE
AUF DEM GRUNDE DES VERSTÄNDNISSES
DER BODENSTÄNDIGKEIT DER BEGRIFFLICHKEIT

ERSTES KAPITEL

Das Dasein des Menschen als
die Bodenständigkeit der Begrifflichkeit

*§ 23. Aufweis der Möglichkeit der Begrifflichkeit im Dasein
nach sachgebender Grunderfahrung, führendem Anspruch und
herrschender Verständlichkeit*

Die Betrachtung des *Daseins des Menschen als In-der-Welt-sein*
ist zu einem gewissen Abschluß gebracht worden. Dieses In-der-
Welt-sein hat den *Grundcharakter seines Seins* im λόγος. Der λόγος durchherrscht das In-Sein. Im λόγος ist aufbewahrt die Art
und Weise, wie die Welt und das Dasein selbst in ihr entdeckt,
aufgeschlossen sind. Der λόγος verfügt über die jeweilige Entdecktheit und Aufgeschlossenheit der Welt. Er gibt uns die Richtungen vor, in denen das Dasein die Welt und sich selbst befragen
kann.

In welcher Absicht wurde das Befragen der Welt und des Daseins des Menschen in ihr angestrebt? Es wurde gefragt nach der
Bodenständigkeit der Begrifflichkeit, und zwar aus der Absicht, die
Begrifflichkeit selbst zu verstehen. Und das, weil erst in der Begrifflichkeit jeder Begriff in dem, was er ist, zu verstehen ist. Sofern die Begrifflichkeit verstanden ist, ist der *Leitfaden* gegeben,
konkrete Begriffe zu sehen. Es galt in der Absicht, Grundbegriffe

herauszustellen, die Begrifflichkeit für das Verständnis derselben sichtbar zu machen und anzueignen. Es galt die Begrifflichkeit da aufzusuchen, wo sie selbst als solche zu Hause ist, von woher sie erwächst: dasjenige Seiende, in dem so etwas wie Begrifflichkeit sein kann. Mit der Heraushebung der Bodenständigkeit der Begrifflichkeit, und zwar der griechischen, haben wir einer Aufgabe Genüge getan, vor die jede *Interpretation* gestellt ist, sofern eine Interpretation die Orientierung braucht über das, wovon sie spricht.

Wir haben die Begrifflichkeit nach *drei Momenten* charakterisiert: 1. *sachgebende Grunderfahrung*, 2. bestimmt durch den *führenden Anspruch*, 3. durch die *herrschende Verständlichkeit.* – Die Frage nach der Bodenständigkeit der Begrifflichkeit ist die Frage: *Wo* und *wie* haben die drei genannten Charaktere ihr *Sein*, derart, daß sie in diesem Seienden selbst *möglich* sind, aus ihm herauswachsen, selbst eine Möglichkeit dieses Seienden ausmachen? Die Antwort auf die Frage nach der Bodenständigkeit der Begrifflichkeit muß aufweisen ein Seiendes von dem Seinscharakter, das in sich selbst diese drei Charaktere darstellt.

In dieser Absicht wurde *Dasein* expliziert, Dasein *hinsichtlich seines Seins*. Diese Explikation war so angelegt, daß *dabei schon Grundbegriffe zur Sprache kamen.* Diese Grundbegriffe kamen in der Absicht zur Sprache, daß sie zunächst dazu dienten, das Dasein sichtbar und verständlich zu machen als den möglichen Boden der Grundbegriffe selbst. Die *eigentliche Interpretation* geschieht erst dann in der rechten Weise, wenn sie sich vollzieht *auf dem Boden der ausdrücklichen Begrifflichkeit*, wenn die Interpretation *sich wiederholt*, nachdem der Boden verstanden ist. Darin zeigt sich ein *allgemeiner hermeneutischer Grundsatz*, daß *jede Interpretation erst eigentlich ist in der Wiederholung.* Erst dann kommt sie zur Herausstellung dessen, was nicht mehr da steht.

Es wurde in der Absicht, die Bodenständigkeit der Begrifflichkeit herauszustellen, das *Dasein* charakterisiert:

1. Ist das so charakterisierte Seiende *in seinem Sein die Möglichkeit des Begrifflichen?*

2. *Wie* ist das Dasein des Menschen als In-der-Welt-sein diese Möglichkeit?

Ad 1. »Möglichkeit« muß dabei verstanden werden als das Möglichsein im Sinne des Seinscharakters des Seienden, von dem gesprochen wird, nicht im Sinne der leeren Möglichkeit, die an das Dasein herangebracht wird, so daß dem Dasein vorgehalten wird, ob es ihm möglich ist. Wenn die Begrifflichkeit im Dasein selbst bodenständig ist, *muß das Dasein selbst die Begrifflichkeit in gewisser Weise sein* – wobei nicht notwendig ist, daß die Begrifflichkeit als solche schon in ihren Momenten *herausgetreten* ist, sie kann *unausdrücklich* da sein. Wir wollen zunächst aufweisen, daß in der Tat im Dasein selbst die Begrifflichkeit liegt.

a) Hinsichtlich der *sachgebenden Grunderfahrung*: die Erfahrung, in der ein Seiendes hinsichtlich seines primären Aussehens bestimmt wird, so daß aus dieser Grundansicht alles weitere geschöpft und in seinem Sein charakterisiert wird. Jedes Seiende als Dasein ist ein Seiendes, das sich zeigt als da. In-der-Welt-sein heißt: ein Seiendes in seinem Aussehen erschlossen dahaben und mit ihm als erschlossenem zu tun haben. In-der-Welt-sein heißt in gewisser Weise *die Welt dahaben*. Nicht nur die Welt wird gehabt, sondern das Dasein *hat sich selbst* in der *Befindlichkeit*. Das In-der-Welt-sein ist charakterisiert durch die Befindlichkeit. Das Dasein hat sich selbst: nicht reflektiert, im Sichbefinden ist die primäre Weise des Sichdahabens. Dieses Dahaben ist die Möglichkeit, ein Seiendes im vorhinein als so und so in seinem Aussehen bestimmt zu haben, so daß darin die Möglichkeit liegt, das im natürlichen Umgang Gehabte nun sich eigentlich anzusehen, vom besorgenden Umgehen Abstand zu nehmen und sich aufzuhalten im bloßen Hinsehen darauf. Sofern das Dasein charakterisiert ist als In-Sein, als In-der-Welt-sein, dieses In-der-Welt-sein charakterisiert ist als Befindlichkeit, sind Welt und Leben gewissermaßen schon da, so daß sachgebende Grunderfahrung als schon da selbst die Möglichkeit eines Sichgebens hat.

b) Der *führende Anspruch*: Damit ist gemeint dasjenige, *woraufhin* ein Seiendes *angesprochen* wird. Das Seiende ist letztlich

immer angesprochen *auf sein Sein.* Bei allem natürlichen Auslegen des Seienden ist *führend ein bestimmter Sinn von Sein,* er
braucht nicht kategorial ausdrücklich gemacht zu sein, und gerade wenn er das nicht ist, hat er sein eigentliches Sein und seine
Herrschaft. Sein heißt in *dieser* Daseinsinterpretation: *Gegenwärtigsein, Fertigsein.* Das Seiende ist nicht nur da in seinem Aussehen, der Seinscharakter ist selbst mit ausdrücklich, im Sinne der
Ausrücklichkeit des alltäglichen Sehens, Betrachtens, Besprechens.

c) Die *herrschende Verständlichkeit.* Das Miteinandersein ist
durchherrscht von der δόξα: Alles Sprechen ist orientiert darauf,
das Fragliche, Unverständliche in eine *bestimmte Bekanntheit* zu
bringen. Das Dasein hat bei sich selbst einen bestimmten Anspruch auf das, was im eigentlichen Sinne bekannt ist. Das Dasein ist in seiner Auslegung durchherrscht von einer *bestimmten
Idee von Evidenz,* die für das Dasein als solches hinreichend ist,
eine Evidenz, von der aus sich normiert der wissenschaftliche
Sinn von Evidenz, die verschiedenen Beweise, die Strenge des
Beweises. Bekanntheit ist der Maßstab der Verständlichkeit, die
der λόγος hat, der ausgeht vom ἔνδοξον und darauf zurückgeht.

Ad 2. Wir haben genauer zu fragen, *wie* dieses so charakterisierte Seiende als Dasein selbst sich ausbilden kann, so daß die
Begrifflichkeit heraustritt. Wir wissen bereits, daß das Dasein des
Menschen charakterisiert ist durch die προαίρεσις. Ein »Sichentschließen« ist immer dadurch bestimmt, daß es sich *gegen etwas*
entschließt, daß demnach vermutlich auch die Ausbildung der
Begrifflichkeit herauswächst aus einem solchen Sein des Daseins,
das dieser Begrifflichkeit *gerade zuwiderläuft,* so daß das Sein des
Möglichseins der Begrifflichkeit *im doppelten Sinne* als *Möglichkeit* charakterisiert werden kann: 1. im Sinne der Möglichkeit
dessen, *woraus* die Begrifflichkeit *als aus ihrem Widerstand* sich
herausbilden kann, 2. *wofür* und *woraufhin* im Begreifen der Begrifflichkeit das Dasein sich ausbilden kann.

Aufgrund dieser Orientierung werden wir die *Bewegung* zu
charakterisieren haben, weil wir sie als eine Bestimmung des Sei-

enden kennen lernen werden, und zwar des Lebendseins, *von der aus alle weitere Seinsbetrachtung anzusetzen* ist. Κίνησις: *Leitfaden für die Explikation des Seins des Daseins des Menschen.*[1]

§ 24. Der doppelte Sinn der Möglichkeit der Begrifflichkeit im Dasein

Ich habe versucht, den Zusammenhang herzustellen: die Begrifflichkeit selbst verständlich zu machen aus dem Dasein als solchen, das Dasein nach einer Grundmöglichkeit seines Seins darzustellen. Dieses Seiende hat die Möglichkeit, die Grundbestimmungen der Begrifflichkeit in sich zu tragen. Der Tatbestand: Im menschlichen Leben ist so etwas möglich wie Wissenschaft und wissenschaftliche Forschung. Drei Momente: sachgebende Grunderfahrung, führender Anspruch, herrschende Verständlichkeit.

1. Sachgebende Grunderfahrung: Wir müssen uns darüber verständigen, daß dieses Seiende, genannt menschliches Dasein, die Möglichkeit hat, das Begriffliche in sich zu tragen. Wie ist im Dasein die Begrifflichkeit selbst möglich? Dasein ist In-der-Weltsein. Sofern es ist, steht es in Erfahrung, hat es sich, befindet sich das Dasein sich selbst gegenüber, wenn oft auch so, daß das Dasein sich in der Welt hat auf dem Wege über die Welt, in der es lebt. Ich *bin* in gewissen Möglichkeiten: mein Beruf, mein Geschäft.

2. Der führende Anspruch: Dieses Dasein hat bei sich selbst einen bestimmten Sinn von Sein und entsprechend von dem, was es nicht ist.

3. Das Dasein, wie es von sich spricht über sich und über die Art und Weise, wie es umgeht, hat ein bestimmtes Ausmaß von Verständlichkeit.

---

[1] Siehe Hs. S. 354 ff.

Wie ist in einem so charakterisierten Dasein Begrifflichkeit selbst möglich? Wir müssen *zwei Möglichkeiten* unterscheiden. Wenn die Wissenschaft etwas ist, zu dem sich das Dasein entschließen kann, ἕξις, so ist diese ἕξις dadurch charakterisiert, daß sie ist: πῶς ἔχομεν πρὸς ἄλλων – πῶς, das, was es ist, πρός,»gegen«,»im Verhältnis zu« etwas, aus dem es sich herausarbeitet. Also erstens Möglichkeit *im Sinne der Anlage, gegen die die ἕξις sich ausbildet,* zweitens dann *im positiven Sinne.*

a) Die Möglichkeit der Begrifflichkeit im negativen Sinne der Möglichkeit dessen, wogegen die Begrifflichkeit sich ausbildet

α) Die Ausgelegtheit des Daseins in Vorhabe, Vorsicht und Vorgriff

Diese Begrifflichkeit ist zunächst nicht ursprünglich da, die Möglichkeiten des Begrifflichen werden durch das Dasein zunächst verlegt. Das Dasein als In-der-Welt-sein ist primär durchherrscht vom λόγος, bewegt sich im Wortdenken, Hörensagen, Angelesenem. Das besagt hinsichtlich der drei Momente: Das Dasein als In-der-Welt-sein ist immer ein Sein in einem schon Bekannten, schon so und so Ausgelegten, das Dasein ist schon so und so aufgefaßt. Auf die Welt kommend wächst man in eine bestimmte Tradition des Sprechens, Sehens, Auslegens hinein. Das In-der-Welt-sein ist ein Die-Welt-schon-so-und-so-Haben. Diesen eigentümlichen Tatbestand, daß die Welt, in die ich hineinkomme, in der ich aufwachse, in einer bestimmten Ausgelegtheit für mich da ist, bezeichne ich terminologisch als die *Vor-habe.*

Die Welt ist schon so und so da, mit ihr auch mein Dasein in der Welt, die schon so und so da ist, und im Umgang mit ihr ist schon herrschend und führend eine bestimmte Weise des Ansprechens, in dem die Welt besorgt, diskutiert wird. Das umgrenzt eine bestimmte Möglichkeit des Begreifens, der Fragestellung, d.h. die Hinsichten, bezüglich deren die Welt besorgt wird, sind schon da. Die Vorhabe ist im vorhinein schon gestellt in eine bestimmte *Vor-sicht*. Das schon Daseiende steht in einer bestimmten Hinsicht, alles Sehen, alle Hinsichtnahme ist im konkreten Sinne bestimmt. Das Seiende, d.h. die Welt und das Leben, ist besorgt unter der Leitung eines bestimmten Sinnes von Sein: Hergestelltsein, Gegenwärtigsein, wobei gerade dieser Sinn von Sein nicht ausdrücklich zu sein braucht; gerade dadurch, daß er unausdrücklich ist, hat er eine eigentümliche Hartnäckigkeit in der Führung und Leitung der Hinsichtnahme.

Das so schon im vorhinein Gehabte: die Welt und das Leben und in eins damit das schon in diese bestimmte Vorsicht Gestellte und unter ihrer Leitung Explizierte wird nun zugleich durchschnittlich und zumeist ausgesprochen – ἀποφαίνεσθαι –, »aufgewiesen«, artikuliert. Unter der Führung der Hinsicht wird nun das Aussehen genauer expliziert, und zwar so weit, als gerade der Anspruch auf Verständlichkeit herrscht, soweit eine bestimmte Idee von Beweis und Beweiskräftigkeit leitend ist. Wenn wir uns an das 16. und 17. Jahrhundert erinnern, so wissen wir, daß die mathematischen Disziplinen dasjenige waren, was die Art und Weise des Begrifflichen, den Anspruch auf wissenschaftliche Strenge leitete. Bestimmte Möglichkeiten des Begreifens können die Herrschaft gewinnen, alle anderen müssen der herrschenden angeglichen werden. Genau so, wie im 19. Jahrhundert die Tendenz war: Weil die Naturwissenschaften *die* strengen Wissenschaften sind, kommt es in der Geschichtswissenschaft darauf an, genauso zu verfahren. Das war ein Mißverständnis wie in allen diesen Fällen. Die herrschende Verständlichkeit, die in sich schließt das Aussprechen als Artikulation, bezeichne ich als *Vor--griff*.

Diese drei Momente hängen in sich selbst als *Habe, Sicht* und *Griff* zusammen. Jede Habe steht in einer bestimmten Hinsicht und wird durch das Ausgesprochene artikuliert – Griff – und dieses Ganze ist charakterisiert als das *Vor*: im vorhinein schon herrschend im Dasein, in das ich hineinwachse. Diese drei Momente in der Einheitlichkeit charakterisieren das, was ich als *Ausgelegtheit des Daseins* bezeichne, das *Durchsichtigsein*.

β) Der λόγος als Möglichkeit von Irrtum und Verstellung

Die *Herrschaft* der Ausgelegtheit hat der *λόγος*. Der λόγος ist der *eigentliche Träger* der Ausgelegtheit, der λόγος als die Herrschaft der Ausgelegtheit. Sofern dieser λόγος dasjenige ist, worin sich alles Begriffliche abspielt, ist *er* es zugleich, der im Dasein als dem so charakterisierten die *Möglichkeit des Irrtums* ausmacht. Das Erfahrene und Gesehene ist zumeist da als *Ausgesprochenes*, in der Aussprache wird es den anderen mitgeteilt und kommt durch diese *Mitteilung* in Umlauf: das Nachgesprochene. In diesem Sichherumsprechen, *Gerede*, verliert das Ausgesprochene seinen Boden mehr und mehr. Durch dieses Gerede, Weitergesprochenwerden ohne Rückgang auf die ausgesprochene Sache wird das Gerede dazu kommen, das, was eigentlich gemeint ist, zu verdecken und zu verstellen. Das Ausgesprochene trägt in sich die Möglichkeit der *Verstellung* im wörtlichen Sinne. Schon das Mitteilen ist in gewissem Sinne ein *Irreführen*, wenn auch unausdrücklich und unabsichtlich. Sofern diese Irreführung absichtlich ergriffen wird, ergibt sich die Möglichkeit der *Täuschung* und des Getäuschtwerdens – Herrschaft des *Falschen*, des ψεῦδος. Von hier aus sehen wir auch den Zusammenhang zwischen λόγος und εἶδος. Εἶδος: Aussehen, so wie es ist. Λόγος: das Angesprochene, der Anspruch. Sofern der λόγος das Herrschende ist, ich gewissermaßen meine Kenntnis vom Hörensagen beziehe, wird durch diesen λόγος das εἶδος auch zu einem Aussehen, aber im *als*, es sieht so aus, *als* wäre es ..., ist aber nicht so: Etwas sieht so aus *wie* Gold, ist aber nicht so, etwas, das dafür gehalten wird – der Schein, εἶδος, als Aussehen im Sinne des Nur-so-Aussehens.

Das bezieht sich nicht nur auf Alltägliches, dasjenige Dasein, womit man es zu tun hat, sondern betrifft gerade in einem viel schärferen Maße dasjenige Auslegen des Daseins, das zur ausdrücklichen Aufgabe des Daseins gemacht wird, Forschung und

Philosophie. Es können bestimmte λόγοι, die einmal ausgesprochen sind, gerade in Zeiten, wo die Forschungen jung und lebendig sind, eine solche Herrschaft übernehmen, daß sie für lange Zeit das Seiende, das sie meinen, unzugänglich machen. Eine solche Herrschaft innerhalb der Auslegung des Daseins hat der λόγος des *Parmenides*, daß »das Seiende eines« sei, ἓν τὸ ὄν.[1] Dieser λόγος war auch zugleich ein positiver Antrieb, die Seinsfrage im eigentlichen Sinne zu stellen und im Ausmaß der griechischen Möglichkeiten zu lösen. Daß Aristoteles ein scharfes Verständnis für die Herrschaft des λόγος hatte, sieht man in der »Nikomachischen Ethik« H 14: κληρονομία ὀνόματος, die »Erbschaft des Wortes«, der Wortbedeutung – daß diese κληρονομία ὀνόματος, nämlich der ἡδονή, frühzeitig übernommen wurde von einer bestimmten Auslegung des Daseins: ἀλλ᾽ εἰλήφασι τὴν τοῦ ὀνόματος κληρονομίαν αἱ σωματικαὶ ἡδοναὶ διὰ τὸ πλειστάκις τε παραβάλλειν εἰς αὐτὰς καὶ πάντας μετέχειν αὐτῶν.[2] Dasjenige Befinden, das das zunächstliegende ist, sinnlicher Genuß, Vergnügen, dieses Sichbefinden, ausgelegt im Horizont des durchschnittlichen Befindens der Menge, übernahm die Erbschaft des Wortes ἡδονή. Ἡδονή braucht nicht ursprünglich zu besagen, was es in der Daseinsauslegung der Meisten besagt. Dieses Alltägliche reißt die Auslegung an sich.

Weil das Alltägliche die Erbschaft an sich reißen kann, kommt es, daß das Dasein die Möglichkeit hat, der Alltäglichkeit die Erbschaft zu entreißen und zu einer *ursprünglichen Ausgelegtheit* zu bringen, d. h. aus der Alltäglichkeit und gegen sie in der ἕξις das Begriffliche *im eigentlichen Sinne anzueignen*. Vorhabe, Vorsicht und Vorgriff sind zugleich *Möglichkeiten eines Eigentlichen*: die Vorhabe *ausdrücklich anzueignen*, die Vorsicht *auszubilden* und den Vorgriff *in Anlehnung an dieses Gesicherte durchzuführen*. Das Begriffliche ist nichts, was sich aus dem Dasein herausstellt

---

[1] Parmenides, fr. 8, 3 sqq. In: Die Fragmente der Vorsokratiker. Griechisch und deutsch v. H. Diels. 4. Aufl. Erster Band. Berlin 1922, 18 B: ἐὸν [...] ἕν. – Aristoteles, Met. A 5, 986 b 29: ἓν οἴεται εἶναι τὸ ὄν.

[2] Eth. Nic. H 14, 1153 b 33 sqq.

und irgendwie hinzuerfunden ist, sondern die rechte Möglichkeit des Begrifflichen ist ja nur das Begriffliche als ergriffene Auslegung des Daseins selbst.

b) Die Möglichkeit der Begrifflichkeit im positiven Sinne der Möglichkeit dessen, wofür die Begrifflichkeit sich ausbildet. Der νοῦς als διανοεῖσθαι

Wir müssen uns noch kurz über die *Möglichkeit im positiven Sinne* verständigen. Das Dasein bewegt sich in einer *herrschenden Ausgelegtheit*, die Aristoteles bezeichnet als ὑπολήψεις: Das Leben, das Miteinandersein hält dafür, nämlich im Hinblick auf bestimmte Grundtatbestände, hat bestimmte »Dafürnahmen«. Die ὑπολήψεις sind primäre Bestände der Daseinsauslegung, sie gilt es zu befragen auf das, was sie meinen. Sie sind freizumachen von dem, was das Gerede und die unsachliche Diskussion über sie geschichtet haben. Sofern eine solche Aufgabe ergriffen wird, bewegt sich das Dasein nicht mehr in spezifisch praktischer Betätigung – der λόγος in seiner *eigenständigen* Leistung als ἀποφαίνεσθαι: der Umgang mit der Welt, dem Leben jetzt nicht mehr ein Handeln, Behandeln im Sinne des praktischen Besorgens, sondern *Abhandeln*, das im Ausgesprochenen selbst sichtbar Werdende klarzustellen, abgesehen von jeder Verwendung. Sofern der λόγος eigenständig ist, es also lediglich auf Sprechen im Sinne des Aufzeigens ankommt, ist die Frage: Worin bewegt sich das eigenständige Sprechen? Wenn der λόγος nicht mehr ist μετά für die πρᾶξις, für was ist er dann μετά? Sofern die πρᾶξις jetzt aufgegeben wird, der λόγος eigenständig wird, ist die Frage: Worauf ist das μετά bezogen? Der λόγος ist nicht etwa nicht mehr μετά, die Leistung des λόγος ist das ἀποφαίνεσθαι: Auch hier in seiner reinen Funktion ist er bezogen auf das Zum-sehen-Bringen, als Vollzugsweise des Hinsehens als solchen. Wir haben jetzt das διανοεῖσθαι, die ἐπιστήμη μετὰ λόγου. Eigenständigkeit des λόγος besagt: Er ist μετά für das νοεῖν und διανοεῖσθαι. Das »Vermeinen«, das »Vernehmen« sind die Charaktere, die das In-der-

Welt-sein hinsichtlich des Orientiertseins des genaueren bestimmen.

Aristoteles, De anima Γ 4: Der νοῦς ist das, ᾧ γινώσκει τε ἡ ψυχὴ καὶ φρονεῖ.[3] Das »Vermeinen« ist die eigentliche Seinsmöglichkeit des In-der-Welt-seins, sowohl des »Bekanntseins mit ...« wie des φρονεῖν, des »Sichumsehens«. Die *beiden Möglichkeiten des Orientiertseins* sind 1. das *bloße Zur-Kenntnis-Nehmen* ohne jede praktische Abzweckung und 2. das *Sichumsehen.* Also 1. das Orientiertsein *über* etwas, 2. das Orientiertsein *für* etwas.

Sofern der νοῦς Grundbestimmung des In-der-Welt-seins ist, charakterisiert er das Sein des Daseins als Orientiertsein. Der νοῦς, die Orientierung, hat im menschlichen Dasein einen eigenen Charakter: ὁ καλούμενος τῆς ψυχῆς νοῦς[4] – Aristoteles spricht vom »sogenannten« νοῦς, nie vom νοῦς schlechthin, sondern so, wie er in der Alltäglichkeit bekannt ist, wie man von ihm spricht und zunächst allein sprechen kann. Dieser καλούμενος νοῦς, nicht der eigentliche νοῦς, ist charakterisiert als διανοεῖσθαι.[5] Wir müssen fragen: Wie kommt er dazu? Warum ist das Vermeinen, sofern es sich vollzieht im menschlichen Dasein, ein διανοεῖσθαι?

Zusammenhang im 3. Buch von De anima: Ursprung des διά, dessen, daß der νοῦς des Menschen ein δια-νοεῖσθαι ist. »Das Vernehmen und das Vermeinen sind gleich dem schlichten Anrufen von etwas.«[6] Etwas vernehmen: mit einem Schlage sehen als da. Etwas vermeinen: ein Nennen, etwas beim Namen nennen, nennen im schlichten Dahaben. Enger Zusammenhang zwischen: Sprechen und Sehen, αἴσθησις und φάσις ohne jede weitere Struktur – das νοεῖν, das die Struktur des schlichten Dahabens hat. Wie kommt es dazu, daß dieses Vermeinen ein δια-νοεῖσθαι ist? Sofern der νοῦς νοῦς τῆς ψυχῆς ist – ψυχή, die das eigentliche Sein-in-der-Welt ausmacht. Das ζῆν, die ζωή wird von Aristoteles geradezu identifiziert mit der ἡδονή, Befindlichkeit. Alles Befin-

---

[3] De an. Γ 4, 429 a 10 sq.
[4] De an. Γ 4, 429 a 22.
[5] De an. Γ 4, 429 a 23: λέγω δὲ νοῦν ᾧ διανοεῖται [...] ἡ ψυχή.
[6] De an. Γ 7, 431 a 8: τὸ μὲν οὖν αἰσθάνεσθαι ὅμοιον τῷ φάναι μόνον καὶ νοεῖν.

den ist ein Sichbefinden bei und zu einem ἡδύ und λυπηρόν, kurz: συμφέρον. Die Befindlichkeit, ἡδονή, hat die beiden Möglichkeiten der δίωξις und φυγή, »Zugehen auf« das συμφέρον und »Zurückweichen davor«. Δίωξις und φυγή sind Grundbewegtheiten der ψυχή, des Daseins. Sofern der νοῦς die Orientierungsmöglichkeit des so bestimmten Daseins ist, ist er ein διά. Jedes »Zugehen auf ...« als δίωξις ist Zugehen auf etwas *als* etwas. Die Welt, sofern sie primär begegnet für die Befindlichkeit des Freuens, Herabgestimmtseins, ist da *als* beiträgliche bzw. abträgliche, sofern das αἰσθάνεσθαι charakterisiert ist als »Vernehmen« in der Befindlichkeit. ὅταν δὲ ἡδὺ ἢ λυπηρόν, οἷον καταφᾶσα ἢ ἀποφᾶσα, διώκει ἢ φεύγει.[7] Das bloße Nennen ist nicht die Weise, in der das alltägliche und durchschnittliche Vernehmen sich vollzieht: Vernehmen als Weise der Befindlichkeit ist Vernehmen von etwas *als* etwas, das Ansprechen ist nicht ein schlichtes Nennen, sondern Ansprechen *als* etwas, κατά und ἀπό. Jeder λόγος ist charakterisiert durch das κατά und ἀπό, d. h. jeder λόγος ist σύνθεσις oder διαίρεσις, jedes λέγειν ist λέγειν τι κατά τινος. Deshalb ist der λόγος zugleich die positive Möglichkeit des Irrtums. Nur weil das Sprechen Ansprechen von etwas *als* etwas ist, besteht die Möglichkeit, das Angesprochene als ein anderes zu sehen, als es ist. Das ›als etwas‹, σύνθεσις und διαίρεσις, ist die Möglichkeit des ψεῦδος.[8] Wäre das Sichorientieren ein schlichtes Dahaben und So-Wiedergeben, so gäbe es im Dasein des Menschen kein ψεῦδος. Ansprechen *als* etwas, διά, das schlicht Gehabte aufsplittern in seine möglichen Bestimmungen *als* das und das – dieser Tatbestand ist mit der Grundbestimmung des Seins, ἡδονή, ursprünglich gegeben, d. h. das Dasein ist in sich selbst in seiner Alltäglichkeit konkret dem Irrtum und der Irrtumsmöglichkeit verfallen.

Weil diese Möglichkeit des Irrtums besteht, der Abfall von der eigentlichen Möglichkeit des Aufzeigens und Dahabens des Seienden, und sofern das Leben wiederum bestimmt ist durch die

[7] De an. Γ 7, 431 a 9 sq.
[8] De an. Γ 6, 430 b 1 sq.: τὸ γὰρ ψεῦδος ἐν συνθέσει ἀεί.

προαίρεσις, kann das Leben *die Möglichkeit, das Daseiende so, wie es ist, zu bestimmen, positiv ergreifen.* Dieses διανοεῖσθαι als λέγειν τι κατά τινος kann so vollzogen werden, daß es *in Anmessung an das eigentlich Vergegenwärtigte,* in die rechte Hinsicht Gestellte ein λέγειν *καθ' αὐτό* wird und daß daraus herausspringt derjenige λόγος, der das Seiende in seinem Sein unverdeckt gibt, der *Begriff.*

Die Struktur, in der die Betrachtung läuft, ist, daß das Begriffliche, der λόγος, im Dasein selbst angelegt ist als mögliches Wogegen und Für. Wir wollen sehen, wie die *Ausbildung des Begriffes* κίνησις sich vollzieht als das *radikale Ergreifen der Ausgelegtheit des Daseins* nach diesen drei Momenten.[9]

---

[9] Siehe Hs. S. 357 ff.

ZWEITES KAPITEL

Interpretation der Ausbildung des Begriffs der κίνησις als
eines radikalen Ergreifens der Ausgelegtheit des Daseins

*§ 25. Die aristotelische »Physik« als ἀρχή-Forschung.
Orientierung über die ersten beiden Bücher*

Die Ausgelegtheit selbst, die im Dasein herrscht, das durch die
προαίρεσις bestimmt ist, steht unter der Möglichkeit, ergriffen zu
werden in dem Sinne, daß die Welt in ihrem Dasein eigentlich
betrachtet wird und das In-der-Welt-sein auf das, was es ist, befragt werden kann. Es gibt bezüglich der Ausgelegtheit des Daseins selbst eine ἕξις des ἀληθεύειν, eine Möglichkeit, wahrhaftig
zu existieren, in welcher Wahrhaftigkeit beschlossen ist die Ausgelegtheit und Durchsichtigkeit des Daseins selbst. Die Ausgelegtheit des Daseins ist getragen vom λόγος: Das Gerede, das
»wie man so über die Dinge spricht« ist maßgebend für die Welt-
auffassung selbst. Wir haben versucht zu verstehen, weshalb das
Sprechen charakterisiert ist als διανοεῖσθαι, διαλέγεσθαι: weil das
Dasein bestimmt ist durch die ἡδονή, alles aufgefaßt ist *als* das
und das, als »beiträglich für …«, συμφέρον, und zwar primär aufgefaßt, nicht theoretisch. Die durchschnittliche Art zu sprechen
und aufzufassen ist das διανοεῖσθαι. Erst gegen dieses durchschnittliche Sprechen (λέγειν τι κατά τινος) kann sich die ἕξις als
ἀληθεύειν durchsetzen. Der λόγος καθ᾽ αὑτό spricht das Seiende
»an ihm selbst« an. Er stellt das Daseiende nicht in eine ihm
fremde Hinsicht, sondern schöpft die Hinsichten, in denen es betrachtet werden soll, aus ihm selbst. *Dieser λόγος, der das Seiende
in seinem Sein von ihm selbst her anspricht, ist der ὁρισμός.* Er hat
gemäß den Grundbestimmungen des Seins als Hergestelltsein
und Aussehen diese Struktur: *Das Seiende wird an ihm selbst angesprochen auf das, von wo es herkommt, γένος, und innerhalb sei-*

ner Herkunft auf das, was es ist, εἶδος. Der ganze Seinszusammenhang des γένος und εἶδος ist das τὸ τί ἦν εἶναι: τί ἦν = γένος, τὸ εἶναι
= εἶδος. Sofern das Seiende in Hinsichten gestellt wird, von denen
her es bestimmt wird, ist eine Forschung daran gehalten, dieses
Von-wo-aus herauszustellen. Dieses Von-wo-aus sind die ἀρχαί.
Die ἀρχαί sind die Grundhinsichten, auf welche das konkrete Dasein an ihm selbst gesehen und expliziert wird. Sofern mit der
ἕξις des ἀληθεύειν Ernst gemacht wird, besagt das: Der λόγος
wird ein solcher, daß er vorstößt zu den ἀρχαί. Der konkrete Vollzug der ἕξις ist die ἐπιστήμη, und diejenige »Wissenschaft«, die es
mit den ἀρχαί zu tun hat, ist die πρώτη φιλοσοφία, kurz: σοφία.
Eine ausgezeichnete Forschung, die nicht sowohl das Seiende in
seinen konkreten Bestimmungen durchforscht, sondern die
Grundhinsichten herausstellt, ist geleitet von der Frage: τί τὸ ὄν?
»Was ist das Seiende als Seiendes? Was ist das Sein?«

Eine solche ἀρχή-Forschung als Möglichkeit im Dasein selbst
liegt für uns vor in dem, was wir als die aristotelische »Physik«
kennen. Aristoteles charakterisiert im 3. Buch diese Forschung als
μέθοδος περὶ φύσεως.[1] Die Untersuchung ist περὶ φύσεως, nicht
περὶ τῶν φύσει ὄντων, »über diejenigen Seienden, die durch das
Sein der φύσις bestimmt sind«, sondern über die φύσις selbst, über
das *Sein* dieses Seienden. Es ist von vornherein, um den Zusammenhang der »Physik« mit der aristotelischen Ontologie zu verstehen, festzuhalten: Die Forschung, die über die φύσις handelt,
ist nichts anderes als die *Gewinnung der primären Kategorien*, die
Aristoteles nachher in seiner Ontologie ansetzt. Die φύσις ist charakterisiert als ἀρχὴ κινήσεως καὶ μεταβολῆς.[2] Es ist angebracht,
den schärferen Ausdruck μεταβολή zu gebrauchen. Wenn die φύσις aufgeklärt werden soll, muß das, wofür sie ἀρχή ist, selbst aufgeklärt werden: »Es darf nicht verdeckt sein, was die Bewegung
selbst ist.«[3] Aristoteles spricht hier aus der Erinnerung an die bei-

---

[1] Phys. Γ 1, 200 b 13.
[2] Phys. Γ 1, 200 b 12 sq.
[3] Phys. Γ 1, 200 b 13 sq.: δεῖ μὴ λανθάνειν τί ἐστι κίνησις.

den vorangegangenen Bücher der »Physik«, über die wir uns kurz orientieren müssen und deren Zusammenhang ich gebe.

Im Moment, in dem Aristoteles die Untersuchung der φύσις ansetzte, bewegte er sich selbst schon in einer bestimmten Ausgelegtheit der Natur. In seinen Lehr- und Lernjahren waren ihm bestimmte Auffassungen der Natur bekannt geworden, von denen er nicht glaubte, daß sie gerade das Seiende, das sie interpretierten, treffen würden. Sollte dieses Seiende interpretiert werden, dann kommt es darauf an, die Ausgelegtheit, die das Seiende verstellt, abzubauen, das Seiende, so wie es selbst gemeint ist, auch in den früheren Auffassungen, freizulegen. Mit anderen Worten: Der erste Schritt einer solchen ἀρχή-Forschung ist *Kritik* in dem Sinne, daß das, was schon immer interpretiert wurde, was schon in den früheren Auffassungen gesehen war, zu seinem eigentlichen Recht, zur Durchsichtigkeit zu bringen ist. *Kritik ist nichts anderes als das Zu-ihr-selbst-Bringen der Vergangenheit.* So wird die ἀρχή-Forschung zugleich *Zugangsforschung*: Sie macht den Weg frei zu dem, was intendiert ist.

Aristoteles führt diese ἀρχή-Forschung selbst durch im *1. Buch* seiner »Physik«. Diese Kritik scheint zunächst in eine ganz eigentümliche Form gepreßt, sofern Aristoteles die Frage diskutiert, ob es bezüglich dieses Seienden eine ἀρχή gibt oder mehrere ἀρχαί. Wir müssen uns darüber verständigen, was diese Frage eigentlich besagt. Wir kommen ins klare, wenn wir uns die erste Stufe der Kritik vergegenwärtigen, die Auseinandersetzung mit den *Eleaten*. Diese Kritik der Eleaten ist schon oft aufgefallen. Man hat gesagt, Aristoteles zieht die Eleaten nur heran, um ein billiges Objekt für eine Kritik zu haben, sofern Aristoteles selbst sagt: Eigentlich gehören sie nicht hierher.[4] Er tat das, weil er sah, daß *Parmenides* mit der Bestimmung: ἓν τὸ ὄν, »das Sein ist eines«, eine fundamentale Bestimmung des Seins zwar gesehen hat, aber dabei stehen geblieben ist. Weil von hier aus das Sein

---

[4] Vgl. Phys. A 2, 184 b 25 sqq.: τὸ μὲν οὖν εἰ ἓν καὶ ἀκίνητον τὸ ὂν σκοπεῖν οὐ περὶ φύσεώς ἐστι σκοπεῖν.

der κίνησις geleugnet wird, zieht er die Eleaten in den Umkreis seiner Kritik. Man kann das Seiende in seinem Sein gar nicht bestimmen, wenn man sich darauf versteift: Es gibt nur *eine* ἀρχή. Diese Behauptung verkennt den Sinn der ἀρχή als solcher, sofern schon in der Artikulation eines Seienden in einer Hinsicht πολλά sind. Wenn ich etwas auf eine ἀρχή artikuliere, habe ich schon eine Doppelung.[5] Ich habe etwas vorgegeben und soll es in eine Hinsicht stellen: etwas *als* etwas. Man kann das Seiende hinsichtlich seines Seins nicht artikulieren, wenn man von vornherein nicht die Möglichkeit einer Mehrfachheit der ἀρχαί zugibt. Aristoteles zeigt im Verlauf seiner Kritik, daß es mehr als eine ἀρχή geben muß, aber nicht mehr als drei. Das Sein der Natur, die φύσει ὄντα, drängen von sich selbst her auf diese Zahl der ἀρχαί.[6] Inwiefern das so ist, werden wir im Verlauf der Interpretation sehen.

Diese Kritik im 1. Buch der »Physik« ist nichts anderes als die Frage nach der formalen Grundstruktur desjenigen Seienden, dessen Sein als Bewegtsein bestimmt werden muß. Sofern die φύσει ὄντα κινούμενα[7] sind und also »Seiendes in Bewegung« hinsichtlich seiner ἀρχαί bestimmt werden muß, muß die Zahl der ἀρχαί so sein, daß die κίνησις als eine Weise des Seins verständlich gemacht werden kann. Sofern die κίνησις bestimmt wird durch *δύναμις* und *ἐνέργεια*, machen diese beiden zwei ἀρχαί aus.[8] Die dritte ist eine eigentümliche Vereinigung von beiden. In der Frage nach der Zahl der ἀρχαί liegt schon der Vorblick auf die κίνησις.

Das κινούμενον läßt sich nicht beweisen im Sinne der ἀπόδειξις. Dieser Grundcharakter des Seienden ist erreichbar in der ἐπαγωγή.[9] Es kommt darauf an, durch das Gerede hindurch,

---

⁵ Phys. A 2, 185 a 4 sq.: ἡ γὰρ ἀρχὴ τινὸς ἢ τινῶν.

⁶ Phys. A 6, 189 b 27 sq.: ὅτι μὲν οὖν οὔτε ἓν τὸ στοιχεῖον οὔτε πλείω δυοῖν ἢ τριῶν, φανερόν.

⁷ Phys. A 2, 185 a 13: τὰ φύσει [...] κινούμενα.

⁸ Phys. A 8, 191 b 28: ἐνδέχεται ταὐτὰ λέγειν κατὰ τὴν δύναμιν καὶ τὴν ἐνέργειαν.

⁹ Phys. A 2, 185 a 13 sq.: δῆλον δ᾽ ἐκ τῆς ἐπαγωγῆς.

durch die Theorie, die das Sein der Natur verdeckt, gleichsam das Seiende selbst zu sehen. Der primäre Schritt ist, die Augen aufzumachen, den Tatbestand an ihm selbst zu fassen und aus dieser Vorhabe heraus das, was sich zeigt, die κίνησις selbst, zu explizieren.

Im *2. Buch* neuer Ansatz: Aristoteles sichert die formalen Hinsichten, an denen das Fragen nach der Natur entlangläuft, d. h. er diskutiert die *Ursachen*. Erst auf dem Boden dieser beiden Betrachtungen setzt die eigentliche Untersuchung an, die κίνησις ausdrücklich zu machen. Ein erster Schritt ist, daß die κίνησις den *eigentlichen Da-Charakter des Seins* ausmacht. Die Ausgelegtheit des Seins bestimmt sich schon in einer bestimmten Grundauffassung von Sein – vermutlich wird auch der Seinscharakter der Bewegung aus diesem Grundsinn von Sein selbst her interpretiert werden müssen.[10]

§ 26. Bewegung als ἐντελέχεια τοῦ δυνάμει ὄντος (Phys. Γ 1)

a) Aufriß des Kapitels

Wir gehen zum *3. Buch* über. Aufriß des Kapitels 1:

200 b 12 – 25: Grundthema der μέθοδος,[1] zugleich was mit diesem Thema mitgegeben ist.

200 b 25 – 32: Hinweis auf die verschiedenen Weisen des Seins, von denen hier die Bewegung gleichsam als eine bestimmte Seinsart zu fassen ist: 1. ὂν δυνάμει – ὂν ἐντελεχείᾳ,[2] 2. ὄν der Kategorien,[3] 3. ist diskutiert eine bestimmte Kategorie, das πρός τι,[4] weil scheinbar in diese Kategorie die Bewegung gehört.

---

[10] Siehe Hs. S. 365 f.

[1] Phys. Γ 1, 200 b 13.

[2] Phys. Γ 1, 200 b 26 sq.: τὸ μὲν ἐντελεχείᾳ μόνον, [...] τὸ δὲ δυνάμει καὶ ἐντελεχείᾳ.

[3] Phys. Γ 1, 200 b 28: τῶν τοῦ ὄντος κατηγοριῶν.

[4] Phys. Γ 1, 200 b 28 sq.

200 b 32 – 201 a 3: Nachweis, daß die κίνησις nicht etwas ist παρὰ τὰ πράγματα,[5] nicht etwas »neben dem Daseienden« der Welt, der Natur. Dieses ›nicht παρά‹ besagt positiv: Die κίνησις ist eine Weise des Seins des Daseienden selbst. Diese Bestimmung ist gegen *Plato* gerichtet, der noch im »Sophistes« sagt: Ein Bewegtes ist dadurch in seinem Sein charakterisiert, daß wir es fassen als teilhabend an der κίνησις; die κίνησις selbst ist eine *Idee* wie alle anderen, d.h. sie ist παρά und durch die μέθεξις an ihr muß das Bewegte in seinem Sein verständlich gemacht werden, geschieht die Bewegung des Bewegten.[6]

201 a 3 – 9: Im Zurückgreifen auf die Kategorien wird gezeigt, wie es ganz bestimmte gibt, die ein διχῶς zulassen,[7] eine »Zweifachheit«. Dieses So-und-so-sein-Können ist die ontologische Bedingung dafür, daß das Seiende, das durch diese Kategorien bestimmt ist, mögliches Seiendes in Bewegung ist. Διχῶς: Zurückweisung auf die Mehrheit der ἀρχαί.

201 a 9 – 15: eigentliche Definition der Bewegung.

201 a 15 – 19: konkrete Veranschaulichung dieser Definition an bestimmten Bewegungsarten.

201 a 19 – 27: Hinweis auf den eigentümlichen Tatbestand, daß ein und dasselbe Seiende bestimmt sein kann sowohl als δυνάμει ὄν wie als ἐνεργείᾳ ὄν[8]: Ein bestimmtes Seiendes ist zugleich gegenwärtig Seiendes: ›kalt‹, und als so gegenwärtig Seiendes ist es die Möglichkeit des ›warm‹. Nur das Kalte hat die Möglichkeit des Warmen, nicht das Harte oder Rote. Nur eine bestimmt ausgezeichnete Gegenwart eines Seienden hat zugleich die Möglichkeit des Warmen. Die Möglichkeit ist nicht eine beliebige, sondern eine solche, die eine bestimmte Direktion hat. Dieser Tatbestand ist die Bedingung der Möglichkeit, daß es so etwas gibt wie Bewegung, Zusammenhang in der Natur, Aufeinanderwirken. Dabei ist fraglich, ob jedes Bewegende selbst in Bewe-

---

[5] Phys. Γ 1, 200 b 32 sq.
[6] Vgl. Platon, Sophistes 248 e sqq.
[7] Phys. Γ 1, 201 a 3.
[8] Phys. Γ 1, 201 a 19 sq.: ἔνια ταὐτὰ καὶ δυνάμει καὶ ἐντελεχείᾳ ἐστίν.

gung ist, ob jedes Seiende in sich selbst auch δυνάμει ist, oder ob es ein Sein gibt, das jede Möglichkeit ausschließt, das schlechthin ἐνεργείᾳ ist: πρῶτον κινοῦν ἀκίνητον,[9] zwar »bewegend«, aber selbst »keine Möglichkeit des Bewegtwerdens«.

201 a 27 – b 15: verschärfte Diskussion der Bewegungsdefinition – dieser Abschnitt ist der wichtigste.[10]

b) Die Rolle der Furcht in der ἀρχή-Forschung

Das ἀπορῆσαι der ἀρχαί, das Durchlaufen der Schwierigkeiten, die die Alten hatten für das Erschließen desjenigen Gebietes, das sie ohne ihr eigenes Wissen ständig im Auge hatten – Aristoteles gibt im Kapitel 8 des 9. Buches der »Metaphysik« eine eigentümliche Bemerkung, wonach die Diskussion der Alten im Grunde von der *Furcht* geführt war: διὸ ἀεὶ ἐνεργεῖ ἥλιος καὶ ἄστρα καὶ ὅλος ὁ οὐρανός, καὶ οὐ φοβερὸν μή ποτε στῇ, ὃ φοβοῦνται οἱ περὶ φύσεως.[11] Diejenigen, die früher über das Sein der Natur, über das Dasein der Welt diskutierten und die Welt danach bestimmten, die waren in dieser Fragestellung eigentlich geleitet und geführt vom φόβος, von der »Furcht«, es möchte das Immer-so-Daseiende, der ständige Umlauf der Gestirne, doch »einmal stehenbleiben« – die Diskussion des Seins des Seienden aus Furcht davor, daß es einmal nicht mehr ist. Wir haben nun kennengelernt, daß die Furcht als solche nur möglich ist, sofern in ihr lebendig ist die ἐλπὶς σωτηρίας. Das Sichfürchten ist nur möglich in einem Noch-Festhalten an einer anderen Möglichkeit: daß das Bevorstehende ausbleiben könnte. Die hier die Seinsanalyse führende Furcht lebt aus der Hoffnung oder Überzeugung, daß das Seiende doch eigentlich immer-daseiend sein dürfte und müßte. Denn *die Furcht vor dem Einmal-Verschwinden-aus-dem-Da setzt voraus das Festhalten des Sinnes von Sein als Immer-Gegenwärtigsein.* Dieser Sinn von Sein liegt also unausdrücklich aller Diskussion

---

[9] Phys. Γ 1, 201 a 27: ἔστι γάρ τι κινοῦν καὶ ἀκίνητον.
[10] Siehe Hs. S. 366 f.
[11] Met. Θ 8, 1050 b 22 sqq.

der Alten zugrunde, der Diskussion, die darauf aus war, um jeden Preis bestimmte ἀρχαί herauszustellen. Die Interpretation der ἀρχαί und damit des Seienden selbst wird übergeführt in ein bestimmtes *Vertrautsein* mit dem Dasein der Welt selbst. Die Furcht, es könnte verschwinden, wird ausgerottet dadurch, daß das Dasein in eine bestimmte Vertrautheit übergeführt wird. Das eigentliche Bedrohende des Daseins wird dadurch beseitigt. Deshalb ist die eigentliche Möglichkeit die διαγωγή,[12] der »Aufenthalt« in der reinen Betrachtung der Welt, der nichts mehr passieren kann; die διαγωγή ist eine ἡδονή. Die Interpretation des Seins tendiert, die Furcht vor dem Dasein selbst auszurotten durch die Überführung des Rätselhaften ins Bekannte. Titel der διαγωγή: Von dieser Grundbestimmung ist auch die Interpretation des Seins des Menschen betroffen, so daß auch die Selbstauslegung des Daseins darauf abzielt, die Interpretation des Daseins als Existenz durchsichtig zu machen. Die höchste Möglichkeit der Existenz, so, daß die Bedrohung nicht mehr besteht, ist das reine θεωρεῖν und damit die echte ἡδονή, Wissenschaft – eine Interpretation, die wir heute nicht mehr übernehmen, sofern heute interpretiert wird weder aus der ἡδονή noch aus der λύπη, sondern alles aus dem *System.*

Im 1. Buch der »Physik« arbeitet sich Aristoteles aus der traditionellen Behandlungsart der Frage nach dem, was das Seiende ist, durch zur Festlegung des Bodens, auf dem alle weitere Diskussion sich zu bewegen hat: ὄν κινούμενον. Die Bestimmung des ὄν als κινούμενον wurde zwar immer gesehen, aber nicht in der Weise, daß sie für die nähere Charakteristik des Seins in Betracht gezogen wurde. Die Möglichkeit, die Bewegung zu diskutieren, war nicht so, daß die Bewegung selbst erkannt worden wäre als die ausgezeichnete Weise des Daseins eines bestimmten Seienden.

Es gilt die Grundhinsichten herauszustellen, unter die das Seiende überhaupt zu stellen ist. Die Diskussion der vier Ursachen

---

[12] Eth. Nic. K 7, 1177 a 26 sq.: εὔλογον δὲ τοῖς εἰδόσι τῶν ζητούντων ἡδίω τὴν διαγωγὴν εἶναι.

ist nichts anderes als die Diskussion darüber, in welche Hinsichten das Sein gestellt werden kann, über die Möglichkeit, innerhalb welcher das Seiende auf sein Sein befragt werden kann. Die
Hinsichten sind motiviert durch den leitenden Begriff von Sein
als Hergestelltsein. Von diesen vier Hinsichten, die als solche
nicht mit einem Schlage in das Bewußtsein der damaligen Zeit
traten, gibt Aristoteles im 1. Buch der »Metaphysik« die Vorge-
schichte: Eine nach der anderen von den vier Ursachen haben die
alten Physiologen allmählich zu Gesicht bekommen, zuletzt die
schwierigste: Bevor man jede weitere Frage stellt, muß man wissen, was das Seiende ist, τί τὸ ὄν. Diese Ursache hat zum ersten
Mal *Plato* gesehen,[13] nur daß er den ontologischen Sinn nicht verstanden hat.[14]

c) Das Thema und das mit diesem Mitgegebene

Das 3. Buch und die folgenden sind die feste Grundlage, das ὂν
κινούμενον zu diskutieren am Leitfaden der ἀρχαί, so daß das Seiende selbst freigegeben wird und die spezifischen Seinscharaktere zur Abhebung kommen. Die Seinscharaktere sind aus dem Seienden selbst geschöpft: περὶ φύσεως, nicht περὶ τῶν φύσει ὄντων;
Untersuchung des *Seins*, nicht des *Seienden*; nicht in *ontischer*
Untersuchung, so, daß dem Seienden im einzelnen nachgegangen
wird, sondern in *ontologischer*, sofern das Seiende *in seinem Sein
angesprochen* wird.

»Sofern wir die Bewegung auseinanderlegen, ausgrenzen bzw.
durchgegrenzt haben, muß versucht werden, in derselben methodischen Haltung überzugehen zu dem, was nächstfolgend ist. [Es
ist auch zu handeln von dem, was mit einem Seienden als In-Bewegung-Seienden mitgegeben ist: Das ist das, was das Phänomen
der Bewegung in sich selbst beschließt.] Die Bewegung scheint
etwas zu sein, was zu dem gehört, das der Art ist, daß es sich in
sich zusammenhält – das Stetige; das Grenzenlose zeigt sich zu-

---

[13] Vgl. Met. A 6, 987 a 29 sqq.
[14] Siehe Hs. S. 367.

erst im Stetigen [sofern das Stetige sich als das zeigt, bei dem eine διαίρεσις an kein Ende kommt; die positive Bestimmung des συνεχές ist es gerade, daß es ἄπειρον ist]. Wo man das Stetige bestimmen will, da kommt es dazu, daß man mit dazu gebraucht, mit meint den λόγος des ἄπειρον [wenn man vom Stetigen spricht, spricht man damit an eine bestimmte Grenzenlosigkeit], gleich als ob das συνεχές nichts anderes wäre als das εἰς ἄπειρον διαιρετόν. Ferner ist es unmöglich, das Bewegtseiende ohne den Ort, die Leere und die Zeit anzusprechen. [Sie sind mit dem ἄπειρον selbst im Phänomen der Bewegung mitgegeben.]«[15] Diese Aufzählung der drei letzten Charaktere gibt die Reihenfolge an, in der Aristoteles diese Bestimmungen diskutiert: τόπος, κενόν und χρόνος. Τόπος: »Physik« Δ 1–5; κενόν: Δ 6–9; χρόνος: Δ 10–14. Ἄπειρον: 3. Buch, Kapitel 4–8. Die Betrachtung ist so angelegt, daß er mit der Diskussion der Zeit wieder zur Bewegung zurückkehrt. Χρόνος ist »ἀριθμὸς κινήσεως im Hinblick auf das Vorher und Nachher«.[16]

Er sagt nun über diese Bestimmungen selbst, daß sie κοινά sind: κοινὰ πάντων φυσικῶν σωμάτων.[17] Für alles Seiende, das κινούμενον ist, sind diese Charaktere κοινά und für jedes Seiende sind sie καθόλου,[18] das heißt nichts anderes als »im ganzen genommen«: Sofern ein Seiendes im ganzen genommen ist, liegen diese Charaktere immer als μέρη darin. Denn so wird καθόλου von Aristoteles gefaßt: ein ὅλον, dessen μέρη nur nicht ausdrücklich sind. »Es ist nachzusehen in der Weise, daß wir jeden vornehmen, einzeln durchbetrachten. Die Betrachtung des Seienden je als eigenes Seiendes [sofern es in ein bestimmtes Seinsgebiet gehört:

---

[15] Phys. Γ 1, 200 b 15 sqq.: διορισαμένοις δὲ περὶ κινήσεως πειρατέον τὸν αὐτὸν ἐπελθεῖν τρόπον περὶ τῶν ἐφεξῆς. δοκεῖ δ᾽ ἡ κίνησις εἶναι τῶν συνεχῶν, τὸ δ᾽ ἄπειρον ἐμφαίνεται πρῶτον ἐν τῷ συνεχεῖ· διὸ καὶ τοῖς ὁριζομένοις τὸ συνεχὲς συμβαίνει προσχρήσασθαι πολλάκις τῷ λόγῳ τῷ τοῦ ἀπείρου, ὡς τὸ εἰς ἄπειρον διαιρετὸν συνεχὲς ὄν. πρὸς δὲ τούτοις ἄνευ τόπου καὶ κενοῦ καὶ χρόνου κίνησιν ἀδύνατον εἶναι.

[16] Phys. Δ 11, 219 b 2: ἀριθμὸς κινήσεως κατὰ τὸ πρότερον καὶ ὕστερον.

[17] Phys. Γ 1, 200 b 22: διὰ τὸ πάντων εἶναι κοινά.

[18] Phys. Γ 1, 200 b 22 sq.

die φύσει ὄντα als ζῷα oder in dem Sinne, daß sie ἄψυχα sind] ist später zu vollziehen.«[19] Sofern man in diese Diskussion eintritt, also das Seiende als φύσει ὄν aufteilt, muß das κοινόν zuerst dem θεωρεῖν unterworfen werden.

d) Die Weisen des Seins, von denen her die Bewegung zu fassen ist

Für das Verständnis der folgenden Betrachtungen der κίνησις muß man sich darüber klar sein:

1. daß bisher die entscheidenden Kategorien noch nicht bekannt waren. Für uns sind die Begriffe δύναμις, ἐνέργεια, ἐντελέχεια so abgegriffen, daß man schon gar nicht zu sehen vermag, was es mit der fundamentalen Bedeutung dieser Begriffe auf sich hat. Wir müssen uns zurückschrauben in die Zeit, als die Begriffe δύναμις und ἐνέργεια ausgebildet wurden.

2. Es handelt sich hier wirklich darum, das Seiende als bewegtes in seinem Dasein *sichtbar zu machen* und festzuhalten, nicht die Bewegung in irgendeinem Sinne zu *definieren*. Wenn man sagt, die prinzipiellen Betrachtungen, die die moderne Physik angestellt hat, sind viel bestimmter, so muß gesagt werden, daß die Definition der Bewegung (Bewegung als gleichförmige Geschwindigkeit): c = s/t, selbst schon all das *voraussetzt*, was Aristoteles über Bewegung gesagt hat. Alle spätere Betrachtung kommt gar nicht mehr in diese Dimensionen. Was eigentlich an Grundsätzlichem in der modernen Physik aufgestellt wurde (*Galilei, Kopernikus*), ist die Frage nach dem *Bezugssystem* der Bewegung, nicht die nach der Bewegung selbst, sondern sie selbst im Hinblick auf das Bezugssystem, von dem aus sie *meßbar* sein soll; genauer: die Frage, ob es ein *absolutes* Bezugssystem gibt oder ob nur ein *relatives*. Hierbei ist Bewegung schon vorausgesetzt, nicht diskutiert, und in ganz bestimmtem Sinne genommen: *Ortsveränderung*, Veränderung der Lage − φορά. Hier aber handelt es

---

[19] Phys. Γ 1, 200 b 23 sqq.: σκεπτέον προχειρισαμένοις περὶ ἑκάστου τούτων· ὑστέρα γὰρ ἡ περὶ τῶν ἰδίων θεωρία […] ἐστίν.

sich für Aristoteles um ein κοινόν des Seienden, sofern es φύσει ist und lebt, so daß Bewegung in sich begreift all das, was unter das Gebiet der *Veränderung* fällt: κίνησις zu nehmen als *μεταβολή*. Fortbewegung, Durchlaufen eines Raumes ist nur eine ganz bestimmte Veränderung: stetiger Platzwechsel. Dieser Begriff von Bewegung steckt schon in der Grundformel der Bewegung: s = c · t, c = s/t; die Geschwindigkeit selbst wird nicht diskutiert. Aristoteles hat das Phänomen der *Geschwindigkeit* bereits gekannt, wo er die Zeit diskutiert und das Schneller und Langsamer einer Bewegung und aufzeigt, daß zwar eine Bewegung schneller und langsamer sein kann, aber nicht die Zeit. Gerade die fundamentalen Bestimmungen, die nicht diskutiert wurden, sind von Aristoteles ausgegangen. Sie ermöglichen, in der Richtung der eigentlichen Seinsbetrachtung vorwärts zu sehen: *Veränderung* als eine *Weise des Seins des Daseins selbst*.

»Die Betrachtung des Seienden der einzelnen Bereiche ist später als die der κοινά.«[20] Damit ist nicht gesagt, daß diese Charaktere wie κίνησις, τόπος, χρόνος, die ἀρχαί, auch schon zuerst präsent wären. Gerade diese ἀρχαί, das, von wo aus ein Seiendes gesehen wird, sind verdeckt, verstellt. Das δεῖ μὴ λανθάνειν τί ἐστι κίνησις[21] hat nur Sinn, weil es in der Tat verborgen ist. Der Tatbestand gründet darin, daß die Betrachtung der Welt und des Seienden sich in einer gewissen Allgemeinheit hält. Es gibt in der natürlichen vorwissenschaftlichen Betrachtung schon ein καθόλου, am Leitfaden dessen ich mich über die Welt orientiere. Aristoteles weist im 1. Buch, Kapitel 1 darauf hin, daß die Kinder alle Männer als Väter und alle Frauen als Mütter ansprechen.[22] Das Nächstbekannte sind Vater und Mutter für das Kind. Obzwar sie das sind, werden sie vom Kind durchschnittlich in einem καθόλου genommen, so daß die anderen Menschen nur andere Väter sind. Gegen dieses Zunächst des καθόλου muß hindurchgegangen werden zu dem, was im eigentlichen Sinne ἀρχή ist – die primäre Be-

---

[20] Phys. Γ 1, 200 b 24 sq.
[21] Phys. Γ 1, 200 b 13 sq.
[22] Phys. A 1, 184 b 3 sqq.

stimmung eines Seienden in dem, was es ist. Von dieser eigentlichen ἀρχή muß zurückgegangen werden zum konkreten Dasein selbst (Methodik der ἀρχή-Forschung »Metaphysik«, 3. Buch). Es ist also offenbar einmal 1. ἐντελεχείᾳ μόνον,[23] »als reine Gegenwart«, 2. »als Möglichkeit *und* Gegenwart«.[24] Es handelt sich um das Seiende der φύσει ὄντα, das in sich selbst immer schon ist, das nie nur δυνάμει wäre. Ein Seiendes, das gegenwärtig ist, ist in diesem Gegenwärtigsein noch δυνάμει. Δύναμις besagt im Umkreis des Diskutierten immer δύναμις eines ἐντελεχείᾳ ὄν. Also ist das konjizierte dritte Glied δυνάμει überflüssig.[25] Das Seiende, das da ist, ist charakterisiert nach den beiden Möglichkeiten: einmal als *reine* Gegenwart, das andere Mal als ἐντελεχείᾳ *und dazu* δυνάμει ὄν.

α) Die ἐντελέχεια und die ἐνέργεια

Zunächst bei der Untersuchung von *ἐντελέχεια*: 1. Aufklärung der inhaltlichen Bedeutung in dem, was sie meint; 2. die Wortbildung selbst, die vor allem zunächst aufgefallen ist.

Für die Aufklärung der Bedeutung ist instruktiv eine Stelle aus der »Metaphysik« Θ 3: ἐλήλυθε δ᾽ ἡ ἐνέργεια τοὔνομα, ἡ πρὸς τὴν ἐντελέχειαν συντιθεμένη, καὶ ἐπὶ τὰ ἄλλα ἐκ τῶν κινήσεων μάλιστα· δοκεῖ γὰρ ἡ ἐνέργεια μάλιστα ἡ κίνησις εἶναι.[26] »Es kam nämlich der Name ἐνέργεια dazu, übertragen zu werden auch auf das andere, was an Bestimmungen an der Bewegung entgegentritt; nämlich ἐνέργεια ist *in sich bezogen* πρὸς τὴν ἐντελέχειαν« (συντιθεμένη zu ersetzen durch συντεινομένη, vgl. διὸ καὶ τοὔνομα ἐνέργεια λέγεται κατὰ τὸ ἔργον, καὶ *συντείνει* πρὸς τὴν ἐντελέχειαν[27]). Hier ist unterschieden zwischen ἐνέργεια und ἐντελέχεια:

[23] Phys. Γ 1, 200 b 26.
[24] Phys. Γ 1, 200 b 26 sq.: δυνάμει καὶ ἐντελεχείᾳ.
[25] Phys. Γ 1, 200 b 26. – Anm. d. Hg.: Bei der Ergänzung des »dritten Gliedes« τὸ δὲ δυνάμει zwischen ἐντελεχείᾳ μόνον und τὸ δὲ δυνάμει καὶ ἐντελεχείᾳ handelt es sich um eine Konjektur von Spengel und Bonitz, die Prantl in den Text seiner Ausgabe aufgenommen hat.
[26] Met. Θ 3, 1047 a 30 sqq.
[27] Met. Θ 8, 1050 a 22 sq.

1. Ἐντελέχεια: »Gegenwart, Gegenwärtigsein eines Seienden als Ende« im Sinne des letzten Punktes, das fertig ist, das sich in sich selbst in seinem »Ende« hat – τέλος als Charakter des Daseins, das Fertigsein ausmachend; ἐντελέχεια: das, was sich in seinem Fertigsein hält, was im eigentlichen Sinne da ist.

2. Ἐνέργεια dagegen συντείνει πρὸς τὴν ἐντελέχειαν, »spannt sich aus zum Ende« – auch ein Charakter des Daseins, aber so, daß er das Seiende in seinem Dasein in der Weise bestimmt, daß es *nicht in seinem Fertigsein da* ist; ἐνέργεια: der Seinscharakter des *im Fertigwerden Begriffenseins*. Im Herstellen Hergestelltwordensein ist eine bestimmte Weise des Daseins – nur wenn man das sieht, ist es möglich zu sehen, was Bewegung ist: das Dasein eines Seienden, das ist in seinem Fertig*werden*, aber noch nicht fertig *ist*. Ἐνέργεια ist die κίνησις, aber nicht ἐντελέχεια. Κίνησις ist eine Weise des Daseins, ausgelegt auf ἐνέργεια.

Der Ausdruck ἐντελέχεια läßt sich zerlegen in ἐντελές und ἔχειν (entsprechend νουνέχεια, νουνεχής, νοῦν ἔχειν). Ἐντελὲς ἔχειν – Stammauslaut -ες ausgefallen: ἐντελ(ες)έχεια. Das Eigentümliche ist, daß der Stammauslaut weggefallen ist. *Diels* hat hingewiesen auf eine analoge Wortbedeutung: ἐντελόμισθος, bei *Demosthenes*, »den vollen Sold bekommend« – ἐντελέχεια als »Besitz der Vollkommenheit« übersetzt.[28]

Es kommt darauf an, die Bedeutung des Ausdrucks in den Zusammenhang zurückzunehmen, in dem er fungiert: Aufklärung des Seienden hinsichtlich seines Seins. Ἐντελέχεια die Weise des Da-seins als Sich-im-Fertigsein-Halten. Ἐντελεχείᾳ μόνον: Was *nur* im Fertigsein sich hält, das ist ein solches, *was jede* δύναμις *ausschließt*, ein solches fertig Daseiendes, das *immer schon fertig* ist, was nie erst hergestellt wurde, was nie nicht wäre, sondern *schlechthin gegenwärtig* ist. Was die Möglichkeit ausschließt, einmal nicht gewesen zu sein, schließt auch die Möglichkeit aus, einmal zu *vergehen*. Die Gegenwart eines so Seienden ist nicht ausgedacht, sondern gesehen an der Bewegung des Himmels, al-

---

[28] H. Diels, Etymologica. In: Zeitschrift für vergleichende Sprachforschung 47 (1916), S. 193-210, hier 203.

lerdings *gesehen*, doch nicht bloß in der bloßen Betrachtung, sondern *erfahren* aus der Furcht, ob am Ende nicht doch dieses Im-
mer-Daseiende einmal stehen bleibt, aus dem Da verschwindet.

β) Die στέρησις

Aristoteles hat diese beiden Charaktere bereits genannt im 1.
Buch der »Physik«, Kapitel 8.[29] Zugleich ist hier der Zusammenhang zu sehen, in dem diese beiden Bestimmungen, δύναμις und
ἐνέργεια, mit der Frage nach der Anzahl der ἀρχαί stehen. Innerhalb dieser Diskussion kommt er darauf, daß es drei ἀρχαί geben
muß, und kommt zugleich auf die Bewegung und sagt, daß die
Definition der Bewegung ohne δύναμις und ἐνέργεια nur durch
die ἀρχαί geschehen müßte, wie *Plato* es getan hat, aber im fundamentalen Unterschied zu Plato durchgeführt mit Hilfe der
στέρησις.[30] Wir wollen bei Gelegenheit der Betrachtung der Stelle sehen, inwiefern die Kategorie der στέρησις ihrem Bedeutungs-
ursprung nach in den Grundkategorien der Bewegung, δύναμις
und ἐνέργεια, verhaftet ist. (1. Buch der »Nikomachischen Ethik«,
Kapitel 4: Diskussion des ἀγαθόν und der Kategorien.)

Aristoteles leitet die Vorgabe der Seinscharaktere ein mit: ἔστι
δή τι τὸ μὲν ἐντελεχείᾳ μόνον.[31] »Es ist ein Sein des einen im Sinne
des reinen Gegenwärtigseins« – man muß übersetzen: »Es ist in
seinem eigentlichen Sein.« Was nie eine Möglichkeit hat, was
nicht entstanden ist, ist in einem ausgezeichneten Sinne schon
da, so fertig, daß es überhaupt nicht hergestellt zu werden
braucht. Wir haben uns zu verständigen über das Sein, das charakterisiert ist als δυνάμει καὶ ἐντελεχείᾳ.[32] »Physik« A 8 zeigt Aristoteles die Seinscharaktere von δύναμις und ἐντελέχεια an,[33] ohne
darauf einzugehen. Er bemerkt, daß man das Phänomen der Be-

[29] Phys. A 8, 191 b 27 sqq.
[30] Phys. A 8, 191 a 12 sqq.
[31] Phys. Γ 1, 200 b 26.
[32] Phys. Γ 1, 200 b 26 sq.
[33] Phys. A 8, 191 b 28 sq.

wegung auch explizieren könnte im Rückgang auf δύναμις und
ἐντελέχεια, während er es vorher aus anderen Seinscharakteren
verständlich zu machen sucht, zuerst im Anschluß an die Kritik
Platos (Sein und Nichtsein). Er weist auf ein neues Phänomen
des Seins hin, die στέρησις.[34] Er gewinnt es aus dem Seienden, das
charakterisiert ist als Abwesendsein und was »an ihm selbst
Nichtsein« ist: Dieses Nichtsein ist ein Sein καθ' αὑτό μὴ ὄν.[35] Die
Negation ist eine Position. Wenn wir sagen, das Nichtsein ist ein
Sein, so klingt das formal-dialektisch. Man muß aber sehen, daß
hier aus dem Sinn von Sein interpretiert wird: Nichtsein im Sinne eines *bestimmten Da*, des *Da der Abwesenheit*. Aus diesem
Nichtseienden, das da ist im Charakter eines bestimmten Abwe-
sendseins, daraus »kann etwas werden«,[36] d. h. mit Hilfe dieses
eigentümlichen Nichtseins kann das »Werden«, die μεταβολή,
verständlich werden. Aristoteles sieht selber, daß das gegenüber
dem Bisherigen eine wunderliche Behauptung ist. Er sagt: »Man
wundert sich darüber und man hält es für unmöglich, daß etwas
wird aus dem Nichtsein«,[37] sofern man zunächst sagt: Das Nichtsein ist das Nichts und aus dem Nichts kann nichts werden.

»Das ist *eine* Weise«,[38] die γένεσις, nämlich die μεταβολή, verständlich zu machen. ἄλλος δ' ὅτι ἐνδέχεται ταὐτὰ λέγειν κατὰ τὴν
δύναμιν καὶ τὴν ἐνέργειαν· τοῦτο δ' ἐν ἄλλοις διώρισται δι' ἀκριβείας
μᾶλλον.[39] »Eine andere Weise [der Erklärung der μεταβολή] kann
dasselbe sagen mit Rücksicht auf δύναμις und ἐνέργεια. Das ist in
einem anderen Zusammenhang bereits streng ausgegrenzt.«
Worauf hiermit verwiesen ist, ist zunächst unbestimmt. Man ist
geneigt, diese Stelle auf das 9. Buch der »Metaphysik« zu beziehen. Es besteht die andere Möglichkeit, daß damit »Physik« Γ 1-
3 gemeint ist. Mit Entschiedenheit ist das nicht auszumachen.

[34] Phys. A 8, 191 b 15.
[35] Phys. A 8, 191 b 15 sq.
[36] Phys. A 8, 191 b 16: γίγνεταί τι.
[37] Phys. A 8, 191 b 16 sq.: θαυμάζεται δὲ τοῦτο καὶ ἀδύνατον οὕτω δοκεῖ, γίγνε-
σθαί τι ἐκ μὴ ὄντος.
[38] Phys. A 8, 191 b 27: εἷς μὲν δὴ τρόπος οὗτος.
[39] Phys. A 8, 191 b 27 sqq.

Auf jeden Fall kann man solche vagen Vermutungen nicht in Anspruch nehmen für eine Datierung und aus den Verhältnissen der Abhandlungen eine Entwicklungsgeschichte des Aristoteles schreiben. Nach meiner Überzeugung ist dieser Versuch ganz hoffnungslos. Es sind in der »Physik« Dinge hinsichtlich des ὄν und des ἕν gesagt, so, daß das Niveau ein solches ist, das sich in keiner Weise von dem der »Metaphysik« unterscheidet. Die Bemerkung, die Aristoteles hier anschließt, charakterisiert, welche Bedeutung er dieser Untersuchung zumißt: »So [durch den Rückgang auf die στέρησις bzw. auf δύναμις und ἐνέργεια] werden die Schwierigkeiten gelöst, unter dem Zwange welcher die Früheren einiges von dem Gesagten aufgehoben haben. [Weil sie mit dem Sein nicht fertig werden konnten, kamen sie dazu, einfach zu sagen: Bewegung gibt es nicht.] Deswegen [weil ihnen überhaupt diese Möglichkeit der Explikation nicht in den Blick kam] wurden sie so weit abgedrängt vom Weg zum Werden und Vergehen, zur μεταβολή [daß sie Theorien über das Sein machten und nicht dazu kamen, die μεταβολή als solche zu sehen]. Wäre diese Art des Seins ihnen in die Augen gesprungen, dann wäre für sie jede Unklarheit über dieses Seiende verschwunden.«[40] Daraus geht deutlich hervor, wie klar Aristoteles seine eigene Entdeckung einschätzt und wie fundamental diese Seinscharaktere der δύναμις, ἐνέργεια, στέρησις sind.

γ) Die δύναμις

Wir müssen versuchen, uns die zweite Bestimmung noch näher zu bringen, um das Seiende in seinem doppelten Charakter zu verstehen. Was er über die στέρησις sagt, ist die Bedingung dafür, daß es sich bei dem δυνάμει um einen Seinscharakter handelt, der einem *schon Daseienden* zukommt. *Δύναμις* hat nicht den Sinn des

---

[40] Phys. A 8, 191 b 30 sqq.: ὥσθ᾽ […] αἱ ἀπορίαι λύονται δι᾽ ἃς ἀναγκαζόμενοι ἀναιροῦσι τῶν εἰρημένων ἔνια· διὰ γὰρ τοῦτο τοσοῦτον καὶ οἱ πρότερον ἐξετράπησαν τῆς ὁδοῦ τῆς ἐπὶ γένεσιν καὶ φθορὰν καὶ ὅλως μεταβολήν· αὕτη γὰρ ἂν ὀφθεῖσα ἡ φύσις ἔλυσεν πᾶσαν τὴν ἄγνοιαν.

>möglich<: was überhaupt einmal da sein kann. Δύναμις ist schon die Bestimmung eines ἐντελεχείᾳ ὄν, d. h. eines schon Daseienden. Ein Baum, der im Walde steht, ist ἐντελεχείᾳ, für mich gegenwärtig da als Baum. Oder er kann auch da sein als gefällter Baum, Baumstamm. Dieser Baumstamm kann mir begegnen im Charakter der Dienbarkeit zu ..., der Verfügbarkeit für einen Schiffsbau. Der Baumstamm hat den Charakter des *Dienlichseins zu* ..., der *Verwendbarkeit zu* ..., nicht so, daß ich ihn erst so auffasse, sondern es ist die *Weise seines Seins.* Er begegnet so, ist nicht bloßes Holz, als ein Ding, genannt Holz. Das Daseiende der Umwelt hat den Charakter des συμφέρον, es verweist auf etwas. Dieser Charakter des Verweisendseins im Sinne des Dienlichseins zu ... bestimmt dieses Daseiende, diesen Stamm, der da ist ἐντελεχείᾳ und in eins damit als δυνάμει. Das δυνάμει-Sein ist eine *positive Bestimmung der Weise seines Da.* Ich pflege seit langem diesen Seinscharakter des Daseins als *Bedeutsamkeit* zu bezeichnen. Dieser Seinscharakter ist das Primäre, in dem die Welt begegnet.

Daß das δυνάμει kein leeres und formales ist, sondern ein bestimmtes mit bestimmten Bedingungen, das das Seiende nur zuweilen und je nach Umständen charakterisiert, wird sichtbar aus »Metaphysik« Θ, Kapitel 7. Zu Anfang des Kapitels die Frage: πότε δὲ δυνάμει ἐστὶν ἕκαστον καὶ πότε οὔ, διοριστέον.[41] »Es ist auszugrenzen, wann jeweilig ein Daseiendes δυνάμει ist und wann nicht. Es ist nicht δυνάμει zu jeder beliebigen Zeit [obwohl es schon da ist]. Ist die Erde in ihrem Seinkönnen so etwas wie ein Mensch? Erst dann, wenn sie so etwas geworden ist wie ein σπέρμα, aber nicht einmal dann vielleicht«,[42] wenn ein Seiendes den Charakter des σπέρμα hat, ist es schon δυνάμει ἄνθρωπος, »denn es muß der Same erst noch in ein anderes übergehen und sich da verändern«,[43] erst dann ist das σπέρμα der Möglichkeit nach Mensch.

---

[41] Met. Θ 7, 1048 b 36 sq.
[42] Met. Θ 7, 1048 b 37 sqq.: ... οὐ γὰρ ὁποτεοῦν. οἷον ἡ γῆ ἆρ᾽ ἐστὶν ἄνθρωπος δυνάμει; ἢ οὔ, ἀλλὰ μᾶλλον ὅταν ἤδη γένηται σπέρμα, καὶ οὐδὲ τότε ἴσως.
[43] Met. Θ 7, 1049 a 14 sq.: δεῖ γὰρ ἐν ἄλλῳ καὶ μεταβάλλειν.

Die Frage taucht nun für Aristoteles auf: Wie ist das, was wir als δυνάμει bezeichneten, das, von woher etwas umschlägt zu einem anderen, wie ist dieses aufzufassen als *mit das Sein ausmachend* dessen, was dadurch ist? Wenn Holz umschlägt zum Dasein des Kastens, wie ist das Holz, Holzsein mit für das Sein des Daseins des Kastens konstitutiv? Auf diese Frage vermochten *Plato* und alle Früheren keine Antwort zu geben, weil der Boden nicht gesichert war. Aristoteles stellt die Frage, was das ist, das, von dem wir sagen, es ist da. Der Kasten ist nicht das Holz, die Bildsäule ist nicht das Erz. Der Kasten ist nicht das Holz im Sinne des τόδε τι. Plato sagt: Der Kasten *hat* Holz; Holz ist eine Idee, also *hat* der Kasten *teil* am Holz. Der Kasten ist nicht Holz, sofern man sein Wassein anspricht als Gegenwärtigsein, So-und-so-Aussehen. Der Kasten ist nicht τόδε, nämlich das Holz, οὐ τόδε ἀλλ᾽ ἐκείνινον[44]: der Kasten ist *mit bezogen* auf das Holz. Der Kasten ist nicht Holz, τόδε τι, nicht Holz und *noch* ein Kasten. In bezug auf das Holz ist der Kasten nicht ἐκεῖνο, sondern ἐκείνινον. Mit ἐκείνινον soll verwiesen werden auf ein Entfernteres: ἐκείνινον, »jenlich« – primär, in der nächsten Gegenwart ist der Kasten nicht Holz. »Der Kasten ist nicht Holz, sondern hölzern«,[45] jenlich. Hölzernsein ist eine andere Weise des Daseins als Holzsein. Das Woraus des Gemachtseins eines Kastens, das Woraus des Bestehens, ist nicht selbst an ihm selbst da, ἐνεργείᾳ. Die Gegenwärtigkeit wird bestimmt durch sein Vorhandensein, sein Kastensein, worin das Woraus des Bestehens in dieser eigentümlichen Weise aufgehoben ist.

Diese Betrachtung ist darum fundamental, weil sie einen wichtigen Schlüssel gibt für die Auffassung eines Seienden, von dem wir sagen, es ist ein κινούμενον: κινούμενον, ὡς τὸ ἐκείνινον,[46] die Weise des Daseins, die wir fixieren mit der Aussage des κινούμενον, ist immer ontologisch aufzufassen als ἐκείνινον. Beim Bewegten ist immer zunächst da das Bewegtseiende selbst, entspre-

---

[44] Met. Θ 7, 1049 a 18.
[45] Met. Θ 7, 1049 a 19: τὸ κιβώτιον οὐ ξύλον ἀλλὰ ξύλινον.
[46] Met. Θ 7, 1049 a 33.

chend beim Dasein des Kastens nicht das Holz, sondern der Kasten. Ein Stein, der fällt, eine Pflanze, die wächst: In diesem So
Aussehen ist in gewisser Weise da die κίνησις. Der Kasten ist nicht
Kasten und *dazu* Holz, der Stein nicht Stein und *dazu* Bewegung.
Der Stein *hat nicht teil* an der Bewegung, die selbst ein Sein ist
(Plato), sondern die Bewegung *ist im Daseienden* in dem Sinne,
daß es charakterisiert ist als ἐκείνινον: Der Stein ist beweglich wie
der Kasten hölzern. Dagegen ist die κίνησις nicht wie Holz ein
Seiendes, ist nicht in der Weise der ὕλη da. Das ist der fundamentale Leitfaden dafür, daß dem Phänomen der Bewegung nur am
Bewegtseienden nahe zu kommen ist.

δ) Das Sein im Sinne der Kategorien

Von diesem Seienden also, das in den beiden Bedingungen stehen
kann, in der Ständigkeit und der δύναμις – Daseinscharaktere der
Bedeutsamkeit –, von diesem Seienden wird nun gesagt: »Es ist
nun seinerseits wiederum ein ›dieses da‹ oder ein ›so viel‹ oder
ein ›solches‹ oder in gleicher Weise ein anderes der Kategorien
des Seins.«[47] Τοιόνδε, τοσόνδε usw.: -δε entstanden aus δή, »offenbar da«, »gegenwärtig« – Weisen des Gegenwärtigseins, wobei
sich die Gegenwärtigkeit vom Seienden selbst her nach Möglichkeiten seines Aussehens bestimmt. Diese Charaktere, τόδε τι usw.,
sind bezeichnet als *Kategorien*. Dabei ist zu beachten, daß die Kategorien hier einfach wie selbstverständlich eingeführt werden.
Keine Diskussion über ein Kategoriensystem! Überall, wo von ihnen innerhalb der überlieferten Schriften die Rede ist, wird in
dieser Weise von ihnen gesprochen. Man hat deshalb die Kategorien des Aristoteles als leere getadelt: daß er kein Prinzip der Ableitung aufgestellt hat und daß er keine bestimmte Zahl von
Kategorien hat, daß das keine saubere Arbeit sei. Man hat sich
aber dispensiert zu fragen, was die Kategorien eigentlich sind.

---

[47] Phys. Γ 1, 200 b 27 sq.: τὸ μὲν τόδε τι, τὸ δὲ τοσόνδε, τὸ δὲ τοιόνδε, καὶ ἐπὶ
τῶν ἄλλων τῶν τοῦ ὄντος κατηγοριῶν ὁμοίως.

In den bisherigen Betrachtungen wurde natürlich nicht ohne
Absicht von vornherein bei der Interpretation des Daseins und
des Begrifflichen die Betonung gelegt auf den λόγος: λόγος als die
Weise des In-der-Welt-seins derart, daß diese Weise die Entdecktheit, Aufgedecktheit, das Gegenwärtigsein der Welt ausmacht.
Das, was hier mit ›Kategorie‹ bezeichnet ist, ist bezeichnet durch
einen Ausdruck, der in der engsten Verwandtschaft mit dem λόγος steht, κατηγορεῖν steht in engstem Zusammenhang mit dem
λέγειν. Ἀγορεύειν ist nicht einfach »reden über etwas«, »aussagen«, sondern »auf dem Markte reden«, »öffentlich reden«, wo
das Miteinandersein sich abspielt, da, wo es jeder versteht. Κατηγορεῖν besagt: »öffentlich einem etwas auf den Kopf zusagen«,
daß er das und das ist, ihn »anklagen«, einer bestimmten Tat
»zeihen«. Κατηγορία ist ein Sprechen, sofern ich von κατηγορία
τοῦ ὄντος spreche, das das Seiende gewissermaßen auf den Kopf
zu anspricht, so, daß es von ihm sagt, daß es das und das ist, nämlich daß es *ist*. Κατηγορίαι: *Weisen des Ansprechens des Seienden in
seinem Sein.* Die Kategorien also sind die Grundweisen, in denen
das Daseiende hinsichtlich bestimmter Daseinsmöglichkeiten
und -weisen aufgedeckt da ist. Damit ist nicht gesagt, daß die Kategorien für das natürliche Sprechen, für den λόγος des Alltags,
schon ausdrücklich sind. Vielmehr liegt der Tatbestand so, daß
alles λέγειν schon bewegt und geführt ist in bestimmten Kategorien. Sie bedeuten nicht irgendwelche Formen, die ich in ein
System bringen kann, auch nicht Einteilungsprinzipien der Sätze, sondern sie müssen nach dem, was ihr Name besagt, verstanden werden aus dem, was der λόγος selbst in seiner ausgezeichneten Weise ist: *das Entdecktsein der Welt ausmachend, so, daß diese
Entdecktheit die Welt in ihren Grundhinsichten zeigt.* Wenn man
ein einigermaßen lebendiges Verständnis für das Dasein der Welt
hat, wird man vorsichtig darin sein, auf eine bestimmte Zahl von
Kategorien sich festzulegen.

Aus der Vorbereitung der Definition durch den Hinweis auf
verschiedene Momente des Seienden hinsichtlich seines Seins
wird schon sichtbar, daß die Bewegung selbst eine *Weise des Da-*

seins der Welt ist. Sofern sie das ist, wird sie umgekehrt das Mittel sein, mit Hilfe dessen das Sein der Welt in einem endgültigen Sinne verständlich wird. Sofern die Bewegung eine Weise des Daseins des Seienden ist, ist die Möglichkeit gegeben, das, was wir in einem ganz abgegriffenen Sinne unter ›Realität‹ verstehen, in der Tat vollkommen zu bestimmen. Eigentlich müßte das, was mit Bewegung bezeichnet wird, terminologisch lauten: κινησία. In der Tat braucht auch Aristoteles den Ausdruck ἀκινησία = ἠρεμία,[48] »Ruhe«. Κινησία ist bei Aristoteles nicht belegt, wohl aber wird in der Fragmentsammlung davon gesprochen, daß Aristoteles die κινησία so und so einteilt.[49] Für das sachliche Verständnis muß im Auge behalten werden, daß mit κίνησις gemeint ist: das Bewegtsein als eine *Weise des Seins.* Vermutlich werden wir die Explikation des Seins des Bewegtseins hineinsehen müssen in den Zusammenhang von Sein, von dem wir bisher immer wieder gehandelt haben.

Die ersten Bestimmungen und die fundamentalen, diejenigen, die die Entdeckung des Aristoteles tragen, sind die Bestimmungen ἐντελέχεια und δύναμις. Das Gegenwärtig-Daseiende selbst wird nun expliziert in einer anderen Richtung, und diese Weisen des Daseins der Welt bezeichnet Aristoteles als die Kategorien. Wir haben begonnen, diese Seinscharaktere uns näher verständlich zu machen. Κατηγορία: eine bestimmte Art des Sprechens. Kategorien sind solche Weisen des aufzeigenden Sprechens, die unausdrücklich in jedem konkreten λόγος zu finden sind. Λόγος als λέγειν – λόγος als λεγόμενον. Auch κατηγορία in dieser doppelten Bedeutung. Für κατηγορίαι steht auch der Ausdruck κατηγορήματα, wobei diese andere Seite der Bedeutung ausdrücklich ist. Und zwar sind die Kategorien Weisen des ansprechenden Aufzeigens des Seienden, verstanden als das Seiende der Umwelt, so wie die Welt ist in der ζωὴ πρακτική. Die ζωὴ πρακτική ist μετὰ

---

[48] Phys. Γ 2, 202 a 4.
[49] Aristotelis opera. Ed. Academia Regia Borussica. Volumen quintum: Aristotelis qui ferebantur librorum fragmenta. Collegit V. Rose. Berlin 1870. Fr. 586, 1573 b 28 sq.: ὁ δὲ Ἀριστοτέλης ἐν ταῖς διδασκαλίαις δύο φησὶ γενονέναι [κινησίας].

λόγου: In diesem μετὰ λόγου liegen die ausgezeichneten λόγοι, die Kategorien. Die ζωὴ πρακτική ist als πρᾶξις ein solches Seiendes, das jeweils das Ende hat beim πρακτόν: ἐφίεται auf das ἀγαθόν[50] – das ἀγαθόν ist πέρας der πρᾶξις, das ἀγαθὸν κατὰ τὸν καιρόν,[51] »jeweils in der bestimmten Lage«. Demnach sind die λόγοι der Kategorien solche, die das Seiende der Umwelt ansprechen hinsichtlich der Möglichkeit ihres Daseins, sofern dieses Dasein verstanden wird als die Welt des Besorgens. Mit anderen Worten: Die Kategorien sind zunächst die Weisen des Daseins der Welt als συμφέρον. Wir haben früher gehört, die Dinge der Welt sind da im Charakter des Beiträglichseins für … Wir werden sehen, daß in der Tat das Moment des ›verwendbar zu …‹, aufgrund dessen sie auf etwas verweisen, dieses ›auf … zu …‹ für das Seiende, dessen Sein die Kategorien ausdrücken, konstitutiv ist, und daß deshalb, weil im Dasein der Welt die Seinsbestimmung des ›von … zu …‹ liegt, in diesem Seienden die Möglichkeit liegt, *verändert zu werden, von dem zu dem überzugehen, umzuschlagen.*[52]

e) Die Bewegung als Sein des Seienden der Welt selbst. Kritik der platonischen Rede vom ἀγαθὸν καθόλου (Eth. Nic. A 4)

Weil demnach das ἀγαθόν selbst als πέρας der πρᾶξις das Sein der Welt charakterisiert als jeweils so und so daseiendes, hat die Rede von einem ἀγαθόν καθόλου, von einem »Guten überhaupt«, keinen Sinn. Ἀγαθόν besagt nicht nur nicht so etwas wie »Wert« – wenn man seinen eigentlichen Sinn verstanden hat, kann damit nicht gemeint sein ein ideales Sein von Werten und Wertzusammenhängen –, sondern eine *besondere Weise des Daseins desjenigen Seienden, mit dem wir es selbst in der πρᾶξις zu tun haben,* orientiert auf den καιρός. Deshalb ist es ganz selbstverständlich, daß Aristoteles bei der Diskussion des ἀγαθὸν καθόλου in der »Nikomachischen Ethik« (Kritik *Platos*) sich auf die Kategorien be-

---

[50] Eth. Nic. A 1, 1094 a 1 sq.: πρᾶξις […] ἀγαθοῦ τινὸς ἐφίεσθαι δοκεῖ.
[51] Eth. Nic. Γ 1, 1110 a 13 sq.
[52] Siehe Hs. S. 367 ff.

ruft.[53] Weil das ἀγαθόν Seinsbestimmung der Umwelt ist, muß, sofern nun der Seinscharakter des ἀγαθόν aufgeklärt werden soll, notwendig die Weise des Seins der Welt, die primär die Welt charakterisiert, in den Kategorien, herangezogen werden. Mit Berufung auf die Kategorien sagt Aristoteles: Es gibt kein ἀγαθὸν καθόλου, ἀγαθόν ist, was es ist, immer als πρακτόν.[54] Das πρακτόν ist charakterisiert durch die Kategorien des τόδε τι, des ποσόν, des πρός τι als χρήσιμον,[55] bezüglich der Zeit als καιρός.[56] Es gibt kein Gutes, das über dem Sein schwebte, sofern ›gut‹ die Bestimmung des Weltdaseins ist, der Welt, mit der ich es zu tun habe. Das ἀγαθὸν καθόλου wäre demnach ein Gutes, das überhaupt kein Sein hat.

So zeigt Aristoteles im 1. Buch, Kapitel 4 der »Nikomachischen Ethik«: Es gibt kein Gutes überhaupt, sofern ἀγαθόν πέρας ist und πέρας πέρας der πρᾶξις, und πρᾶξις immer ›diese da‹ als jeweilige. Auch das ἀγαθὸν καθ’ αὐτό, das nicht den Charakter der Beiträglichkeit hat, das »an ihm selbst Gute«, bei dem wir stehen bleiben, ist nicht als ἀγαθὸν καθόλου zu verstehen.[57] Aristoteles macht sich hier selbst einen Einwand. Man könnte nämlich sagen: Ein ἀγαθὸν καθόλου gibt es nicht, sofern die συμφέροντα in Betracht kommen. Aber vielleicht liegt es noch anders bei den ἀγαθὰ καθ’ αὐτά. Solches ist z. B. das φρονεῖν, das ὁρᾶν, ἡδοναί τινες, τιμαί,[58] solches, was wir um seiner selbst willen in die Sorge stellen. Aristoteles stellt nun seinerseits die Frage: Wenn das in der Tat ἀγαθὰ καθ’ αὐτά sind, besagt das schon, daß darin nichts enthalten ist als eine Idee,[59] besagt καθ’ αὐτά schon καθόλου? Wäre es das, ὥστε μάταιον ἔσται τὸ εἶδος,[60] »so wäre leer das Aussehen«. Wäre das, nämlich dieses ἀγαθὸν καθ’ αὐτό, ein Sein an sich im Sinne der

[53] Vgl. Eth. Nic. A 4, 1096 a 11 sqq.
[54] Eth. Nic. A 4, 1096 b 34.
[55] Eth. Nic. A 4, 1096 a 26.
[56] Eth. Nic. A 4, 1096 a 26 sq.
[57] Vgl. Eth. Nic. A 4, 1096 b 8 sqq.
[58] Eth. Nic. A 4, 1096 b 17 sq.
[59] Eth. Nic. A 4, 1096 b 19 sq.: οὐδ’ ἄλλο οὐδὲν πλὴν τῆς ἰδέας.
[60] Eth. Nic. A 4, 1096 b 20.

Idee, ein γένος, ein »Allgemeines«, dann wäre für die πρᾶξις nichts da, was sie besorgte, während der Blick der πρᾶξις gerade auf das »Äußerste«, ἔσχατον, geht, auf den καιρός, auf das ›hier und jetzt‹ unter den und den Umständen; die πρᾶξις braucht ein Bestimmtes. Der Seinscharakter des ἀγαθόν ist am καιρός orientiert, bestimmt durch seine Stelle. Das ἀγαθὸν καθ' αὑτό als Idee wäre leer, hätte kein εἶδος. Man sieht, wie Aristoteles ganz scharf gegeneinandersetzt: ἰδέα und εἶδος. Er versteht unter εἶδος das »Sichausnehmen« eines Seienden der Welt hier und jetzt als πρακτόν. Wenn also das ἀγαθόν eine Idee ist, dann ist der Sinn seines Seins gerade der πρᾶξις, die es als τέλος hat, unangemessen. Ferner zeigt es sich, daß diese verschiedenen ἀγαθά – die φρόνησις ist in anderer Hinsicht ἀγαθόν als die ἡδονή –, daß diese sich nicht in ein allgemeines γένος setzen lassen.[61] Zwar hat die Sprache ein gewisses κοινόν in dem Sinne, daß sie verschiedene Seiende mit einem Bedeutungsgehalt anspricht, aber der Bedeutungscharakter des κοινόν ist nicht allgemein, nicht γένος, sondern κατὰ ἀναλογίαν.[62] Von Aristoteles ist sonst über die Analogie nichts überliefert.

Aristoteles hat in derselben Art, in der er das ἀγαθόν als eine Seinsbestimmung der Umwelt charakterisiert, auch das Sein des Bewegtseienden hinsichtlich seines Seinscharakters im vorhinein bestimmt. Auch die κίνησις ist kein γένος, »ist nicht παρὰ τὰ πράγματα«.[63] Κίνησις ist nicht ein Sein, das *neben* dem In-Bewegung-Seienden ist. Wie ἀγαθόν ausdrücklich das Seiende der Umwelt in seinem Dasein für die πρᾶξις bestimmt, so ist auch die κίνησις eine *Seinsbestimmung des Seienden der Welt, sofern sie immer diese bestimmte ist.* Wenn also die Bewegungen, die verschiedenen möglichen Bewegungen eingeteilt werden am Leitfaden ganz bestimmter Kategorien, so besagt diese Einteilungsmöglichkeit der Bewegung: *Die Möglichkeiten des Bewegtseins sind pri-*

[61] Eth. Nic. A 4, 1096 b 23 sqq.: τιμῆς δὲ καὶ φρονήσεως καὶ ἡδονῆς ἕτεροι καὶ διαφέροντες οἱ λόγοι ταύτῃ ᾗ ἀγαθά.
[62] Eth. Nic. A 4, 1096 b 28.
[63] Phys. Γ 1, 200 b 32 sq.: οὐκ ἔστι δὲ κίνησις παρὰ τὰ πράγματα.

mär bestimmt durch das charakteristische Dasein der Welt. Das ist die Rolle, die die Kategorien in der Vorbereitung der Definition der κίνησις spielen.

Ich will einige Seiten der Kategorien namhaft machen. Einmal sind sie bezeichnet als διαιρέσεις schlechthin.[64] Διαιρεῖν eine Bestimmung des λέγειν: auseinandernehmend über etwas sprechen. Sprechen ist immer Sprechen im Dahaben von etwas, ist immer das Besprechen eines Daseienden. Die Weise des Besprechens ist charakterisiert durch die διαίρεσις. Jedes Sprechen über etwas ist zunächst ein Sprechen von ihm *als* dem und dem, λέγειν τι κατά τινος, »etwas als etwas ansprechen«. In diesem ›als etwas‹ wird das Daseiende aus dem nicht-explizierten in eine bestimmte Hinsicht expliziert. Wenn Aristoteles die Kategorien schlechthin als die διαιρέσεις bezeichnet, so meint er sie als dasjenige Sprechen, das das Daseiende der Welt in den Grundmöglichkeiten, als was es sich zeigen kann, sichtbar macht.

Als was primär das Seiende der Welt sich zeigt: Dieses ›als was‹ in diesem ursprünglichen Sinne ist selbst nicht das Gemeinte, wenn ich in einem konkreten λόγος lebe. Der konkrete λόγος meint immer z. B. das Rotsein dieses Kleides, und erst wenn ich zurückfrage nach dem Wie des Daseins von Rotsein, dann komme ich auf das ποιόν. Demnach ist, so gesehen, das ποιόν der Stamm, gewissermaßen das Geschlecht, aus dem jede Eigenschaft hinsichtlich ihres Seins herstammt. Deshalb sind die Kategorien auch γένη,[65] die »Stämme« für dasjenige, was ich an einem konkreten Seienden als seiend nach den verschiedenen Möglichkeiten aussage.

Aristoteles bezeichnet auch die Kategorien als die ἔσχατα κατηγορούμενα,[66] die »äußersten« im Sinne der »letzten«. Wenn ich ein Seiendes bis zuletzt, bis auf sein Sein, das, was es eigentlich ist, zurückverfolge, dann komme ich auf die Kategorien, und

---

[64] Vgl. Top. Δ 1, 120 b 36.
[65] Met. B 3, 998 b 28.
[66] Met. B 3, 998 b 16.

zwar sind diese Kategorien ἐπὶ τῶν ἀτόμων [εἰδῶν]⁶⁷: das εἶδος als
das, über das nicht weggegangen werden kann, das durch Worte
nicht auflösbar ist, das εἶδος, an dem der λόγος als διαίρεσις sich
stößt, wo das natürliche Sprechen mit der Welt ein primäres ist,
so daß das εἶδος sich nicht selbst mehr in ein ›als was‹ auflöst; was
gewissermaßen der διαίρεσις widersteht. Das Sichausnehmen
kann sich im λόγος nicht auflösen, wenn er überhaupt noch etwas
dahaben will. Dieses ἄτομον εἶδος besagt nichts anderes als das
nächste Da des Aussehens der Welt, das sind die Dinge, die ich in
Gebrauch habe, οὐσίαι. Wenn ich das Sichausnehmen eines Stuhles oder Tisches gewissermaßen noch auflösen möchte, dann habe
ich nicht mehr das primär Daseiende, den Stuhl, sondern ein
Stück Holz. Man muß also, um diese Seinskategorien zu verstehen, von vornherein sich dahin bringen, daß man sieht: Das Seiende, das hier gemeint wird, ist das Seiende der Umwelt.

Ferner bezeichnet Aristoteles die Kategorien als die πτώσεις⁶⁸ –
das lateinische casus, das aber eine verengte Bedeutung hat. Πτῶ-
σις hat noch die weitere Bedeutung: jede sprachliche Modifikation und Bedeutungsänderung. Die κατηγορίαι sind die πτώσεις
schlechthin, die primären Abwandlungen des Sprechens in der
Welt.

Aus De anima A 1 geht hervor, daß für Aristoteles diese Kategorien nicht einfach feste Schemata sind, die an sich selbst schon
der Untersuchung entheben würden, sondern die Kategorien *zeigen* gewissermaßen einen nächsten Charakter des Seins des Daseienden nur *an*.⁶⁹ Bezüglich des Themas von De anima, der ψυχή:
Für die Beantwortung des Fragens darüber konnte man sich einfach auf die Kategorien berufen und am Leitfaden der Kategori-
en durchfragen. Aber damit ist nichts getan. Es kommt darauf
an, die Kategorien selbst als *Anzeigen* und das angezeigte Phänomen von sich selbst her in der Eigentlichkeit seines Seins zu neh-

⁶⁷ Ebd.
⁶⁸ Met. N 2, 1089 a 26.
⁶⁹ Vgl. De an. A 1, 402 a 11 sqq.

men. Seiende wie Tisch und Stuhl stehen unter der Kategorie des τόδε τι. Damit ist noch nicht gesagt, daß die ψυχή dasselbe Sein hätte, wie es das Sein des Tisches ist.

Diese Kategorien sollen nun für die spätere Charakteristik der κίνησις einen Leitfaden hergeben, und zwar in dem näheren Sinne, daß *vier* der Kategorien es sind, die die Zahl der möglichen Bewegungen bestimmen. Das heißt: Es gibt nur Bewegungen mit Bezug auf das τόδε τι, auf das ποιόν, auf das ποσόν und das κατὰ τόπον. So sagt Aristoteles: μεταβάλλει γὰρ τὸ μεταβάλλον ἀεὶ ἢ κατ᾽ οὐσίαν ἢ κατὰ ποσὸν ἢ ποιὸν ἢ κατὰ τόπον.[70] Diese Festsetzung ist nicht etwa willkürlich, sondern Aristoteles begründet diese Anzahl der verschiedenen Bewegungsweisen in »Physik« E, Kapitel 1.[71] Er begründet es so, daß er auf die ἐπαγωγή verweist.[72] Man kann die verschiedenen Weisen des Bewegtseins nicht durch die ἀπόδειξις deduzieren, sondern muß sich an das Dasein der Welt halten.

Ich gehe gleich über zu der weiteren Bestimmung: ὥστ᾽ οὐδὲ κίνησις οὐδὲ μεταβολὴ οὐθενὸς ἔσται παρὰ τὰ εἰρημένα, μηδενός γε ὄντος παρὰ τὰ εἰρημένα.[73] Welches berechtigte Motiv in dieser Ansetzung des Seins der Idee für *Plato* liegt und was er damit vor Augen hatte, das zu sehen werden wir im nächsten Semester versuchen.[74] Man kann das nur rückwärts von Aristoteles her übersehen. Plato fragt nach dem, worauf Aristoteles die Antwort gegeben hat.[75]

---

[70] Phys. Γ 1, 200 b 33 sq.
[71] Phys. E 1, 224 b 35 sqq.
[72] Phys. E 1, 224 b 30.
[73] Phys. Γ 1, 201 a 1 sqq.
[74] M. Heidegger, Platon: Sophistes. Marburger Vorlesung Wintersemester 1924/25. Gesamtausgabe Bd. 19. Hrsg. v. I. Schüßler. Frankfurt a.M. 1992.
[75] Siehe Hs. S. 374 ff.

f) Das διχῶς der Kategorien

Jede der Kategorien ὑπάρχει διχῶς,[76] »ist da zweifach«: Das Sein
der Kategorien, jede Kategorie als eine Weise des Daseins der
Welt, des Begegnens der Welt, meint, schließt in sich ein διχῶς: τὸ
μὲν γὰρ μορφὴ αὐτοῦ, τὸ δὲ στέρησις.[77] Ein Daseiendes, das ich in
seinem Sein charakterisiere als dieses da, als an ihm selbst mir
begegnend, dieses hat in sich selbst ein διχῶς. Als so daseiendes ist
es bestimmt als εἶδος, es nimmt sich so und so aus. Es kann aber
auch sein und ist zugleich charakterisiert durch die στέρησις,
durch eine »Abwesenheit«: ein Gegenwärtigsein von etwas, für
dessen Gegenwart eine Abwesenheit konstitutiv ist, Abwesenheit
im Sinne des Mangels, des Fehlens. Dieses Dasein im Sinne des
Fehlens ist ein ganz eigentümliches und positives. Wenn wir von
einem Menschen sagen: »Er fehlt mir sehr, er ist nicht da«, so will
ich gerade nicht sagen, daß er nicht vorhanden ist, sondern sage
eine *ganz bestimmte Weise des Daseins seiner für mich* aus. Die
meisten Dinge sind nun, sofern sie da sind, nie *voll* da für mich,
sondern immer mit charakterisiert durch die *Abwesenheit*, durch
das *Nicht-so-Sein, wie sie eigentlich könnten und sollten.* Das
Sein des Daseins der Welt hält sich im ›mehr oder minder‹, die
Dinge sind mehr oder minder so oder so. Bezüglich des ποιόν:
λευκόν und μέλαν.[78] Die Dinge sind als gefärbte nicht rein weiß
und rein schwarz, sondern hell und dunkel ist das eigentliche Da,
die *Durchschnittlichkeit*, die nicht in den eigentlichen Ausschlägen ist, sondern sich *zwischen den Ausschlägen* hält. Diese Bestimmung des διχῶς gehört zu den Grundkategorien selbst. Diese
Möglichkeit selbst ist für die Bewegung fundamental. Damit sehen wir, daß nicht nur die Kategorien aus dem Umweltsein verstanden werden müssen, sondern daß zugleich ein Seiendes,
sofern es als dieses διχῶς bestimmt ist, an ihm selbst die Seinsmöglichkeit zeigt, etwas zu sein, was ist im ›von … zu …‹. Weil es

[76] Phys. Γ 1, 201 a 3 sq.: ἕκαστον δὲ διχῶς ὑπάρχει πᾶσιν.
[77] Phys. Γ 1, 201 a 4 sq.
[78] Phys. Γ 1, 201 a 5 sq.

die Möglichkeit ist des ›von … zu …‹, so etwas wie ein Umschlag, kann es in Bewegung sein.

Dadurch, daß Aristoteles an dieser wichtigen Stelle der Vorbereitung der Definition der Bewegung betont, daß in den Kategorien selbst gemäß ihrer Struktur eine Doppelung gemeint ist, dadurch wird sichtbar, daß das Seiende selbst aufgefaßt ist in seinem Seinkönnen als ›von … zu …‹, und das nach den vier Möglichkeiten des τόδε τι, des ποιόν, des ποσόν und des κατὰ τόπον. Dieses ›von … zu …‹ expliziert Aristoteles im 5. Buch, Kapitel 1: Sein des ὑποκείμενον, nicht im Sinne einer metaphysischen Ontologie, sondern ὑποκείμενον ist das, was in der Aussage sichtbar wird, nicht »Substanz«; Sein des ὑποκείμενον ist geschöpft aus dem λόγος: das δηλούμενον in der κατάφασις.[79] Es kann ein ὑποκείμενον in ein Nicht-ὑποκείμενον umschlagen und umgekehrt.[80]

g) Die erste Definition der Bewegung und ihre Veranschaulichung

Die zusammenfassende Betrachtung der fundamentalen Seinsbestimmung zur Vorbereitung der Definition der κίνησις greift Aristoteles dann auf 201 a 9. Er greift zurück auf die erste Bestimmung, daß ein Seiendes ist als Daseiendes, so da, daß es etwas sein *kann*. Ein Stück Holz *kann* auch ein Kasten sein. Auf diese Bestimmung greift Aristoteles zurück, wenn er sagt: διῃρημένου δὲ καθ᾽ ἕκαστον γένος τοῦ μὲν ἐντελεχείᾳ, τοῦ δὲ δυνάμει, ἡ τοῦ δυνάμει ὄντος ἐντελέχεια, ᾗ τοιοῦτον, κίνησίς ἐστιν.[81] Er bringt damit die Betrachtung in die rechte Position: Die Vergegenwärtigung eines Vorhandenseienden charakterisiert als Etwas-Seinkönnen, Sein gefaßt als Da-sein der Welt. Da-sein: 1. als *gegenwärtig da*, 2. im Sinne des *Herseins aus* … Die Bestimmung des τέλειον schließt beide Momente des Seins in sich: *da* und *herseiend aus* …

---

[79] Phys. E 1, 225 a 6 sq.: λέγω δὲ ὑποκείμενον τὸ καταφάσει δηλούμενον.
[80] Phys. E 1, 225 a 3 sqq. – Siehe Hs. S. 376 f.
[81] Phys. Γ 1, 201 a 9 sqq.

In diesem Dasein selbst, als *Gegenwart*, liegt ein Moment, das wir bisher unterschlagen haben, das aber in die Augen springt: Dasein heißt *Jetzt*-Dasein. Wir gebrauchen »Gegenwart« in dieser eigentümlichen Indifferenz, als praesens, was sowohl »räumliche Gegenwart« als auch »Jetzt« besagt, sofern die αἴσθησις immer im Jetzt ist.

So Seiendes in der Welt ist da und kann als δύναμις zugleich etwas Verwendbares sein. Δύναμις, ›noch nicht‹, kann besagen: ist verwendbar für ..., umbildbar zu ... Dieses so Daseiende als fertig da und verwendbar für ... ist als Seiendes charakterisiert durch das διχῶς. Es ist zumeist und durchschnittlich nicht absolut weiß oder schwarz, sondern zumeist begegnen die Dinge als daseiende gefärbt als mehr oder minder schwarz oder weiß. Auch ein Haus ist in der Alltäglichkeit zumeist so da, daß ihm etwas fehlt, charakterisiert durch die στέρησις. Von hier aus nun bestimmt Aristoteles die Bewegung.

Man muß sich ein solches Seiendes vergegenwärtigen: ein Stück Holz, das vorhanden liegt, da ist in einer Werkstatt beim Tischler; es liegt als Holz da in der Bestimmung der Verwendbarkeit für ... »Die Bewegung ist die ἐντελέχεια, Gegenwart des Daseienden, als des Daseinkönnenden, und zwar die Gegenwart, sofern es da sein kann.«[82] Bewegung ist die Gegenwart des Daseinkönnens als solche. Das Holz kann ein Kasten sein, jetzt zunächst einfach vermeint. Dieses Seinkönnen des Holzes vermeint dieses Kastenseinkönnen. Sofern es da ist, ist das Holz in Bewegung. Sofern das Holz in eigentlichem Sinne als Kastenseinkönnendes da ist, ist die Bewegung. Wenn der Tischler es in Arbeit hat, ist es in seinem Seinkönnen da. Das Seinkönnen ist gegenwärtig in dem In-Arbeit-Sein, sofern der Tischler es unter der Hand hat. Demnach kann Aristoteles im folgenden die Bewegung auch definieren als ἐνέργεια. Ἐνέργεια als eine Weise des Daseins besagt nichts anderes als das In-Arbeit-Sein von etwas. Das Holz als vorliegendes seiendes Ding ist da und ist zugleich

---

[82] Phys. Γ 1, 201 a 10 sq.: ἡ τοῦ δυνάμει ὄντος ἐντελέχεια, ᾗ τοιοῦτον, κίνησίς ἐστιν.

verwendbar für einen Kasten. Als Holz da sein und verwendbar
sein für ... ist nicht dasselbe. Ferner charakterisiert die Verwendbarkeit selbst als Seinscharakter des Daseienden dieses noch nicht
als in Bewegung befindlich. Man könnte daraus entnehmen, daß
die Bestimmung von dem Daseienden des Seins der Welt als Bedeutsamkeit hier eigentlich nicht stimmt, sofern die Verwendbarkeit eigentlich erst da ist, sofern das Holz in Arbeit ist. Dies ist
aber eine Täuschung.

Die nähere Betrachtung führt uns darauf, daß wir hier auf ein
Moment des Seinscharakters des Daseins stoßen, das man nicht
beachtet: Wenn der Tischler von der Werkstatt weggegangen ist,
der angefangene Kasten daliegt, ist das Holz zwar nicht in Bewegung vorhanden, aber auch nicht so wie vor der Arbeit, also bloß
im ersten Sinne δυνάμει, sondern es ist vorhanden *in Ruhe.* Die
Ruhe ist nur ein *Grenzfall der Bewegung:* Ruhen kann nur etwas,
das in sich selbst die Seinsbestimmung hat, in Bewegung zu sein
oder sein zu können. Es begegnen uns viele Dinge der Welt – die
meisten, mit denen wir es zu tun haben – zumeist als ruhend. Mir
ist nicht bekannt, daß man dieses Moment der Ruhe je in Rechnung gesetzt hätte. Man kann überhaupt das Sein des Seienden
gar nicht verstehen, wenn man nicht in Rechnung stellt: 1. die
Durchschnittlichkeit des Daseins der Welt, 2. den Charakter des
Zumeist-als-ruhend-vorhanden-Seins. Ruhe ist ein Grundcharakter des Daseins der Welt, in der ich mich bewege, Ruhe ist nur
eine *bestimmte* ἀκινησία. Nicht jede ἀκινησία ist schon ἠρεμία. Eine
geometrische Figur, deren Sein auch charakterisiert ist durch die
ἀκινησία, ist nicht in Ruhe, denn sie kann sich nicht bewegen.
Ruhe ist eine *ausgezeichnete* ἀκινησία. Die Aussage von Ruhe hat
nur Sinn für ein Seiendes, *das sich bewegen kann.* Diese Phänomene hat man bei der üblichen Interpretation außer acht gelassen, bei der Interpretation dessen, was Aristoteles hier als Bewegung interpretiert: Bewegung als die ausgezeichnete Weise
des Gegenwärtigseins eines Seienden, das in der Welt vorkommt.
Mit bloßen Wortbegriffen von Wirklichkeit und Unwirklichkeit
kommt man nicht dazu, an die Bewegung heranzukommen.

In den folgenden Stücken des 1. Kapitels klärt Aristoteles die Bewegung weiter auf. »Wenn wir vom Erbaubaren, von ihm, sofern es dieses ist, sagen, es ist als solches gegenwärtig da, dann ist es im Bau«[83] – die vorhandenen Baumstämme usw. Wenn wir es an ihm selbst als Erbauten (οἰκοδομητόν) ansprechen, dann sagen wir: »Es wird erbaut«. Das Im-Bau-Sein ist die κίνησις als οἰκοδόμησις.[84] Sofern die κίνησις die Gegenwart dieses Von-zu-Seins ist, ist es wichtig, die kategoriale Erfassung des Seienden hinsichtlich seines διχῶς festzulegen. Die Gegenwart, als welche die Bewegung bestimmt ist, ist nicht die Wirklichkeit des Unwirklichen in einem bestimmten Sinn.[85]

§ 27. Bewegung als ἀόριστον (Phys. Γ 2)

Wir gehen zum 2. Kapitel über: Unterscheidung zur Aufklärung von ἐντελέχεια und δύναμις. De anima B 7: dort Bestimmung der Farbe schlechthin als ὁρατόν,[1] »das, was durch das Sehen zugänglich wird«. Farbe ist, was in sich selbst diese seinsmäßige Verfassung hat, nur durch das Gesicht vernommen zu werden. Wie Farbe nur als Farbe gegenwärtig sein kann durch das διαφανές,[2] so ist Licht, Licht der Sonne, hier definiert als ἐνέργεια τοῦ διαφανοῦς ᾗ διαφανές.[3] Die ἐνέργεια bestimmt als παρουσία, Dunkelheit bestimmt als στέρησις,[4] Abwesenheit des Lichtes, die selbst nur verstanden werden kann aus der Gegenwart des Durchsichtigen. Trotzdem χρῶμα als ὁρατόν zu fassen ist, ist Farbesein und Gesehenwerdenkönnen nicht dasselbe.

---

[83] Phys. Γ 1, 200 b 16 sq.: ὅταν γὰρ τὸ οἰκοδομητόν, ᾗ τοιοῦτον αὐτὸ λέγομεν εἶναι, ἐντελεχείᾳ ᾖ, οἰκοδομεῖται.

[84] Phys. Γ 1, 200 b 18.

[85] Siehe Hs. S. 378 ff.

[1] De an. B 7, 418 b 29.

[2] De an. B 7, 418 a 31 sq.: πᾶν δὲ χρῶμα κινητικόν ἐστι τοῦ κατ' ἐνέργειαν διαφανοῦς.

[3] De an. B 7, 418 b 9 sq.

[4] De an. B 7, 418 b 19 sq.

a) Aufriß des Kapitels

Im 2. Kapitel gibt Aristoteles in gewissem Sinne eine Bekräftigung dessen, was er im 1. Kapitel als Definition angeführt hat. Einteilung:

201 b 16 – 18: Thema: die Betrachtung dessen, was die früheren Philosophen über die Bewegung ausgemacht haben und wie sie sie definierten – im Sinne einer Kritik, um zu zeigen, daß die Bewegung nicht so, wie es die Alten taten, definiert werden könne und daß anderseits nicht anders, als es Aristoteles tut, das Phänomen der Bewegung zugänglich wird.

201 b 18 – 24: Nähere Diskussion der alten Theorien: In welches γένος haben die Alten die Bewegung gesetzt, in welche seinsmäßige »Abstammung«? Das Sein, aus dem die Alten die Bewegung bestimmen wollten, ist die ἑτερότης, das »Anderssein«, ἀνισότης, »Ungleichsein«, μὴ ὄν, »Nichtsein« – bestimmte zunehmende Formalisierung.

201 b 24 – 27 wird gefragt, warum die Alten diese Bestimmung der Bewegung angesetzt haben. Die Bewegung selbst zeigt sich als etwas, was »nicht bestimmbar, begrenzbar«, ἀόριστον, ist. Es wird gefragt: Warum? Was haben sie gesehen an der Bewegung, daß sie dazu kamen, die Bewegung so zu explizieren?

201 b 27 – 202 a 3: Es wird noch weiter zurückgefragt, woran es denn eigentlich liegt, daß die Bewegung sich als ein ἀόριστον zeigt.

202 a 3 – 12 handelt Aristoteles davon, daß das Bewegende zumeist auch in Bewegung ist. Der Schluß ist unklar, vgl. 5.–6. Buch.[5]

---

[5] Siehe Hs. S. 382 f.

b) Kritik der früheren Bestimmung der Bewegung durch
ἑτερότης, ἀνισότης und μὴ ὄν

Wir wollen uns die Betrachtung des Kapitels 2 genauer vergegenwärtigen. Was durch die früheren kategorialen Bestimmungen
ἑτερότης, ἀνισότης, μὴ ὄν expliziert wurde,[6] bestimmt ein Seiendes, das nach diesen Bestimmungen eigentlich nicht *notwendig* in
Bewegung ist: Ein durch Anderssein bestimmtes Seiendes *kann*
zwar ein Bewegtes sein, aber die Aussagen ἕτερον, ἄνισον, μὴ ὄν als
solche bestimmen das Seiende nicht in der Hinsicht, sofern es in
Bewegung ist.[7] In der Definition sind solche Seinscharaktere zur
Abhebung zu bringen, daß sie das Seiende, das sie meinen, als ein
solches bestimmen, das *notwendig* in diesen Charakteren als *in
Bewegung befindlich* gefunden werden muß. Dieser Bestimmung
genügen ἑτερότης und ἀνισότης nicht. Vieles Seiende, das uns in
der Welt begegnet, ist uns als *anderes* gegeben, aber *deswegen*
noch nicht in Bewegung. Ich selbst bin ein ἕτερον, ein »anderes«
als ein Hund − durch dieses ἕτερον-Sein bin ich nicht notwendig
in Bewegung. Ferner ist die Zahl 10 ungleich der Zahl 5 − dieses
Ungleichsein besagt aber nicht, daß sie in Bewegung sind oder
zwischen ihnen eine Bewegung bestünde.

Man könnte nun sagen: Die ἑτερότης ist so gar nicht gemeint,
sondern ἑτερότης als eine Bestimmung des Seienden selbst, so,
daß das Anderssein im Seienden selbst liegt, daß ein Seiendes in
sich selbst die Möglichkeit hat, von … zu … zu sein, bezüglich einer Bestimmung durch die Abwesenheit dieser Bestimmung charakterisiert zu sein. Bestimmt nicht dann doch die ἑτερότης das
Sein als In-Bewegung-Sein? In einem Seienden, das verschiedene Bestimmungen hat, sind diese Bestimmungen voneinander
verschieden, trotzdem braucht das Seiende nicht in Bewegung zu
sein. Man kann sagen im Sinne des Aristoteles: Ein Seiendes ist

---

[6] Phys. Γ 2, 201 b 20 sq.: ἑτερότητα καὶ ἀνισότητα καὶ τὸ μὴ ὄν φάσκοντες εἶναι
τὴν κίνησιν.
[7] Phys. Γ 2, 201 b 21 sq.

einmal bestimmt als ἐντελέχεια – das Holz ist als Holz gegenwärtig – und es ist noch etwas anderes, sofern es δυνάμει ist – nämlich daß es ein Kasten sein kann. Dieses ist eine positive Bestimmung seiner selbst, und trotzdem diese Andersheit im Holz selbst liegt, ist es nicht notwendig in Bewegung, sondern bewegt ist es erst dann, wenn dieses δυνάμει ὄν gegenwärtig ist. Die ἑτερότης genügt nicht. Und man kann sogar die ἑτερότης interpretieren im Sinne des Aktiven: Vielleicht haben die Alten gemeint dies Anderssein als ἑτεροίωσις, »Anderswerden«. Dann ist ja die κίνησις durch eine bestimmte Bewegung, die ἑτεροίωσις, ἀλλοίωσις definiert und also die Bewegung schon vorausgesetzt.

Es genügt also die ἑτερότης in keinem Sinne der Aufgabe, das In-Bewegung-Seiende eigentlich zu definieren. Diese Bestimmung der ἑτερότης setzt nicht in Hinsicht die fundamentale ontologische Hinsicht der *Gegenwart*, des *Gegenwärtigseins*, und des *Aus-der-Gegenwart-Verschwindens*. Dieses Nichtherankommenkönnen an das Phänomen der Bewegung bedeutet aber zugleich, daß diese Theorie gleichsam die Möglichkeit, die Bewegung zu sehen, verstellt. Man kann formal immer sagen: Im Anderswerden ist eine Bewegung, μεταβολή, dieses Moment ist der Boden dafür, diese Seinsart der Bewegung als ἑτερότης zu bestimmen. Aber es ist eine voreilige Bestimmung, die gerade dem fundamentalen Sinn nicht Rechnung trägt.[8]

c) Der Grund für diese Bestimmung: das ἀόριστον
der Bewegung

Die Alten sind nur zu dieser eigentümlichen Bestimmung gekommen, weil sie sagten: Die Bewegung ist ein *ἀόριστον.*[9] Eine »Unbestimmtheit« bestimme ich nur angemessen, wenn ich sie durch eine Kategorie bestimme, die die Unbestimmtheit trifft. »Wenn ich die Bewegung bestimme, ὁρίζω, hört die Bewegung

---

[8] Siehe Hs. S. 383 f.
[9] Phys. Γ 2, 201 b 24.

auf.«[10] Dasein ist Fertig-Dasein an seinem Platze, Grenze. Wenn es bewegt ist, ist es etwas, das seinen Ort wechselt, ist es ein solches, das an keinem bestimmten Platze ist. Wenn ich ein solches, das ständig den Ort wechselt, also nicht in seinem πέρας bleibt, bestimme, dann steht es still, dann ist es nicht mehr das Unbestimmte, das nicht an seinem Platze ist. Ich kann es nicht durch ein πέρας bestimmen, sondern ich muß die Kategorien dafür aus der Reihe derjenigen Kategorien nehmen, die das Unbestimmte definieren. Bekanntlich haben *Plato* und die *Pythagoreer* eine solche Gruppe (διάγραμμα) von Kategorien aufgestellt. Sie ist durch zwei Reihen charakterisiert, in der ersten Reihe steht die συστοιχία des εἶδος:

1.	περιττόν	ἄρτιον
2.	πέρας	ἄπειρον
3.	δεξιόν	ἀριστερόν
4.	ἄρρεν	θῆλυ
5.	ἠρεμοῦν	κινούμενον
6.	εὐθύ	καμπύλον
7.	τετράγωνον	ἑτερόμηκες
8.	νοῦς	δόξα
9.	ἕν	πολλά
10.	φῶς	σκότος[11]

Anmerkung zu 1.: Es ist zu beachten, daß die eigentliche Bestimmung des Seienden selbst das ἕν ist. Die Zwei folgt als das Gerade, das Gerade ist also hinsichtlich des ἕν ein Unbestimmtes.

Es ist nicht zufällig, daß auch die Bestimmung φῶς – σκότος hier auftaucht. Die ganze Aufzählung der Kategorien ist in sich selbst durchsichtig, eine griechische Ontologie in nuce, aus der heraus Aristoteles gearbeitet hat und die im ganzen lebendig

---

[10] Themistii in Aristotelis Physica paraphrasis. Consilio et auctoritate Academiae Litterarum Regiae Borussicae ed. H. Schenkl. Commentaria in Aristotelem Graeca. Voluminis V pars II. Berlin 1900. 211,12: ὅταν γὰρ ὁρισθῇ, παύεται.

[11] A.a.O. 211, 19 sq. und kritischer Apparat zu 211, 17.

wird durch die fundamentale Entdeckung des Seins als Gegenwärtigseins, der ἐντελέχεια, des Hergestelltseins.

Das Kapitel 2 hat die Aufgabe zu zeigen, wie die bisherigen Versuche, der κίνησις Herr zu werden, versagten, sofern sie zwar bestimmte Seinsmomente an dem Bewegten erfassen, aber nicht den Grundcharakter des Seienden als Bewegten. Warum versuchten die Alten, auf die angegebene Weise die Bewegung zu fassen? Weil die Bewegung sich zeigt als etwas, das *unbestimmt* ist, so ist notwendig, soll dieses Unbestimmtseiende gefaßt werden, eine *Kategorie der Unbestimmtheit* zu wählen, um das Seiende angemessen zu bestimmen. Aus dieser Überlegung kam es dazu, die Bewegung mit Kategorien wie ἑτερότης, ἀνισότης, μὴ ὄν zu fassen. Zwar kommt in gewissem Sinne das μὴ ὄν, das scheinbar das Fernste ist, doch wieder der Bewegung am nächsten, sofern man μὴ ὄν nicht faßt als Überhaupt-nicht-Dasein, sondern μὴ ὄν gefaßt im Sinne eines *bestimmten* Nichtseins. Zu diesem Charakter des Seienden in bezug auf ein anderes der Umwelt ist *Plato* in seinem »Sophistes« vorgestoßen, wenn er sagt: Auch das μὴ ὄν ist *in gewissem Sinne ein Sein.*[12] Diese Bestimmung des μὴ ὄν, auch als στέρησις gefaßt, ist deshalb nicht hinreichend, weil, wenn man die Bewegung definieren wollte, dann sagen müßte: *Alles* ist in Bewegung, weil jedes Seiende in bestimmtem Sinne *nicht ist*, nämlich nicht das andere ist, mit dem es ist.

Die Bewegung selbst zeigt sich für die Griechen als ein ἀόριστον. Aus dem eigentümlichen Charakter der Unbestimmtheit der Bewegung ist zu sehen, daß man die Kategorien nicht ἁπλῶς θεῖναι kann: δυνατὸν ποσόν − aufgrund dieses Seinkönnens als μὴ ὄν, στέρησις − ist noch nicht notwendig Bewegung.[13] Man darf nicht einfach sagen: Die κίνησις ist schlechthin die ἐνέργεια eines Seinkönnenden. Ein Seinkönnendes ist nicht ohne weiteres bewegt.[14]

---

[12] Platon, Sophistes 256 d sqq.
[13] Phys. Γ 2, 201 b 29 sqq.
[14] Siehe Hs. S. 384 ff.

d) Die Bewegung als ἀτελής in bezug auf das ἔργον

Die κίνησις wird definiert als ein Gegenwärtigsein, das den Charakter des ἀτελής,[15] des »nicht zu Ende« hat. Das Seinkönnende (vorliegende Holz in der Werkstatt), das in Arbeit ist, ist als Seinkönnendes gerade dann da, wenn es in Arbeit genommen ist. In diesem Sinne kann man sagen, daß das In-Arbeit-Halten das τέλος des δυνάμει ὂν ᾗ τοιοῦτον ist. Das In-der-Möglichkeit-Sein kommt in dem In-Arbeit-Sein zu seinem Ende, ist dann eigentlich, was es ist, nämlich Seinkönnen. Es ist aber in bezug auf das ἔργον der ποίησις nicht fertig. Sofern Sein letztlich heißt In-seinem-Ende-Sein, Sich-in-seinem-Ende-Halten in einem endgültigen Sinne, ἐντελέχεια, muß Aristoteles, wenn er vorsichtig spricht, das Dasein des Seienden-in-Bewegung als ἐνέργεια bezeichnen.[16] Ἀτελής ist das δυνατόν als solches nicht am Ende, es ist aber durch die ἐνέργεια gerade da. Aristoteles betont nun, daß dieser eigentümliche ontologische Tatbestand »schwer zu sehen ist, aber sein kann«[17] und in der Tat ist, sofern wir etwas Bewegtes sehen (primäre Berufung auf die ἐπαγωγή![18]).

§ 28. Bewegung als ἐντελέχεια τοῦ δυνάμει ποιητικοῦ καὶ παθητικοῦ (Phys. Γ 3)

a) Aufriß des Kapitels

Im Kapitel 3 kommt erst die eigentliche Definition und Bestimmung der Bewegung ins Ziel. Zunächst die Inhaltsangabe des Kapitels, das in seiner Struktur nicht ohne weiteres durchsichtig ist.

---

[15] Phys. Γ 2, 201 b 32.
[16] Phys. Γ 2, 201 b 31.
[17] Phys. Γ 2, 202 a 2 sq.: χαλεπὴν μὲν ἰδεῖν, ἐνδεχομένην δ' εἶναι.
[18] Phys. A 2, 185 a 13 sq.: δῆλον δ' ἐκ τῆς ἐπαγωγῆς.

Interpretation der Ausbildung des Begriffs der κίνησις

202 a 13 – 21: Thema: Zurückrufen des Charakters des Bewegens, nämlich der Gegenwart des *Bewegbaren* und des *Bewegenden*.[1] Diese Unterscheidung fanden wir bisher nicht ausdrücklich thematisch behandelt. Es wird die Frage gestellt: ἐν τίνι ἡ κίνησις; »Wo ist die Bewegung?« Ist die Bewegung die Bestimmung des Bewegenden oder die des Bewegten? Die Antwort lautet: μία ἀμφοῖν, nämlich μία ἐνέργεια,[2] »ein und dieselbe Weise des Gegenwärtigseins beider«.

202 a 21 – b 5 wird die Schwierigkeit entwickelt, die sich daraus ergibt, daß man sieht: Bewegung ist immer Bewegung eines Bewegten, das durch ein anderes Bewegendes bewegt wird. Der Seinszusammenhang, von dem ich sage: »Das Seiende ist in Bewegung«, ist bestimmt durch die Kategorie des πρός τι, das »In-Bezug-Sein-auf-ein-anderes«, nämlich das Bewegende charakterisiert durch die ποίησις, das Bewegte durch die πάθησις.[3] Demnach also zwei Weisen des Gegenwärtigseins mit Bezug auf Bewegung: ποίησις und πάθησις. Wir sprechen aber im Grunde immer von »einer« Bewegung,[4] haben aber doch die Möglichkeit, nach diesen beiden Möglichkeiten zu sprechen. Demnach entsteht eine ἀπορία λογική,[5] ein »Nichtdurchkommenkönnen im Ansprechen des Gemeinten«. Erfahren ist *eine* Bewegung, zugleich kann ich aber doch ansprechen ποίησις und πάθησις. Diese ἀπορία spricht Aristoteles durch 202 a 21 – 28, und zwar bespricht er drei Möglichkeiten: 1. wird gefragt, ob ποίησις und πάθησις beide zusammen im πάσχον und κινούμενον sind;[6] 2. ob ποίησις die Bestimmung des κινοῦν und πάθησις die Bestimmung des κινούμενον ist;[7] 3. die Möglichkeit, daß ποίησις die Bestimmung des κινού-

---

[1] Phys. Γ 3, 202 a 14: ἐντελέχεια γάρ ἐστι τούτου [τοῦ κινητοῦ] ὑπὸ τοῦ κινητικοῦ.

[2] Phys. Γ 3, 202 a 18: μία ἡ ἀμφοῖν ἐνέργεια.

[3] Phys. Γ 3, 202 a 23 sq.

[4] Phys. Γ 3, 202 a 36: ἀλλὰ μία ἔσται ἡ ἐνέργεια.

[5] Phys. Γ 3, 202 a 21 sq.: ἔχει δ᾽ ἀπορίαν λογικήν.

[6] Phys. Γ 3, 202 a 25 sq.: ἢ γὰρ ἄμφω ἐν τῷ πάσχοντι καὶ κινουμένῳ.

[7] Phys. Γ 3, 202 a 26 sq.: ἢ ἡ μὲν ποίησις ἐν τῷ ποιοῦντι, ἡ δὲ πάθησις ἐν τῷ πάσχοντι.

μενον, πάθησις die Bestimmung des κινοῦν.[8] 202 a 28 sqq.: Diskussion in diesen Möglichkeiten. a 28 – 31 die letztgenannte dritte diskutiert – er kritisiert von hinten. a 31 – b 5 bespricht er die erste Möglichkeit, ob ποίησις und πάθησις beide im κινούμενον seien. Die zweite Möglichkeit – ποίησις im κινοῦν, πάθησις im κινούμενον – nimmt er als die positive auf und bespricht sie 202 b 5 – 22 in der Auflösung der Schwierigkeit. In diesem Abschnitt weist Aristoteles darauf hin, daß es in der Tat eine Doppelung der Hinsichtnahme gibt, daß aber die Selbigkeit des einen Tatbestandes besteht: Seiendes-in-Bewegung.

202 b 22 – 29: Zusammenfassung der Betrachtung und der Nebenmomente; neue Definition der Bewegung derart, daß sie die beiden vorgenannten aufnimmt.[9]

b) Das πρός τι als Charakter des In-der-Welt-seins

Wir wollen das Wesentliche dieses Kapitels durchsprechen. Wichtig ist, daß Sie den Zusammenhang in den Griff bekommen. Zur Vorbereitung der Definition der Bewegung hatte Aristoteles im 1. Kapitel hingewiesen 1. auf das »Gegenwärtigsein« und auf das »Seinkönnen«, δύναμις – ἐντελέχεια; 2. auf die Weisen des Begegnens der Welt, die Kategorien. Diese Kategorien machen das Seiende als solches offenbar als charakterisiert durch das διχῶς. Es ist da im Seinkönnen von ... zu ..., im Begegnen in Ausschlägen.

Bislang haben wir eine Bestimmung übergangen, nämlich die Bestimmung, die Aristoteles von 200 b 28 an gibt. Er zählt zuerst die Kategorien auf. (»Metaphysik« K 9, wo derselbe ganze Abschnitt des Kapitels 1 des 3. Buches der »Physik« wiederholt wird, fehlt gerade dieser Teil von b 28 – 32. Bekanntlich ist der Ursprung und der aristotelische Charakter des Buches K der »Metaphysik« umstritten, *Jaeger* versucht es gegen *Natorp* zu retten.[10])

---

[8] Phys. Γ 3, 202 a 27 sq.: εἰ δὲ δεῖ καὶ ταύτην [τὴν πάθησιν] ποίησιν καλεῖν.
[9] Siehe Hs. S. 388 f.
[10] W. Jaeger, Studien zur Entstehungsgeschichte der Metaphysik des Aristoteles. Berlin 1912. S. 63 ff.

Hier wird bei der ontologischen Vorbereitung der Bewegung nach der Aufzählung der Kategorien noch einmal eine besondere Kategorie aufgenommen, das πρός τι. Diese Betonung des πρός τι ist die ontologische Vorbereitung für die Diskussion in Kapitel 3. Diese Kategorie des πρός τι besagt, daß das Seiende bestimmt ist als *Sein in bezug auf ein anderes.* Als seiend in bezug auf ein anderes kann es aber nicht die Grundlage abgeben für eine neue Bewegungsart, denn die vier Bewegungsarten sind beschlossen in den schon aufgezählten vier Kategorien: Der οὐσία entspricht die Bewegungsweise der γένεσις und φθορά, dem τόπος die φορά, dem ποσόν die φθίσις, dem ποιόν die ἀλλοίωσις.[11] Andere Bewegungsarten gibt es nicht – näherer Nachweis im 5. Buch der »Physik«.[12] Demnach muß die ausdrückliche Anführung des πρός τι einen anderen Sinn haben: nicht Vorzeichnung der Begegnisart der Welt in einer bestimmten Bewegung, sondern der *Charakter jedes Seienden, das in Bewegung ist.* Πρός τι charakterisiert das Daseiende der Welt in seiner Mannigfaltigkeit, Mannigfaltigkeit von Seiendem als seiend »in bezug zueinander«, πρὸς ἄλληλα.

Das πρός τι ist in der »Kategorienschrift« definiert: »All das wird als πρός τι in seinem Sein charakterisiert, das, was es jeweils ist, nur ist in bezug auf anderes.«[13] So ist jede ἕξις eine ἕξις τινός, z. B. jede ἐπιστήμη ist als ein Seiendes immer ἐπιστήμη τινός,[14] ἐπιστήμη »von etwas«; ich verstehe gar nicht den Seinscharakter der ἐπιστήμη, wenn ich nicht das Wovon in Betracht ziehe. Dann: Jedes μεῖζον ist μεῖζον τινός, jedes »Größersein« »Größersein als etwas«.[15] Jedes μᾶλλον und ἧττον, jedes »mehr« oder »minder«, das wir als Bestimmung der Welt kennengelernt haben, ist ontologisch charakterisiert als πρός τι – das Daseiende der Welt als seiend in Beziehungen. Aristoteles gibt in seiner »Kategorien-

[11] Phys. Γ 1, 201 a 12 sqq.
[12] Vgl. Phys. E 1, 225 a 1 sqq.
[13] Cat. 7, 6 a 36 sq.: Πρός τι δὲ τὰ τοιαῦτα λέγεται, ὅσα αὐτὰ ἅπερ ἐστὶν ἑτέρων εἶναι λέγεται ἢ ὁπωσοῦν ἄλλως πρὸς ἕτερον.
[14] Cat. 7, 6 b 5.
[15] Cat. 7, 6 a 38 sq.: τὸ μεῖζον [...] τινός γὰρ λέγεται μεῖζον.

schrift« in Kapitel 7 eine ausführliche Betrachtung des πρός τι. Er zeigt auch die Bedingungen, die erfüllt sein müssen, um das πρός τι eigentlich zu fassen. Πρός τι als Bestimmung des Seins der Welt: πρὸς ἄλληλα. Als Charaktere des πρός τι zählt Aristoteles auf: τοῦ δὲ πρός τι τὸ μὲν καθ᾽ ὑπεροχὴν λέγεται καὶ κατ᾽ ἔλλειψιν [eine andere Formulierung für ›mehr oder minder‹], τὸ δὲ κατὰ τὸ ποιητικὸν καὶ παθητικόν, καὶ ὅλως κινητικόν τε καὶ κινητόν.[16] »Das eine wird angesprochen im Hinblick auf das Darüber-hinaus und auf das Zurückbleiben-hinter ..., anderes als ποιητικόν und παθητικόν [das ποιεῖν ist ein ποιεῖν τι], das Seiende im Sinne des Sich-zu-schaffen-Machens an etwas und das, womit sich ein zu schaffen Machender zu schaffen macht [das ist an ihm selbst ein παθητικόν].« Wenn ein Seiendes in seinem Dasein durch ποίησις charakterisiert ist, ist mit da ein Seiendes, das von der Bestimmung der πάθησις ist.

Wir haben früher darauf hingewiesen, daß in der Welt selbst Seiendes, mit dem wir zu tun haben, gegeben ist, aber auch Menschen in der Weise, daß wir direkt erfahren, daß dieses Vorkommende in einer Welt lebt.[17] Das Vorhandensein eines Lebenden ist ein In-der-Welt-sein des Lebenden. Ich selbst bin etwas, das in der Welt vorkommt, das sich mit etwas beschäftigt – auch beim Tier, daß es flieht vor einer Bedrohung usw. Das Seiende vom Charakter des Lebens ist in der Welt vorhanden und dies ist zugleich ein in-der-Welt-seiendes Sein. Ein Tier ist da, eine Ameise kriecht den Stamm hinauf, so, daß sie den Stamm gewissermaßen als Widerstand hat, daß der Stamm, mit dem sie da ist, doch noch für sie da ist als διακείμενον, ἀντικείμενον für das Tier durch die ἁφή, durch die »Berührung«. Dieses Seiende als Tier hat das, womit es ist, noch *da*, das πρός τι ist charakterisiert durch das ἀντί ..., derart, daß das, in bezug worauf das Lebende ist, da ist als Entdecktes, Wahrgenommenes, Gesehenes oder Vermeintes. Das πρὸς ἄλληλα hat eine ausgezeichnete Möglichkeit, die charakteri-

---

[16] Phys. Γ 1, 200 b 28 sqq.
[17] Siehe S. 241.

siert ist durch das δέχεσθαι, »Aufnehmenkönnen«, Ausdrücklich-in-der-Entdecktheit-Dahaben. Ein solches Seiendes ist das Lebende, das charakterisiert ist durch diese Bestimmbarkeit, ein *Sichbefinden*: nicht nur mit dem anderen vorhanden sein, sondern sich *bei ihm aufhalten*, durch das Sichaufhalten von sich selbst her als Lebendes *aufgeschlossen sein für die Welt.*

Die primäre Aufgeschlossenheit des Menschen ist gegründet im νοῦς. Das νοεῖν, das »Vermeinen«, ist nicht wie die αἴσθησις auf bestimmte Seinsgebiete eingeschränkt. Das νοεῖν aber ist möglich auch für das, was nicht leibhaft präsent ist. In diesem Denken-daran bin ich mit ihm. Das Vermeinen kann *alles* vermeinen, ist die Weise des Aufgeschlossenseins für *alles*. Die Entdecktheit des Seins des Menschen als In-der-Welt-sein ist durch den νοῦς charakterisiert. Dieser νοῦς ist immer ein νοῦς τῆς ψυχῆς, ein διανοεῖσθαι, Vermeinen von etwas als etwas. So wie die αἴσθησις für die Griechen ein *Angegangenwerden* von der Welt ist – es kommt etwas auf mich zu –, so ist auch das διανοεῖσθαι ein δέχεσθαι, ein »Vernehmen« – die Welt begegnet mir. Das νοεῖν ist in gewissem Sinne ein πάθος, ein von der Welt *Angegangenwerden.* Dieses So-in-der-Welt-Sein, charakterisiert durch die Entdecktheit des νοῦς, ist nur dadurch möglich, daß die Welt überhaupt erschlossen ist, daß der νοῦς bestimmt ist durch einen νοῦς, der die Welt überhaupt entdeckt. Ich kann nur vermeinen, wenn dieses Denkbare überhaupt erschlossen ist. Der νοῦς παθητικός ist nur möglich durch den νοῦς ποιητικός,[18] durch ein νοεῖν, das die Welt entdeckt. Die Bestimmungen der ποίησις und πάθησις reichen hinein in das eigentliche Zentrum der griechischen Welt- und Lebensbetrachtung. Darin liegt, daß alles Verständnis dessen, wie die Griechen das Sein aufgefaßt haben, daran hängt, wie man die κίνησις versteht.[19]

---

[18] Vgl. De an. Γ 5, 430 a 10 sqq.
[19] Siehe Hs. S. 389 ff.

c) Die eigentliche Definition der Bewegung
durch ποίησις und πάθησις

In der κίνησις und deren Interpretation gründet die Möglichkeit, das, was die Griechen an Forschung geleistet haben, von Grund aus zu verstehen. Das Leben als eine bestimmte Art des In-der-Welt-seins ist durch das πρός τι charakterisiert. Daraus geht hervor, daß die bisherige Betrachtung im 1. und 2. Kapitel unvollkommen war, sofern sie nur das Seiende als Bewegtes betrachtet, aber nicht sagt, daß jedes Seiende, das bewegt ist, nur da ist *im Mitdasein eines solchen, das bewegt.* Worauf bezieht sich die Bestimmung der κίνησις als einer bestimmten Art des Gegenwärtigseins, κίνησις als ἐνέργεια?

Der ganze Seinszusammenhang: Jedes Bewegende ist Bewegendes eines Bewegten und jedes Bewegte ist Bewegtes eines Bewegenden. Man darf diese beiden Bestimmungen nicht auseinanderreißen, οὐκ ἀποτετμημένη,[20] so also, daß ich nun zwei Bewegungen habe und dann die Frage stelle: Wie bringe ich sie zusammen? Das Bewegende ist ein Seiendes, charakterisiert durch die ποίησις, Bewegtes ist charakterisiert durch die πάθησις. Dies wird sichtbar an der Besprechung des Lehrens und Lernens.[21] Lehren heißt eben schon seinem Sinn nach: zu einem anderen sprechen, den anderen in der Weise des Mitteilens angehen. Das eigentliche Sein eines Lehrenden ist: vor einem anderen stehen und zu ihm sprechen, so zwar, daß der andere hörend mit ihm geht. Es ist ein einheitlicher Seinszusammenhang, der durch die κίνησις bestimmt ist.

Deshalb faßt Aristoteles auch am Ende des Kapitels 3 die Bewegungsdefinition so zusammen, daß er sagt: κίνησις ist ἐντελέχεια [...] τοῦ δυνάμει ποιητικοῦ καὶ παθητικοῦ, ᾗ τοιοῦτον.[22] Hier kommt also plötzlich in die Bewegungsdefinition selbst die Bestimmung des ποιητικόν und des παθητικόν, ohne daß Aristoteles

[20] Phys. Γ 3, 202 b 7 sq.
[21] Vgl. Phys. Γ 3, 202 b 4 sqq.
[22] Phys. Γ 3, 202 b 25 sqq.

Gefahr läuft, Bewegung durch Bewegung zu definieren, weil ποίησις noch nicht Bewegung ist, ebensowenig πάθησις. Ποίησις und πάθησις sind Bestimmungen eines einheitlichen Seienden und das ist da in der Weise des In-Bewegung-Seins. Gegenüber dieser Definition lautet ja die erste:»Κίνησις ist Gegenwart eines Seinkönnenden«;[23] die zweite Definition:»Die κίνησις ist ἐντελέχεια eines Bewegbaren, sofern es bewegbar ist.«[24] Hier ist schon mit dem κινητόν Rücksicht genommen auf das κινητικόν. Κινητικόν ist selbst noch expliziert als ποιητικόν in bezug auf das παθητικόν. Es ist falsch, wenn man sagt, daß Aristoteles hier Bewegung durch Bewegung definiert habe.

Wie der Zusammenhang hinsichtlich der doppelten Hinsicht von ποίησις und πάθησις zu fassen ist, und daß trotzdem *eine* Bewegung da ist, demonstriert Aristoteles an der διάστασις: Sie ist als das Soweit als solches von Theben nach Athen und von Athen nach Theben dasselbe.[25] Das Entferntsein bestimmt als solches, dieses Entferntsein als solches kann ich aber in eine doppelte Hinsicht nehmen: Ich kann von Theben nach Athen gehen und von Athen nach Theben. Beiden Hinsichten liegt schon zugrunde das Gleich-weit-Entferntsein: διάστασις μία[26] – διάστασις ein Doppeltes. Die κίνησις als *eine* ist das Primäre, die ich in der doppelten Hinsicht der ποίησις und πάθησις fassen kann.

Diese Untersuchung des Aristoteles über die Bewegung hat eine *fundamentale Bedeutung für die ganze Ontologie*: Grundbestimmung des Seienden als ἐνέργεια, ἐντελέχεια und δύναμις.

Bei der *Begriffsbildung* kommt es darauf an, bestimmte Begriffe zu charakterisieren. Das Primäre ist, die Hinsichten nach fundamentalen Charakteren zu bestimmen. Jede Begriffsbildung ist, sofern sie eigentlich ist, dadurch ausgezeichnet, daß sie in der Ausbildung des Begriffs das Sachgebiet in dem grundsätzlichen Charakter seines Seins neu erschließt. Die *eigentlich produktive*

[23] Phys. Γ 1, 201 a 10 sq.: ἡ τοῦ δυνάμει ὄντος ἐντελέχεια [...] κίνησίς ἐστιν.
[24] Phys. Γ 2, 202 a 7 sq.: ἡ κίνησις ἐντελέχεια τοῦ κινητοῦ, ᾗ κινητόν.
[25] Vgl. Phys. Γ 3, 202 a 18 sqq., b 13 sq.
[26] Phys. Γ 3, 202 b 17 sq.

Begriffsbildung liegt im *Erschließen des Sachgebiets aus dem Sachcharakter*, so, daß die ganze Begrifflichkeit des Seinsgebietes sichtbar wird, nicht nur, daß die *Sache* getroffen ist, sondern auch das *Wie*.

Die Frage nach dem τί τὸ ὄν ist geschöpft aus den Bestimmungen der *ποίησις* und des *Gegenwärtig-Daseins* – ποίησις als primäres In-der-Welt-sein, πρᾶξις. Sie gibt den Anlaß und die nächste Hinsicht für die griechische Ontologie – nicht Ontologie der Natur! In der späteren Geschichte der Philosophie wird versäumt, auf das Sein-in-der-Welt zu sehen. Die Entdeckung von ἐνέργεια und ἐντελέχεια ist das Ernstmachen mit dem, was *Plato* und *Parmenides* wollten. Es gilt nicht Neues zu sagen, sondern das zu sagen, was die Alten schon meinten.[27]

---

[27] Siehe Hs. S. 392 ff.

II. DER VORLESUNGSTEXT AUF DER GRUNDLAGE DER ERHALTENEN TEILE DER HANDSCHRIFT

Handschrift zu § 1

Die Absicht dieser Vorlesung ist, *einige Grundbegriffe aus dem Umkreis der aristotelischen Forschung* zum Verständnis zu bringen. Genauer: Es soll eine Anweisung gegeben werden für das *Hinhören* auf das, was Aristoteles zu sagen hat. Und diese Anweisung soll vermittelt werden auf dem Wege, daß wir an *konkreten Beispielen* uns im Hinhören versuchen.

Grundbegriffe: einige. Auswahl günstig bestellt: »Metaphysik« Δ: Beispiele. Einige von diesen und andere: Leben, Bewegung, Erkenntnis, Wahrheit.

Nachsehen, welche Sachen in diesen Begriffen gemeint sind, wie diese Sachen *erfahren* sind, woraufhin *angesprochen* und dementsprechend, wie (bedeutungsmäßig) *ausgedrückt*. Also die *volle Begrifflichkeit* als solche: *Sachen im Wie* und das *Wie selbst*.

Mit dem Verständnis der Begrifflichkeit soll erwachsen *Einblick und Vertrautheit mit den Erfordernissen und Möglichkeiten wissenschaftlicher Forschung*. Also nicht eine Philosophie soll gelehrt und gelernt werden. Demnach liegt es nicht in der Absicht, das System des Aristoteles in einem Gemälde zu entwerfen oder die Persönlichkeit und die Gestalt des Philosophen zu charakterisieren. Keine Philosophie- und Problemgeschichte. Einzig nur Hinhören auf das, was Aristoteles vielleicht zu sagen hat. Wenn Philologie besagt: Leidenschaft der Erkenntnis des Ausgesprochenen und des Sichaussprechens, dann ist Absicht und Vorgehen *rein philologisch*.

Literatur – Hilfsmittel.

Handschrift zu § 2

Absehen: das *rechte Lesen* etwas in Übung bringen, so zwar, daß wir dabei ein Augenmerk haben auf die Begrifflichkeit. Die Vorläufigkeit des Unternehmens tritt daran zutage, daß es unter *Voraussetzungen* steht, die nicht diskutiert werden sollen:

1. Daß gerade *Aristoteles* im Hinblick auf die Abzweckung der Vorlesung etwas zu sagen hat (und nicht *Plato* und nicht *Kant* und nicht *Hegel*).

2. Daß wir uns eingestehen, noch nicht so fortgeschritten zu sein, daß uns in dieser besonderen Hinsicht nichts mehr zu sagen wäre.

3. Daß Begrifflichkeit, recht verstanden, die eigentliche Substanz jeglicher wissenschaftlichen Forschung ist (nicht Angelegenheit formaler Denktechnik). *Wer Wissenschaft gewählt hat, hat die Verantwortlichkeit für den Begriff übernommen.*

4. Daß wissenschaftliche Forschung, Wissenschaft kein Beruf ist, sondern eine *Möglichkeit der menschlichen Existenz*, dementsprechend Wahl und Entscheidung.

5. Daß es im Dasein eine Möglichkeit gibt, in der es *sich einzig auf sich selbst stellt* hinsichtlich der Möglichkeiten der eigenen Auslegung und Bestimmung.

6. Methodische Voraussetzung: daß die *Geschichte und Vergangenheit Stoßkraft haben kann*, sofern man ihr die Bahn freigibt – heute die stärkste Zumutung, aber die Luft, in der Philologie atmet und lebt.

Viel an Voraussetzungen, aber nur Philologie. *Philosophie* dagegen, besonders heute, braucht sie nicht, weil sie aus der Grundvoraussetzung lebt, es sei alles in bester Ordnung. Zwar handelt die Betrachtung von Sachen, die als in die Philosophie gehörig bezeichnet werden, aber *unsere Behandlungsart ist nicht philosophisch, die Resultate keine Philosophie.*

Aristoteles kann uns in der Abgrenzung einen Fingerzeig geben: φιλοσοφία und διαλεκτική und σοφιστική.[1]

---

[1] Vgl. Met. Γ 2, 1004 b 17 sqq.

Handschrift zu § 3

Absehen: Verstehen einiger Grundbegriffe, Aufmerken auf Begrifflichkeit. Was ist darunter zu verstehen? Daraus muß sich ergeben, wohin wir uns versetzen müssen, um Begriffsbildung verfolgen und Begrifflichkeit je konkret verstehen zu können.
Vorweisungen:
1. *Wo* begegnet der Begriff *exponiert?*
2. Was heißt das, *warum* gerade hier so bestimmt, warum gemäß der entscheidenden Erfahrung die *Definition?*
3. Die *Verwurzelung* des Begrifflichen *worin?*
4. Daraus der nächste Gang der Betrachtung.
Nach der Tradition handelt vom *Begriff* »die Logik«. »Die Logik« als *Disziplin* – bestimmte Behandlungsart eines umgrenzten Bezirks von Gegenständen – entstand erst, als die logische Forschung sich tot gelaufen hatte. Plato und Aristoteles kennen nicht »die Logik« – ein Gewächs der hellenistischen Schulphilosophie. Was hier schulmäßig aufgesammelt wurde, ist als fester Bestand in die mittelalterliche und neuzeitliche Logik übergegangen und hat als »die Logik« zugleich einen festen Bestand von Fragen und Problemen überliefert.
Die Logik kennt – unter Berufung auf Aristoteles – so etwas wie *Definition:* definitio fit per genus proximum et differentiam specificam. In dieser Regel spiegelt sich das Schicksal der Forschungen des Aristoteles.
Definitionen:
a) homo animal rationale.
b) Der Kreis ist eine gekrümmte, geschlossene Linie, deren sämtliche Punkte von einem innerhalb ihrer gelegenen Punkt gleich weit entfernt sind.
c) Die Uhr ist eine aus verschiedenen Rädern zusammengesetzte Maschine, deren geordnete Bewegung die Stunden anzeigt.
Ad 1. Der Begriff begegnet *exponiert* in der *Definition.* Was die Schullogik darüber sagt, soll an *Kant* gezeigt werden. Dabei sichtbar, wie Tradition relativ lebendig wird und die Forschung be-

stimmt und wie doch zugleich der alte Bestand gleichsam nur nebenherläuft (vgl. Hegel, »Wissenschaft der Logik«, Buch III, Abschnitt III, Kapitel 2).

Wo Definition abgehandelt? In der »allgemeinen Methoden-lehre«.[1] Definition dient zur »Beförderung der logischen Voll-kommenheit«[2] der Begriffe.

Begriff: repraesentatio per notas communes[3] – § 98[4].

Materie und *Form*: bloße *Anschauung* – Anschauung und *Be-griff*.[5] *Bestimmtheit* der Anschauung – in dieser *Allgemeines*: aus dem *Wozu*, dieses im *Umgang*. Bestimmtheit: »Was«.

Das *Was*: a) worin ich das »Was« sehe, beanspruche; b) was »Was« heißt; c) sein Ursprung. Die rechte und verbindliche Ant-wort auf die Frage: »Was ist das?« ist die Definition.

Auffallend und die Geschichte zeigend: 1. Definition *Mittel* – methodisches – der *logischen Vollkommenheit*: a) Mittel, b) »lo-gisch«. 2. Definitionsgrundregel *nicht für reale Definition*.

Ad 2.[6] Wo begegnet der Begriff? Im *deutlichen* Erfassen des zu Erkennenden und Erkannten. Angelegenheit der *Deutlichkeit*? Warum genügt dem gerade die so bestimmte Definition? Warum gerade *Gattung* und *Art*, was sollen die *Praedikabilien, Kategore-mata*?

Klarer sehen wir, wenn wir auf den *geschichtlichen Ursprung* zurückgehen: ὁρισμός ein λόγος οὐσίας:

1. *Ansprechen* eines Seienden in seinem Dasein;

2. *Seiendes an ihm selbst*;

3. ὁρισμός, weil das Seiende selbst *im πέρας charakterisiert* ist.

Demnach ad 3[7]: *Verwurzelung*:

---

[1] Vorlesungen Kants über Logik. Hg. v. A. Buchenau. In: Immanuel Kants Werke. Hg. v. E. Cassirer. Bd. VIII. Berlin 1923. II. Allgemeine Methodenlehre, §§ 99-109.

[2] A.a.O., S. 444.

[3] A.a.O., I. Allgemeine Elementarlehre, § 1.

[4] A.a.O., II. Allgemeine Methodenlehre, § 98.

[5] Vgl. a.a.O., Einleitung, S. 350 f.

[6] Anm. d. Hg.: Bezieht sich auf die Gliederung S. 335.

[7] Anm. d. Hg.: Bezieht sich auf die Gliederung S. 335.

1. im *Ansprechen*, Aussprechen, Sichaussprechen;
2. *Umgang im Seienden, Sein* mit Seiendem im Charakter des *Da – Dasein*. Aristoteles [hat][8] kein Wort für »Begriff«.

Λόγος = »Begriff«, wie etwas in Rede steht, aufgezeigt, besprochen ist, sichtbar geworden als das und das und so »da«, verfügbar, *entdeckt*.

Demnach bedarf es eines Vertrautseins mit diesem Milieu, worin der Begriff verwurzelt ist. Doppelte Vorbereitung:

1. über *Umgang mit Seiendem*, Sein-in-[der][9]-Welt: ζωὴ πρακτική, ψυχή, ἀλήθεια – Sein und Wahrsein, Dasein;
2. *Sprechen*, Ansprechen, Besprechen, Sichaussprechen: λόγος, κατηγορίαι;
3. Zusammenhang: *Vierfältigkeit des ὄν*
– auf *Dasein* zurückleiten!

Diese Vorbereitung auf dem Wege einer darstellenden Orientierung. Thema: Sein als Dasein, ›Da‹, Ursprung von Sein sein – weder Logik noch Ontologie, *Hermeneutik*? Konkret verfolgen: was Seiendes in seinem Sein heißt; wie, in welcher Begrifflichkeit ausgedrückt.

Ποίησις, κίνησις, δύναμις, ἐνέργεια: Hergestelltsein.
Εἶδος, οὐσία: Dasein. Vgl. S. 337 ff.

Handschrift zu § 4

Einige aristotelische Grundbegriffe *in ihrer Begrifflichkeit*: Warum nicht einfach »Grundbegriffe«, weshalb der Zusatz »in ihrer Begrifflichkeit«?

Begriff: notio, intentio, conceptus, species. Roh genommen, sagt der Begriff, was eine Sache ist, was man unter ihr versteht, welche Meinung man von etwas hat. Z.B. der Begriff κίνησις, »Bewegung«, μεταβολή, »Umschlagen«: Wenn wir hinhören im

---

[8] Erg. d. Hg.
[9] Erg. d. Hg.

Text, werden wir damit erfahren, welche Auffassung Aristoteles von der Bewegung hat, was in seinem Sinne Bewegung ist. Wir wollen aber nicht Aristoteles ausfragen darüber, welche Auffassung er von gewissen Gegenständen hat, um sie gegen spätere und moderne abzugrenzen, und eine Kenntnis der aristotelischen Philosophie gewinnen.

Begrifflichkeit:

Wir wollen solche Begriffe *in ihrer Begrifflichkeit* verstehen, d. h.

1. wir fragen darnach, als was die im Begriff angezeigte Sache *ursprünglich erfahren* ist. Und was für Bewegtes hat Aristoteles im Auge, wenn er an ihm das Phänomen der Bewegung zu fassen sucht? Welcher Sinn von Sein ist gemeint bei der Erfahrung eines Bewegtseienden? Welches Seiende gibt sein Aussehen?

2. fragen wir: Was vernimmt Aristoteles an dem so präsentierten Phänomen von Bewegung? Woraufhin *spricht er es an*? Sucht er es aus schon vorhandenen festen Begriffen zu erklären – Übergang von Nichtsein zu Sein – oder entnimmt er dem präsentierten Phänomen, der ursprünglich verstandenen Sache selbst das, was er unter ihr versteht? Gibt er es für den Anspruch frei?

[3. Welcher Anspruch ist an die Bestimmung des so Gesicherten gestellt, d.h. welchem wie gearteten Anspruch soll die Verständlichkeit genügen? Ist der *Verständlichkeitsanspruch* der Sache und dem Umgang mit ihr entsprechend angemessen oder als ein fremdartiger, phantastischer ihr vorgehalten? (Mathematische Definition ethischer Begriffe)][1]

3. Welcher Art von Verständlichkeit und Bestimmtheit soll die *Auswicklung* des Phänomens genügen? Ist die *angestrebte Verständlichkeit* dem Sachcharakter der Sache und dem echten Umgang (Gebrauch!) mit ihr erwachsen und ihr zugemessen? Oder ist eine phantastische Idee von Verständlichkeit, Bestimmtheit leitend? In welche Ausgelegtheit wird das Gesichtete und Angesprochene hinein besprochen? (Mathematische Definition ethi-

---

[1] Anm. d. Hg.: In der Hs. gestrichen.

scher Begriffe, naturwissenschaftliche der historischen Begriffe, philosophische der theologischen.)

Diese drei Momente erschöpfen nicht, aber *zeigen* das *an,* was mit Begrifflichkeit gemeint ist:

1. *sachgebende Grunderfahrung,*
2. der vorgängig *führende Anspruch* (Woraufhin),
3. Charakter der *herrschenden Verständlichkeit,* Tendenz und Bestimmtheit.

Grundbegriffe in ihrer Begrifflichkeit, das heißt also: nach diesen Momenten bei den jeweiligen Begriffen Nachfrage halten. Ob damit nicht gerade und erst eigentlich auch die gemeinten Sachen recht verstanden werden, kann nur die Durchführung zeigen. Die Begrifflichkeit ist ausdrücklich betont, weil es auf sie für Sie mit ankommen soll. Nicht, damit Sie sie zur Kenntnis nehmen und neben dem Begriffsgehalt auch über seine Begrifflichkeit Bescheid wissen, sondern daß Sie gleichsam *spüren,* wie an dem, was als Begrifflichkeit nach einigen Momenten roh angezeigt wurde und konkret verfolgt werden soll, nichts anderes in Bewegung gebracht ist als der *Vollzug wissenschaftlicher Forschung in seiner Substanz.* Das besagt aber, die entscheidende Arbeit haben Sie selbst zu leisten: *aufmerksam werden* je an Ihrem Teil und Ort, an den Sie sich durch freie Wahl in einer Wissenschaft gestellt haben, was mit der jeweiligen Begrifflichkeit vorgeht. Für das Aufmerksam-werden-Können ist Vorbedingung, daß man *in der Sache steht.* Also nicht so, daß Sie jetzt ein Semester lang über Begriff spekulieren und sich sagen: Ja, ich muß zuerst wissen, was Philologie ist, dann kann ich anfangen. Er wird nie zum Anfang kommen, weil er nie zu wissen bekommen wird, was Philologie ist. Beileibe nicht aristotelische Begriffe übernehmen und anwenden, nicht nach*reden,* sondern nach*machen*! Ich selbst habe dabei nichts zu tun als dafür zu sorgen, daß Aristoteles die rechte Gelegenheit bekommt, Ihnen seine Sache vorzumachen.

Aristotelische Grundbegriffe in ihrer Begrifflichkeit: κίνησις, δύναμις, ἐνέργεια, ἀλήθεια, λόγος und dgl. – wir sollen sie also nach den besagten Momenten befragen. Das verlangt eine doppelte Vorkehrung:

1. daß wir verstehen, wohin diese Momente der Begrifflichkeit gehören, *wo die Begrifflichkeit bodenständig ist*, was und wie sie dann als solche ist;

2. sollen wir aristotelische Begriffe in ihrer, d. h. aristotelischer, griechischer Begrifflichkeit verstehen, also die *griechische* Bodenständigkeit der Begrifflichkeit in den Blick bekommen.

Handschrift zu § 5

Zum Zwecke des Rückgangs in die griechische Begrifflichkeit und ihre Bodenständigkeit sind wir von einem Nächstbekannten ausgegangen, von dem, wie jetzt und seit langem Begriff als solcher ausdrücklich wird: *Definition*. In der Definition ist der Begriff eigentlich Begriff. Also fragen wir zurück: Wie stand es mit der Definition bei Aristoteles, was besagte sie für ihn? Was entnehmen wir daraus für das Vorverständnis der Begrifflichkeit? Nebenabsicht: den *Wandel* zu demonstrieren, den so ein harmloses Gebilde wie Definition durchgemacht hat, den Wandel als *Verfall einer Grundmöglichkeit und Weise des eigentlichen Sprechens mit der Welt zu einer denktechnischen Regel*.

Die beiden Fragen: Wo ist Begrifflichkeit bodenständig und wie ist die griechische Begrifflichkeit zu bestimmen? lassen wir uns durch Aristoteles beantworten.

Ὁρισμός als λόγος: τὸ τί ἦν εἶναι οὗ ὁ *λόγος* ὁρισμός, καὶ τοῦτο οὐσία λέγεται ἑκάστου.[1] – τὸ τί ἦν εἶναι οὐσία, τούτου δὲ *λόγος* ὁ ὁρισμός.[2] – ὁ ὁρισμός οὐσίας τις *γνωρισμός*.[3]

Ὁρισμός: λόγος οὐσίας, das Seiende in seinem Sein *be-grenzen*, seine *Grenzhaftigkeit*, d. h. Fertigkeit, aufzeigen an ihr selbst. Fer-

---

[1] Met. Δ 8, 1017 b 21 sqq.
[2] Met. H 1, 1042 17.
[3] An. post. B 3, 90 b 16.

tig da = *her*-gestelltseiend aus … (zu οὐσία – λόγος vgl. diese Vorlesung S. 208 ff: Interpretation von De partibus animalium A 1).

Ὁρισμός als λόγος οὐσίας:

I. was λόγος,

II. was οὐσία,

III. wann dieser λόγος ὁρισμός,

IV. wie sieht Bodenständigkeit aus? D. h. wohin inwiefern? Phänomen der Gleichursprünglichkeit (nur negativ!). Vgl. später.

Handschrift zu § 6

I. Λόγος, λέγειν:

A. a) Sprechen *über etwas* in der Weise des ἀποφαίνεσθαι (δηλοῦν), so zu tun haben mit (Sein-in), daß sich das, *worüber* gesprochen wird, im Sprechen zeigt (vgl. c): *für sich* etwas im Da zeigen, *sich* mit aufklären, *sich* als Sein-in!).

b) Sprechen (über etwas) *zu anderen* (bzw. mir – man), daß sich im Sprechen über … das Worüber denen, *zu* denen gesprochen wird, zeigt.

c) Sprechen über … zu … auch *sich* – man – aussprechen (Sprechen *von* mir, man, dem Sein-in) (dazu vgl. die *Öffentlichkeit*: das von der Sprache als dem Grundwie Gelebtwerden, sein durch sie, vgl. ψεῦδος, WS 23/4[1]).

B. Zugleich je *das so Gesprochene als solches*, diese öffentlich gewordene, verfügbare, aneigenbare, verwischbare Verständlichkeit: τὰ δὲ κείμενα [ὀνόματα] κοινὰ πᾶσιν,[2] »die festliegenden Worte [verfügbare, einmal herausgesprochen] gehören *allen*« – in die Hörigkeit des »man« – Verständlichkeit.

Dieser λόγος die *Grundcharakteristik des Menschen*, und zwar gerade im Hinblick auf die *Weise seines Seins*. Mensch: ζῷον,

---

[1] Vgl. M. Heidegger, Einführung in die phänomenologische Forschung. Marburger Vorlesung Wintersemester 1923/24. Gesamtausgabe Bd. 17. Hrsg. v. F.-W. v. Herrmann. Frankfurt a.M. 1994, S. 31 ff.

[2] Met. Z 15, 1040 a 11.

»Lebendes« (ζῷον indifferent, vor moderner biologischer Sachhaftigkeit und geisteswissenschaftlicher [oder][3] naturwissenschaftlicher Psychologie). Ζωή, »Leben«: Weise des Seins als *Sein-in, Sein-in* in der Weise des aufzeigend-auslegenden Sprechens.

Ἔχον, ἔχειν im Sinne von: τὸ ἄγειν κατὰ τὴν αὑτοῦ φύσιν ἢ κατὰ τὴν αὑτοῦ ὁρμήν,[4] sich halten, verhalten in der Weise des »Betreibens«, »Vollziehens«, darin aufgehen, »aus *eigenstem Antrieb*«. Das Dasein, qua Mensch, ist von ihm selbst her Sprechen im besonderen, vollen Sinne!

Handschrift zu § 7 a

II. Ὁρισμός als λόγος *οὐσίας*:

Der ὁρισμός ist λόγος οὐσίας, das »ansprechende Aufzeigen des Seienden im Wie seines Seins«. Das *Seiende* wird an ihm selbst auf sein *Sein* angesprochen. Mit der Übersetzung von οὐσία in »Seiendes im Wie seines eigentlichen Seins« ist dem Wort eine ganz bestimmte – selbst zwar noch als bestimmte vielfältige – Bedeutung zugesprochen. Sollte in der *Vielfältigkeit der Bedeutungen* des Wortes οὐσία eine *gegründete* Orientierung gewonnen werden können, dann müßte sich damit auch der λόγος οὐσίας erst recht aufklären lassen. Zudem ist das Wort der *Titel für die aristotelische Fundamentalforschung*, besser: für die *griechische als solche – der Grundbegriff schlechthin, Terminus.* Die Frage nach dem τί τὸ ὄν, ist die τίς ἡ οὐσία.[1] So die Seinsfrage erst zustande gebracht. Daß gerade ein *Fundamentalwort* wie οὐσία und andere dergleichen mit einer *Vieldeutigkeit* behaftet sind, darf nicht seine Eignung als Untersuchungstitel herabsetzen. Im Gegenteil. *Alles hängt daran, daß die Vielfältigkeit des Bedeutens als solche verstanden wird.*

---

³ Erg. d. Hg.
⁴ Met. Δ 23, 1023 a 8 sq.
¹ Met. Z 1, 1028 b 2 sqq.

Vieldeutigkeit von Worten, Grundworten kann eine solche der *Verwirrung* sein: daß sie wahllos für verschiedene Sachen gebraucht werden, ohne Sachkenntnis und Vertrautheit mit der Bedeutungsverwendung. Sie kann also und gerade da herrschen, wo sie nicht zu herrschen brauchte, wo schon die Vieldeutigkeit eine aus den Sachen geregelte ist, aber, beim Mangel der Sachvertrautheit, die Regelung verloren hat. Die Vieldeutigkeit aus der Verwirrung eines sachunvertrauten, regellosen Gebrauchs.

Die Vieldeutigkeit kann erwachsen einer herrschenden *Unfähigkeit der Sachaneignung* und -auslegung, einer spezifischen *Unterschiedsunempfindlichkeit*.

Die Vieldeutigkeit kann aber auch sein eine Vielfältigkeit des Bedeutens, so zwar, daß sie gerade aus dem *Umgang mit den Sachen* erwächst, der *ihrer dabei nur nicht Herr wird*. Die Ausschläge des Bedeutens entspringen dem *rechten Verstehen der Sachen*. Sofern die Bedeutungsausschläge *je in ihrem Ursprung* aus den so und so erfahrenen und ausgelegten Sachen *festgehalten* und bestimmt sind, ist die Vieldeutigkeit eine *sachlich orientierte* und als solche fixierte, sie ist eine *Vielfachheit*. Und gerade wenn sie als diese festgehalten und nicht aus sachfremden, systematischen Tendenzen frisiert und nivelliert wird in eine künstliche Eindeutigkeit, hat sie gerade als Vielfachheit des Bedeutens die rechte Eignung, ein *Verständnis der Konkretion der Sachen* zu vermitteln. Die Vielfachheit des Bedeutens ist dann gerade der *adäquate Ausdruck* der Sachen. Die Adäquation wächst, je ursprünglicher das Verständnis des Grundes der Vielfachheit und ihrer Notwendigkeit ist.

Aristoteles hatte ein *ausdrückliches positives Bewußtsein* von der Vielfachheit des Bedeutens, und zwar gerade im Felde der Grundbegriffe. »Metaphysik« Δ handelt von ihnen als πολλαχῶς λεγόμενα (vgl. der überlieferte Titel des Buches), nicht um sie wegzubringen, sondern stehen zu lassen und als solche sehen zu lassen. Vielleicht wird daran gerade die Begrifflichkeit sichtbar. Der *Instinkt der Sachlichkeit* hält ihn dabei fest. Über den Ursprung und Notwendigkeit der Vielfachheit nichts gesagt: Aufzudecken nur aus dem Verständnis der λεγόμενα als solcher, d. h. als λόγος – daß demnach die bestimmte Vielfältigkeit gerade in dem gründet, was »Sprechen« ist! Und dafür gerade jetzt in der Vorbereitung.

Vermutlich ist demnach die Vieldeutigkeit von οὐσία keine solche der Konfusion und Sachunvertrautheit. Wenn das aber nicht, dann sind wir einzig daran gehalten, die rechte *Orientierungsbasis* zu gewinnen. Sofern es sich hierbei um den Grundbegriff schlechthin handelt, wird damit nicht nur die Möglichkeit des näheren Verständnisses von ὁρισμός als dem auf οὐσία bezogenen λόγος gewonnen, sondern der *Boden für die anderen Grundbegriffe* vorgezeichnet. Die Vielfachheit des Bedeutens von οὐσία wird also hier behandelt nicht um ihrer selbst willen, sondern immer nur in der Tendenz der rechten Sachaneignung, d. h. des Verständnisses dessen, was im ὁρισμός als λόγος angesprochen wird.

Οὐσία wurde übersetzt: »Seiendes im Wie seines (eigentlichen) Seins«. *Sein des Seienden* bzw. *Seinsheit des Seienden* drückt aus, daß über das Sein selbst *etwas zu sagen* ist, daß es »Momente« hat und dergleichen.

Οὐσία als Grundwort für Forschung ist *Terminus*. Ein Wort ist Terminus, sofern es als Ausdruck fungiert, dessen Bedeutung und Gebrauch aus wissenschaftlicher Forschung und für sie innerhalb ihrer erwachsen ist.

Zum Terminus kann ein Wort *eigens und direkt geprägt* werden in eins mit der Entdeckung und Fassung einer so und so zu verstehenden Sache.

Es kann aber auch einem schon geläufigen Wort aus forschender Sachuntersuchung heraus eine bestimmte Bedeutung *zugegeben* werden, so zwar, daß die zugegebene in irgendwelchem Abstammungsverhältnis mit der schon geläufigen Bedeutung steht, daß also ein Bedeutungsmoment, das in der geläufigen Bedeutung *unausdrücklich mitverstanden* wird, in der terminologischen Bedeutung *thematische Rolle* bekommt, das ist, wonach beim Aussprechen des Wortes als Terminus in bestimmter Weise gefragt ist.

Handschrift zu § 7 b

Die *geläufige Bedeutung*: die des geläufigen Wortgebrauches in vor- und außerwissenschaftlicher Sprache. Das *geläufige, natürliche Sprechen* nach Früherem die Weise des geläufigen, natürlichen Seins eines Lebenden, des Menschen in seiner Welt.

Die geläufige Bedeutung als *Leitfaden*. Vorsicht! Sie kann verschwunden sein. Nur wenn eine umfassende Prüfung dieser Anzeichen gibt. Anders leicht dilettantisch! Scheingründlichkeit. Hier gerade muß dem Schicksal und der Geschichtlichkeit jeder Sprache Rechnung getragen werden.

Sprechen über ..., Sichaussprechen:

Natürlich: d. h. eine Weise, die vorwiegend, *zunächst und zumeist* herrscht, nicht in einer eigenständig ausgeformten Befragung, und wo solche da ist, ist es die natürliche, die im vorhinein da ist und führt.

Geläufigkeit: Jeder spricht so mit den anderen und man versteht sich ohne weiteres. Das »ohne weiteres« und das »man«. Die Weise, sich in einer *durchschnittlichen Verständlichkeit* und einer allen verfügbaren zu bewegen. In der Geläufigkeit verbraucht sich das Wort: abgeschliffen, ohne Ton.

Das Wort οὐσία als Terminus stammt aus einem solchen geläufigen Wortgebrauch.[2] Noch mehr: Bei Aristoteles (und später) stehen die terminologische Bedeutung und die geläufige hart nebeneinander. Diese Tatsache festhalten! Aber nicht verkehrte Ableitungstendenz! Nur *Anweisung* auf den Sinn von Sein, der von den Griechen u.a. und ständig miterfahren war.

Die geläufige Bedeutung: Vermögen, Hab und Gut, der Hausstand, das Anwesen (vgl. die reiche Verwendung in »Politik« und Ethica Nicomachea; Bonitz, Index: [Fragment 401][5] 1545 a 8 sqq.[4]). Ein *bestimmtes Seiendes* wird hier angesprochen als *Sein im*

---

[2] Vgl. Rhet. B 13, 1389 b 28 sq.: ἐν γάρ τι τῶν ἀναγκαίων ἡ οὐσία.
[5] Erg. d. Hg.
[4] Anm. d. Hg.: In der Hs. heißt es nach »Index«: »544 a 6–25«. Da diese Stelle (in De animalium historia) mit οὐσία nichts zu tun hat und H. Bonitz in seinem

eigentlichen Sinne, das *eigentliche Seiende*: begegnet in dem Genannten, und dieses *ein Seiendes, an dem mit ihm selbst sein Sein mit erfahren ist*. Der Seinscharakter am Seienden entsprechend betont. Gemeint ist darin nicht nur überhaupt Vorhandenes, sondern so vorhanden, daß es *verfügbar* und als verfügbar *gegenwärtig, brauchbar*, in seiner Brauchbarkeit das *Da* ist, und jenes als *Da-Charakter*: πράγματα, χρήματα,[5] »das, womit man es täglich zu tun hat«, »was im Gebrauch steht«. Das Sein dieses Seienden besagt: ein *Da* sein. Also οὐσία nicht etwa zunächst eine indifferent--ausdrückliche, sondern ursprünglich gibt es schon eine Auslegung der Seinserfahrung als *Da*-sein.

Während geläufige Bedeutung das Gewicht legt auf das Seiende, aber im Wie dieses eigentlichen Da, ergreift die terminologische Bedeutung (bei Aristoteles) dieses Wie des Seienden, das Sein, als Da, so zwar, daß dabei das Seiende dieses Seins mitgemeint, zuweilen einzig gemeint ist. (Was das »Ergreifen« besagt?) Also mit dem Terminus hat man nicht Sein in irgendeiner übergeschichtlich-semantischen [?] Bedeutung, sondern bestimmte Auslegung.

Damit: 1. Orientierung in der Vielfachheit des Bedeutens (τίς ἡ οὐσία), 2. Anweisung für das Verständnis von Sein als Da-sein. Geläufig: Da im und für Umgang – die spezifische Da-Erfahrung.

Handschrift zu § 7 c

So ist eine Grundorientierung in der Vielfachheit des Bedeutens von οὐσία gewonnen. Und zwar soll jetzt nur die *terminologische Bedeutung* in ihrer Vielfachheit vorgelegt werden.

---

im 5. Band der Akademieausgabe enthaltenen Index Aristotelicus unter οὐσία im Sinne von res familiaris, opes, divitiae als Belegstelle u.a. f 401, 1545 a 18 verzeichnet, scheint es sich um ein Versehen Heideggers zu handeln.

[5] Vgl. Eth. Nic. Δ 1, 1120 b 34 sqq.

1. besagt οὐσία Sein (des Seienden), Seinsheit, Da-sein.

2. besagt οὐσία Seiendes, Daseiendes.

Innerhalb dieser beiden Möglichkeiten noch jeweils verschiedene Bedeutungen. Bezüglich 1. besagt das: verschiedene Charaktere von Sein, Charaktere, die das Da als solches ausmachen, jeder jeweils als οὐσία bezeichnet. Bezüglich 2.: verschiedene Seiende, Mannigfaltiges, das den Charakteren von Sein genügt, also als Seiendes anzusprechen ist.

Sollte es eine Forschung geben, die das Sein des Seienden zum Thema hat, die οὐσία, dann steht zu erwarten, daß in ihr auch in gewisser Weise vom Seienden und von verschiedenen Seienden gehandelt wird. Denn vermutlich ist nur am Seienden selbst das Wie seines Seins zu entdecken. Sonach ist es kein beliebiger Fall, daß in solcher Forschung die beiden Hauptausschläge der Bedeutung von οὐσία auftreten. Am Ende hat jeder echte Seinsbegriff notwendig diesen doppelten Bedeutungsausschlag.

Es sei der Ordnung des Antreffens und Zugangs entsprechend die zweite Bedeutung von οὐσία zuerst besprochen.

Ad 2. δοκεῖ δ᾽ ἡ οὐσία ὑπάρχειν φανερώτατα μὲν τοῖς σώμασιν,[6] die ὁμολογούμεναι οὐσίαι (!).[7] »Es sieht so aus, als zeigte sich das Sein am offensichtlichsten am Seienden, das wir die σώματα nennen«: ζῷα, φυτά, τὰ φυσικά σώματα, οὐρανός, ἄστρα, σελήνη, ἥλιος – »die Körper«. Dabei meint für den Griechen *Körperlichkeit* nicht primär Stofflichkeit, Materialität, sondern einen spezifisch *aufdringlichen Da-Charakter*. Daher später: τὸ σὸν σῶμα = σύ, »du« da, mit dem ich es jetzt zu tun habe; σῶμα: der »Sklave«, der »Gefangene«, was mir, einem direkt zur Verfügung steht, vorhanden ist. Die genannten Seienden sind solches, von dem jeder mit dem andern übereinstimmend sagt, man sagt ohne weiteres von solchem, daß es »*ist*«, d. h. dem Sinn von Sein genügt, der das Ansprechen von Seiendem als Sein leitet. »Man ohne weiteres« eine bestimmte Verständlichkeit dessen, was man mit Sein

---

[6] Met. Z 2, 1028 b 8 sq.
[7] Met. H 1, 1042 a 6 sqq.: οὐσίαι […] ὁμολογούμεναι.

meint! Das ist aber Seiendes, das in und aus der Welt *zunächst und zumeist da ist*, was *in der Alltäglichkeit begegnet*, worin der Alltag sich bewegt und ständig hält. Οὐσίαι Plural! Eine Forschung, die nach dem Sein des Seienden fragt, wird demnach, sofern ihr daran liegt, Boden zu haben und nicht phantastisch zu reden, sich an solches Seiendes zunächst halten: ὁμολογοῦνται δ' οὐσίαι εἶναι τῶν αἰσθητῶν τινές, ὥστ' ἐν ταύταις ζητητέον πρῶτον.[8] Vernahme auf dem Weg, der Sinn mannigfacher Begriffe enthält [?].[9]

[Ad 1.][10] Wie solche Forschung aussieht, wird später gerade konkret nach ihren einzelnen Schritten zu verfolgen sein. Fürs erste fragen wir jetzt mehr schematisch, was sich in ihr an *Seinscharakteren* herausstellt, d. h. nach der Vielfachheit der Bedeutung von οὐσία in der ersten Bedeutungsrichtung: Seinsheit. Und zwar fragen wir genauer: Sind die Seinscharaktere *Da-Charaktere*, und zwar solche, die in irgendeiner Weise vom Sinn des Da herstammen, den wir in der geläufigen Bedeutung von οὐσία angetroffen haben?

Die vorläufige Orientierung über die Seinscharaktere nehmen wir anhand von »Metaphysik« Δ 8. Zu Anfang dieses Kapitels werden bezeichnenderweise die oben genannten Seienden aufgeführt, so zwar, daß an ihnen zugleich ein Seinscharakter abgehoben wird. Sie sind ὑποκείμενα,[11] vor allem Weiteren schon Vorliegende. Ihr Sein besagt *Vorhandensein*, und immer schon als Vorhandenes Angetroffene und Angesprochene, sofern sie des näheren besprochen werden sollen.

1. So ergibt sich der Da-Charakter der Vorhandenheit, Gegenwärtigkeit. Jetzt nicht in dem betonten Sinne des zuallernächst und dringlichst Vorhandenen, im Sinne des Hausstandes, sondern

---

[8] Met. Z 3, 1029 a 33 sq.

[9] Anm. d. Hg.: Die Lesung der neun vorangehenden in der Hs. stenographierten Wörter ist unsicher.

[10] Erg. d. Hg.

[11] Met. Δ 8, 1017 b 13 sq.: οὐ καθ' ὑποκεινένου λέγεται, ἀλλὰ κατὰ τούτων τἆλλα.

Vorhandenheit dessen, worauf das Anwesen steht, Grund und Boden, Land, Tiere, Pflanzen, Berge, Erde, Himmel. All das hat den Charakter offensichtlichsten Seins, dieser Vorhandenheit (in der Alltäglichkeit).

2. In einer anderen Hinsicht wird als Seinscharakter angesprochen das, was im Seienden der genannten Seinsweise »mit da«, »mitvorhanden« ist, so zwar, daß diese Vorhandenheit gerade »schuld« ist an, ausmacht τὸ εἶναι, »das Sein« des betreffenden Seienden.[12] Οὐσία in dieser Weise ist ἡ ψυχή.[13] »Seele« ist, was die spezifische Vorhandenheit eines Seienden qua Lebenden ausmacht, die Seinsheit des Seins-in-einer-Welt. Wiederum ein Da-Charakter ganz eigentümlicher Art (vgl. später die Interpretation von ζωή[14]).

3. Ferner wird οὐσία genannt, was in einem Daseienden »mitvorhanden« ist als es mitausmachender Teil, Moment, derart, daß Wegnehmen desselben, das Nicht-da desselben das betreffende Seiende gleichsam aus seinem Da, d. h. seinem Sein nimmt: Z. B. Fläche weggenommen läßt auch einen Körper nicht mehr da sein, Linie nicht Fläche.[15] Diese Momente sind ὁρίζοντα,[16] »begrenzen«, »machen die Grenze aus« und »bezeichnen« das Seiende als, stempeln es zu einem »das da«.[17] Manche meinen sogar (Platoniker), diese Funktion des Da-Charakters habe »überhaupt« und für alles die »Zahl« (Grenze).[18]

4. Weiter fungiert als οὐσία das τί ἦν εἶναι οὗ ὁ λόγος ὁρισμός, [...] οὐσία [...] ἑκάστου,[19] das, »was etwas ist in seinem Was-esschon-war«, der Seinscharakter des Seienden, der es bestimmt in seiner Herkünftigkeit, Hergekommenheit aus ... in das Da her.

---

[12] Met. Δ 8, 1017 b 15: αἴτιον τοῦ εἶναι, ἐνυπάρχον ἐν τοῖς τοιούτοις.

[13] Met. Δ 8, 1017 b 16.

[14] Siehe S. 45 ff. sowie 353 f.

[15] Met. Δ 8, 1017 b 17 sqq.: μόρια ἐνυπάρχοντα [...] ὧν ἀναιρουμένων ἀναιρεῖται τὸ ὅλον, οἷον ἐπιπέδου σῶμα [...] καὶ ἐπίπεδον γραμμῆς.

[16] Met. Δ 8, 1017 b 17.

[17] Met. Δ 8, 1017 b 18: τόδε τι σημαίνοντα.

[18] Met. Δ 8, 1017 b 20: καὶ ὅλως ὁ ἀριθμὸς δοκεῖ τισι τοιοῦτος εἶναι.

[19] Met. Δ 8, 1017 b 22 sq.

Das Seiende, dessen Sein das τί ἦν εἶναι ausmacht, wird als ἕκαστον bezeichnet, das »Jeweilige«, d. h. das τί ἦν εἶναι macht die
Jeweiligkeit des Seienden aus.

5. Aristoteles faßt die genannten Seinscharaktere in zwei Weisen von Seinsheit zusammen, die bestimmt sind 1. als »letzte
Vorhandenheit«,[20] 2. als »Was« da sein, und zwar im Sinne des am
eigenen, seinem Platze »für sich selbst« Da-seins.[21] Der Da-Charakter solchen Seins wird bezeichnet als εἶδος, »Aussehen«, »Sich-
so-und-so-Ausnehmen«.[22]

Die fünf herausgehobenen Seinscharaktere: ὑποκείμενον, αἴτιον ἐνυπάρχον, μόριον ἐνυπάρχον ὁρίζον, τὸ τί ἦν εἶναι (τὸ καθ᾽ ἕκαστον), εἶδος, bedeuten mehr oder minder durchsichtig ein Da des
Seienden. Um sie als Da-Charaktere zu verstehen und damit die
Bedeutung von οὐσία in ihrer motivierten Vielfachheit zu begreifen, wird ein weiter vordringendes Verständnis des Da notwendig
sein. Die Aufklärung dieses Grundphänomens des Da kann ihrerseits nur gelingen, wenn wir es in seinem Da aufsuchen.

Der Leitfaden war die geläufige Bedeutung von οὐσία: Daseiendes im ausgezeichneten Sinne und Seiendes nicht in indiffe-
renter Vorhandenheit, sondern das Da des dringlichen Zunächst
der Alltäglichkeit, der Alltäglichkeit des Lebens, das Da, in dem
das Leben und aus dem es »gefristet« wird. So wird die Aufklärung des Da auf eine Explikation des Lebens als *Sein-in* zurückgeleitet (Anmerkung über »subjektiv«!). Obzwar der ausweisen-
den Untersuchung damit vorgegriffen wird, sei doch schon eine
Vorzeichnung des Grundcharakters des Sinnes von Da und demnach von Sein gegeben, und zwar an Hand der aufgezählten Charaktere.

---

[20] Met. Δ 8, 1017 b 24: ὑποκείμενον ἔσχατον.
[21] Met. Δ 8, 1017 b 25: ὃ ἂν τόδε τι ὂν καὶ χωριστὸν ᾖ.
[22] Met. Δ 8, 1017 b 26.

Handschrift zu § 8

Zu »Metaphysik« Z-Θ – Allgemeines:

»Es ergibt sich aus den λόγοι [Untersuchung[1] oder λόγος als Phänomen] selbst, daß anderes οὐσία ist – ἄλλαι οὐσίαι [mehrere!] –, τὸ τί ἦν εἶναι und ὑποκείμενον.«[2]

Der grundsätzliche methodische (nur methodische) Vorrang der οὐσία αἰσθητή.[3] Σύνολον: ὑστέρα hinsichtlich der Ordnung der kategorialen Ursprünglichkeit, δηλή,[4] »klar«, »durchsichtig«, d. h. an dem Jeweiligen hier ist nichts weiter ontologisch (griechisch) auszumachen. Die methodischen Grundsätze selbst (vgl. Jaeger über Forschungsmaximen[5]).

Interpretation auf das »man«: was einem begegnet, womit man umgeht. »Das zunächst und zumeist durchschnittlich Vertraute ist oft unscharf, unartikuliert, unabgehoben, ohne Merklichkeiten und hat nur wenig oder nichts vom eigentlichen Dasein.«[6] Die Dahaftigkeit, Präsenz, verwischt, verschwunden. Das Überhaupt und Zumeist, Zunächst nicht eigentlich Da. Das Jeweilige: dasselbe in Jeweiligkeit, τὰ καθ' ἕκαστα, in den Jeweiligkeitscharakteren, in dem Charakter des »Fernen«, »Entfernten«. Wozu erst hinkommen ausdrücklich – in welchem Gang? – und sehen? Macht das Sein des Seienden aus. Denn ganz verschieden das Allgemeine und das Besondere. Τόδε τι: das Was, Hergestelltheit in ihrem Da.

Aber von da *anheben,* so zwar, daß aus eigentlicher hermeneutisch-ontologischer Wissenschaft gerade uns gerade dieses Da verständlich gemacht werden kann. Gerade deshalb von dem so

---

[1] Vgl. Met. Z 3-4.

[2] Met. H 1, 1042 a 12 sq.: ἄλλας δὲ δὴ συμβαίνει ἐκ τῶν λόγων οὐσίας εἶναι τὸ τί ἦν εἶναι καὶ τὸ ὑποκείμενον.

[3] Vgl. Met. Z 3, 1029 a 33 sq.

[4] Met. Z 3, 1029 b 31 sq.

[5] Vgl. W. Jaeger, Studien zur Entstehungsgeschichte der Metaphysik des Aristoteles. Berlin 1912, S. 95 Anm.

[6] Vgl. Met. 1029 b 8 sqq.: τὰ δ' ἑκάστοις γνώριμα καὶ πρῶτα πολλάκις ἠρέμα ἐστὶ γνώριμα, καὶ μικρὸν ἢ οὐδὲν ἔχει τοῦ ὄντος.

Vertrauten, diesem Daseienden, was sich so als daseiend zeigt, ausgehen, in diesem selbst der Dahaftigkeit nachgehen.

So wird also die Auslegung des Seienden auf Sein in den Umkreis des Zunächst zurückgeholt, ausdrücklich, und gerade damit die Ausschau nach dem Sein radikal, während *Plato*, mit einem Seitenblick auf Daseiendes, im λόγος phantastisch sich verfängt und dabei, griechisch, konsequent verfährt.

Vgl. »Physik« A 1. Schon klar über das Grundsätzliche: τὰ συγκεχυμένα,[7] τὰ καθόλου,[8] das »im ganzen«, πατέρες.[9] Das Nächste, Bekannte ist das *Durchschnittliche* und so *Allgemeine*. In ihm wird alles gesehen, angesprochen, aus ihm ausgelegt. Diese Einleitung der »Physik«, d. h. der ontologischen Arbeit des Aristoteles ist programmatisch (besseres Wort und schärfer!). Gerade das Gesagte gilt über τὰ περὶ τὰς ἀρχάς.[10] Vgl. »Topik« Z 4.[11]

Grundbegriffe in ihrer Begrifflichkeit, z. B. οὐσία. Was besagt im Grunde der Rückgang auf geläufige Bedeutung, auf das Aus- und Ansprechen des Seienden als Sein in der Geläufigkeit des alltäglichen Daseins? Die Alltäglichkeit des Seins des Lebens, des Menschen, das menschliche Leben als eine Weise des Seins. Hierbei das Sprechen in besonderem Sinne Grundphänomen. Also Begrifflichkeit: Ausgelegtheit und Möglichkeit dieses Seins, des Seins in der Weise des Da, des jeweils ergriffenen Da, Entdecktheit.

Die aristotelische Explikation dieses Seins vergegenwärtigen, so zwar, daß das Verständnis des λέγειν und λόγος dabei bestimmter und sachhaltiger wird. Dabei soll achtgenommen werden darauf, wie die schon genannten Seinscharaktere – ψυχή, πέρας, ἀρχή, τέλος – an der Seinscharakteristik des Seienden (qua Leben) beteiligt sind.

---

[7] Phys. A 1, 184 a 21 sq.
[8] Phys. A 1, 184 a 23 sq.: ἐκ τῶν καθόλου.
[9] Phys. A 1, 184 b 13.
[10] Phys. A 1, 184 a 15 sq.
[11] Top. Z 4, 141 a 26 sqq.

Handschrift zu § 9

Das Sein des Menschen:

Ζωή, Da-Charakter seines Seins – ζῷον πολιτικόν[1] – ζωὴ πρακτικὴ (μετὰ λόγου),[2] Möglichkeit, πέρας, ἀγαθά, ἀνθρώπινον ἀγαθόν.[3] ψυχῆς ἐνέργεια:[4] *ψυχή*: κρίνειν, κινεῖν[5] (ὄρεξις, ποίησις), ἀκούειν, ἑρμηνεύειν (in [der][6] Welt, οὐρανός, Tag und Nacht) – ἀληθεύειν: Weisen des in der jeweiligen Entdecktheit Daseins, θεωρεῖν eine Möglichkeit, διαγωγή. Cura: *Angst* der ἀπουσία, μή ποτε στῇ![7] Unheimlichkeit und Entdecktheit. Angst des Entschwindens des eigentlichen Da. Da: Gegenwärtigsein, Nicht-in-Vergessenheit-Geraten,[8] bezüglich εὐδαιμονία, Wie des Da.

Überall λόγος – κατηγορία.

Ζωὴ πρακτική – zwei Untersuchungen, darauf achten:

1. Ψυχῆς *ἐνέργεια* (μετὰ λόγου): τέλος, ἀγαθόν, τέλειον, πέρας, εὐδαιμονία, *ἀνθρώπινον* ἀγαθόν: Sein des *Menschen* bestimmen, das Gute nicht in der Phantastik!

2. *Ψυχή*: λόγον ἔχον – ἄλογον usf. (doppelt zeigen!), κρίνειν, κινεῖν, ἀκούειν, ἑρμηνεύειν (auf das Ganze der Phänomene zurückleiten, konkretes Sein: οὐρανός, Tag und Nacht) – ἀληθεύειν, διαγωγή, *εὐδαιμονία*!

Πρακτική: nicht »praktisch« gegenüber »theoretisch«, sondern Besorgen: ἀγαθόν, Da – Wie des Daseins. Entscheidend das Sprechen mit … Αἴσθησις und damit νοεῖν schon entscheidend für ζῷα.

Überleitung von »Politik« (darin eine Grundbestimmung πολιτικόν) zu Ethica Nicomachea A 6: λόγον ἔχον, πολιτικόν – αἴ-

[1] Pol. A 2, 1253 a 2 sq.
[2] Eth. Nic. A 6, 1098 a 3: [ζωὴ] πρακτική τις τοῦ λόγον ἔχοντος.
[3] Eth. Nic. A 1, 1094 b 7.
[4] Eth. Nic. A 6, 1098 a 7.
[5] De an. Γ 2, 427 a 17 sq.
[6] Erg. d. Hg.
[7] Met. Θ 8, 1050 b 23.
[8] Eth. Nic. A 11, 1100 b 17: μὴ γίνεσθαι περὶ αὐτὰς λήθην.

σθησιν ἀγαθοῦ ἔχον. Die Durchschnittlichkeit und Alltäglichkeit ist das »man«, Miteinander.

Ἀγαθόν: Wo sichtbar? Ἔργον, τέχνη, προαίρεσις, Anfang [?] das Ende ausmachend.

Ἔργον ἀνθρώπου? Boden, Anspruch, Vorhabe, Grunderfahrung für diese Auslegung. Entdecktheit von ἔργον: ἀρετή, τέλος usf., ἄριστον. Immer festhalten πολιτικόν!

Handschrift zu § 23

Die Bodenständigkeit der Begrifflichkeit

Im Voranstehenden das _Dasein des Menschen als In-der-Welt-sein_ expliziert, so zwar, daß _λόγος_ als _Grundcharakter dieses Seins_, als In-Sein bestimmt, heraustrat: das Wie des Da der Entdecktheit.

In welcher Absicht wurde die Betrachtung auf das Dasein geführt? Wonach war gefragt? Nach der _Bodenständigkeit der Begrifflichkeit_. Und warum danach? Aus der Absicht, die Begrifflichkeit zu verstehen. Und warum diese? Weil darin ein Begriff _eigentlich verstanden_ wird. »Darin«, d.h. mit dem, was Begrifflichkeit ausmacht, _Leitfaden_ in der Hand, Begriffe als solche zu verstehen. Die Begrifflichkeit galt es zu erreichen? Sie sollte da aufgesucht werden, wo sie ihr Sein hat, wo sie zu Hause ist, woher sie entwächst und wo sie einzig sein kann, soll sie sein, was sie kann. Mit der Heraushebung der Bodenständigkeit der Begrifflichkeit, und zwar der griechischen, ist das Geschäft einer Interpretation der Grundbegriffe _orientiert_.

Die Begrifflichkeit nach drei Momenten charakterisiert: 1. sachgebende Grunderfahrung, 2. führender Anspruch, 3. herrschende Verständlichkeit. – Die Frage nach der Bodenständigkeit der Begrifflichkeit ist also die Frage: _Wo_ und _wie_ haben die genannten Charaktere ihr _Sein_, derart, daß sie in diesem Sein _möglich_ sind, aus ihm wachsen, so daß sie auch als daseiend da _zu Hause sind_, dahin _gehören_, d.h. selbst eine Möglichkeit dieses Sei-

enden ausmachen. Die Absicht, auf die Frage nach der Bodenständigkeit der Begrifflichkeit Antwort zu geben, muß ein Seiendes der besagten Art aufzeigen.

Expliziert wurde das *Dasein*. Diese Explikation so, daß dabei
Grundbegriffe behandelt (in griechischer Wissenschaft), zum
Verständnis gebracht wurden: λόγος, ζωή, ψυχή, τέλος, ἀγαϑόν,
ἀϱετή, πάϑος, ἡδονή, δόξα und dergleichen. Vgl. die Interpretation
als *wiederholte*: so erst zu dem, *was nicht da steht – eigentliche
Auslegung*.

1. Ist dieses so charakterisierte Seiende in seinem Sein die
Möglichkeit, der Boden der Begrifflichkeit?

2. *Wie* ist das Dasein diese Möglichkeit? (In zwei Stationen die
Antwort: a), b).)

Ad 1. Aufweis, daß die Begrifflichkeit nach den drei Momenten als *Möglichkeit* im Dasein ist. »Möglichkeit« dabei im Sinne
des Seinscharakters des Seienden, in dem sie möglich ist, keine
leere Möglichkeit, die dem Dasein gleichsam vorgehalten werden
könnte, sondern *es selbst muß die Begrifflichkeit in gewisser Weise
sein*. Dabei nicht notwendig, daß sie in ihm schon herausgetreten
ist.

a) *Sachgebende Grunderfahrung*, darin liegt: ein Seiendes, das
sich zeigen kann, und Seiendes als erschließendes Zugehen darauf. Dasein ist In-der-Welt-sein: Welt *da*, entdeckt in ihrem So-
und-so-Aussehen. Das In-Sein selbst in gewisser möglicher Weise
da: *Befindlichkeit*. In-Sein als Umgang, Besorgen – die Möglichkeit des *Aufenthalts*: Aufhalten bei …, Hinsehen, Haben von …
im Sichenthalten von Bewerkstelligung und Ausrichten. Wie als
Möglichkeit erst von 2. her recht sichtbar.

b) Der *führende Anspruch: woraufhin* das Seiende *angesprochen*
ist. Letztlich *auf sein Sein*. Ein bestimmter Sinn von Sein, unausdrücklich, ist führend: οὐσία in der geläufigen Bedeutung. Da:
Gegenwart und *Hergestelltsein*. Alle Aussagen über das Seiende,
die von ihm sagen, sofern und wie es »ist«, haben im gesagten
»Sein« eine – unter anderen – Grundbedeutung: *bereit*.

c) *Die herrschende Verständlichkeit*: das Miteinandersein durch-

herrscht von den ἔνδοξα, auf die alles ausgelegt wird, und aus denen, in eins mit den anderen Momenten, bestimmte Verständ-
lichkeitsansprüche (Evidenz- und Gültigkeitsidee, »Strenge«)
ausgeformt werden können: Bekanntheit, in die hinein verstanden und erkannt wird, Art und Ausbildungsweise, Anspruch auf
Bekanntsein.

Ad 2. Das *Wie* des Seins der Möglichkeit bestimmt sich aus
dem Seinscharakter des Daseins selbst. Hier ist nun das Auszeich-
nende: Dieses Seiende ist *in seinem Sein* gerade als *Möglichsein*
bestimmt. Das betrifft *jedes* Seiende vom Seinscharakter des *Lebens* (vgl. ὄργανον – δύναμις), und je verschieden nach dem, wie
die *Eigentlichkeit* des Lebens. Beim menschlichen Dasein: ζωὴ
πρακτικὴ μετὰ λόγου, ist das Sein durch die πρᾶξις, d. h. ontologisch
durch προαίρεσις, ἕξις προαιρετική, ἀρετή, bestimmt (beim θρεπτικόν: Nahrungsmittelsein, Vorschriften über Ernährung und
Verpflegung), das Verfügen-*können* über die Seinsmöglichkeiten.
Begrifflichkeit eine echte Möglichkeit des Lebens (Existenz –
wissenschaftliche Forschung!). Dieses Möglichsein als Möglichsein, *Möglichkeit haben für* ..., ist als solche ihrem Seinssinn nach
bezogen auf ein *Auch-anders*, ein *Wider-sie*: Nur aus *Gegen* ist das
Möglichsein als *Für*. Und das *Wogegen* ist immer zugleich das
Woraus des Möglichseins für ..., so daß in diesem über jenes verfügt wird. Das Dasein ist als Möglichsein solches in diesem *doppelten Sinne*. Das Wogegen ist nicht ein anderes, sondern gerade
es selbst, so zwar, daß das Möglichsein, als aus welchem heraus
die ἕξις ist (ἕξις als πῶς ἔχομεν πρός), gerade das durchschnittliche
und alltägliche Sein des Daseins ausmacht.

Begrifflichkeit, nach den drei Momenten, ein bestimmtes
Möglichsein des Daseins in der zweifachen Weise.

Handschrift zu § 24

α) Das Woraus, wovon her als dem Wogegen sie sich
ausbilden kann

Mit der Bestimmung dieses Woraus gewinnen wir die Charakteristik der Daseinsweise – der durchschnittlichen – des unter 1.
Herausgestellten. Zugleich die Gelegenheit, die drei Momente
der Begrifflichkeit aus dem Seinscharakter des Daseins ontologisch schärfer zu verstehen und auf ein Grundphänomen des
Daseins (Vor-Charakter) zurückzuverlegen und damit die Einheitlichkeit der drei Momente sichtbar zu machen (Ausgelegtheit).

Das Dasein ist als In-Sein durch den λόγος bestimmt, das heißt
aber, die Alltäglichkeit ist vom Gespräch, Gesprochenen durchherrscht und beschirmt [?]: das Wortdenken und das Hörensagen,
Nachreden, das Angelesene, »die Zeitung«. Bezüglich der drei
Momente der Begrifflichkeit heißt das:

1) Das Seiende in seinem Da, die Welt des Umgangs und der
Betrachtung jeweils schon so und so bestimmt, begegnet in dem
und dem Aussehen, imgleichen das In-Sein. *Die Auffassung vom
Leben selbst ist schon da.* Auf die Welt kommend wächst man in
eine Tradition des Sprechens, Sehens und Auslegens – von so begegnender, aufgefaßter, ausgelegter Welt – hinein. Das In-der-
Welt-sein ist jeweils ein Das-Seiende(Welt und Leben)-so-und-
so-Haben. Dieses Schon-so-Haben bzw. Welt und Leben als schon
so Gehabte terminologisch als *Vor-habe.*

2) Der führende Anspruch: Imgleichen führt schon ein bestimmter geläufiger Sinn von Sein (Sein – Nichtsein: Weise der
Aneignung der Vorhabe, Ausbildung innerhalb ihrer selbst), auf
den hin das in der Vorhabe gehabte Seiende angesehen und befragt wird. Das Dasein hält sich jeweils schon in diesem Hinsehen, bewegt sich schon in dieser »Sicht«: Aussehen, Hergestelltsein – unausdrücklich (Umgang, besorgend – umgängiges
Aussehen). Die Vorhabe ist schon gestellt unter eine bestimmte
Vor-sicht.

3) Die herrschende Verständlichkeit. Die so schon da seiende Vorhabe wird, als in die sie betreffende Vorsicht gestellt, expliziert gemäß einer herrschenden Art, die so sichtbaren Seinsbestimmungen des Seienden, die konkreten Als-was-Bestimmtheiten abzuheben. Vorhabe und Vorsicht unterstehen einem bestimmten Anspruch auf Auslegung, einem bestimmten Ausmaß von Evidenz, einer bestimmten Aufweisungs- und Beweisart (Strenge): *Vorgriff.*

Vorhabe, -sicht, -griff machen die *Ausgelegtheit des Daseins* aus, die das jeweilige Dasein, Miteinandersein durchherrscht und Auslegungen durchschnittlich regelt. Die Begrifflichkeit ist zunächst da als diese Ausgelegtheit. Das *Vor* = im vorhinein schon da, das heißt bezüglich des Daseins: seinsmäßig beherrscht von ... *In-Sein* heißt, durch diesen *Vor-Charakter* von Habe, Sicht und Griff bestimmt sein. Dasein: in schon herrschender Ausgelegtheit sein.

Das *Sein dieser Herrschaft* liegt im λόγος, und in ihm präsentiert sich gleichsam das Dasein für sich selbst in seinem Zunächst und Gewöhnlich. Damit schon gegeben ein Phänomen, das nachher noch deutlicher sichtbar werden soll. Das Gesprochene: Sätze, Worte, ausgesprochen und mitgeteilt, im Umlauf, nachgesprochen. In der Meinung, das Besprechen wieder zu besprechen, ohne Rückgang auf das, was gesagt ist, weitergesprochen, kann der λόγος gerade das Seiende *verdecken* und *verstellen.* Das heißt: Das Sprechen als in der Ausgelegtheit sich bewegendes Mitteilen ist unausdrückliches und unabsichtliches Verstellen, als *Mitteilen* verstellendes Aussagen über ..., d. h. *Irre-führung.* Darin liegt die Möglichkeit der *Täuschung*, des Täuschens und Getäuschtwerdens, und weiter das *Falsche.* Das so durch den λόγος und in dem Vor-Charakter seiner Ausgelegtheit bestimmte Dasein ist selbst die seinsmäßige Möglichkeit des Irrtums und des Irrigen, im weiteren des Falschen und der Lüge (vgl. WS 23/4: Irrigsein[1]). Der-

---

[1] Vgl. M. Heidegger, Einführung in die phänomenologische Forschung. Marburger Vorlesung Wintersemester 1923/24. Gesamtausgabe Bd. 17. Hg. v. F.-W. v. Herrmann. Frankfurt a.M. 1994, S. 31 ff.

selbe Zusammenhang von λόγος-εἶδος ist der Boden für die Rede »falsches Gold« – »falsch« von einem Seienden in der Welt. Falsch: darin das Aussehen: aussehen wie … und doch nicht sein, Aussehen als der *Schein.*

Herrschaft des λόγος: vgl. *Parmenides.* Die Neugier: in dieser Herrschaft losgehen, ihre Unterstützung. Herrschaft des λόγος mit Bezug auf die Tradition der Worte, Wortbedeutungen. Κληρονομία ὀνόματος, gesagt von ἡδονή – Grundbegriff der Daseinsauslegung: das, was er meint, ursprünglich bei sich trägt, »Erbschaft«, an sich reißen, und zwar σωματικαὶ ἡδοναὶ εἰλήφα-σιν.[2] Das Nächste und Gewöhnlichste der Alltäglichkeit reißt die Auslegung an sich und gibt ihr Vorzeichnung. Hier Wort, Sprache als Besitz, Erbe – Möglichkeit des Mißbrauchs, Verfall.

Das Vorgegebene »rettend« aufnehmen, die Möglichkeit eigentlich ausbilden.

Dieses Vor als *schon da* (Zeit): die ausbildbare Möglichkeit in einem Gegen-sie.

Das Vor als *noch nicht,* das *Im-vorhinein.*

Das »Vorrang«-haben, -nehmen – ἕξις.

Ἀρχή – λόγος, διάνοια – σοφία, ἐπιστήμη.

Überspringen und von da zurück, aber in denselben Möglichkeiten und im Dasein selbst. Tradition aufnehmen, aus dem rechten Vor-weg befragen!

β) Das eigentliche positive Wie.
Das positive Wie: Die Möglichkeit für …

Dasein: In-Sein in Ausgelegtheit, λόγος-Herrschaft, δόξα. Aus diesem »Sehen«, als voraufliegend herrschend, die *positive Möglichkeit* gegen dieses Überkommen. Nicht schlechthin aus ihm heraus – Widersinn. Ausgelegtheit in ihm selbst, ὑπολήψεις, auf

---

[2] Eth. Nic. H 14, 1153 b 33 sq.: εἰλήφασι τὴν τοῦ ὀνόματος κληρονομίαν αἱ σωματικαὶ ἡδοναί.

das roh Durchscheinende, eigentlich Intendierte. Das Ergreifen der Vorhabe, -sicht, -griff, ergriffen in Ausgelegtheit, ausbilden Begrifflichkeit.

Πρᾶξις: Handeln, Behandeln, Verhandeln, Abhandeln. Λόγος eigenständig ἀποφαίνεσθαι. Λόγος jetzt μετὰ λόγου für? – Αἴσθησις, νοεῖν, Vernehmen, Hinsehen, und Gesehenes hergeben, etwas als etwas, in seinem Aussehen, als was, das führende Als-was.

Das heißt: 1. Vorhabe ausbilden: Das Seiende selbst, das als das und das bestimmt werden soll, schon da, nur zu ergreifen – Aneignung, primäre. 2. Die Ausbildung des führenden Als-was, ἀρχή, sichert das Erste. 3. Aufweisungs- und Explikationsart: λόγος τοῦ τί ἦν εἶναι, εἶδος, »Aussehen«, »Da-sein in seinem Hersein aus …«, γένος, Gegenwärtigkeit und Hergestelltheit, Herkünftigkeit aus …

Gemang [?] des Sachgebietes, leitende Als-was, von ihnen her das Seiende des Gebietes bestimmen im Sinne des herrschenden Sinnes von Sein und des Anspruchs des Aufweisens.

1. Der eigenständige λόγος im Vermeinen.

2. Vermeinen selbst, ἀληθεύειν, als διά.

3. Interpretation der Möglichkeit des διά, seine Durchschnittlichkeit.

4. Die Möglichkeit des λόγος καθ᾽ αὑτό und darin (in Vorhabe, -sicht, -griff) des echten διανοεῖσθαι an ihm selbst, aber so, daß das ursprüngliche Als-was, das es selbst ist, zum Aufzeigen kommt.

Λόγος im νοεῖν, Grundweise der Entdecktheit, vermeinendes Vernehmen. Νοῦς und καλούμενος νοῦς,[5] der Alltäglichkeit bekannte. Νοῦς als διάνοια: διά, Vermeinen aufgesplittert, das Daseiende zu etwas, als etwas. Diese so geführte Weise des Vernehmens hat in gewisser Weise das Vermeinte auch als *eines*.

---

[5] De an. Γ 4, 429 a 22.

Entdecktheit

Bislang der λόγος: ἀποφαίνεσθαι – ἀποφαίνεσθαι von etwas her, das im Zugreifen erschlossen und verschlossen gehalten ist; die Möglichkeitsweise: In-Sein als Dahaben; Zugehen und Halten im λόγος selbst, aber im Erfahren noch mehr: Vernehmen.

Sofern je ein Aussprechen: nicht einfach Vollzug als Bewegungsart, sondern Aneignung, Habens- und Mitteilungsart. Vgl. ψεῦδος.

Im Vernehmen: nicht theoretisch, αἴσθησις. Das Vernehmen als Vernehmen: νοῦς; als Bestimmung des In-Seins – ἡδονή: διάνοια.

Handeln, Behandeln, Verhandeln, Abhandeln. Vgl. »Zusammenfassung«.

Λόγος: Aufdecken, Auslegen – λόγος als Grundphänomen, seine Grundstruktur als Auslegung.

Λόγος zunächst und zumeist: τὶ κατά τινος – das ist das Sein von Aussage, Mitteilung.

Warum? Ἀποφαίνεσθαι, νοεῖν als διανοεῖσθαι. – Also *verbunden mit* Sehen, Vernehmen. Das ἀληθεύειν im νοῦς heißt?[4] Etwas als etwas: Griff; εἶδος, genus, Hergestelltheit: Sicht (schon mitgegeben im Dasein).

Warum? Ἡδονή, sich freuen – betrübt sein, δίωξις – φυγή = ζῆν. Befindlichsein = Dasein = In-Sein und Haben des In-Seins = d.h. Befinden – »sich« – als in der Welt seiend, in diesem Sein mitgehen, Bekümmerung, Sorge.

Unser Sein ist bezüglich seiner Entdecktheit zunächst und zumeist διάνοια. Φύσει οὖσα ζωή, In-Sein, Leben, Habe.

Ausgelegtheit (Vorhabe, -sicht, -griff) und ἕξις des ἀληθεύειν – ἐπιστήμη, σοφία.

Νοεῖν als διανοεῖσθαι – ἡδονή – λέγειν τι κατά τινος – καὶ ἀληθὲς καὶ ψεῦδος – δόξα, Durchschnittlichkeit.

---

[4] Vgl. Eth. Nic. Z 6, 1140 b 31 sqq.

Ἀληθεύειν, ἀληθές: ἀδιαίρετα θιγγάνειν. Λόγος καθ' αὐτό: τὸ τί ἦν εἶναι, γένος, »Hersein«, εἶδος, »Aussehen« – in Gegenwart da. Z 4: ausgezeichneter λόγος.[5]

Ἕξις von Forschung: als was am Seienden selbst, Grundhinsichten. Von wo aus und worin das Seiende sichtbar: ἀρχαί.

Νοῦς – allgemeine Charakteristik: νοεῖν, ἐπιστήμη, δυνατόν, νοῦς ποιητικός – παθητικός, ὕλη – μορφή, κίνησις, ζωή.

Ἀρχή-Forschung, die ursprünglichste: ὂν ᾗ ὄν.

Τί τὸ ὄν? »Was ist das Seiende« als seiend, d. h. was ist das Sein des Seienden?

νοῦς – διάνοια - ἡδονή

πῶς ποτὲ γίνεται τὸ νοεῖν.[6]

Νοῦς: ᾧ γινώσκει τε ἡ ψυχὴ καὶ φρονεῖ[7] (βελτίστη ἕξις) – die Seinsmöglichkeit des In-der-Welt-seins in der Weise sowohl des *Bekanntseins, -werdens* mit ... [als auch][8] des *Sichumsehens*, im weiteren Sinne Orientiertsein *über...*, Orientiertsein *für...* Orientierung als ›kann‹, πρὸς ἄλληλα, In-Sein. Das Sich-so-Orientieren.

Νοῦς – νοεῖν: ἀπαθές, δεκτικὸν τοῦ εἴδους,[9] vernehmen können das Aussehen, *es der Möglichkeit nach sein* (ontologische Grundbestimmung der δύναμις!). μηδεμία φύσις ἀλλ' ἢ ταύτην, ὅτι δυνατόν[10]: die Möglichkeit des Da des Seienden, seines Da-seins, weil das Sein und Möglichsein der Entdecktheit. ἡ ψυχὴ τὰ ὄντα πώς ἐστιν[11]: Das In-der-Welt- und Bei-ihm-selbst-Sein des Daseins »ist das Seiende«, seine Möglichkeit in Hinsicht der Aneig-

[5] Met. Z 4, 1030 a 6 sq.: τὸ τί ἦν εἶναί ἐστιν ὅσων ὁ λόγος ἐστὶν ὁρισμός.
[6] De an. Γ 4, 429 a 13.
[7] De an. Γ 4, 429 a 10 sq.
[8] Erg. d. Hg.
[9] De an. Γ 4, 429 a 15 sq.
[10] De an. Γ 4, 429 a 21 sq.: ὥστε μηδ' αὐτοῦ εἶναι φύσιν μηδεμίαν ἀλλ' ἢ ταύτην, ὅτι δυνατόν.
[11] De an. Γ 8, 431 b 21.

nung des Da, der Entdecktheit. δυνάμει τὰ εἴδη[12]: das Seiende »ist«
je da in seinem »Aussehen«.

ὁ ἄρα *καλούμενος* [in der alltäglichen Selbstauslegung des Daseins, das ›zunächst und zumeist‹, das vom νοῦς Bekannte] τῆς ψυχῆς νοῦς [...] οὐθέν ἐστιν *ἐνεργείᾳ* τῶν ὄντων πρὶν νοεῖν[13]: νοῦς ist
nicht die *Gegenwart* des Seienden, die Möglichkeit wird gerade
eigentlich durch Vollzug und durch das σφόδρα νοητόν,[14] d. h. das
Sein des Seienden (je ursprünglich bestimmt in den ἀρχαί) selbst
gibt gerade das Seiende in seinen weiteren nichtursprünglichen
Bestimmtheiten in der rechten Weise her.

Auch ὁ κατ᾽ ἐνέργειαν [τῆς ψυχῆς νοῦς] [...] καὶ τότε δυνάμει
πως,[15] auch dann nie bei allem (d. h. er vermischt sich nicht, lediglich δεκτικόν, μηθενὶ μηθὲν ἔχει κοινόν, ἀπαθές[16]), sondern auch
dann und immer Möglichkeit, Sein des In-Seins. καὶ αὐτὸς δὲ
αὐτὸν τότε δύναται νοεῖν[17]: Er ist selbst Möglichkeit geblieben und
daher νοητός,[18] selbst ein Zugängliches für ihn selbst, aus seinem
Seinscharakter der Zugang zu ihm selbst (nicht »Reflexion« und
»Ich«).

ἐν δὲ τοῖς ἔχουσιν ὕλην δυνάμει ἕκαστόν ἐστι τῶν νοητῶν. [...] ἐκείνῳ
δὲ [τὸ οὕτως [[θεωρητικῶς]] ἐπιστητόν] τὸ νοητὸν ὑπάρχει.[19] Das Sein
des νοῦς als Wie des Seins des Daseins selbst in Vorhabe von ὕλη –
ποίησις.

ὁ μὲν τοιοῦτος [ἐν τῇ ψυχῇ νοῦς] ist τῷ πάντα γίνεσθαι.[20] Und wie
ist er? Als *vernehmendes Vermeinen des Gegenwärtigen*, Gegen-
wartsaneignung – γίνεσθαι –, im Sinne des obigen Seins ἐπιστήμη.

---

[12] De an. Γ 4, 429 a 29.
[13] De an. Γ 4, 429 a 22 sqq.
[14] De an. Γ 4, 429 b 3 sq.
[15] De an. Γ 4, 429 b 6 sq.
[16] De an. Γ 4, 429 b 23 sq.
[17] De an. Γ 4, 429 b 9.
[18] De an. Γ 4, 429 b 26.
[19] De an. Γ 4, 430 a 4 sqq.
[20] De an. Γ 5, 430 a 14 sq.

ὁ δὲ τῷ πάντα ποιεῖν, ὡς ἕξις τις, οἷον τὸ φῶς[21]: Sein: Da-sein, Gegenwart, Gegenwart als hergestellte, Gegenwartsherstellung. τιμιώτερον τὸ ποιοῦν τοῦ πάσχοντος καὶ ἡ ἀρχὴ τῆς ὕλης.[22] Vermeinen und αἴσθησις – φάναι.

σύνθεσίς τις ἤδη νοημάτων ὥσπερ ἓν ὄντων[23]: Fertigsein, ἕν, da; immer schon das eine mit dem anderen, d. h. etwas in seinem Aussehen, in dieser Hinsicht, τὶ κατά τινος – hier καὶ τὸ ψεῦδος καὶ τὸ ἀληθές.[24]

Wo τὸ ψεῦδος nicht ist, d. h. keine σύνθεσις, da νόησις auf die ἀδιαίρετα[25]: Vermeinen dessen, was im ›als das‹ gerade nicht aufdeckbar ist. Da gibt es für Aufdecken keine Möglichkeit des Verstellens, des Irre-führens. Die Führung lediglich auf es selbst: τὶ καθ᾽ αὑτό, nicht κατά τινος – keine Hinsicht und keine unter anderen.

᾽Αληθεύειν ist σύνθεσις nicht als die eigentliche Möglichkeit ursprünglich, sondern abgeleitet: die Durchschnittlichkeit des ἀληθεύειν als bestimmt durch Dasein – διάνοια. Dieses διά bewegt sich, hält sich in bestimmter Weise im eigentlichen ἀληθεύειν, das zunächst im λόγος – äußerlich –, aber schon ἀποφαίνεσθαι, δηλοῦν zeigen die Grundfunktion. Urteile wahr und falsch – von da Erörterung des Wahrheitsbegriffs. Umgekehrt!

Αἴσθησις und νοεῖν: τῷ φάναι μόνον ὅμοιον.[26] »Nennen«: schlicht beim Namen nennen, etwas an ihm selbst anrufen und dahaben. Wenn aber begegnet ἡδύ und λυπηρόν, dann ist es κατα- und ἀποφάναι.[27] Welt da im συμφέρον, »Beiträglichkeit«, als so und so. In-Sein durch ἡδονή bestimmt, Befindlichkeit im Sein mit dem ›als so und so‹. Befindlichkeit ist δίωξις und φυγή, »Zugehen« auf

---

[21] De an. Γ 5, 430 a 15.
[22] De an. Γ 5, 430 a 18 sq.
[23] De an. Γ 6, 430 a 27 sq.
[24] De an. Γ 6, 430 a 27.
[25] De an. Γ 6, 430 a 26 sq.: Ἡ μὲν οὖν τῶν ἀδιαιρέτων νόησις ἐν τούτοις, περὶ ἃ οὐκ ἔστι τὸ ψεῦδος.
[26] De an. Γ 7, 431 a 8: τὸ μὲν οὖν αἰσθάνεσθαι ὅμοιον τῷ φάναι μόνον καὶ νοεῖν.
[27] De an. Γ 7, 431 a 9: ὅταν δὲ ἡδύ ἢ λυπηρόν, οἷον καταφᾶσα ἢ ἀποφᾶσα.

etwas *als das*, »Zurückweichen« vor ihm *als dem*. Primäre Auslegungsleistung! Etwas als etwas und damit ψεῦδος gegeben, Verstellen. Σύνθεσις, διαίρεσις: auf ... hin, weg von ... – nicht bei ihm selbst.

Sofern das die Herrschaft und durchschnittlich, eine Aufgabe, aber eine mögliche, sofern je νοεῖν und ἀληθεύειν Dahaben, schlichtes an ihm selbst Anrufen ist. Diese Aufgabe: Bezüglich des führenden Als-was dieses selbst nicht mehr in anderem. Hier nur, sofern Vernehmen in den Griff bekommen oder nicht.

Begriff: etwas *als* etwas – Als-Charakter. Seiendes als was? In seinem Sein (ἀρχή, die entscheidende – ›als was‹ – Phys. A 1, Met. Z 3).

Etwas als etwas erfahren, dahaben, einsehen, auslegen. Λόγος: τὶ κατά τινος – λόγος καθ᾽ αὑτό.

Λόγος im νοῦς. Νοῦς als Wie des In-Seins bestimmt durch ἡδονή. Ἡδονή und In-Sein als Dahaben. Φόβος: Die Alten – Furcht vertreiben. Aufklären, Seiendes als Sein verstehen!

Δίωξις – φυγή, ὄρεξις, νοεῖν, διανοεῖσθαι, προαίρεσις.

Handschrift zu § 25

In solchem In-Sein, Sprechen über ... die Möglichkeit weiterer Aufgaben. Vgl. Anfang der Vorlesung – aufnehmen: Inwiefern die Bodenständigkeit der Begrifflichkeit? Ausbildung der Vorhabe, Vorsicht, Vorgriff.

Das Vor: In-Sein und Sorge, Befindlichkeit. Vgl. Eth. Nic. A 12: Wie der Mensch ist, so spricht er, wie weit es auch bringt das Angegangensein vom Dasein des Seienden, so daß er sich entscheidet.

Alltäglichkeit überspringen und so in sie zurück, nicht philosophisch aus ihr heraus.

Begriffsbildung als ἕξις – Existenz, Forschung, wissenschaftliche Erkenntnis.

Aristoteles – Tradition, Plato.

Vorhabe-Ausbildung.

Das Nächste der Welt als das Immer – das eigentliche Sein! Grunderfahrung, aber so, daß sie sich in der rechten Weise zeigt an ihr selbst. Als eine solche Grundtatsache in Vorhabe gestellt und ursprünglich ausgearbeitet κίνησις.

Handschrift zu § 26 a

[»Physik«][1] Γ 1: Disposition

200 b 12 – 25: Grundthema der μέθοδος περὶ φύσεως: κίνησις und was darin mitgegeben ist (ἔπεται, τὰ ἐφεξῆς[2]).

b 25 – 32: Vorgabe der Grundweisen des Seins: ὂν δυνάμει und ἐντελεχείᾳ,[3] ὄν der Kategorien,[4] damit πρός τι,[5] das »in bezug auf ...«.

b 32 – 201 a 3: Κίνησις nicht παρὰ τὰ πράγματα,[6] Wie des Seins des Daseienden in Seinsform der Kategorien bestimmt.

a 3 – 9: Gewisse Kategorien (die eben aufgeführten) lassen ein διχῶς zu[7]: das Daseiende, es als so und so; Möglichkeit des »von ... zu ...« desselben Seienden. Aussehen der Bewegung entsprechend.

a 9 – 15: Definition der κίνησις – λόγος κινήσεως.

a 15- 19: Konkrete Veranschaulichung und Aufhellung von Bewegungen.

a 19 – 27: Das Bestimmtsein desselben Seienden durch δύναμις – ἐνέργεια und die Möglichkeit der Bewegungszusammenhänge im Seienden. Das Bewegende selbst bewegbar – ob jedes, fraglich.

---

[1] Erg. d. Hg.
[2] Phys. Γ 1, 200 b 16: περὶ τῶν ἐφεξῆς.
[3] Phys. Γ 1, 200 b 26 sq.
[4] Phys. Γ 1, 200 b 28.
[5] Phys. Γ 1, 200 b 28 sq.
[6] Phys. Γ 1, 200 b 32 sq.
[7] Phys. Γ 1, 201 a 3.

a 27 – b 15: Verschärfte Definition der Bewegung und deren Explikation.

Handschrift zu § 26 b

In Alltäglichkeit, gerade in ihr, Grunderfahrung des Immer-da, Aufbrechen des Sinnes von Sein als eigentlichen Seins. Eigentlich, sofern das Dasein selbst so ist, daß es ihm auf Sein ankommt: σωτηρία, nicht aus dem Dasein verschwinden. Dieser Sinn von Sein, mehr oder minder ausdrücklich, führt alles Sprechen mit ... über ..., das das Seiende je verschieden in seinem Sein ausdrücklich macht und in der Ausdrücklichkeit behält. Das Sprechen aber die Herrschaft und Führung und dadurch verdeckt, verlegt In-Sein, Sprechen über ...: ἀληθές – ψεῦδος, die Mitte ist δόξα, d.h. durch λόγος ist das ψεῦδος da, Mitteilen ist Irreführen. Und gerade dieses überwältigende Da wird am ehesten verdeckt werden durch λόγος (Parmenides) – am wenigsten frei für Begegnen!

Ἡδονή – φόβος der Alten: die »Furcht« um das Verschwindenkönnen, Wechsel, Lauf, mögliches Aufhören; das Fertig des Verschwundenseins befürchtet, das Fertig des Da, Gegenwart erhofft, festgehalten. Der Seinsglaube und in ihm selbst zugleich eine Seinsauslegung und -ausgelegtheit. Das Vertraute als das Bekannte: in das Bekannte bringen, bergen, versorgen, die Furcht austreiben, διαγωγή. Alltäglichkeit, Tradition, ἔνδοξα.

Handschrift zu § 26 d

Ἐντελέχεια

Vgl. H. Diels, Etymologica. [In:][8] Zeitschrift für vergleichende Sprachforschung, Bd. 47 (1916), S. 200-203.

[8] Erg. d. Hg.

Vgl. für die Bedeutungsklärung: Met. Θ 3, 1047 a 30.

Ἐντελέχεια: Sich-im-Fertigsein-Halten, Fertig-Vorliegen, Gegenwart (schlechthinnige Verfügbarkeit für ...).

Etymologie: Ἐντελέχεια setzt voraus das erst spät nachweisbare ἐντελεχές (vgl. νουνέχεια, νουνεχής, »verständig«, »umsichtig«, »bedächtig«, νοῦν ἔχειν), ἐντελές und ἔχειν: das im Fertig Seiende, dieses Sein haben, es ausmachen. Stammauslaut -ες aufgegeben. Ἐντελόμισθοι, Demosthenes, c. Polycl. 50, 18: καὶ ἑτέρους ναύτας ἐντελομίσθους προσέλαβον. οἳ ἐντελῆ τὸν μισθὸν λαμβάνουσιν.[9] Diels, [Etymologica, S.][10] 203: »Besitz der Vollkommenheit« – gibt nicht den ontologischen Grundsinn wieder: das Sich-im-Fertigsein-Halten, das Fertigsein sein, eigentlich da-sein! Τέλος: »Ende«, nicht der letzte Zusatz, sondern Wie des Da eines Seienden, das ist aus Herstellung. Eigentlich da: was *nur* so ist, d. h. was nie hergestellt wurde, nie die Möglichkeit hatte, nicht zu sein, sondern immer schon da. Was so immer schon fertig ist, fertig, weil nie gemacht, keine Möglichkeit hat, hat auch nicht das ›kann‹ des Vergehens.

Tragweite sehen dieser Bestimmungen der Bewegung. Λόγος κινήσεως: Aussehen der Bewegung selbst als Bewegung, eine Weise des Daseins eines Seienden, in φύσις mitgesagt. Bewegungen als *sich verändernd*, das Da eines *Sichverändernden*. Und *Veränderung* im weitesten Sinne, nicht lediglich als Veränderung des Platzes, Ortsveränderung, Fortbewegung. s = c · t: kommt es nicht etwa zur Aufklärung der Bewegung, sondern auf dem Ansatz an der Grundbeziehung der Maßordnungen; in c ist Ortsbewegung schon vorausgesetzt, s/t. Vielmehr gilt es, das Veränderung-Sein, Veränderung als Wie des Seins des Seienden aufzuklären. Später nicht Bewegung selbst als Wie des Daseins eines Seienden, sondern Bezugssystem der Bewegungsmessung. *Geschwindigkeit* hat Aristoteles in der Bestimmung des Schneller und Langsamer schon definiert.

---

[9] H. Diels, Etymologica, S. 203.
[10] Erg. d. Hg.

Das heißt: solche Seinscharaktere aufzudecken, die, sofern sie Seiendes in seinem Sein bestimmen, es als solches charakterisieren, das als in Bewegung befindlich angesehen werden muß – die ἐμφαινόμενα im λόγος κινήσεως. Imgleichen, wie κίνησις τῷ λόγῳ τῆς φύσεως ἐμπεριέχεται.[11]

1. Mit der Bewegung selbst mitgegeben eine Reihe an Bestimmungen des Seienden, die mituntersucht werden müssen, um das volle Da jedes Bewegten in seinem Sein ansprechen zu können. Sie sind πάντων κοινά,[12] »für jedes Seiende [der genannten Bestimmtheit] gemeinsam«. ὑστέρα [...] ἡ περὶ τῶν ἰδίων θεωρία,[13] »später die Forschung des jeweilig einem bestimmten Seinsgebiet Eigenen«. Vorweg die Herausstellung, was ihm als solchem zukommt – ἀρχαί. Aber damit nicht gesagt, daß diese also auch schon das nächst Bekannte wären, im Gegenteil (vgl. δεῖ μὴ λανθάνειν[14]).

2. ἔστι δή τι,[15] »es ist also etwas offenbar da«: 1. als »reine Gegenwart«, »Im-reinen-Fertigsein-sich-Halten«; 2. da – im Baum, Holz, Baumstamm, als Schiffskiel – συμφέρον, »dienlich«, »verwendbar«, »brauchbar«; daher: begegnet im Umgang dienlich zu ..., ist so da, begegnend einem Schiffsbauer so, der den Wald ansieht, und der Baumstamm ist in diesem ›kann‹ da. Wir sehen, was auch und im vorhinein im Wald liegt oder als Baum dasteht. Da: verweisend sein auf ... Umsicht, τέχνη – die Welt in ihrem Um-sein und So-sein. Πρακτόν und λεγόμενον: das Daseiende schlechthin und das, das in seinem Da und als dieses. Im Da-sein ›kann‹: ist ansprechbar nach verschiedenen Weisen des Da-seins.

Umgrenzung für das Verständnis der Kategorien! Vorhabe im Wie der ontologischen Grundbegriffe, Hinsichten, die führen das Ansprechen des κινούμενον auf sein So- (κινησία) Dasein als solches, Daheit als solche.

---

[11] Themistii in Aristotelis Physica paraphrasis 202, 7 sq.
[12] Phys. Γ 1, 200 b 22.
[13] Phys. Γ 1, 200 b 24 sq.
[14] Phys. Γ 1, 200 b 13 sq.
[15] Phys. Γ 1, 200 b 26: ἔστι δή τι τὸ μὲν ἐντελεχείᾳ μόνον.

So Daseiendes, was, in den Kategorien angesprochen, in diesem damit aufgedeckten Wie des Seins ein διχῶς zeigt: ἐντελέχεια und das Da der δύναμις, steht in den seinsmäßigen Verstehensbedingungen der *Veränderlichkeit, ist* veränderlich, als Veränderliches Da-sein – Da-Charaktere des Veränderlichen, Umschlags!

Kategorien: πρός τι, »in Beziehung auf ...«. Herstellen von, Ausrichten an etwas, etwas zusammenfassen ist an ihm selbst ein Auf-ein-anderes-zu.

Grundbestimmung der κίνησις: kein παρά,[16] kein καθ᾽ αὑτό, kein χωριστόν, nicht ein Seiendes an ihm selbst, eigenständig, sondern *im* Bewegenden und in Bewegung Seienden. Bewegung als ›in Bewegung‹ ein Wie-da von Seiendem, also ein *Wie* gemäß den Seinsmöglichkeiten, wie sie in den Kategorien ausgedrückt sind. Diese haben kein κοινόν, es gibt nicht Sein, das Gattung wäre, das wäre, was es ist, ohne je solches in einem bestimmten Wie, d. h. da zu sein; nicht so etwas wie Bewegung an sich.

Ἐνεργείᾳ καὶ δυνάμει: Welches Seiende? *Ἐνεργείᾳ* καὶ δυνάμει: In-einem-Fertigsein-Halten, Da, Gegenwart. *Δυνάμει* – Bedeutsamkeit. Dieses so Seiende, ausgezeichnet mit ἐνέργεια: dieses da, rein von ihm selbst her sein Da ausmachend – Stuhl, Haus, dieser Sklave, Sokrates, Baum, Baumstamm. Welt: Himmel – Umwelt, nächste Lage (Situation). Der Zu-Charakter positives Da: Innerhalb und gerade im Da, d. h. besonders, »zu«, »für« (verweisend sein auf ...) abgehoben in der Entdecktheit der πρᾶξις und λεγόμενον aus ἡδονή, συμφέρον, ἀγαθόν. Freilich erst näher ἀκινησία.

Dieses Seiende »in den Kategorien«. Corollarium, nicht παρά. Seiende im Wie der Kategorien, διχῶς.

Τὸ δυνάμει (Met. Θ 7)

Wann jeweilig ein Seiendes δυνάμει? Nicht immer, zuweilen, zuweilen nicht, »nicht zu jeder beliebigen Zeit«,[17] nur dann und

---

[16] Phys. Γ 1, 200 b 32.
[17] Met. Θ 7, 1048 b 37: οὐ γὰρ ὁποτεοῦν.

wann. Das Möglichsein, als ›kann‹, ist ein *ausgezeichnetes So-Da-sein* eines Seienden, d. h. ein *Wie* seines Da, sofern es schon ist – schon, d. h. ἐνεργείᾳ. »Die Erde das ›kann‹-Sein von Mensch-Sein? Eher dann, wenn γῆ schon σπέρμα, aber vielleicht nicht ein-mal dann.«[18] Es muß in ein anderes ›kann‹ sich verändern. »Γῆ noch nicht ἀνδριάς, sie müßte erst umschlagen zum Erzsein.«[19]

Wie ist nun das, von woher etwas umschlägt zu …, woraus es anders wird zu dem und dem, *mit Sein ausmachend* für das, wo-von wir sagen: εἶναι – ὃ λέγομεν εἶναι,[20] was wir jeweils als Dasei-endes ansprechen? Das Woraus seines Bestehens, Von-wo des Umschlagens ist es nicht. Die Bildsäule ist nicht Erz, ist nicht im Dasein von Erzsein, der Kasten nicht im Dasein von Holzsein, nicht τόδε τι. Holz an ihm selbst gar nicht da im Kasten, sondern der *Kasten* ist da, πρακτόν, und der Kasten ist in seinem Dasein »hölzern«.[21] Er ist nicht jenes andere als τόδε τι, das Holz, sondern »jenlich«[22], nicht das andere, sondern »änderlich«; im Aussehen, Sichausnehmen des Kastens nicht das Holz, sondern das Höl-zernsein. Das Woraus der Herseins eines Daseienden, Woraus sei-nes Bestehens ist nicht selbst da, ἐνεργείᾳ, sondern die Gegenwart bestimmt sich uns vom primären Aussehen: Kasten.

κινούμενον, ὡς τὸ ἐκείνινον[23]: Bewegung nicht ein Seiendes, son-dern ein Wie des Daseins, so zwar, daß dieses Da das Wie ist eines schon Gegenwärtigen: Aussehen. Ἐκείνινον – ἐκεῖνο: das Ent-fernte, nicht nächste Da (immer das ›dies da‹, Aussehen), mit und in diesem »jenes«, so daß dieses »jenlich« ist. Beim Bewegten: in Bewegung finden; das Nächste, eigentliche Gegenwart: es, was sich bewegt, »es ist beweglich«. *Die* Bewegung ist nicht, ist nie da! Auch kein δυνάμει! Vgl. E 2: οὐ γὰρ τῶν ὑποκειμένων τι ἡ

---

[18] Met. Θ 7, 1048 b 37 sqq.
[19] Met. Θ 7, 1049 a 17 sq.: ἡ γῆ οὔπω ἀνδριὰς δυνάμει· μεταβαλοῦσα γὰρ ἔσται χαλκός.
[20] Met. Θ 7, 1049 a 18.
[21] Met. Θ 7, 1049 a 19: ξύλινον.
[22] Met. Θ 7, 1049 a 20: ἐκείνινον.
[23] Met. Θ 7, 1049 a 33.

μεταβολή.²⁴ Wohl das Holz, Baumstamm? Das Bewegte besteht auch nicht aus Bewegung! Was ist also Bewegung? Kein Seiendes, aber ein *Wie von Sein*, also von da zu bestimmen!

Vorbereitung der Bestimmung der Definition von Bewegung. Darin zeigt sie sich als Wie des Da, Gegenwärtigsein der Welt. Und wenn das, dann gerade sie als Wie *mit* fundamental, um das Da der Welt in seinem Sein recht zu verstehen.

1. Gegenwärtigkeit: ἐντελεχείᾳ, δυνάμει – ἐνεργείᾳ. 2. Begegnisweise: als Welt sich zeigen, λόγος, aller Umgang μετὰ λόγου. 3. nicht παρά. 4. διχῶς.

Von 4. die Seinsexplikation als die möglichen Gegenwärtigseins fassen und als *eine* auf dem Grunde dieser wird Bewegung verstanden.

Κινησία: vgl. Fragment 586: κινησίας δύο λέγει Ἀριστοτέλης γεγονέναι.²⁵

Nebenbei: das ὀνομάζεσθαι τὴν μεταβολήν.

Das Ansprechen und Bezeichnen von μεταβολή

μᾶλλον γὰρ εἰς ὃ ἢ ἐξ οὗ κινεῖται, ὀνομάζεται ἡ μεταβολή.²⁶ D. h. woraufhin gesehen? Auf das, wohin, »in was« sich das Bewegte verändert.²⁷ – οὔτε γὰρ κινεῖ οὔτε κινεῖται τὸ εἶδος ἢ ὁ τόπος ἢ τὸ τοσόνδε, ἀλλ᾽ ἔστι κινοῦν καὶ κινούμενον καὶ εἰς ὃ κινεῖται.²⁸ – ἡ κίνησις οὐκ ἐν τῷ εἴδει.²⁹

Bewegung ist ein *Wie* des Seins, nicht das *Sein* der Gegenwärtigkeit. Nicht Gegenwart ist bewegt, sondern κίνησις ist ein Wie von Gegenwart, d. h. κίνησις eine *ontologische* Bestim-

---

²⁴ Phys. E 2, 225 b 20 sq.
²⁵ Fr. 586, 1573 b 28 sq.: ὁ δὲ Ἀριστοτέλης ἐν ταῖς διδασκαλίαις δύο φησὶ γεγονέναι [κινησίας].
²⁶ Phys. E 1, 224 b 7 sq.
²⁷ Vgl. Phys. E 1, 225 a 1 sq.: πᾶσα μεταβολή ἐστιν ἔκ τινος εἴς τι (δηλοῖ δὲ καὶ τοὔνομα· μετ᾽ ἄλλο γάρ τι καὶ τὸ μὲν πρότερον δηλοῖ, τὸ δ᾽ ὕστερον).
²⁸ Phys. E 1, 224 b 5 sqq.
²⁹ Phys. E 1, 224 b 25.

mung. Bewegtsein eine Weise des Gegenwärtigseins von bestimmten Seienden.

Ἀγορεύειν: auf dem Markt, wo sich das Miteinandersein täglich abspielt, »öffentlich reden«, so, daß es jeder hören kann, jedem vernehmlich. Grundweise etwas Selbstverständliches. Κατηγορία, κατηγορεῖν ein λόγος, Aufzeigen, und zwar ausgezeichnetes: »auf den Kopf zu sagen« einem, daß er das und das ist, war, »anklagen«. Κατηγορίαι τῶν ὄντων: Weisen des Auf-den-Kopf-zu-Sagens dem Seienden. Was? Daß es so und so ist, d.h. Seiendes im Wie des aufgegliederten An-ihm-selbst-Seins aufdecken.

Λόγος, λεγόμενον: das Wie des Seienden, wie es an ihm selbst ist, sein kann. Seiendes: das gegenwärtig Daseiende. Οὐσία: »Habe«, »Hausstand«, womit ich hantiere und in Hantierung wieder herstelle, her zu Gebrauch. Weisen des an ihm selbst Daseins des umweltlichen Gegenwärtigen. Ζωὴ πρακτική: was im In-Sein als ζωὴ πρακτική aufgedeckt ist − συμφέροντα, ἀγαθά.

Nur weil die Kategorien, Weisen des Daseins des umweltlichen Seienden, in der Welt und als Welt vorhanden sind und ἀγαθόν πέρας der πρᾶξις ist, πρακτὸν κατὰ τὸν καιρόν,[30] sind die Weisen des Daseins solche des *Beiträglichseins*, was bestimmt ist als Fertigsein ausmachend.

Weil das so ist, hat ein ἀγαθὸν καθόλου keinen Sinn, nimmt gerade die Seinsbestimmung weg, die für das Seiende (ἀγαθόν) konstitutiv ist: je dieses. Ἀγαθόν nicht nur nicht so etwas wie »Wert«, sondern überhaupt kein Apriori, ideales Sein; ist, was es ist, je als dieses − der καιρός.

Kategorien als Leitfaden[31]: Nicht schematisch, sondern gerade die jeweilige Sachhaltigkeit des betreffenden Wie des Daseins zuvor aneignen! Nicht beliebig formalistisch unter Form stellen, sondern nur erste Anzeige, die alle Untersuchung gerade erst notwendig macht.

---

[30] Eth. Nic. Γ 1, 1110 a 13 sq.
[31] Vgl. De an. A 1, 402 a 11 sqq.

Grundweise des In-der-Welt-seins: Aller Umgang μετὰ λόγου, d. h. unausdrücklich geführt von κατηγορία, und diese διχῶς (das Durchschnittliche); unausdrücklich, verdeckt, auf Umwegen, zunächst an der Welt – σχῆμα.

Διαιρέσεις schlechthin für λέγειν τι κατά τινος. Als was? Wie des ἐντελεχείᾳ ὄν: λόγος – κατηγορία, ψυχή – ἐντελέχεια, Weisen des Da-, Gegenwärtigseins, die Gegenwart seiend, die Welt habend.

Κατηγορεῖν: geläufige Bedeutung

Rhet. A 3, 1359 a 18.[32] Vgl. den Zusammenhang und was die Verständlichkeit und Vollziehbarkeit des κατηγορεῖν fordert. Besonders 1358 b 11.[33] Woraufhin kann ich Daseiendes entbergen? Auf sein Sein. »Klage erheben«, ihm »in die Schuhe schieben«, es »überführen«. In welcher Haltung des Sprechens? Im Sein-in, konkrete ζωὴ πρακτική. Vgl. »Rhetorik« A, Kapitel 10.

Handschrift zu § 26 e

Ethica Nicomachea A 4:
  1. Es gibt kein Gutes überhaupt.
  2. Auch das an ihm selbst schlechthin Gute (nicht πρὸς ἄλλο) ist kein Gutes überhaupt.
  3. Und wenn es so etwas gäbe, trägt es nichts aus. Nutzlos!
  Früher: πέρας – πρακτόν, wobei je ein Besorgen zu Ende kommt.

Ursprung der Kategorien nach dem, was, nicht ohne Absicht, auf die jetzige Frage über den λόγος ausgemacht wurde, schon eher durchsichtig. Λόγος: miteinander sprechen über die Welt, sie in das Aufgedecktsein bringen. In diesem Sprechen unausdrücklich

---

[32] Rhet. A 3, 1359 a 16 sqq.: ἅπαντες [...] κατηγοροῦντες [...] οὐ μόνον τὰ εἰρημένα δεικνύναι πειρῶνται.
[33] Rhet. A 3, 1358 b 10 sq.: δίκης δὲ τὸ μὲν κατηγορία τὸ δ᾽ ἀπολογία.

im Zunächst als solche nicht abgehoben, aber schon führend Grundweisen der Auslegung des Seienden in seinem Da-sein. Das darin Aufgedeckte je ein Wie des Da des Daseienden.

Zahl: Prinzip und System? Nicht zufällig, daß Aristoteles schwankt: 10, 8, 4, 2.

Das Nennen (verweist auf den λόγος) und das damit Gemeinte sind für das In-der-Welt-sein im nächsten und üblichen Umgang die Führungen für das Darüber-Sprechen. Die Welt da primär im λόγος, in ihrer Gegenwart aufgezeigt. Weisen, in denen sich das Daseiende zeigt, im Hinblick auf welche alles Reden sich bewegt.

Demnach wird durch sie artikuliert und »eingeteilt« weder das Seiende noch Aussagen noch Begriffe, sondern das Sein im Sinne der Möglichkeiten des Gegenwärtigseins.

1. τὰ πρῶτα τῶν γενῶν[34]: ›als was‹, abkünftig von ... Κατηγορία ist, was sie ist, im λόγος, je diesem. Das bestimmt als das und das, hat, auf sein Sein befragt, Herkunft aus Kategorien, es stammt daher. Was es ist, führt auf diesen Stamm zurück.

2. τὰ ἔσχατα κατηγορούμενα ἐπὶ τῶν ἀτόμων[35]: wo das Seiende in seinem Da kein mögliches ›als was‹ mehr hergibt, zum letzten ›als was‹ des Begegnens der Welt. Da: je hier und jetzt in der Gegenwart sein, nicht überhaupt und nirgends!

3. τὰ γένη.[36]

4. αἱ διαιρέσεις[37]: schlechthin; Aufsplitten des Seienden schlechthin in seinem möglichen Da und damit die möglichen ›als was‹, die ersten, das Von-woher. Jede sachhaltige Gattung ist, was sie ist (Farbe), quale.

5. πτώσεις,[38] casus, Abwandlungen des λέγειν (des Daseins des Seienden).

Κατηγορία – κατηγορήματα: aussehenshaft, Wie des Seins.

---

[34] Met. **B** 3, 998 b 15.
[35] Met. **B** 3, 998 b 16. - Vgl. Met. a 2, 994 b 21 sq., **B** 3, 999 a 15 sq.
[36] Met. **B** 3, 998 b 28.
[37] An. post. **B** 13, 96 b 25.
[38] Met. N 2, 1089 a 26.

Σχήματα τῆς κατηγορίας: ἡ κατηγορία, das Ansprechen des Seienden schlechthin in seinem Sein.

Γένη τῶν κατηγοριῶν: je eigener Stamm, stammen nicht auseinander her. »Sein«, ὄν, selbst nicht γένος (ὕλη, ὑποκείμενον).[39]

Handschrift zu § 26 f

Διχῶς: das Sichwenden mit Bezug auf …, das Worauf doppelt, ἀφ᾽ ἑκατέρου τῶν ἀντικειμένων εἰς τὸ ἀντικείμενον.[40] Οὐσία: γένεσις – φθορά. Ein Daseiendes, Gegenwärtiges, Vorliegendes muß an ihm selbst δυνάμει sein; δυνάμει, d.h. bezüglich des Wie seines Daseins ein ›von … zu …‹. Die Möglichkeit des ›von … zu …‹ muß im Wie seines Seins gründen. Denn dieses δυνάμει ὄν soll ja ἐνεργείᾳ sein, in Arbeit kommen, und ἐνέργεια Wie des Da eines Seienden.

Die Explikation von hier aufrollen. Κίνησις ist das Da des ›von … zu …‹ als solchen. Ein Seiendes muß von ihm selbst her so sein können. Und daß es das kann – die eigenste Möglichkeit eines Seienden selbst –, kategorial aufgezeigt, d.h. κίνησις erst recht nicht παρά.

Das ›zu …‹ kategorial: Das Daseiende im Wie seines Seins ist *mögliches ›von … zu …‹-Sein*. Also εἶδος, das Sichausnehmen als Anwesenheit, Anwesenheit im Aussehen, ist *mögliche Abwesenheit* – Weise des Gegenwärtigseins und gerade solche: von etwas, von dem ich sage: »Aber es fehlt was.« Das *Fehlen* = »vermangeln«. Besorgen und »vermangeln« – vermissen: »Ich mangle ihn sehr«. Nicht »vermangeln«, sondern gegenwärtig da haben: *verfügen darüber*.

Das übrige διχῶς: ἀναλογήσει τῷ εἴδει καὶ τῇ στερήσει.[41] Κρεῖττον

---

[39] Anm. d. Hg.: Zum Thema »Kategorien« siehe auch die Beilagen im Anhang.

[40] Simplicii in Aristotelis Physicorum libros quattuor priores commentarii. Consilio et auctoritate Academiae Litterarum Regiae Borussicae ed. H. Diels. Berlin 1882. 92v 41.

[41] A.a.O. 92v 44 sq.: πανταχοῦ δὲ ἡ μὲν ἐπὶ τὸ κρεῖττον τῶν ἀντικειμένων ὁδὸς τὸ εἴδους ἔχον λόγον εἴδει καὶ αὐτὸ ἀναλογήσει, ἡ δὲ ἐπὶ τὸ χεῖρον καὶ στερητικὸν στερήσει.

– χεῖρον: mehr oder minder. Durchschnittlichkeit konstitutiv. Durchschnittlichkeit und Ruhe. Die κατηγορίαι eigentlich, aber als solche nicht ausdrücklich; nicht ausdrücklich, aber da im Zunächst des Durchschnittlichen, mehr oder minder. An- und abwesend.

Umwelt des Besorgens: Mit κίνησις, der Aufdeckung der kategorialen Daseinsartikulation, wird die Welt erst sichtbar, obzwar nicht die nächste Umwelt als Da des Umgangs ausdrücklich und genuin Thema ist.

Διχῶς: ἡ μὲν οὖν κατὰ συμβεβηκὸς μεταβολὴ ἀφείσθω· ἐν ἅπασί τε γάρ ἐστι καὶ ἀεὶ καὶ πάντων.[42]

Die eigentliche μεταβολή: ἐν τοῖς ἐναντίοις καὶ τοῖς μεταξὺ καὶ ἐν ἀντιφάσει[43] – μεταβολή.

λέγω δὲ ὑποκείμενον τὸ καταφάσει δηλούμενον,[44] etwas als etwas, was im ›als das und das‹ sichtbar ist.

Warum »logisch« phänomenologisch! Das heißt das Im-vor-hinein-Ansprechen, von dem her etwas aufgezeigt wird – von dem her als an ihm selbst, es selbst also ist sichtbar.

Sein als Da-sein der Welt. Da-sein: 1. *gegenwärtig da*, 2. *aus dem Her da*. – Fertig: Da, Gegenwart, *Zeit*!

Seiendes, das so ist und dabei etwas *noch nicht ist*, aber es *sein kann*. *Verwendbar für … sein*: Das so Daseiende, verwendbar seiend, d. h. das und das sein könnend, ist dies an ihm selbst, ein ›von … zu …‹. Seiendes im Wie der Kategorien διχῶς. Es ist ein Seinkönnen: das und danach das, von … zu …, halbes Da im ›mehr oder minder‹, es kann auch anders sein. Holz, dieses Holz, liegt vor in Verwendbarkeit, liegt vor für Da als Woraus-gemacht-worden-Sein im Kasten. Vor-liegen, Vorhandensein – Ruhe. Dieses Daseiende, sofern es hinsichtlich seines Verwendbarseins als solchen Gegenwart ist, ist *in Bewegung* bzw. *Ruhe*. Ruhe nur ein *Grenzfall von Bewegung*.

Da der Umwelt: 1. Durchschnittlichkeit – διχῶς, 2. Ruhe.

[42] Phys. E 1, 224 b 26 sqq.
[43] Phys. E 1, 224 b 29.
[44] Phys. E 1, 225 a 6 sq.

Handschrift zu § 26 g

Κίνησις: ἐντελέχεια, »Gegenwart«, τοῦ δυνάμει ὄντος, »eines bestimmten Daseienden zu ..., sofern es dieses ist«, ᾗ τοιοῦτον.[45]
Κίνησις: Gegenwart des Kastenseinkönnens dieses Holzes als
solchen (bezogen auf das Kastenseinkönnen). Das Seinkönnen als
daseiend, nicht gedacht, geplant, vermeint, sondern in der Umwelt begegnend. Als seiend ist das Gemachtwerden in der Werkstatt. Das Bewegtsein: ein Seiendes in Bewegung. Nicht der Kasten ist da, nicht Holz, Holzaufbewahrungsraum, sondern *etwas
in Arbeit*, der Tischler hat es gerade unter der Hand!
Κίνησις als Wie des Da. Diese κίνησις *ἐνέργεια*: das Wie des Daseins als *In-Arbeit-Sein*. Bewegung, ἐνέργεια, vernichtet nicht die
Möglichkeit, sondern erhält sie gerade, macht ihr Da aus – die
tätige Möglichkeit.
Nebenbei: Nur aus Seiendsein von Gegenwärtigkeit und dessen
Weisen – Bedeutsamkeit, Verwendbarkeit usf. – verständlich zu
machen. Diese Bestimmungen müssen gesehen sein. Phänomen
des Da, Gegenwart (Gegenwart konzentriert sich als Sein des Da):
vor mir, am Ort, wo ich bin, präsent, jetzt. Gegenwart und Da:
örtliche Zeitlichkeit. In der Welt sein – die Zeit sein, *die* Gegenwart sein.
Ruhe also gar nicht Bedeutsamkeit? *Konstitutiv für das Phänomen des Realen der Welt*. Holzsein nicht dasselbe wie in dieser
bestimmten Verwendbarkeit Dasein. So da ist es nur als im Werke seiend, in Bewegung. Κινούμενα aber die Seienden als begegnend in der Welt, womit wir es zu tun haben. In der Arbeit hat
man die Umwelt (auch das, was interessiert, und dgl.). Die Umwelt besorgen wir unter der Hand. *Auch was ruht, ist in dieser
Weise da*. Was ich unter der Hand habe, kann ruhen, und ruhen
kann nur, was ist im Unter-der-Hand-Sein. Nicht jedes Nichtbe-
wegtsein Ruhe, ἠρεμία nur eine bestimmte ἀκινησία: Es ruht in
der Werkstatt über die Mittagspause. So ist aber die Welt sehr oft

---

[45] Phys. Γ 1, 201 a 10 sq.: ἡ τοῦ δυνάμει ὄντος ἐντελέχεια, ᾗ τοιοῦτον.

und zumeist da und das besagt κινούμενον mit. Zum Da-sein der
Umwelt [gehört][46] der Da-Charakter der Ruhe. Ruhe *eher* Gegenwart, so sehr, daß wir vergessen, nicht darauf kommen, daß sie
ἀκινησία ist von bestimmter Art: jetzt, vorher und nachher verweilen. Ruhe als Da-Weise des in Bewegung Seienden als des Besorgten der Welt. Erst damit die Bedeutsamkeit voll bestimmt.

Üblich: Ein Seiendes – »reales Ding«; es ist, unabhängig vom
Erfaßt- und Gedachtsein. [Man][47] handelt über »Realität«, ohne
je ernsthaft nach ihr gefragt zu haben und herauszustellen, welchen Sinn von Sein [sie hat][48], ob überhaupt einen, einen überlieferten, eigens erfahrenen. »Ding« dazu: was so, wie es da vermeint ist, gar nicht da ist.

Andererseits kommt man nicht dazu, die aristotelische Forschung auch nur zu verstehen, geschweige denn, ernst zu nehmen. Und das aus demselben Grunde: Ein unbestimmter Begriff
von Wirklichkeit, Berufung auf den gesunden Menschenver-
stand. Wirkliches – Mögliches; das Mögliche ist Nichtwirkliches.
So ausgerüstet handelt man von der Bewegungsdefinition des
Aristoteles. Also: Aristoteles sagt, die Bewegung ist Wirklichkeit,
aber Wirklichkeit des δυνάμει, der Möglichkeit, d. h. der Nicht-
wirklichkeit – Wirklichkeit der Unwirklichkeit: ein Widerspruch
– und er läßt ihn sogar stehen –, Antinomie, Dialektik! Das hört
sich sehr scharfsinnig an, es steckt aber nichts dahinter als Ge-
dankenlosigkeit, vielleicht noch anderes: Verantwortungslosig-
keit gegenüber der Geschichte.

Κίνησις nicht παρά, sondern »*im*« genannten Wie des Da. »In«:
vgl. ἐκείνινον. Bewegung ist da wie Holz beim Kasten; aber selbst
kann sie nicht sein wie Holz zu Erde und Wasser, sie ist selbst ein
Da-Charakter, Weise des Vorhandenseins. Als Wie des Da »je-
nen« verhaftet, ontologisch gesprochen sogar, daß diese selbst
διχῶς sind: κίνησις – δυνάμει καὶ ἐντελεχείᾳ.[49] Sofern ein Seiendes

[46] Erg. d. Hg.
[47] Erg. d. Hg.
[48] Erg. d. Hg.
[49] Phys. Γ 1, 201 a 20.

im Wie des Bewegtseins da ist, ist das Seiende vom Charakter der Kategorien, genauer der vier genannten, und diese διχῶς. Ein Seiendes als δυνάμει da, gegenwärtig, anwesend, in diesem Sosein jetzt da – dann sagen wir:»Es wird gebaut«,[50] ist da in Veränderung. Hier aus der Art der Explikation schon sichtbar, wie Bewegung als ein bestimmtes Anwesendsein verstanden wird. Und dieses Verändern selbst, Verändertwerden im Verändern ist οἰκοδόμησις.[51] Verändernd etwas, ποιοῦν – selbst in Veränderung sein, πάσχον. Aus dem Boden der Explikation verstehen? Anwesendsein: sich selbst je verändernd, auch selbst aber ein anderes, geschieht aber mit mir – von sich selbst angegangen werden. Ein Warmes verändert ein Kaltes, es ist verändernd da in der Weise des sich selbst Änderns, Kaltwerdens.

Nicht beliebige ἐντελέχεια, Anwesenheit auch des Nichtbewegten, sondern τότε – ὅταν, αὕτη,»nicht vorher und nicht nachher«,[52] sondern dann, in *dem Jetzt*. ὁτὲ μὲν ἐνεργεῖν ὁτὲ δὲ μή[53]:»in Arbeit sein«, *jetzt* Anwesendsein von δυνάμει. Dieses Jetzt-Anwesendsein von δυνάμει ein Grenzfall: Jetzt-Anwesendsein von δυνάμει als Ruhe (Ruhe und Jetzt, Anwesenheit und Zeit). Erst darauf gründet die Ruhe, denn das Ruhende ist ein Wie des Da von einem in Arbeit Seienden, in Arbeit Genommenen. Alles Fertiggewordene da ruht, kann ruhen. Ruhe konstitutiv für dieses Da, d. h. Bedeutsamkeit.

Ἐνέργεια, das»In-Arbeit-Sein«, im Hergestelltwerden Da-sein. Der hermeneutische Tatbestand: Ich und du, wir besorgen es nicht und doch ist es da, kommt vor, besorgt sich selbst, ist da wachsend und dgl. – von ihm selbst her in die Gegenwart kommen und z.B. darin ruhen –»Realität«. Φύσις charakterisiert ein Seiendes, das ist: *im Selbst der Arbeiter seiner selbst sein*.

---

[50] Phys. Γ 1, 201 a 17: οἰκοδομεῖται.
[51] Phys. Γ 1, 201 a 18.
[52] Phys. Γ 1, 201 b 5 sqq.: ὅτι μὲν οὖν ἐστιν αὕτη, καὶ ὅτι συμβαίνει τότε κινεῖσθαι ὅταν ἡ ἐντελέχεια ᾖ αὕτη, καὶ οὔτε πρότερον οὔτε ὕστερον, δῆλον.
[53] Phys. Γ 1, 201 b 8.

Οἰκία: für das »Haus« Dasein als *Fertigsein* – οἰκοδόμησις, welches ἐνέργεια. Ἐνέργεια gerade Dasein als *Unfertigsein*, ein Wie des Da von ἐντελέχεια. Wie des Da von etwas: Wie kommt »In-Arbeit-Sein« zu diesem ontologisch-hermeneutischen Vorrang? Weil Sein = *Hergestelltsein.* Da = Anwesendsein, Fertigsein, Hersein in Jetzt, in eine Gegenwart; im Gewärtigsein, Da-Habendsein, Sichaufhalten bei …
Aufenthalt, In-Sein gerade das Da von Leben. Ein Stein hält sich nicht auf, er kommt vor. Aber ein Tier: »Sie halten sich auf« am Busen! Θιγεῖν und ἀφή: primäres und primitives In-Sein. »Wohnen«! Οὐσία, »Hausstand«! »In« = »aufhalten bei …«, besonders »zu Hause bei …«, vgl. Grimm![54] Primär hermeneutische Kategorie, gar nicht räumlich als enthalten sein, enthalten in … Wobei des Sichaufhaltens!

Bislang hermeneutisch nicht gesehen: In-Sein, Aufenthalt, Gegenwart, Gewärtigsein, Befindlichkeit (vgl. Eth. Nic. K 3), auf etwas Warten, Nicht-da, fliehen vor …, zugehen auf …, Sorge. Wartensvollzug: Besorgen. Überhellung zurücknehmen! Κίνησις, ὄν aus ποίησις, Umgang, und das heißt *primär* die Welt – zu Natur-Kategorie erst später geworden. Hier zunächst die Indifferenz des Zunächst.

Παρουσία, οὐσία (vgl. φῶς) – Grundexplikate: ἐντελέχεια, δύναμις, ἐνέργεια. Damit kommt griechische Ontologie erst zu ihr selbst. Das heißt aber: Wie, welches Dasein, was je, welches sind wir? Alles verstellt in der Richtung, nach der diese Frage führt. Dasein überhaupt als ontologische Aufgabe erfahren. Man meint, man habe es mit Bewußtsein und Person und Leben [zu tun][55]. Hier versagt alles. Vgl. *Jaspers.*

Κίνησις ein Wie des Da, das σῴζει τὴν δύναμιν,[56] das δυνάμει ὄν, es erhält es im Da – es im Unfertigsein halten, da-sein lassen. Das

---

[54] Vgl. Artikel »in«. In: Deutsches Wörterbuch von Jacob Grimm und Wilhelm Grimm. Vierten Bandes zweite Abtheilung. Leipzig 1877, Sp. 2081 ff.

[55] Erg. d. Hg.

[56] Themistii in Aristotelis Physica paraphrasis 205, 22 sq.: κίνησιν λέγω καὶ τελειότητα τῆς δυνάμεως. πᾶσα γὰρ τελειότης σῴζει ὃ τελειοῖ. 213, 1 sq.: ἄλλη δέ ἐστιν ἐνέργεια ἡ τοῦ δυνάμει ὄντος ἐν τῷ πράγματι σῴζουσα αὐτοῦ τὸ δυνάμει.

382 *Der Vorlesungstext auf der Grundlage der Handschrift*

δυνατόν ist ἀτελές[57] und deshalb ist sein Wie des Da, als dieses ἀτελές, ein solches, das dieses Wie des Da »rettet«, und das ist die
κίνησις. Fertig: *ist schon fertig*. Ἐνέργεια: das Da, das Noch-nicht-
fertig. Οἰκία: das Fertig, aber nicht das Fertig, das bei seinem Ende
das δυνάμει. Τελειότης auf das Wie des Da bezogen. Dessen Eigentlichkeit für δυνάμει ist gerade ἐνέργεια. Dauer der Bewegung:
Wenn dieses Wie des Da aufhört, dann ist das Haus fertig da –
keine Bewegung mehr, nicht mehr in Bewegung.

Handschrift zu § 27 a

[»Physik« Γ][1] Kapitel 2

Bekräftigung.
I. [201 b 16 – 18][2]: Thema: in eins gesehen 1. »aus dem, was die
früheren Deuter ausmachten in der Diskussion«,[3] dahin, daß 2.
»anders nicht leicht zu explizieren«.[4]
II. 201 b 18 – 24: In welches γένος gesetzt? Was für einen
ontologischen Namen? Seinscharaktere: »Anderssein«, »Ungleichsein«, »Nichtsein«.[5]
III. 201 b 24 – 27: αἴτιον im Phänomen der κίνησις selbst für
diese ontologische Herkünftigkeit: ἀόριστον,[6] also dem angemessen ἀρχαί (ἑτέρα συστοιχία).[7]
IV. 201 b 27 – 202 a 3: Das αἴτιον für das ἀόριστιον εἶναι[8] und
dann allem Rechnung tragende und eigentliche Bestimmung der
κίνησις.

---

[57] Phys. Γ 1, 201 b 32.
[1] Erg. d. Hg.
[2] Erg. d. Hg.
[3] Phys. Γ 2, 201 b 16 sq.: ἐξ ὧν οἱ ἄλλοι περὶ αὐτῆς λέγουσι.
[4] Phys. Γ 2, 201 b 17 sq.: μὴ ῥᾴδιον εἶναι διορίσαι ἄλλως αὐτήν.
[5] Phys. Γ 2, 201 b 20: ἑτερότητα καὶ ἀνισότητα καὶ τὸ μὴ ὄν.
[6] Phys. Γ 2, 201 b 24.
[7] Phys. Γ 2, 201 b 25: τῆς δὲ ἑτέρας συστοιχίας αἱ ἀρχαί.
[8] Phys. Γ 2, 201 b 28.

V. 202 a 3 – 12: »Auch das Bewegende ist in Bewegung«, aber
nur solches, was selbst »Bewegbares« ist,[9] was [zu][10] bewegen ist.
Bewegbar: was zuweilen nicht in Bewegung ist und dessen
ἀκινησία »Ruhe« ist,[11] d. h. das Nicht-in-Bewegung-Sein ein bestimmtes, ist nicht überhaupt außerhalb [des][12] Bewegtseinkön-
nens Stehen.

Handschrift zu § 27 b

Was durch die früheren kategorialen Bestimmungen expliziert
wurde: ein Seiendes, das so angesehen nicht *notwendig* als bewegtes verstanden werden muß. Es *kann* ein Bewegtes sein, von dem
ich die genannten Aussagen mache. Aber diese sind nicht als solche die von einem Seienden in Bewegung. Damit angezeigt, welcher Forderung die Definition der Bewegung zu genügen hat,
d. h. was sie soll: solche Seinscharaktere hergeben, die das Da eines Seienden *als in Bewegung befindliches* sichtbar machen.
Konsequenzen: Wenn diese Seinscharaktere Bewegung nicht
treffen, dann besagt das: Die Ontologie, die die genannten
Grundcharaktere des Seins als die eigentlichen und einzigen
kennt, ist nicht nur außerstande, die Bewegung zu treffen, sondern, sofern sie sich ausspricht, *verstellt* sie zugleich; es sieht nur
so aus, als sei Bewegung kategorial begriffen, und die Tradition
solcher Ontologie verlegt so den Zugang zur Bewegung, während
sie zugleich eine formale Systematik ermöglicht.
Ἑτερότης, ἀνισότης, μὴ ὄν:
Vieles ist vom anderen verschieden (durch »Anderssein« bestimmt), aber deshalb, d. h. als dieses, nicht in Bewegung begegnend. Ein Mensch ist durch ἑτερότης zum Ochsen bestimmt, aber

---

[9] Phys. Γ 2, 202 a 3 sq.: κινεῖται δὲ καὶ τὸ κινοῦν [...], τὸ δυνάμει ὂν κινητόν.
[10] Erg. d. Hg.
[11] Phys. Γ 2, 202 a 5: τούτῳ ἡ ἀκινησία ἠρεμία.
[12] Erg. d. Hg.

insofern nicht bewegt. 10 ist »nicht gleich« mit 5, ἄνισα, aber nicht *deshalb* in Bewegung.

Gewiß, könnte der Vertreter der Meinung sagen, so ist ἑτερότης auch nicht gemeint, sondern das »Anderssein« ist zu verstehen als Bestimmung *des Seienden selbst*, das in Bewegung ist; nicht in bezug auf anderes, *in ihm selbst* ist Anderssein. Aber was durch eine Mannigfaltigkeit von Momenten charakterisiert ist oder sogar sowohl δυνάμει als ἐνεργείᾳ ist, ist nicht in Bewegung. Holz kann Kasten sein und ist als Holz da – durch ἑτερότης an ihm selbst bestimmt – und trotzdem nicht als bewegt bestimmt.

Aber vielleicht ist ἑτερότης verstanden als ἑτεροίωσις, »Anderswerden«. Aber dann wird ja Bewegung durch Bewegung definiert (ἑτεροίωσις ist ἀλλοίωσις, ἕτερον – ἄλλο).

Solange die κίνησις nicht aus der Gegenwärtigkeit als eine Weise dieser verstanden wird, kann sie ontologisch nicht gefaßt werden.

Näher kommt schon die Charakteristik von μὴ ὄν her, sofern dieses genommen wird nicht als Schlechthin-überhaupt-nicht-Dasein, sondern: noch nicht etwas Bestimmtes, worauf zu die Möglichkeit besteht. Und doch nicht hinreichend, denn eine Bestimmung κατὰ συμβεβηκός nicht das, was je das Bewegte an ihm selbst ist, das Wie *seines* Da, Gegenwärtigseins, sondern aus dem Bezug zu anderem: Jedes Seiende ist etwas, vieles andere ist es nicht. Es müßte durch dieses Nichtsein alles in Bewegung sein.

Handschrift zu § 27 c

Was in seinem Sein durch Anderssein, Ungleichheit, Nichtsein bestimmt ist, ist nicht als in Bewegung seiend bestimmt. Es braucht daher nicht Bewegtseiendes genannt sein. Andererseits Bewegung so explizieren, daß sie als Wie ein Seiendes bestimmt, das, in dieser Bestimmung gesehen, als Bewegtseiendes gesehen ist.

Warum diese ἀρχαί? Wo das Motiv dieser kategorialen Fassung,

und zwar statisches? Bewegung als Unbewegbares! Was ist phänomenal gemeint συνεχές?[13] Das Statische jener Bestimmung
scheint dieses Phänomenale zu treffen. Keine von diesen [ἀρχαί][14]
bestimmt ein Seiendes im Sinne der Kategorien (sondern es sind
nur formal-ontologische Bestimmungen) und κίνησις nicht ein
sachhaltig bestimmtes Seiendes (fundamentaler Einwand gegen
Plato). Also man kann Bewegtes-Sein als bewegt ansprechen: an
der Bewegung teilhabend, kann diese aus κοινωνία bestimmen
wollen und doch alles verfehlen! Dagegen bei Aristoteles die Kategorien Leitfaden der Seinsanalyse des Bewegtseienden, d. h.
konkretes Erfahren des Daseienden als solchen. Die Explikation
der Bewegungen nicht in Antithese [?], sondern eine Sache des
ursprünglichen rechten »Sehens«.[15] εἶδος οἴσεται[16]: Ein »Aussehen«, ein »Sichausnehmen« zu Gefolge haben je nach den Kategorien – ganz deutlich die Bewegungsvorhabe.

οἴσεται εἶδος τὸ κινοῦν[17]: ein »Aussehen«, »Sichführen«, ein »Sichausnehmen« – *dahin, in Da*: Sich-so-und-so-Ausnehmen.

Kapitel 3: κίνησις und κινεῖσθαι, κίνησις: ποίησις – πάθησις,[18] wie
διάστασις und διίστασθαι.[19] τὸ ἐνέργειαν εἶναι[20] für κίνησις.

In das Da kommen und daraus verschwinden als Wie des Daseins selbst (Gegenwart, Hergestelltheit): γένεσις – φθορά, vom
Nicht-da ins Da; αὔξησις – φθίσις, wachsen, mehr da – weniger,
abnehmen; ἀλλοίωσις, anders werden im Beschaffensein, nicht
zu- oder ab[nehmen][21], nicht fort; φορά, von einem Ort zum anderen.[22]

---

[13] Vgl. Phys. Γ 1, 200 b 16 sq.: δοκεῖ δ᾽ ἡ κίνησις εἶναι τῶν συνεχῶν.
[14] Erg. d. Hg.
[15] Phys. Γ 2, 202 a 2: ἰδεῖν.
[16] Phys. Γ 2, 202 a 9: εἶδος δὲ ἀεὶ οἴσεται τὸ κινοῦν.
[17] Ebd.
[18] Phys. Γ 3, 202 a 22 sq.
[19] Phys. Γ 3, 202 b 17 sq.
[20] Phys. Γ 3, 202 b 21 sq.
[21] Erg. d. Hg.
[22] Phys. Γ 1, 201 a 12 sqq.

Bewegung ἀόριστον: ὅταν γὰρ ὁρισθῇ, παύεται (Themistios 211, 12).[23] »Dasein«: an seinem Ort, fest fertig in den Grenzen sein. Setze ich Grenze, dann kommt die Bewegung zum Stehen, ich habe sie gerade nicht. Um sie in ihrem Nicht-am-Ort-fest-Sein, sondern als Ortswechsel, Veränderung fassen zu können, muß sie in den Kategorien der Unbestimmtheit charakterisiert sein.

Θεῖναι ἐν ἄλλῳ γένει[24] – εἰς ταῦτα: ἑτερότης, ἀνισότης, μὴ ὄν. Abkünftigkeit, dieses Wie des Daseins nicht anders zu bestimmen. Was durch die vorgeschlagenen Charaktere in seinem Dasein bestimmt ist, braucht kein Seiendes zu sein, das sich bewegt. Sind die genannten Charaktere hinreichend, ein Seiendes in seinem Da als in Bewegung seiend zu bestimmen? Wenn nicht, dann ist eine Ontologie, die darin einzig fußt, außerstande, das Seiende zu treffen, ja – was hier als -λογία nur besagt – als Sichaussprechen verdeckt sie, verstellt. Bei dieser Verhüllung des λόγος verhindert sie die Daseinsauslegung, die Bewegung wird zum Was – Tradition! Und innerhalb seiner Versuche, radikal zu sein, Halbheiten. Ist ein Seiendes in seinem Da so bestimmt, wie Aristoteles die κίνησις bestimmt, dann ist es in Bewegung.

Dieses τιθέναι[25] gründet worin? Κίνησις ein ἀόριστον.[26] Warum? Weil nicht ἁπλῶς θεῖναι εἰς δύναμιν und nicht εἰς ἐνέργειαν.[27] Nicht ἁπλῶς, sondern σύνθεσις der Seinscharakter. Wie ἕν als Da, Gegenwärtigsein des Umschlagenden? Also

1. überhaupt δύναμις und ἐνέργεια (vom Da-sein-Sein her als konstitutiv für Da-sein von in Bewegung Seiendem);

2. nicht schlechthin, an ihm selbst: Das Seiende, Bewegte ist ein anderes, ist so etwas, aber wie? Übergang – das ›von … zu …‹.

---

[23] Themistii in Aristotelis Physica paraphrasis 211, 12.
[24] Phys. Γ 2, 201 b 18 sq.: οὔτε γὰρ τὴν κίνησιν καὶ τὴν μεταβολὴν ἐν ἄλλῳ γένει θεῖναι δύναιτ᾽ ἄν τις.
[25] Phys. Γ 2, 201 b 24.
[26] Ebd.
[27] Phys. Γ 2, 201 b 28 sq.: οὔτε εἰς δύναμιν τῶν ὄντων οὔτε εἰς ἐνέργειαν ἔστι θεῖναι αὐτήν.

Κίνησις: ἐνέργεια, aber τοιαύτη,²⁸ d. h. δυνάμει ὄντος, und als solche ἀτελής,²⁹ ἐνδεχομένη δὲ εἶναι, »aber etwas, was vorfindlich ist«, obzwar »schwer zu sehen.«³⁰
Ruhe: ein Wie des Daseins, Da eines solchen, das in Bewegung sein kann. Ἀκινησία (vgl. οὐσία!) weiter: »Unbewegtheit«. a) Nicht-jetzt-in-Bewegung-Sein, b) von In-Bewegung-Sein unbetreffbar.

Das ἐνεργεῖν πρὸς τὸ δυνάμει ὄν, ἦ τοιοῦτον, αὐτὸ τὸ κινεῖν ἐστιν.³¹ »Das Bewegen ist das Dieses-so-mögliche-Seiende-ins-Da-Bringen.« Das Bewegende durch θίξις – das schlichte, direkte Haben, Einflußnehmen – d.h. mit ihm selbst geschieht etwas (vgl. Prantl, Anmerkungen³²). Dahinbringen: das Gebrachtwerden und Bringen, vgl. ποίησις, πάθησις. In-Bewegung-Sein ein Wie des Da.

Κίνησις ein Wie des Da

Anwesenheit, und zwar eine bestimmte. Als Anwesenheit, und diese bestimmte, macht sie Zeit, das Jetzt, ausdrücklich: Jetzt da.
Κινησία und ἀκινησία.
Mit κίνησις gerade die Wie-Möglichkeiten des Seins in Bewegung. Vgl. Bedeutsamkeit – Ruhe.
Ruhe macht eher den Eindruck von Gegenwart, so sehr, daß wir dabei vergessen, daß sie ἀκινησία ist, uneigentliche Bewegung ist, d. h. πρότερον – ὕστερον verdeckt als Jetzt, und zwar als Dauer, d.h. πρότερον – ὕστερον da, aber ins Jetzt gestellt. Ich brauche

²⁸ Phys. Δ 2, 202 a 1 sq.: ἐνέργειαν μέν τινα εἶναι, τοιαύτην δ' ἐνέργειαν οἵαν εἴπομεν.
²⁹ Phys. Δ 2, 201 b 32.
³⁰ Phys. Δ 2, 202 a 2 sq.: χαλεπὴν μὲν ἰδεῖν, ἐνδεχομένην δ' εἶναι.
³¹ Phys. Γ 2, 202 a 5 sq.: τὸ γὰρ πρὸς τοῦτο [τὸ δυνάμει ὄν] ἐνεργεῖν, ἦ τοιοῦτον, αὐτὸ τὸ κινεῖν ἐστί.
³² Phys. Δ 2, 202 a 8 sq.: συμβαίνει δὲ τοῦτο θίξει τοῦ κινητικοῦ, ὥσθ' ἅμα καὶ πάσχει. – Anm. d. Hg.: Von Prantl wurden diese Worte als eiicienda in eckige Klammern gesetzt.

nicht ausdrücklich, mir unverborgen, ins Jetzt zu springen, sondern verborgen.

Aristoteles fragt nach dem *Inwiefern*. *Wie* kamen sie dazu? Sie sahen doch in gewisser Weise das Bewegte. *Was* an ihm selbst, in dem, wie es sich zeigt, verlangte dieses Angesprochenwerden? Dieses Zurückfragen *positive* Kritik, macht erneut sichtbar ein Ungenügen.

Χαλεπὴν ἰδεῖν, »aber etwas, *was sein kann*!«[35] Das Primäre ist, was sich zeigt: Bewegtes ist da. Wie bringe ich es mir zu Gesicht? Auf die frühere Weise nicht. Also: Sehen des Da, Anwesenheit des noch nicht Hergestellten. Nur möglich, wenn *Anwesenheit* gesehen, d. h. die ontologische Problematik ausdrücklich gemacht ist hinsichtlich seines eigentlichen Bodens: *Gegenwart* (Aufenthalt – Gegenwart). Dasein selbst als *In-Sein* gesehen und nach Grundmöglichkeiten besehen.

Handschrift zu § 28 a

[»Physik«][1] Γ 3 – Disposition

202 a 13 – 21: Gegenwart des Bewegbaren und Bewegenden. Ἐν τίνι ἡ κίνησις; – μία ἀμφοῖν.[2] Rückgang auf πρός τι.

202 a 21 – 202 b 5: Gerade dann aber, vom πρός τι (ποίησις – πάθησις[3]) ἐνέργειαι ἕτεραι,[4] zwei Bewegungen. Also *zwei* eigentlich anzusprechen und auszusprechen, *eine* ist gemeint - ἀπορία λογική[5]: ἐν τίνι[6] die beiden?

---

[35] Phys. Γ 2, 202 a 2 sq.: χαλεπὴν μὲν ἰδεῖν, ἐνδεχομένην δ᾽ εἶναι.
[1] Erg. d. Hg.
[2] Phys. Δ 3, 202 a 18: μία ἡ ἀμφοῖν ἐνέργεια.
[3] Phys. Δ 3, 202 a 23 sq.
[4] Phys. Δ 3, 202 a 25.
[5] Phys. Δ 3, 202 a 21 sq.: ἔχει δ᾽ ἀπορίαν λογικήν.
[6] Phys. Δ 3, 202 a 25.

a 22 – 28: Dreifache Möglichkeit:

1. ποίησις – πάθησις beide ἐν κινουμένῳ,
2. ποίησις in ποιοῦν, πάθησις ἐν κινουμένῳ,
3. ποίησις im κινούμενον, πάθησις im κινοῦν.

a 28 – 31: Ad 3.

a 31 – b 5: Ad 1.

Ad 2: das Folgende, nur recht verstanden.

202 b 5 – 22: Auflösung der Schwierigkeit. Doppelung der Hinsichtnahme bei Selbigkeit des Tatbestandes.

202 b 22 – 29: Zusammenfassung und neue Formulierung der Bewegungsdefinition aufgrund von [Kapitel][7] 3.

Handschrift zu § 28 b

Zur Vorbereitung der Definition der Bewegung hatte Aristoteles hingewiesen 1. auf Gegenwärtigdasein und Daseinkönnen, 2. auf die Weisen des Begegnens der Welt als gegenwärtiger und seinkönnender. 3. Diese machen das Seiende offenbar als solches, das an ihm selbst je ist in einem ›von … zu …‹, Sichausnehmen und dabei Nicht-so-Aussehen, Abwesendsein von etwas, der Charakter des Durchschnittlichen.

Bislang wurde eine, ebenfalls vorbereitende, an die Nennung der Kategorien sich anschließende weitere Bestimmung des Seienden nicht besprochen, das πρός τι.[8] Das πρός τι ist selbst eine Kategorie, macht offenbar die daseiende Welt im Begegnischarakter des ›in bezug auf …‹, d. h. des einen zum anderen [aus][9]. Den vier Kategorien οὐσία, ποιόν, ποσόν, τόπος entsprechen vier εἴδη der κίνησις: γένεσις – φθορά, ἀλλοίωσις, αὔξησις – φθίσις, φορά.[10] Andere Bewegungsarten gibt es nicht. Die ausdrückliche Anführung des πρός τι in der ontologischen Vorbereitung der Be-

---

[7] Erg. d. Hg.
[8] Vgl. Phys. Γ 1, 200 b 28 – 32.
[9] Erg. d. Hg.
[10] Phys. Γ 1, 201 a 12 sqq.

wegungsdefinition muß demnach einen anderen Sinn haben: nicht Vorzeichnung der Begegnisart der Welt bezüglich einer bestimmten Bewegungsweise, sondern bezüglich jedes Seienden in Bewegung. Die Anführung dieser Kategorie soll den Grundtatbestand offenbar machen: Seiendes der Welt begegnet als Mannigfaltigkeit von Seiendem als so seiend »in Bezügen zueinander«, πρὸς ἄλληλα. Sofern das Seiende je im διχῶς ist, ist es an ihm selbst zugleich als im Bezug zu anderen im ›mehr als jenes und weniger‹. Die Ausschläge sind da als Wie des In-Bezügen-Seins des Seienden. Vgl. Categoriae 7. Ὑπεροχή [und][11] ἔλλειψις sind mögliche Bestimmungen des πρός τι,[12] es liegt ihnen zum Grunde. Als solche Grundbegriffe nennt Aristoteles neben ὑπεροχή und ἔλλειψις: ποίησις und πάθησις,[13] »zu tun haben mit …«, »angegangen werden von …« (»Wechselwirkung«).

Dieser Bezug ist in der Welt vorfindlich, genauer: das Seiende als je dieses hier und jetzt begegnet in ihm, das Seiende als vorhanden seiendes, vorkommendes begegnet so, aber in spezifischer Seinsart der In-der-Welt-Vorhandenheit – das Zunächst, Indifferenz. Früher wurde darauf hingewiesen: In der Welt sind vorhanden und begegnen Menschen, wir selbst sind vorhanden, Menschen, die hantieren, sich zu schaffen machen mit …, Lebewesen, Tiere. Dieses Sich-zu-schaffen-Machen-mit …, in solchen Bezügen Sein, ist uns aber ebenso wie als Weltvorkommnis bekannt als die Weise unseres Daseins, das nicht nur Vorhandensein ist, sondern dieses in der Grundweise des In-der-Welt-seins.

Das πρὸς ἄλληλα (vgl. De partibus animalium und De anima) hat noch diese ausgezeichnete Möglichkeit des πρός τι: im Sinne des ἀντικείμενον,[14] so daß dieses eigentliches ἀντί ist: Worauf des Bezogenseins im Angesicht, d. h. sich zeigen, zeigend in der Wei-

---

[11] Erg. d. Hg.
[12] Phys. Γ 1, 200 b 28 sq.: τοῦ δὲ πρός τι τὸ μὲν καθ’ ὑπεροχὴν λέγεται καὶ κατ’ ἔλλειψιν.
[13] Phys. Γ 1, 200 b 29 sq.: τὸ δὲ κατὰ τὸ ποιητικὸν καὶ παθητικόν.
[14] Cat. 10, 11 b 32 sqq.: Ὅσα οὖν ἀντίκειται ὡς τὰ πρός τι, αὐτὰ ἅπερ ἐστὶν ἑτέρων λέγεται ἢ ὁπωσδήποτε πρὸς ἄλληλα λέγεται.

se des Aufgedecktseins, da in Entdecktheit, d. h. da für … und in
eins es vernehmen, πάσχειν, angegangen vom Seienden als Welt;
πάσχειν als δέχεσθαι, »vernehmen« und das primär als πάθος,
»Angegangenwerden«, »Befindlichkeit«, mit der Welt in Bezug
Sein als *in* ihr, mit ihr umgehend Sein.

Dasein als Leben ein Seiendes als Sein zur Welt. Das menschliche Dasein bestimmt durch den νοῦς: Entdecktheit ist in diesem
Vermeinendsein. Dieses Vermeinen als Grundweise des menschlichen In-der-Welt-seins ist letztlich auch ein Sie-Vernehmen,
-so-und-so-Dahaben, d. h. von der Welt, nicht nur bestimmtem
Seienden in bestimmten Begegnisarten, sondern von allem möglichen Seienden der Welt *Angegangenwerden* (vgl. ἡδονή – κα-
ταφάναι, ἀποφάναι – διά). Dieses νοεῖν hat den Seinscharakter
des Angegangenwerdens vom Entdeckten, was seinerseits nur so
möglich ist, daß dieses Angegangenwerden von dem Entdeckten
gründet in einem *Überhaupt-Entdeckthaben* und *-Entdecktsein,*
d. h. einem Entdecken, Sichtgeben *als solchen.* Der νοῦς τῆς ψυχῆς
ist παθητικός[15] (wie man später gesagt hat; Aristoteles hat diesen
Terminus nicht) und er ist das als seiender νοῦς auf dem Grunde
des ποιητικός, der überhaupt Vernehmbarkeit, Entdecktheit ermöglicht, d. h. Entdecktes *sehen läßt,* sehen macht – νοῦς ποιητικός.[16]

So weisen ποίησις und πάθησις als Explikationsweisen des
Seienden bis in das Sein des Daseins als solchen, das heißt aber:
durchherrschen als *der* Leitfaden die Interpretation des Seienden. Das macht deutlich, was immer schon in den Lehrbehaup-
tungen behauptet wurde: Sein heißt Hergestelltsein – Sinn des
Seins als ποίησις und zugleich aus Gegenwärtigsein, Präsentsein
interpretiert. Warum der νοῦς das Sein schlechthin? Weil *die*
ποίησις in einem ausgezeichneten Sinne, so zwar, daß der νοῦς
ἀμιγής[17] als aufdeckend, Sicht gebend selbst Gegenwärtigkeit

---

[15] De an. Γ 5, 430 a 24 sq.
[16] Vgl. De an. Γ 5, 430 a 10 sqq.
[17] De an. Γ 5, 430 a 18.

überhaupt ermöglicht. Was so ist, ist das »Seiende als solches« (vgl. ὂν ᾗ ὄν)!

Aristoteles schließt die Charakteristik des πρός τι, Hinweis auf Bezugsart, mit: καὶ ὅλως, »und im ganzen das, was bewegen kann, und das Bewegbare«.[18] Damit wird sichtbar: Das in Bewegung Seiende ist als Seiendes da im *Mitdasein* mit anderem, das Mitda bestimmt durch *Bezug* des einen auf das andere, des anderen auf das eine.

Handschrift zu § 28 c

Und κίνησις schon expliziert als bestimmte Weise des Gegenwärtigseins des δυνάμει ὄν als solchen. Κίνησις die Gegenwartsart des Seienden, das ist in dem genannten Mitdasein des einen zum anderen. Sofern sich aber dieser Seinscharakter auf das Seiende in seiner Universalität erstreckt, wird κίνησις eine ausgezeichnete Weise des Da-seins des Seienden.

Auf die Aufgabe der Interpretation der griechischen Ontologie gesprochen heißt das: Die *Herausstellung des Sinnes von Sein,* der in der griechischen Ontologie und der in ihrer eigentlichen Kulmination bei Aristoteles herrschend ist, herrschend, weil er in der unausdrücklichen Erfahrung des Daseins der Welt und des Lebens schon erfahren ist – die Herausstellung *zentriert in der Interpretation der Bewegung!* Sofern aber κίνησις gesetzt wird in den Namen von ἐνέργεια, ἐντελέχεια, sind dies die primären Seinskategorien der griechischen Ontologie!

Das in Bewegung Seiende wurde bestimmt als Gegenwärtigkeit des Seienden in seinem Seinkönnen. Κίνησις macht also das Da aus des in Bewegung Seienden, des Bewegten. Bewegtes ist aber (vgl. πρός τι) Sein im Bezug zu Bewegendem, im Mitdasein eines κινοῦν bzw. κινητικόν. Wie ist das Da dieses mit dem in Bewegung Seienden als Bewegtem Mitdaseienden zu bestimmen?

---

[18] Phys. Γ 1, 200 b 30 sq.: καὶ ὅλως κινητικόν τε καὶ κινητόν.

Wird dieses Da auch durch Gegenwärtigkeit im Sinne der Gegenwart des δυνάμει ὄν, ἧ τοιοῦτον bestimmt, also ἐνέργεια? Ist diese
Gegenwart eine andere, so daß je das κινοῦν und κινούμενον durch
verschiedene ἐνέργειαι bestimmt wären? Oder ist diese ein und
dieselbe und erst als so gefaßte das recht verstandene Da des in
Bewegung Seienden, sich Bewegenden (φύσει ὄντα, von ihm
selbst her sich bewegend)? Diese Frage stellt Aristoteles in Kapitel 3. Mit ihrer Erledigung kommt erst die Explikation der Bewegung zum Ende.

Κίνησις ἕν *im* Beweglichen: Gegenwärtigsein im Da – in das
Da Bringen, Bewegen. Das Bewegende und Bewegte sind *im selben Da.*

Ἐνεργεῖν: in Arbeit nehmen, in das Unterwegs bringen, Unterwegs des Da, die bestimmte Anwesenheit des δυνάμει als solchen.
Was bringen kann, ist das in das Unterwegs bringen Könnende
eines κινητόν. In das Unterwegs bringen, selbst auf den Weg machen – *im selben Da sein.* Dasselbe Da: wie διάστημα. Bewegtsein
ist Sein im Mitdasein des Bewegenden. Mitda = ἐνέργεια. Κινοῦν
– κινούμενον: Ihr Da-sein ist dasselbe Gegenwärtigsein.

Dasselbe – aber λόγος, Hinsichtnahme verschieden. Ἀπορία
λογική[19] betrifft das Ansprechen als …: Faßbar ἐνέργεια ἀποτετμημένη,[20] »abgeschnitten für sich«, statt primär das In-Bezug-
zueinander-Sein. Das Wie des Daseins des Seienden (das Seiende
ein Bewegtes, das bewegt wird) einmal vom Bewegen her und
dann vom Bewegtwerden – je dasselbe: Seiendes in Bewegung.
Ἐνέργεια des κινοῦν keine andere.

Die Selbigkeit macht deutlich ein Wie des Da: Nicht »Kräfte«
und dergleichen, »Wirkung«, »Energie«, d. h. keine mystische
Frage von influxus und dergleichen, sondern im Felde des Da,
sondern gefragt ist nach dem Gegenwärtigsein von Seiendem, das
mit anderem da ist und das an ihm selbst δυνατόν ist. Im »Beweglichen«, κινητόν, ist ἐνέργεια. Bewegung ist das Da des δυνάμει. Es
wird aber durch das Bewegende. *Wird* die Gegenwart? Das Ge-

---

[19] Phys. Γ 3, 202 a 21 sq.: ἔχει δ᾿ ἀπορίαν λογικήν.
[20] Phys. Γ 3, 202 b 8.

genwärtigsein? Das Bewegen des Bewegenden und das Bewegtwerden des Bewegten ist dasselbe Da, d. h. Bewegung nicht ein
Seiendes, sondern Wie des Seins der Welt: Vieles in Bewegung,
sich bewegend, Ruhe bei Nicht-Bewegen.

Die dreifache Bewegungsdefinition

Dasein des Lehrenden je konkret vor einem, zu einem ist Lernen
des anderen. δίδαξις μὲν ἐπιστήμης δόσις, μάθησις δὲ ἐπιστήμης λῆ-
ψις [...] ἓν δὲ τὸ ἐν ἀμφοῖν τὸ θεώρημα.[21]
Zwei Definitionen der Bewegung:

1. ἐντελέχεια τοῦ δυνάμει, ᾗ τοιοῦτον,[22] das Gegenwärtigsein eines Seienden in bestimmtem Bezug zu einem anderen, so zwar,
daß das erste ist als Seinkönnendes »durch« das zweite.

2. ἐντελέχεια τοῦ κινητοῦ, ᾗ κινητόν,[23] im Mitdasein des Bewegenden, mit da das Bewegende des Bewegbaren; das Gegenwärtigsein – das volle des δυνάμει – ist an ihm selbst Da-sein des
Bewegenden.

ἐντελέχεια [...] ἡ τοῦ δυνάμει ποιητικοῦ καὶ παθητικοῦ, ᾗ τοιοῦτον.[24] Diese erst anzuführen, nachdem gesagt ist: es sind nicht
zwei verschiedene Bewegungen, die eine dritte ausmachen (also
Bewegung schon vorausgesetzt!), sondern Bestimmungen des einen und selben.

Begrifflichkeit und Bewegung – Ontologie

Vorhabe: τί τὸ ὄν; φύσει ὄντα, κινούμενα – Festhalten des Bodens.
Vorsicht: das Sein dieses Seienden: als Welt dasein, Gegenwart,
Da, Seinssinn als solcher, in den hinein zu verstehen κίνησις als

---

[21] Themistii in Aristotelis Physica paraphrasis 218, 21 sqq.
[22] Phys. Γ 1, 201 a 10 sq.: ἡ τοῦ δυνάμει ὄντος ἐντελέχεια, ᾗ τοιοῦτον.
[23] Phys. Γ 2, 202 a 7 sq. – Vgl. 201 a 27 sqq.: ἡ δὲ τοῦ δυνάμει ὄντος ἐντελέχεια
[...] ᾗ κινητόν.
[24] Phys. Γ 3, 202 b 25 sqq.

Wie des Daseins – γένος, Herkünftigkeit, Von-wo-aus (vgl. unten).

Vorgriff: Seiendes in seinem Sein: demnach solche Da-Charaktere, daß sich mit ihnen das Seiende als Bewegtes zeigt. Ἐνέργεια, ἐντελέχεια, δύναμις die primären Weltkategorien, aus ihnen her erst die Realität und Gegenwärtigkeit von Welt: ruhende Dinge, Vergehen usf. Aber auch Besorgen, Um-gehen, Gegenwärtigsein, Aufenthalt sichtbar zu machen. Entdecktheit – νοῦς. Methode der Begriffsbildung aus Gegensatz deutlich. Tendenz auf Boden (vgl. αἴτιον) und Angemessenheit, ἀποφαίνεσθαι, so, daß das Aufgezeigte nichts anderes ist als εἶδος: so sieht es aus. Dazu A und B. Sicherung. Wonach wie gefragt? Das stellt letztlich vor neue Aufgaben.

Analyse der Bewegung selbst nichts anderes als die Entdeckung des Seins als Gegenwärtigsein. Denn dieses γένος nicht selbst parat, sondern gerade an und mit Bewegung geschöpft. Dieses Seiende (κινούμενον), auf sein Sein befragt, macht diese Charaktere ausdrücklich.

Begriffsbildung arbeitet, recht verstanden, immer in die ἀρχή, das τί ἦν. Begriffe nicht das Was, sondern das Woher, Von-wo des Ausgangs. Das ist produktive Begriffsbildung, worin Abklatsch möglich. Λόγος: Hinsicht auf ..., wofür früher καθό »In-Sein«, dessen primäre Ausgelegtheit – diese καθό oder καταλλήλως.

ANHANG

In der Vorlesung nicht verwendete handschriftliche
Beilagen zum Thema »Kategorien«

Beilage 1

Kategorien

Kategorien stehen im Horizont von ἀρχαί. Was besagen ἀρχαί überhaupt? »Von wo aus« des Seienden (als solchen), d. h. Wie des *Seins*. Welche Funktion haben die Kategorien als ἀρχαί? Was kann und muß ἀρχή / ἀρχαί des Seienden sein? Ἀρχή der *Da-haftigkeit*: Seiendes qua οὐσία, d. h. bezüglich Dahaftigkeit - ᾗ ὄν verweist in einen bestimmten Seinssinn!
Entweder 1. τὰ πρῶτα τῶν γενῶν, oder 2. τὰ ἔσχατα κατηγορούμενα ἐπὶ τῶν ἀτόμων[1] (κατὰ μή).
Ad 1. Können überhaupt γένη ἀρχαί sein? Πρῶτα γένη, τὰ ἀνωτάτω τῶν γενῶν sind τὸ ὄν und τὸ ἕν.[2] Das Sein als solches kann nicht Gattung sein, sofern Prädikate Gattungen. Kann es nicht ἀρχή sein? Folgt daraus, daß ἀρχαί nicht γένη? Sofern eben »Sein« das μάλιστα κατὰ πάντων.[3] Aber *wie?*

Kategorien und Entdecktheit

Sprechen über ...: sichaussprechendes Ansprechen von ... als Sein-in bzw. *Da*sein von Welt.
Vgl. die Kontroversen: 1. Bestimmungen des Seienden; 2. solche des λόγος: a) Sprache, Grammatik, b) Satz, Urteil, Prädikation – und Abwandlungen. (Sein der Kategorien, vgl. besonders Eth. Nic. A!)
Beide unklar gefaßt: nicht des Seienden, sondern *des Seins* – Wie des Da (und der bestimmten Umwelt – ζωὴ πρακτική, Eth. Nic. A 4); nicht des Sprechens, als »subjektiven« oder ähnlichen, sondern *Auslegendseins* auf ... hin: die Vorsichten, Vorhaben des Umgangs, d. h. Charaktere des Wie des In-Seins in [der][4] Welt,

---

[1] Met. B 3, 998 b 15 sq. – Vgl. Met. α 2, 994 b 22; Met. B 3, 999 a 14 sqq.
[2] Met. B 3, 998 b 18 sqq.
[3] Met. B 3, 998 b 21: κατὰ πάντων μάλιστα.
[4] Erg. d. Hg.

des *Sichauseinandergesetzthabens* mit dieser – nicht Aspekte, sondern *Entdecktheiten.*
Direkt auf λόγον ἔχον sehen! Pointierte Ausdrücklichkeit des verbrauchten λόγος im κατηγορεῖν. Aristoteles' terminologische Bildung!

Beilage 2

Kategorien des Aristoteles (Kategorienschrift)

Τὰ κατὰ μηδεμίαν συμπλοκὴν λεγόμενα – ἕκαστον σημαίνει.[5]
Also 1. λεγόμενα: gesagt werdende, womit, in welchen aufgezeigt wird, also aufzeigende – aufgezeigte.
2. κατὰ μηδεμίαν συμπλοκήν: in keiner Weise aufzeigende im Wie des einen von anderen (μὴ καταλλήλως[6]), nicht ἕτερον καθ' ἑτέρου (Kapitel 3).[7] Weisen des Schlicht-Sehenlassens, Schlicht-Seiendes-Gebenkönnens, Gebensmöglichkeiten, nämlich im Wie seines Da-seins; in solchem Umgang Weisen *der* Entdecktheit (einer bestimmten griechischen!), Wie des Da-seins des Seienden, Wie des Seins! Nicht nur ἄνευ[8] (vgl. Kapitel 2 [und][9] Kapitel 4 dieselben Beispiele), überhaupt aus diesem üblichen λόγος herausdrehen! ἐν οὐδεμιᾷ καταφάσει – αὐτὸ καθ' αὐτό.[10] Hier schon die eigentlichste und schärfste Opposition gegen alle platonische »Ontologie« und »Logik«. Sie[11] geben nicht selbst *Seiendes*, sondern sind Artikulationsmöglichkeiten des Da. Nicht das Seiende wird eingeteilt und nicht Aussagen und nicht Worte und nicht Begrif-

---

[5] Cat. 4, 1 b 25 sq.: Τῶν κατὰ μηδεμίαν συμπλοκὴν λεγομένων ἕκαστον [...] σημαίνει.
[6] Met. Z 17, 1041 a 33.
[7] Cat. 3, 1 b 10.
[8] Cat. 2, 1 a 17: ἄνευ συμπλοκῆς.
[9] Erg. d. Hg.
[10] Cat. 4, 2 a 5 sq.
[11] Anm. d. Hg.: In der Hs. ist durch einen Strich der Bezug dieses Pronomens auf »Weisen *der* Entdecktheit« kenntlich gemacht.

fe, sondern das *Sein*, die *Möglichkeiten des Da*, d. h. Entdecktheit, d. h. des Seins-in, Umgang (griechisch bestimmt schon aus- und festgelegt). Sie sind nie ἀληθές, sie decken nicht auf, es liegt in ihnen gar nicht die Tendenz, ein *Seiendes* aufzudecken, anzusprechen. Erst durch συμπλοκὴ πρὸς ἄλληλα τούτων.[12] Der Kategorien als solcher? Nein, sondern daß etwas (in *dieser* Hinsicht stehend) im Hinblick auf … aufgezeigt wird, erst im »etwas (Hinsicht) mit Rücksicht auf …«.

Beilage 3

Kategorien

Θ 1, im Anfang: οὕτω *λεγόμενα*, d. h. πρὸς οὐσίαν.[13] Λεγόμενα = οὕτω *κατηγορούμενα*.[14] Λόγος: ἀποφαίνεσθαι, dieses aber *In-Sein*, also *ἀποφαινόμενα*, Wie der (bestimmt) eigentlichen Da-haftigkeit.

1. Λεγόμενα: Ausgelegtheiten,
2. und zwar gehalten im Hinblick auf Seiendes im Wie von οὐσία. Von der Aufklärung des Dergestaltigen, der *Dahaftigkeit*, alles weitere zu interpretieren!

Καθ' αὐτὸ λεγόμενον ὄν (vgl. Met. Δ 7)[15]: ist in ihnen nach seinen Möglichkeiten artikuliert.

Οὐσία ist πρώτως (woher? Ursprünglichkeit und Stufung) καθ' αὐτὸ λεγόμενον. Vgl. H das συμβαίνει ἐκ τῶν λόγων[16]: Die eigentlichen Strukturen von οὐσία ὑποκείμενον und τί ἦν εἶναι.[17] Meint es χωριστόν und τόδε τι, »an ihm selbst« (da), »das da«. Die eigentlichen Kriterien von Dahaftigkeit: begegnend und so sich ausnehmend.

---

[12] Cat. 4, 2 a 6 sq.: τῇ δὲ πρὸς ἄλληλα τούτων συμπλοκῇ κατάφασις γίγνεται.
[13] Met. Θ 1, 1045 b 27 sqq.
[14] Met. Z 1, 1028 a 13.
[15] Met. Δ 7, 1017 a 7 sq.: τὸ ὂν λέγεται […] καθ' αὐτό.
[16] Met. H 1, 1042 a 12.
[17] Met. H 1, 1042 a 13.

Wie der Zusammenhang mit ὄν ὡς ἀληθές: ein besonderes Wie
der Entdecktheit auf bestimmtes λέγειν, λόγος. Genauer Eth. Nic.
Z! Gerade das Griechische, daß dieses Seinswie selbst noch ausdrücklich wird im besonderen. Von ihm aus gerade erst Zugang
zum Da.

Vgl. Z 3 (Erläuterung [zu][18] S. 66[19]): οἷς ὥρισται τὸ ὄν.[20] Hier gerade deutlich, wie sie aus λόγος »entspringen«, in ihm als Wie der
Entdecktheit sind, aber gerade das im vollen Sinne. Ὕλη geht
über sie hinweg![21]

Vgl. Z 4 (Erläuterung [zu][22] S. 65 f.): daß Da-Charaktere, In-
Seinsmöglichkeiten den Namen tragen (vgl. Bogen »Kategorien«:
πτώσεις, διαιρέσεις[23]) von Zu-sprechen, Zuschreiben als an ihm
vorfindlich, die Vorfindlichkeit (im vorhinein finden) jeweils
ausmachend, Da-Charakter, d. h. die Sicht bilden!

Beilage 4

Kategorien

Λόγος entscheidendes Feld der echten Seinsproblematik. *Plato*
und die Früheren sahen nicht das λέγειν τι κατά τινος im Unterschied vom καθ' αὑτό λέγειν und dieses nicht selbst in seiner
Fundamentalstruktur.

Diese kommt aber zum Ausdruck in den Kategorien. Daß so-
mit früh schon und fundamental die Kategorien die ontologische
Untersuchung führen, besagt: Ein neues und eigentliches Verständnis der Seinsproblematik ist gewonnen, gewonnen aus: 1.

---

[18] Erg. d. Hg.
[19] Anm. d. Hg.: Diese und die folgende Seitenzahl beziehen sich auf die »Metaphysik«-Ausgabe von W. Christ: S. 66 = Γ 2, 1004 b 28 – 1005 a 18, S. 65 = Γ 2,
1004 b 1-27.
[20] Met. Z 3, 1029 a 21.
[21] Vgl. Met. Z 3, 1029 a 20 sq.
[22] Erg. d. Hg.
[23] Siehe S. 374 ff.

Hergestelltsein (darin 2. gerade nicht faßbar!), 2. εἶδος als »Sich-ausnehmen«. Vgl. den engen Zusammenhang für das Verständnis der Ontologie des Werdens, d. h. Physik.

Schon der *Name* der Kategorien betont die ausdrückliche Wichtigkeit des Λόγος-haften und legt das Gewicht auf das Zusprechen, Zuschreiben, καθ' αὐτά, in eins damit auf die primäre Artikulation des Zusammenhangs der Kategorien – οὐσία als πρῶτον. Das heißt: Hermeneutisch ist von der in οὐσία beschlossenen Daseinserfahrung alles weitere bestimmt. Ableitung und Zahl und dergleichen sind ganz sekundäre Momente für Aristoteles und aus ganz fremden Tendenzen einer Systematik herangetragen und gesucht und demnach nicht auffindbar! Ihm liegt an der konkreten Forschungsmöglichkeit, nicht an einer »Kategorienlehre«, die allemal physikalistisch ist. Aristoteles handelt nicht über die Kategorien als Systematik, sondern legt sie aus (οὐσία) im Sinne der ontologischen Forschung!

Beilage 5

Κατηγορικόν

τὸ δὲ τί ἐστιν ἅπαν καθόλου καὶ κατηγορικόν.[24]

Beilage 6

Κατηγορία

Met. Λ 1 im Anfang: Die Verklammerung von οὐσία als Seinsheit des Seienden und πρὸς ἕν der Kategorien klar – das zweifache πρῶτον.[25]

---

[24] An. post. **B** 3, 90 b 4.
[25] Met. Λ 1, 1069 a 18 sqq.

1069 b; 1070 a 31, 35; 1070 b.
Met. N 1.

Beilage 7

Das πρὸς ἕν der Kategorien

Vgl. Met. Λ 4: vgl. Text Christ, [S.]^{26} 251 oben, Literatur und [...]*:
οὐσία nicht στοιχεῖον – kein [στοιχεῖον]^{27} für die anderen – und
die Kategorien kein κοινόν.^{28} Was besagt das ontologisch?

Beilage 8

Kategorien

Τόδε τι: das »*Das*-da-Sein«, »Das-*da-Sein*«, »An-ihm-selbst-
Begegnendsein«
Gegenwart und *Jetzt.*
Οὐσία: »Verfügbarkeit«, die »Habe«, »nächstes Da«, das »Näch-
ste« im Umkreis des Entdeckten, das nächst Gegenwärtige und
jetzt Gegenwärtige.
Nächst-gegen-haft: Befindlichkeit, Aufenthalt u. a.

---

^{26} Erg. d. Hg.
* [Ein unleserliches Wort.]
^{27} Erg. d. Hg.
^{28} Met. Λ 4, 1070 b 2 sq.

NACHWORT DES HERAUSGEBERS

Der vorliegende Band 18 der Gesamtausgabe enthält den hier erstmals veröffentlichten Text der Vorlesung, die Heidegger im Sommersemester 1924 an der Philipps-Universität Marburg vierstündig gehalten hat. Im Vorlesungsverzeichnis hatte Heidegger eine Vorlesung über Augustinus angekündigt, entschloß sich jedoch dann, diese durch eine Vorlesung über Aristoteles zu ersetzen, um die seit 1922 geplante Veröffentlichung eines Buches über Aristoteles ihrer Verwirklichung näher zu bringen.

Der Titel der Vorlesung lautete nach dem Zeugnis der Handschrift und eines Teils der Hörernachschriften »Grundbegriffe der aristotelischen Philosophie«. Der im Verlagsprospekt bis November 1991 angekündigte Titel »Aristoteles: Rhetorik« war im Zuge der Planung der Gesamtausgabe vorläufig dem für William J. Richardson erstellten »Verzeichnis der Vorlesungen und Übungen von Martin Heidegger« entnommen worden (William J. Richardson, Heidegger. Through Phenomenology to Thought. The Hague 1963, S. 665). Der Titel der Handschrift erscheint auch als der dem Inhalt der Vorlesung angemessenere. Zwar vollzieht sich im Zentrum der Vorlesung die Auslegung des Daseins des Menschen hinsichtlich der Grundmöglichkeit des Miteinandersprechens am Leitfaden der aristotelischen Rhetorik, aber sowohl werden in dieser Auslegung eine Reihe weiterer Aristotelestexte zugrundegelegt, als auch ist die Vorlesung ihrer Gesamtkonzeption nach auf die aristotelischen Grundbegriffe als solche orientiert und damit nicht auf einen inhaltlichen Teilbereich oder gar auf einen bestimmten Text festgelegt.

In der Handschrift folgt auf den Vorlesungstitel die Notiz: »S.S. 24 Beg. 1. Mai (Mo Di Do Fr 7–8 vorm.)«. Demgemäß las Heidegger ab dem 1. Mai Montags, Dienstags, Donnerstags und Freitags von 7 bis 8 Uhr morgens (nicht, wie im Vorlesungsverzeichnis angekündigt, von 3–4 Uhr nachmittags), und zwar, wie

den Datumsangaben in einigen Hörernachschriften zu entnehmen ist, bis zum 31. Juli. Eine Unterbrechung gab es außer zur
Pfingstpause vom 9. bis zum 16. Juni nur vom 5. bis zum 8. Mai,
als Heidegger zur Beerdigung seines am 2. Mai nach einem
Schlaganfall verstorbenen Vaters in Meßkirch weilte. Auf Seite 7
der Handschrift findet sich die entsprechende schwarz umrande-
te Notiz: »† V. 2. Mai 24«. Insgesamt umfaßte die Vorlesung drei-
undvierzig Vorlesungsstunden.

Hinsichtlich der editorischen Grundlagen stellt die vorliegende
Vorlesung insofern einen besonderen Fall dar, als von dieser kein
vollständiges Manuskript Heideggers oder die Abschrift eines solchen erhalten ist, vielmehr nur der Anfangs- und der Schlußteil,
die zusammen etwa ein Drittel des Ganzen ausmachen. Vielleicht
ist das Manuskript im Zusammenhang der Arbeit an dem er-
wähnten Aristoteles-Buch auseinandergerissen worden und dann
teilweise verloren gegangen. Heidegger selbst konnte sich während der vorbereitenden Arbeiten zur Herausgabe der Gesamtausgabe den Verbleib des fehlenden Manuskriptteils nicht erklären. In seinem Auftrag wurde damals durch Frau Cristina
Klostermann eine maschinenschriftliche Abschrift der vollständigen Vorlesungsnachschrift von Fritz Schalk angefertigt, die Heidegger selbst noch gesehen, aber nicht eingehender geprüft oder
gar korrigiert hat. Da einerseits alle Versuche seitens des
Nachlaßverwalters, den fehlenden Manuskriptteil aufzufinden,
erfolglos geblieben sind, andererseits aber außer der Nachschrift
von Fritz Schalk noch zwei weitere vollständige Hörernachschriften bzw. Teile einer solchen vorliegen, wurde entschieden, die
Vorlesung nun auf der Grundlage der erhaltenen Manuskriptteile und der Nachschriften zu edieren.

Das handschriftliche Konvolut umfaßt zwei Teilkonvolute. Das
erste Teilkonvolut umfaßt die Seiten 1-14 und 9 Beilagen. Das
zweite Teilkonvolut umfaßt die Seiten 59-70.5 und 28 Beilagen.
Die durchlaufende Zählung der Seiten des zweiten Konvoluts ist
so durchgeführt, daß einige Seitenzahlen mehrere Seiten umfas-

sen, die dann mittels einer untergeordneten Zählung, sei es ebenfalls mit arabischen oder mit römischen Zahlen oder mit lateinischen Kleinbuchstaben, wiederum durchgezählt sind. Auch die
Hauptzählung findet sich teilweise durch alternative Teilzählun-
gen mittels arabischer oder römischer Zahlen überlagert. Manche
in das fortlaufende Manuskript gehörige Seiten tragen überhaupt
keine Seitenzahl oder nur die einer alternativen Teilzählung, können aber aufgrund ihres Inhalts zweifelsfrei eingeordnet werden.
So handelt es sich beim zweiten Konvolut abgesehen von den Beilagen um insgesamt 29 fortlaufende Seiten. Rechtsseitig finden
sich oft Ergänzungen, deren Zugehörigkeit zum Haupttext teilweise durch Einfügungszeichen kenntlich gemacht ist. An zwei
Stellen hat Heidegger jeweils einen kurzen Satz stenografiert.
Dem Herausgeber lag eine Kopie des Originals aus dem Deutschen Literaturarchiv in Marbach sowie eine von Herrn Dr. Hartmut Tietjen angefertigte maschinenschriftliche Transkription
vor.

Die vorliegenden Vorlesungsnachschriften sind zum Teil
ausführliche, auf Stenogrammen beruhende maschinenschriftliche bzw. handschriftliche Abschriften, zum Teil weniger ausführliche, während der Vorlesung angefertigte Notizen bzw. Abschriften von solchen.

Die Erstgenannten stammen von Walter Bröcker, Fritz Schalk
und Gerhard Nebel. Walter Bröcker erstellte von der Vorlesung –
wie von anderen Vorlesungen und Vorträgen Heideggers auch –
eine stenographische Mitschrift und hiervon eine handschriftliche Abschrift, die er später an Herbert Marcuse übergab, der sie
wiederum mit zwei Durchschlägen maschinenschriftlich ab-
schrieb. Erhalten sind allein die zuletzt genannten maschinen-
schriftlichen Durchschläge, deren einer sich im Herbert Marcuse-Archiv der Stadt- und Universitätsbibliothek in Frankfurt am
Main befindet und deren anderer in den Besitz Otto Friedrich
Bollnows und von dort als Geschenk in die Dilthey-Forschungsstelle der Universität Bochum gelangte. Eine Kopie dieses zweiten Durchschlags wurde zur Herausgabe benutzt. Sie umfaßt 134

Seiten und ein Vorsatzblatt mit dem Titel: »Martin Heidegger/
Grundbegriffe der aristotelischen Philosophie./Sommer-Seme-
ster 1924, Marburg/L.«, der in verkürzter Form auf Seite 1 wiederholt ist. In das Typoskript wurden vermutlich von Marcuse
und Bollnow manche Korrekturen und Ergänzungen, vor allem
aber die zahlreichen griechischen Zitate handschriftlich einge-
tragen. Da die letzteren im Bochumer Exemplar ursprünglich
nur bis Seite 85 reichten, hat Herr Dr. Guy van Kerckhoven als
Mitarbeiter der Dilthey-Forschungsstelle die fehlenden Zitate
anhand des Parallelexemplars im Herbert Marcuse-Archiv nach-
getragen.

Die – abgesehen von einigen wenigen kurzen Stenogrammen
– in lateinischer Handschrift verfaßte Nachschrift von Fritz
Schalk umfaßt 361 Seiten in drei Heften. Von den beiden ersten
Heften (paginiert S. 1–130 und 155–308; die nicht beschriebenen
Seiten 131–154 stellen keine Lücke im Vorlesungstext dar) konnten für die Herausgabe die Originale benutzt werden, die sich im
Besitz von Herrn Klaus Reich † befanden, vom dritten Heft (paginiert S. 309–385), das auch einen Teil der Sophistes-Vorlesung
vom Wintersemester 1924/25 enthält, eine Kopie des in Marbach
befindlichen Originals. Seite 1 beginnt mit der Angabe des Titels:
»Marburg S.S. 24 Heidegger, Grundbegriffe der Arist. Philosophie«. Bisweilen finden sich längere griechische Zitate und bi-
bliographische Angaben als Fußnoten offenbar nachträglich ergänzt. Ferner gibt es in roter Tinte und Bleistift Eintragungen
von anderer Hand. Auf die bereits erwähnte von Frau Cristina
Klostermann im Auftrag Heideggers angefertigte maschinenschriftliche Abschrift mußte kaum mehr zurückgegriffen werden, nachdem es dem Herausgeber gelungen war, die ersten beiden Hefte des Originals ausfindig zu machen.

Die in lateinischer Handschrift verfaßte Nachschrift von Gerhard Nebel stand in einer Kopie des in Marbach befindlichen Originals zur Verfügung, von dem allerdings nur noch 129 Seiten in
drei von ursprünglich insgesamt wohl sieben oder acht Heften
erhalten sind: Heft I (paginiert S. 1–54), Heft IV (paginiert S. 1–

38) und Heft V (paginiert S. 1–37). Diese Nachschrift deckt also nur die Seiten 2–55 und 131–207 der vorliegenden Edition ab. Gelegentlich finden sich Ergänzungen in einer anderen Handschrift.

Ein Vergleich dieser drei ausführlichen Nachschriften zeigt, daß diejenigen von Bröcker und Nebel – wenn man von den fehlenden Heften der letzteren einmal absieht – so stark übereinstimmen und doch auch so viele kleine Abweichungen voneinander aufweisen, die nicht als Abschreibefehler gedeutet werden können, daß sie mit an Sicherheit grenzender Wahrscheinlichkeit auf unabhängig voneinander angefertigte stenographische Mitschriften der Vorlesung zurückgehen. Die Nachschrift von Schalk dagegen ist bis S. 200 in solchem Maße mit der von Nebel – wenn man wiederum von den fehlenden Heften absieht – und dann bis S. 360 in solchem Maße mit der von Bröcker identisch und weist darüber hinaus fast nur solche Abweichungen auf, die als Abschreibefehler gedeutet werden können, daß es sich bei ihr nur um eine Abschrift der Nachschriften von Nebel und Bröcker handeln kann. In diesem Befund liegt beschlossen, daß für den größeren Teil der Vorlesung zwei voneinander unabhängige quasi vollständige Überlieferungen vorliegen, nämlich Bröcker und Nebel/Schalk bzw. Bröcker/Schalk und Nebel, aus denen der tatsächlich von Heidegger vorgetragene Text ziemlich genau rekonstruiert werden kann. Im Hinblick auf die Dignität der Nachschrift Schalk ist dabei zu beachten, daß deren Varianten zwar nicht dort zu berücksichtigen sind, wo die abgeschriebenen Passagen der Nachschrift von Nebel vorliegen, wohl aber dort, wo Schalk von Bröcker abgeschrieben hat, da ja die dem Herausgeber von der Nachschrift Bröcker allein vorliegende maschinenschriftliche Abschrift von Marcuse prinzipiell ebenso fehlerhaft sein kann wie die handschriftliche Abschrift Schalk.

Die weniger ausführlichen Vorlesungsnachschriften stammen von Helene Weiß, Jacob Klein, Hans Jonas und Karl Löwith. Die in lateinischer und stellenweise in deutscher Handschrift verfaßte Nachschrift von Helene Weiß umfaßt 87 unpaginierte Seiten

in drei Heften, deren erstes auf dem Umschlag die Aufschrift
trägt: »So-Sem. 1924/Heidegger: Über einige Grundbegriffe
Aristotelischer Philosophie«. Auf der ersten Seite findet sich un-
ter dem wiederholten Vorlesungstitel der Vermerk: »Abschrift
Bondi«. Helene Weiß hat also offenbar, wie schon in der letzten
Stunde der Vorlesung des Wintersemesters 1923/24 (vgl. Ge-
samtausgabe Bd. 17, Nachwort des Herausgebers, S. 323), die
Nachschrift ihrer Kommilitonin Elli Bondi zur Vorlage gehabt.
Dem Herausgeber lag eine Kopie der durch Herrn Prof. Dr. Ernst
Tugendhat, den Neffen von Helene Weiß, nach Marbach gelang-
ten Kopie des aus dem Nachlaß seiner Tante stammenden Origi-
nals vor.

Die in lateinischer Handschrift verfaßte und 58 Seiten starke,
auf S. 191 der vorliegenden Edition abbrechende Nachschrift von
Jacob Klein ist auf Seite 1 überschrieben. »Sommer 1924/Mar-
burg/Heidegger/Grundbegriffe der aristotelischen Philosophie«.
Zur Herausgabe war eine Kopie des im Besitz von Frau Elze
Klein, der Witwe von Jacob Klein, befindlichen Originals verfügbar.

Die in lateinischer Handschrift geschriebene Nachschrift von
Hans Jonas umfaßt unter dem Titel »Heidegger über προαίρεσις
u. ἀρετή/ S.S. 1924« nur 22 Seiten innerhalb eines Heftes, in dem
sich auch Notizen zu anderen Lehrveranstaltungen finden. Sie
deckt nur die Seiten 143–197 der vorliegenden Edition ab. Die
teils in lateinischer Handschrift, teils in Stenographie verfaßte
Nachschrift von Karl Löwith umfaßte ursprünglich 47 Seiten, die
Seiten 2–3 sind nicht erhalten. Von den beiden zuletzt genannten
Nachschriften stand eine Kopie des jeweiligen Marbacher Originals zur Verfügung.

Ein Vergleich dieser vier weniger ausführlichen Nachschriften
mit den Nachschriften von Bröcker, Nebel und Schalk führt zu
dem Ergebnis, daß nur die beiden Nachschriften von Jacob Klein
und von Helene Weiß – diese letztere in noch höherem Maße –
stellenweise denselben Grad an Ausführlichkeit erreichen wie die
auf stenographische Mitschriften zurückgehenden, so daß nur sie

für die Rekonstruktion des von Heidegger vorgetragenen Textes mitheranzuziehen waren, nicht jedoch die Nachschriften von Hans Jonas und von Karl Löwith. Diesen beiden eignet der Charakter mehr oder weniger ausgearbeiteter flüchtiger Notizen.

Der Entschluß zur Edierung der Vorlesung ging von der Möglichkeit aus, für den fehlenden, etwa zwei Drittel des Ganzen ausmachenden mittleren Manuskriptteil den Text der Nachschriften einspringen zu lassen. Damit war von vornherein ein Schritt getan in die Richtung einer Verselbständigung des Nachschrifttextes, wie sie von Heidegger für die Edition seiner Vorlesungen nicht vorgesehen war. So erschien es nur folgerichtig zu fragen, ob nicht auch in den durch das Manuskript bezeugten Vorlesungsteilen eine Ineinanderarbeitung von Handschrift und Nachschriften besser zu unterbleiben habe, um nicht dadurch die im ganzen gesehen unverhältnismäßig große Selbständigkeit des Nachschrifttextes gegenüber dem Handschrifttext dann partiell zu verschleiern. Ohnehin beruht ja das von Heidegger für die Edition der Vorlesungen vorgesehene Verfahren der Ineinanderarbeitung auf bestimmten Voraussetzungen, erstens nämlich auf der Voraussetzung, daß ein vollständiges Manuskript existiert, in dem die Nachschriften ein zureichendes Korrektiv besitzen, zweitens auf der Voraussetzung, daß es sich bei der Handschrift und den (ausführlichen) Nachschriften nicht um verschiedene Texte, sondern nur um abweichende Versionen ein und desselben Textes handelt, d.h. daß sie so eng beieinander liegen, daß sie zu einer Endversion ineinandergearbeitet werden *können*. Beide Voraussetzungen sind im Falle dieser Vorlesung nicht gegeben. Denn ein Vergleich der Handschrift mit den entsprechenden Teilen der ausführlichen Nachschriften zeigt, daß Heidegger offensichtlich im Vortrag nicht nur Ergänzungen und Erweiterungen vorgenommen und die stichwortartig skizzierten Passagen ausformuliert, sondern auch die bereits ausformulierten Passagen fast immer durch neue Formulierungen ersetzt hat. So hätte der Versuch einer Ineinanderarbeitung die handschriftli-

chen Formulierungen insgesamt wohl in eher geringem Maße
zur Geltung kommen lassen können. Angesichts der fragmentarischen handschriftlichen Grundlage der Edition galt es aber gerade, wenigstens die erhaltenen Manuskriptteile in vollem Um-
fang zu berücksichtigen. Dies schien nur dadurch geschehen zu
können, daß in diesem Band, bedingt durch die besondere Quel-
lenlage, ausnahmsweise beides, Nachschrift- und Handschrifttext, vollständig ediert und hintereinandergestellt wurden.

Die Bezeichnung mit I und II soll dabei zum Ausdruck bringen, daß die Handschrift, auch wenn sie an die zweite Stelle gerückt ist, keinesfalls nur als »Anhang« zu betrachten ist, sondern,
trotz ihres fragmentarischen Charakters, wie die Nachschriften
als eine in spezifischem Sinne vollgültige Bezeugung des Vorle-
sungstextes. Der Leser sei hier etwa darauf hingewiesen, daß
manches Wichtige wie z. B. die Analyse des Grundbegriffs der
οὐσία oder der Aufweis der Möglichkeit der Begrifflichkeit im
Dasein des Menschen sich in der Handschrift in der gleichen und
teilweise sogar in noch größerer Ausführlichkeit dargestellt findet
als in den Nachschriften. Die Reihenfolge hat lediglich einen didaktischen Sinn, sofern die vorangehende Lektüre des durchge-
hend ausformulierten und vollständigen Textes der Nachschriften den verstehenden Zugang zum oft nur stichwortartigen und
eben unvollständigen Text der Handschrift wesentlich erleich-
tern dürfte. Die inhaltlichen Entsprechungen im einzelnen sind
in doppelter Weise dadurch kenntlich gemacht, daß sowohl im
Nachschrifttext am Ende von Paragraphen bzw. Unterabschnitten von solchen in einer Fußnote auf gegebenenfalls vorhandene
entsprechende Handschriftteile als auch im Handschrifttext
durch eingefügte Überschriften auf entsprechende Paragraphen
bzw. Unterabschnitte von solchen im Nachschrifttext verwiesen
wird.

Was die editorische Bearbeitung der vorliegenden Quellen im
einzelnen betrifft, so seien zunächst die Handschrift und Nachschriften gleichermaßen betreffenden Maßnahmen angeführt.
Rechtschreibung und Zeichensetzung wurden korrigiert. Hin-

sichtlich der sehr zahlreichen Wendungen, die nach den Regeln
entweder Getrenntschreibung oder Schreibung mit Bindestrichen bzw. entweder Zusammenschreibung oder Schreibung mit
Bindestrichen zulassen, war vom Herausgeber im Blick auf die
allgemeinen Gepflogenheiten Heideggers eine Einheitlichkeit in
der Schreibung der einzelnen Wendungen herzustellen, da eine
solche weder in der Handschrift noch in den Nachschriften
erkennbar ist. Auf zwei zentrale Begriffe sei hier besonders
hingewiesen. In der Handschrift findet man die Schreibweisen
»Dasein«, »Da-sein« und »›Da‹-sein«, die in der ursprünglichen
Intention offenbar den Grad widerspiegeln sollten, in denen jeweils der Da-Charakter des Daseins thematisch ist. In diesem
Sinne, d. h. im Sinne der Thematizität des Da-Charakters, wurde
vom Herausgeber die Schreibung dieses Begriffes sowohl im
Handschrift- als auch im Nachschrifttext gehandhabt, wobei allerdings der höchste Grad der Thematizität nicht »›Da‹-sein«,
sondern »*Da*-sein« geschrieben wurde. Ferner wurde das »In-
der-Welt-sein« mitsamt der in dieser Vorlesung auftauchenden
Varianten »Sein-in-der-Welt«, »In-einer-Welt-Sein«, »In-seiner-
Welt-Sein« usw. konsequent mit Bindestrichen geschrieben und
damit der Schreibweise in »Sein und Zeit« angenähert, um die
terminologisch einheitliche Bedeutung, die ihnen in dieser Vorlesung sachlich zukommt, augenfällig zu machen. Hinsichtlich der
Zeichensetzung ist zu bemerken, daß es keineswegs nur galt, den
Regeln zu genügen, vielmehr durch die Entscheidung für eines
unter mehreren jeweils möglichen Satzzeichen den Sinnzusam-
menhang von Satzteilen und Sätzen in tausenden von Fällen allererst sichtbar zu machen.

Nicht übliche Abkürzungen wurden ausgeschrieben, allein
dem mündlichen Vortrag eigentümliche Wortstellungen abgeän-
dert, sofern sie eine sprachliche Härte darstellten und nicht einer
besonderen Betonungsabsicht entsprachen. Offensichtliche Versehen in Schreibung, Grammatik oder Wortwahl wurden still-
schweigend berichtigt. Hin und wieder wurden einzelne kleine
grammatisch oder zum Verständnis notwendige Wörter oder (bei

Gliederungen) Aufzählungsziffern ergänzt, im Handschrifttext allerdings nur in eckigen Klammern mit entsprechenden Hinweisen in Fußnoten.

Alle Zitate wurden anhand der von Heidegger benutzten Ausgaben – im Falle der aristotelischen Schriften »Metaphysik«, »Rhetorik« und De anima an seinen Handexemplaren – geprüft und gegebenenfalls korrigiert. Bei freier oder elliptischer Zitierung einzelner Wendungen und Satzteile jedoch wurde diese von Heidegger oft aus didaktischen Gründen gewählte Zitierweise im Haupttext in der Regel unverändert belassen und dafür in einer Fußnote der originale Wortlaut ergänzt. Nur bei bis zur Unverständlichkeit verkürzten Kurzzitaten wurden diese im Haupttext ergänzt. Ebenfalls in Fußnoten wurden die Belegstellen zu allen Zitaten gesetzt, die sich entweder im fortlaufenden Text eingefügt fanden und gegebenenfalls nur korrigiert oder aber überhaupt vom Herausgeber ergänzt werden mußten. Eine besondere Aufgabe lag angesichts des Duktus dieser Vorlesung und der desolaten Zeichensetzung in den Nachschriften darin, die zahlreichen deutschen Übersetzungen aus dem Griechischen als solche zu erkennen und dann durch Anführungszeichen entsprechend kenntlich zu machen. Oft übersetzt Heidegger so frei bzw. interpretierend, daß die Entscheidung, ob es sich noch um eine Übersetzung oder schon um eine Paraphrase handelt, nicht leicht fällt. Der Herausgeber hat sich dazu entschlossen, Anführungszeichen eher großzügig zu setzen, d. h. als Übersetzung auch solches auszuweisen, was vielleicht die Grenze zur Paraphrase schon überschritten hat, und zwar aus der Überlegung heraus, daß der Leser nachvollziehen können muß, wo sich Heidegger in seinem Vortrag – sei es übersetzend oder paraphrasierend – eng an den Aristotelestext anschließt und wo er den Gedanken selbständig entwickelt. Gewissermaßen als Korrektiv zu dieser Großzügigkeit hat der Herausgeber zu allen so als Übersetzungen gekennzeichneten Passagen, deren übersetztes Original sich im Text nicht zitiert findet, dieses in Fußnoten ergänzt. Oft wurden Belegstellen mit griechischem Zitat oder ohne solches aber auch dort in Fuß-

noten ergänzt, wo der deutsche Text nicht als Übersetzung ge-
kennzeichnet werden konnte, aber sich noch im Rahmen der Paraphrase hält. In den Fällen, in denen zwar griechisch zitiert, aber
dann über das Zitierte hinaus weiterübersetzt ist, wurde das Zitat
im Haupttext entsprechend ergänzt. Folgte ausnahmsweise ein
längeres Zitat seiner Übersetzung, anstatt ihr vorauszugehen, so
wurde in der Regel eine Umstellung vorgenommen. Erläuterun-
gen und Bemerkungen Heideggers innerhalb von Zitaten und
Übersetzungen wurden in eckige Klammern gesetzt.

Anführungszeichen wurden auch bei Titeln – nicht jedoch bei
lateinischen und griechischen – gesetzt. Lateinische und griechische Wörter am Satzanfang wurden, außer in Zitaten, groß geschrieben. Gestrichene Textteile wurden, abgesehen von einer
Ausnahme, auf die in einer Fußnote hingewiesen wird, nicht berücksichtigt. Der gesamte Text wurde sinngemäß in Absätze gegliedert, einzelne Wörter, Wendungen, Satzteile oder auch ganze
Sätze durch Kursivdruck hervorgehoben.

Was speziell die editorische Bearbeitung der Nachschriften betrifft, so ist zunächst zu bemerken, daß aus den oben näher beschriebenen Nachschriften von Bröcker, Nebel und Schalk unter
zusätzlicher Berücksichtigung der Nachschriften von Helene
Weiß und Jacob Klein *ein* Text herzustellen war, der den von Heidegger vorgetragenen Text so genau wie möglich zu rekonstruie-
ren und dabei den Anforderungen der sachlichen Richtigkeit,
Vollständigkeit und Verständlichkeit zu genügen versuchen mußte. Zu diesem Zweck oblag es dem Herausgeber, bestimmte Kriterien zur Entscheidung bei den zahlreichen kleinen Textvarian-
ten, die die genannten Nachschriften aufweisen, zu entwickeln
und möglichst konsequent anzuwenden. Abgesehen von dem, was
bereits über die beschränkte Relevanz der Varianten in der Nachschrift Schalk gesagt wurde, ergaben sich als solche Kriterien, daß
Überschüsse einer oder zweier Nachschriften gegenüber den bzw.
der anderen zu übernehmen waren, ferner die ausführlicheren,
die formal, sprachlich oder sachlich stimmigeren und die stili-
stisch besseren Varianten, schließlich diejenigen Varianten, die

eine zusätzliche Stütze in den Nachschriften von Helene Weiß oder Jacob Klein oder in der Handschrift erhalten. In allen Fällen, in denen keines der genannten Kriterien Anwendung finden konnte, da es sich um völlig gleichwertige Varianten handelte, wurde der Nachschrift Bröcker der Vorzug gegeben, die sich dem Gesamteindruck nach als die beste herausstellte.

Der so hergestellte Text war in Teile, Kapitel, Paragraphen und teilweise auch Unterabschnitte von Paragraphen zu gliedern, die in Anlehnung an Formulierungen Heideggers, aber auch im Blick auf möglichst leichte Orientierung über das systematische Gefüge des Textes mit Überschriften versehen wurden. Bei der Formulierung der Paragraphenüberschriften wurden gegebenenfalls die thematischen griechischen Grundbegriffe und die der Analyse jeweils zugrundeliegenden Aristotelestexte berücksichtigt.

Zur editorischen Bearbeitung der Handschrift ist ergänzend zu bemerken, daß die von Herrn Dr. Hartmut Tietjen erstellte Transkription mehrmals mit dem Original verglichen, gelegentliche Verlesungen berichtigt, ausgelassene und nicht entzifferte Wörter soweit wie möglich ergänzt wurden. Ein verbliebenes nicht entzifferbares Wort wurde im Text durch eckige Klammern mit drei Punkten und entsprechendem Hinweis in einer Fußnote, fragliche Entzifferungen wurden durch Fragezeichen in eckigen Klammern angezeigt.

Die meist rechtsseitigen Ergänzungen wurden gemäß vorhandener Einfügungszeichen oder sinngemäß in den Haupttext eingefügt. Die zahlreichen Beilagen wurden in der Orientierung am Text der Nachschriften in den fortlaufend paginierten Text der Handschrift eingeordnet, meist aber im Druck durch eine Leerzeile abgesetzt, da ein unmittelbarer sprachlicher Zusammenhang in der Regel nicht gegeben ist. Acht Beilagen zum Thema »Kategorien« wurden in einen Anhang verwiesen, da sie von Heidegger im Vortrag offensichtlich nicht verwendet wurden. Unediert blieben zwei gestrichene Beilagen und eine in keinem erkennbaren Zusammenhang mit der Vorlesung stehende kleine Beilage zum Thema »divisio«.

Der Handschrifttext wurde parallel zur Paragraphengliederung des Nachschrifttextes gegliedert, bei umfangreichen Paragraphen auch parallel zu den Unterabschnitten der Paragraphen, jedoch wurden diese Gliederungseinheiten nicht auch mit Überschriften, sondern nur mit Hinweisen auf die jeweiligen Paragraphenziffern des Nachschrifttextes versehen.

*

Heideggers Vorlesung über die »Grundbegriffe der aristotelischen Philosophie« muß mindestens vor einem doppelten Hintergrund gesehen werden: zum einen vor dem Hintergrund der damals, 1924, schon seit einigen Jahren andauernden sehr intensiven und stets eng am griechischen Text sich entlangarbeitenden Beschäftigung Heideggers mit Aristoteles, zum anderen vor dem Hintergrund der nicht lange zuvor begonnenen Ausarbeitung der fundamentalontologischen Daseinsanalytik von »Sein und Zeit«. So wird zum einen die leidenschaftliche Art verständlich, mit der Heidegger sich hier in die Aristotelestexte und ihre Sprache vertieft und immer wieder – so möchte man fast sagen – mitreißen läßt, so daß einzelne Analysen bisweilen eine unverhältnismäßig starke Eigendynamik zu entwickeln scheinen, andererseits aber auch der systematische Impetus, mit dem Heidegger gleichwohl das Ganze in einen hermeneutischen Doppelschritt zu fügen versteht, der zunächst das menschliche Dasein im Sinne des miteinandersprechenden In-der-Welt-seins als den Boden für alle Begrifflichkeit herausstellt, um dann in wiederholender Weise von diesem Boden aus bestimmte Grundbegriffe als radikales Ergreifen der Ausgelegtheit des Daseins als eines miteinandersprechenden In-der-Welt-seins zu interpretieren. Darüber hinaus wird anhand der vorliegenden Vorlesung sichtbar, wie Heidegger viele Begriffe seines eigenen, existenzialontologischen Denkens im Zuge seiner Untersuchung der aristotelischen Begrifflichkeit gewann oder zumindest an ihr sich bewähren ließ.

Mein besonderer Dank gilt Herrn Dr. Hartmut Tietjen für die
von ihm angefertigte und für mich unschätzbar hilfreiche Transkription der Handschrift, geduldige Hilfe bei der Entzifferung
der von mir allein nicht entzifferbaren Wörter und nochmalige
Kollationierung des von mir hergestellten Handschrifttextes mit
dem Original, ferner Herrn Prof. Dr. Friedrich-Wilhelm von
Herrmann für wichtige Ratschläge in der Endphase der Edition
und Herrn Dr. Hermann Heidegger für das mir gegenüber erwie-
sene Vertrauen. Den drei genannten gebührt zusätzlicher Dank
für die von ihnen vorgenommene Gesamtdurchsicht des Typo-
skripts, wertvolle Verbesserungsvorschläge und die schließliche
Auflösung der meisten noch verbliebenen Fehlstellen im Handschrifttext. Herrn Dr. Guy van Kerckhoven danke ich für die bereits erwähnte von ihm durchgeführte Übertragung der griechischen Zitate in das Bochumer Exemplar der Nachschrift Bröcker,
Frau Dr. Isolde Burr für ihre freundliche Hilfe bei der Nachforschung bezüglich der Nachschrift Schalk und Frau Prof. Dr. In-
geborg Schüssler sowie Herrn Prof. Dr. Manfred Baum für die
Vermittlung der zunächst verschollenen Hefte dieser Nachschrift
aus dem Besitz von Herrn Klaus Reich †. Den Mitarbeitern des
Husserl-Archivs an der Universität Freiburg, Herrn Dr. Thomas
Vongehr, Herrn Dr. Robin D. Rollinger und Frau Dr. Regula
Giuliani danke ich für die von ihnen in gemeinsamer Anstrengung vollbrachte Entzifferung der beiden in der Handschrift
befindlichen Stenogramme, Herrn PD Dr. Thomas Baier für
schnellen Beistand bei der Suche nach der Herkunft einiger Aris-
toteleszitate. Herrn Dr. Peter von Ruckteschell, Frau PD Dr. Pao-
la-Ludovika Coriando und wiederum Herrn Dr. Hartmut Tietjen
sage ich meinen Dank für das sorgfältige Mitlesen der Korrekturen. Schließlich danke ich Dimitra Stavrou, die mir den in dieser
Vorlesung ausgesprochenen Satz Heideggers: »Die Griechen existierten in der Rede«, auch für die Gegenwart verifiziert hat.

Athen, im Herbst 2001   Mark Michalski